AF330999

LES
ACTIONS POPULAIRES
EN DROIT ROMAIN

L'ESPIONNAGE
AU POINT DE VUE
DU DROIT INTERNATIONAL & DU DROIT PÉNAL FRANÇAIS

THÈSE POUR LE DOCTORAT

Soutenue le 27 décembre 1888, devant la Faculté de droit de Lyon

PAR

VICTOR COLONIEU
AVOCAT A LA COUR D'APPEL
LAURÉAT DE LA CONFÉRENCE DES AVOCATS DE LYON (PRIX MATHERON 1888)

PARIS
LIBRAIRIE NOUVELLE DE DROIT ET DE JURISPRUDENCE
ARTHUR ROUSSEAU, ÉDITEUR
14, RUE SOUFFLOT, ET RUE TOULLIER, 13.

1888

THÈSE

POUR LE DOCTORAT

Châteauroux. — Typographie et Stéréotypie A. Majesté

UNIVERSITÉ DE FRANCE. — FACULTÉ DE DROIT DE LYON

LES
ACTIONS POPULAIRES
EN DROIT ROMAIN

L'ESPIONNAGE
AU POINT DE VUE
DU DROIT INTERNATIONAL & DU DROIT PÉNAL FRANÇAIS

THÈSE POUR LE DOCTORAT

Soutenue le 27 décembre 1888, devant la Faculté de droit de Lyon

PAR

VICTOR COLONIEU
AVOCAT A LA COUR D'APPEL
LAURÉAT DE LA CONFÉRENCE DES AVOCATS DE LYON (PRIX MATHEVON 1888)

PARIS

LIBRAIRIE NOUVELLE DE DROIT ET DE JURISPRUDENCE
ARTHUR ROUSSEAU, ÉDITEUR
14, RUE SOUFFLOT, ET RUE TOULLIER, 13.

1888

FACULTÉ DE DROIT DE LYON

MM. Caillemer, ✳. doyen, professeur de droit civil;
Mabire, professeur de droit civil;
Garraud, professeur de droit criminel;
Appleton, professeur de droit romain;
Flurer, professeur de droit civil;
Thaller, professeur de droit commercial;
Rougier, professeur d'économie politique;
Enou, professeur de droit administratif;
Audibert, professeur de droit romain;
Cohendy, professeur de procédure civile;
Leseur, agrégé, chargé du cours d'histoire générale du droit français;
Sauzet, agrégé, chargé du cours de droit international privé;
Berthelemy, agrégé, chargé du cours d'histoire interne du droit civil français;
Blondel, chargé du cours d'histoire du droit public;
Becq, secrétaire;

JURY DE LA THÈSE

Président : M. Appleton, *professeur;*
Suffragants : MM. Garraud, *professeur;*
Thaller, *professeur;*
Sauzet, *agrégé.*

LES

ACTIONS POPULAIRES

EN DROIT ROMAIN

INTRODUCTION

Le 19 mars 1885, l'honorable député italien Odoardo
Luchini soutenait devant ses collègues une proposition de
loi qui pouvait paraître étrange, à notre époque. Remontant bien haut dans le passé, il s'efforçait de rendre à la
vie une institution défunte depuis des siècles: il voulait
qu'on remit en honneur les actions populaires de l'ancien
droit romain [1].

Certes, le lieu était merveilleusement choisi pour cette
exhumation; après un sommeil de plus de deux mille ans,
c'était bien à la Rome moderne qu'il appartenait d'éveiller
les fantômes juridiques de la Rome d'autrefois.

Je disais, en débutant, qu'une pareille proposition pouvait sembler étrange : le droit romain, en effet, a bien
vieilli : toutes les législations d'Europe s'en sont plus ou
moins nourries et imprégnées : elles se sont assimilé, avec

---

1. *Atti Parlamentari, legislatura XV, Camera dei deputati, proposta di
legge d'iniziativa del deputato Luchini Odoardo, preza in considerazione
nella seduta del 19 marzo 1885, sull'* Azione popolare.

des variantes, toute cette belle science qu'elles ont fait
servir de leur mieux à leurs institutions personnelles et
aux progrès sans cesse croissant de leur civilisation, mais
elles l'ont tant et si bien fondue et refondue, revue et corri-
gée, que c'est parfois à grand-peine que l'on peut arriver
à une constatation certaine de la paternité légitime. Une
tentative comme celle de l'honorable député Luchini peut
donc passer, à bon droit, pour un événement de quelque
importance, et un sujet de droit romain, qui a de l'actua-
lité, au milieu du XIXe siècle, est bien digne, je pense, de
toute l'attention de ceux qui s'intéressent encore au con-
tenu des Pandectes de Justinien.

Quelques années avant l'éclosion, en Italie, de la proposi-
tion de loi dont je viens de parler, un regain de faveur
avait été donné, dans le monde des romanistes, à l'intéres-
sante question qui va être étudiée, dans cet ouvrage, et
comme presque toujours, le mouvement était venu d'Alle-
magne. Longtemps oubliées, longtemps délaissées comme
une partie très secondaire de la procédure romaine, les
actions populaires ouvraient tout-à-coup de nouveaux ho-
rizons à la dialectique germanique et MM. Ihering[1] et
Bruns[2], ce dernier surtout, en faisaient une étude très-
sérieuse et très-approfondie.

En France, on est généralement resté froid devant les
discussions nouvelles, qui s'offraient, à cet égard, aux
commentateurs, et je ne sache pas qu'aucun de nos au-
teurs connus ait consacré quelques pages à cette théorie
toute particulière.

En revanche, les professeurs italiens se sont élancés sur
les traces des Allemands et ont fait à qui mieux mieux de

---

1. *Der Geist der rœmischen Rechts.*
2. *Die Popularhslagen kleinere Schriften.*

longues digressions sur l'opportunité ou l'inopportunité de
la tentative hardie du député Luchini. V. Scialoja [1], pour
apporter une. plus grande clarté dans le débat, à traduit
en italien l'important ouvrage de Bruns, en accompagnant
ce travail d'une préface personnelle et de nòtes fort éru-
dites. Les professeurs Mantellini [2], Landucci [3], Malgarini [4],
Mariano Campagna [5], ont écrit à leur tour sur la question ;
enfin M. Codacci-Pizanelli [6] de l'Université de Pavie, a pu-
blié, à Naples, une longue et brillante dissertation, où il se
montre partisan résolu des doctrines anciennes, à l'encon-
tre d'Ihering et de Bruns, qu'il combat avec toute l'énergie
d'un homme profondément convaincu.

Nous rencontrerons encore, au cours de cet ouvrage,
bien d'autres auteurs et des plus estimés, qui, tous, se
sont préoccupés, dans une certaine mesure, de cette ma-
tière délicate ; nous verrons que l'accord entre eux est
loin d'être fait et que plus que jamais, « *adhuc sub judice
lis est* ».

Je crois que si l'on veut s'expliquer le zèle imprévu de
auteurs modernes pour les actions populaires, il ne sera
pas téméraire d'en chercher la raison dans les documents
vraiment curieux découverts, depuis moins de vingt ans,
et qui ont jeté une lumière toute nouvelle sur la question :
je ne fais que les indiquer ici : ce sont d'abord les tables
de bronze d'*Osuna*, qui contiennent la « *lex coloniæ
Genitivæ Juliæ* », trouvées dans les années 1870 et 1874 ;
c'est ensuite une inscription de *Lucera*, qui bien que déjà

---

1. *Archivio giuridico*, vol. XXVIII et XXIX.
2. *Lo stato e il Codice civile*, vol. III, p. 294.
3. *Archivio giuridico*, vol. XXIX, p. 306, 375.
4. *Archivio giuridico*, vol. XXXII.
5. *Filangieri*, 1885, p. 223-233.
6. *Le Azioni popolari*, vol. I., Napoli, 1887.

publiée en 1861, par d'Amelis, dans son histoire de la cité de Lucère, n'est parvenue à la connaissance du monde juridique qu'après avoir été divulguée par Mommsen[1] et par Bruns[2] ; c'est encore la « *lex Spoletina* » trouvée à Spolète, en 1876, et éditée par Borman[3] ; l'inscription Esquiline qui contient le senatus consulte « *de Pago Montano* », les lois de *Malaca* et de *Salpensa*, et enfin un grand nombre d'inscriptions tombales.

C'est à peine si, dans le dernier état du droit romain, on parvient à retrouver la trace des actions populaires, qui s'étaient fondues dans la procédure des *cognitiones extraordinariæ*.

Aussi ne doit-on pas s'étonner si nous ne les retrouvons pas dans notre vieux droit français, dans les pays de droit écrit. Il en existait cependant un curieux vestige, dans l'un des capitulaires de Charlemagne ; tout le monde avait le droit de poursuivre l'auteur d'une violation de sépulture : « *et quicumque hoc scelus accusare voluerit, licentia tribuatur*[4] ».

En Angleterre, où l'amour du formalisme et le respect exagéré de la tradition égale peut-être celui des Romains, nous voyons fonctionner actuellement une institution qui offre quelque analogie avec celle que nous allons étudier : c'est la procédure de l'action « *qui tam* » et de « *l'Infor-*

---

1. *Ephemeris epigraphica*, vol. II, p. 198.

2. *Fontes juris romani antiqui* (3ᵉ édition, Tubinga, 1876, p. 42).

3. *Miscellaneis capitolinis*, etc. Rome, 1879.

4. J'entends ici l'action populaire dans son sens le plus large, car le texte que je viens de citer, ainsi que le système anglais, dont je parle immédiatement après, se rapportent plutôt à la *procédure accusatoire* romaine, qu'il faut soigneusement distinguer, comme on le verra, des actions populaires, proprement dites, avec lesquelles elle n'a de commun que son caractère de popularité.

mation ». Toutes les poursuites criminelles doivent s'exer-
cer par la voie populaire : c'est un accusateur *privé* qui
doit toujours commencer le procès, et c'est en cette qua-
lité seule qu'agissent tous les fonctionnaires chargés de
l'accusation, y compris l'*attorney general* lui-même. Mais
il faut avouer que c'est plutôt en principe qu'en fait que
cette manière d'agir rappelle le droit romain.

En France, nous trouvons dans une loi relativement
récente un véritable exemple d'action populaire ; il va sans
dire que cette action se distingue par de notables diffé-
rences, de l'action romaine, mais les ressemblances et les
points de contact n'en sont pas moins très-curieux à rele-
ver. C'est dans le décret organique du 2 février 1852, pour
l'élection des députés au corps législatif, que nous ren-
controns le byzarre fac-simile de l'institution défunte :
« Lors de la révision annuelle (*des listes électorales*), nous
» dit ce décret, tout électeur inscrit sur l'une des listes
» de la circonscription, pourra réclamer la radiation ou
» l'inscription d'un individu omis ou indûment inscrit. »
C'est bien là une action, puisqu'on institue un tribunal
exceptionnel qui sera juge du litige, tribunal composé, à
Paris, du maire et de deux adjoints, et partout ailleurs, du
maire et de deux membres du conseil municipal. (Art. 20.)
Comme dans les procès ordinaires, les parties en cause
ont droit aux deux degrés de juridiction et au pourvoi de-
vant la cour suprême : en effet, (art. 22) l'appel peut être
porté devant le juge de paix du canton, et, en dernier lieu,
(art. 23) la décision du juge de paix peut être déférée à la
cour de Cassation. C'est, de plus, une action *populaire*,
puisque tout citoyen inscrit sur les listes électorales a le
droit de l'intenter.

Il serait téméraire, je crois, d'affirmer que nos législateurs, en instituant cette procédure exceptionnelle, ont puisé leur inspiration dans les commentaires de Gaius ou d'Ulpien : il est à croire, que pareils, en ce cas, à M. Jour_dain qui faisait de la prose sans le savoir, les auteurs du décret de 1852, ont fait de l'action populaire sans le savoir.

Il serait fort intéressant, et je ne crains pas de le dire, fort attrayant, de faire une étude complète et générale des actions populaires : malheureusement, cette tâche serait au-dessus de mes forces, et d'ailleurs, elle ne s'accommoderait pas du cadre forcément restreint et limité d'une thèse de doctorat.

Je vais donc simplement, dans les pages qui vont suivre, examiner les hypothèses les plus intéressantes, discuter quelques-unes des questions les plus controversées, lutter à armes courtoises avec des auteurs, à la science desquels je me plais à rendre hommage, étudier enfin jusqu'à quel point on peut accepter les théories allemandes, et voir si le bruit qu'elles ont fait et qu'elles font encore, ne vient pas de leur originalité ou même de leur étrangeté, plutôt que de leur exactitude et de leur précision scientifique.

CHAPITRE PREMIER

ORIGINES ET DÉFINITION DE L'ACTION POPULAIRE

S'il faut en croire la légende, sept cent cinquante ans environ avant notre ère, un berger intelligent et hardi, qui se nommait Romulus, ramassait une poignée de brigands, dont il se déclarait le chef, bâtissait une ville auprès d'Albe-la-Longue et léguait à l'histoire le nom d'un peuple nouveau.

Si l'on se reporte, par la pensée, au milieu de ces quelques hommes plus ou moins barbares, qui viennent d'associer leurs vies et leurs intérêts, on perd de vue les rouages merveilleux et compliqués de nos législations modernes, on fait abstraction du raffinement auquel sont parvenues les civilisations de l'Europe contemporaine, et l'on peut alors se rendre compte du mécanisme primitif de quelques institutions et des nécessités qui les ont engendrées.

Il est une vérité qu'il est triste de constater : c'est que, entre plusieurs hommes, qui vivent ensemble, l'accord ne dure pas longtemps ; dans la Rome naissante, il dura si peu, que Romulus, tout le premier, tua son frère Remus qui, paraît-il, contrariait ses projets et portait ombrage à son ambition. Des violences de ce genre auraient vite com-

promis l'avenir d'un peuple s'il n'y apportait lui-même
des remèdes, et l'on voit presque immédiatement appa-
raître, à l'aurore des civilisations, à côté de l'intérêt privé,
que défendra chaque individu, pour son propre compte, la
conception abstraite de l'intérêt public qu'il faut sauve-
garder.

Les Romains comprirent bien cette nécessité, et tout de
suite, ils organisèrent des pouvoirs et des autorités : Ce
furent d'abord des rois législateurs et guerriers, tout à la
fois, puis des consuls et des dictateurs : mais un seul
homme ne peut suffire à la tâche de gouverner tout un
peuple et il faut créer des autorités secondaires pour venir
en aide au pouvoir supérieur et rendre pratiquement
efficace la manifestation de ses volontés. C'est ainsi que
nous voyons apparaître, peu à peu, des questeurs chargés
de pourvoir à l'administration et à la défense du trésor
public et des magistrats chargés de rendre la justice.
Parmi ces magistrats, nous n'en trouvons point qui cor-
respondent au ministère public de nos jours, et cependant
l'on ne saurait nier que les fonctions du ministère public
actuel répondent à une des premières nécessités sociales :
à savoir la répression de tous les désordres qui peuvent
compromettre la sécurité d'un État.

Il n'y avait pas, à cet égard, de lacune, dans le droit
romain : le mécanisme seul était différent.

A Rome, l'individu est loin d'avoir la même physiono-
mie que le citoyen d'aujourd'hui : il prend personnelle-
ment une part beaucoup plus active à tout ce qui intéresse
la chose publique ; il assiste aux assemblées populaires,
armé d'un double pouvoir législatif et judiciaire et s'im-
misce à chaque instant dans les affaires de l'État : il se
sent beaucoup plus vivement que nous organe, partie

intégrante de cet État : aussi, c'est dans les choses les plus graves, dans les attributions les plus délicates, qu'il entend conserver les prérogatives qu'il tient de sa qualité de membre du peuple souverain, et au lieu de déléguer à un corps spécial de fonctionnaires le soin de rechercher et de réprimer les infractions de tout genre, il garde ce droit entier pour l'exercer lui-même. Tout citoyen est intéressé à la conservation de l'ordre public : par conséquent, il a le droit et le devoir de faire appliquer une peine à celui qui contreviendrait aux lois destinées à protéger cet ordre : il y eut, à Rome, un tel sentiment de la solidarité civile, qu'avec un petit nombre de magistrats et des pouvoirs mal définis, ce sentiment sut maintenir l'observation rigoureuse de la loi et faire sentir au peuple, que le droit était sa chose, et que dans le droit, c'était lui-même qu'il devait respecter : aussi en garde-t-il la tutelle, et le citoyen lésé va-t-il chercher le coupable jusque chez lui et l'amener même de force, *obtorto collo*, devant le magistrat élu par lui.

On ne saurait trouver une formule plus heureuse pour résumer ces idées que celle que nous a donné le jurisconsulte Paul, lorsqu'il nous dit : « *Reipublicæ interest quamplurimos ad defendendam suam causam admittere* [1]. »

Si nous passons dans le domaine de la pratique, quand allons-nous trouver en face de nous la nécessité de ce « *quamplurimos admittere* » ? Certes, les cas sont nombreux : un crime vient de se commettre ; la sécurité publique est, par ce fait même, menacée, et directement intéressée à la répression ; si l'on ne poursuit pas le coupable, et si, selon le dicton vulgaire, on ne fait pas un exemple,

1. D., l. 4, XXXIX, 1.

les idées supérieures de morale et de religion ne seront malheureusement pas suffisantes pour arrêter le débordement des passions humaines et les criminels deviendront nombreux, lorsqu'ils sauront que l'impunité est assurée à leurs forfaits.

Où trouver le remède à une pareille éventualité? Les Romains l'ont trouvé, en faisant le raisonnement suivant : le crime qui vient de se commettre intéresse la société, le *populus* : à elle incombe le soin de le réprimer; or, qu'est-ce que la société, sinon l'ensemble des citoyens? C'est donc aux citoyens à pourvoir eux-mêmes à leur sécurité, et pour ce faire, ou institue l'*Accusation publique* et les *Judicia publica*. Chaque citoyen aura le droit non-seulement de dénoncer le crime, comme dans nos législations modernes, mais il prendra une part directe au procès qui suivra et sera, dans ce procès, l'adversaire personnel du coupable.

Quant aux délits qui froissent plus particulièrement l'intérêt des individus, comme le vol, la rapine, le *damnum injuria datum*, l'injure, etc., la théorie romaine s'écarte absolument des idées admises à notre époque. On conçoit aujourd'hui que ces délits, pour avoir un caractère de gravité moindre que celui des crimes proprement dits, n'en intéressent pas moins l'ordre social tout entier, et méritent, à cet égard, une punition absolument indépendante de la réparation du préjudice privé qu'ils ont occasionné : aussi le ministère public les poursuit-il avec raison, tout en laissant à la personne lésée le soin de réclamer une indemnité pour le tort personnel qui lui a été causé. Les anciens jurisconsultes romains ne semblent pas avoir saisi la connexité d'intérêts qui existe ici, entre le droit public et le droit privé, et ils n'ont accordé, dans ce cas, une action qu'à celui-là seul qui a directement subi un préjudice. C'est la théorie des *Actions pénales*, actions dont le fondement réside tout entier dans l'idée de la vengeance privée : la victime ne demande pas seulement justice : il faut qu'elle punisse le coupable en le frappant dans sa fortune, et c'est pourquoi elle obtiendra parfois une condamnation pécuniaire, qui ira jusqu'à lui donner quatre fois la valeur de ce qu'elle a perdu : elle s'enrichira donc et le coupable sera appauvri d'autant : c'est cet appauvrissement qui sera la punition de sa faute[1]. Mais, en somme, l'Etat se désintéresse complètement du débat, et si l'action intentée prend une dénomination spéciale, elle ne sort pas du cadre de la procédure civile ordinaire.

A coté des crimes qui donnent lieu à l'accusation publique et des délits privés, il existe une troisième classe de faits qui ont un caractère mixte : ce sont des faits qui se rapportent le plus souvent à des questions d'intérêt général que nous considérerions aujourd'hui comme étant principalement du domaine de la police, infractions qui lèsent directement l'intérêt public, tout en portant ordinairement atteinte à un intérêt privé. L'action pénale civile ne peut trouver ici son application, puisqu'il se peut qu'aucun particulier n'ait été personnellement lésé, et d'un autre coté, l'infraction n'est pas assez grave pour être qualifiée de *crimen publicum* et donner ouverture à l'accusation publique. C'est pour les délits de ce genre que les Romains ont imaginé une procédure tout-à-fait spéciale, participant, tout à la fois, par sa nature, à la procédure accusatoire et à celle des actions civiles : la procédure des actions populaires.

---

1. Sont notamment *in quadruplum* les actions *furti manifesti* et *quod metus causa.*

Ici, de même que pour les crimes, il importe, selon les paroles de Paul, d'appeler le plus grand nombre de citoyens possible à défendre la cause de la chose publique ; aussi suis-je d'avis qu'il faut considérer le fragment du célèbre jurisconsulte comme la véritable genèse de l'action populaire. Il ne faut pas que ces délits et ces contraventions, quelque minime que soit leur gravité, restent sans répression ; sans cela ils vont se multiplier à l'infini ; or, comme il n'y a pas d'autorité constituée spécialement chargée de les poursuivre, on s'adresse encore à l'universalité des citoyens, dont chaque membre va devenir une sorte de fonctionnaire public, détenant entre ses mains une parcelle du pouvoir, dont il fera usage pour le bien de tous.

Toutefois, on comprend aisément que si le demandeur à l'action populaire n'y avait trouvé aucun avantage personnel, et que la condamnation du coupable ne lui eut procuré aucun bénéfice, il eut été bien hasardeux de compter sur la bonne volonté des citoyens et d'espérer qu'un grand nombre d'entre eux, sinon la totalité, auraient à ce point le souci des intérêts du peuple, qu'ils abandonneraient momentanément leurs affaires et se jetteraient *sponte sûa* dans tous les tracas d'un procès pour aboutir à ce simple résultat à peu près négatif pour eux : la répression du coupable, dans l'intérêt général. C'eût été là un idéal réalisé : or l'idéal n'est pas de ce monde. On abandonnait donc au demandeur le produit de la condamnation et c'est ce qui nous explique pourquoi les actions populaires, proches parentes, cependant des *judicia publica*, ont néanmoins trouvé leur place dans la procédure civile : les Romains, toujours formalistes, n'ont pas voulu innover, pour cette action d'une nature toute particulière, et ils lui ont donné la forme des actions ordinaires. Le procès s'engagera donc, comme toujours, entre le demandeur et le défendeur, soit, tout d'abord, au moyen des *legis actiones*, soit, plus tard, avec la procédure du système formulaire, et le vainqueur obtiendra, selon la règle générale, une somme d'argent qui lui sera payée par le vaincu.

Je dois mentionner ici, tout en réservant les critiques pour plus tard, la théorie de M. Ihering sur les origines probables de l'action populaire. C'est au cours de sa longue et savante dissertation sur la *gens* que le célèbre professeur allemand a été amené à parler du sujet qui nous occupe [1]. « La *gens*, nous dit-il, est l'identité de la famille et de l'Etat: c'est, si l'on veut, une famille, avec un caractère politique, ou une société politique avec un caractère familial: elle sort de la famille, mais elle en conserve l'intimité.... L'obligation des parents de se soutenir mutellement est un des corollaires les plus naturels et les plus réguliers du principe de famille.... En ce qui concerne l'étendue de cette obligation, dans le droit romain antique, personne ne contestera qu'elle renfermait, avant tout, le devoir de *représentation juridique*.... Il y a un rapport de coordination entre tous les gentils qui entraîne des droits et des obligations réciproques... Comme l'Etat n'est qu'une *gens*, avec des portions plus étendues et que l'on peut appeler la *gens* un État en petit, il faut que nous nous rendions exactement compte de ce rapport universel de la communauté politique....., la *gens* n'est que l'universalité des gentils ; elle ne peut avoir une puissance supérieure ; en d'autre termes, chacun de ses membres n'est pas le *sujet* de la *gens*, mais est l'égal de tous les autres gentils.... Le droit

1. Von Ihering, *L'esprit du droit romain*, traduction Meulenaere, § 17, *passim.*

postérieur n'a gardé aucun de ces rapports de communauté entre les gentils (comme, par exemple, celui de *l'ager publicus*), mais il a conservé les actions populaires, qui en sont, à mon avis, une conséquence indirecte importante, détachée de son lien avec la constitution de la gentilité.

Ces actions sont un phénomène remarquable, non-seulement au point de vue de notre droit public actuel, en ce sens, qu'au moyen de ces actions, un particulier peut exercer une police, réglée par des principes spéciaux déterminés, mais encore, au point de vue du droit romain, en ce que ce dernier qui tient, dans tous les autres cas, avec la plus extrême rigueur, au principe de la *legitimatio ad causam* du demandeur, accorde ici des actions, qui, en apparence, n'offrent pas le moindre intérêt personnel pour le demandeur. La surprise qu'excite ce phénomène disparaît lorsqu'on le met en relation avec cette communauté particulière du droit qui existait au sein de la gentilité..... Ces actions, d'après leur idée originaire, sont destinées à protéger ce rapport de communauté indivise du droit.... »

Nous verrons, par la suite, quelles conséquences a tirées M. Ihering de cette théorie, dans une des controverses les plus délicates de la matière, et si ces conséquences peuvent être acceptées. Quant à présent, je ne me refuse pas à admettre pour partie l'opinion du savant allemand sur cette question encore bien vague et bien obscure des origines de l'action populaire. Tous les gentils, nous dit-il, ont les mêmes droits et les mêmes obligations à l'égard de la communauté et il appartient à chacun d'entre eux de protéger, à l'occasion, les intérêts menacés de la *gens* tout entière. Or, comme, de son propre aveu, la *gens* est un État en petit, et qu'en définitive, c'est l'État qui l'a remplacée, mettons *citoyens* à la place de *gentils* et nous serons, je crois, à peu près d'accord, sur ce point.

M. Ch. Maynz, dans son *Cours de droit Romain*[1], propose, sans trop s'engager, d'ailleurs, une origine toute différente. Il rattache l'action populaire aux interdits donnés par le préteur, à l'effet d'assurer aux citoyens l'usage des choses publiques, *res publicæ*, comme, par exemple, les fleuves, les rives de ces fleuves, les voies rustiques et urbaines, les lieux sacrés, etc., toutes choses qui n'étaient point susceptibles d'une appropriation privée, et sur lesquelles chaque membre de la communauté, sans avoir de droit précis et déterminé, avait une sorte de droit d'usage ; eh bien, si quelqu'un l'empêchait d'en faire cet usage permis par la république à tous ses sujets, il trouvait protection auprès du préteur. En agissant ainsi, dans son intérêt personnel, il sauvegardait les intérêts de tous, les droits de la communauté, de l'État. Cette idée s'étant développée avec le temps, le préteur étendit sa sollicitude à deux points de vue : d'abord, en autorisant les particuliers à agir, même dans des hypothèses où ils n'avaient aucun intérêt personnel, et nous voyons alors apparaître des *interdits populaires ;* ensuite, en remplaçant les interdits par des moyens plus directs, par des *actiones in factum.*

Ainsi donc, d'après M. Maynz, les interdits populaires auraient précédé les actions et celles-ci n'auraient pas eu d'autre origine. Or, nous verrons que rien n'est moins certain que cette antériorité prétendue des interdits sur les actions, et que, d'ailleurs, on peut considérer comme populaires la plupart des interdits destinés à protéger l'usage des *res publicæ*, alors même que le demandeur

1. T. I, p. 531.

qui les invoquait avait un intérêt personnel à agir ; pour
les actions aussi, il arrive fréquemment que celui qui les
intente y est directement intéressé, ce qui ne les empêche
pas d'être populaires.

En admettant donc que ces interdits aient été le point
de départ des actions, il aurait fallu leur assigner à eux-
mêmes une origine, sans quoi l'explication donnée est
incomplète.

S'il m'est permis, dans une question aussi délicate, de
formuler une opinion personnelle, je dirai, en résumant les
idées qui précèdent, que les actions populaires, de même
que les interdits, sont nées d'une nécessité sociale et par
la force même des choses : c'est l'instinct de conservation,
le besoin de vivre, si je puis m'exprimer ainsi, qui les a
fait admettre par les Romains. Chez tous les peuples quels
qu'ils soient, il faut une répression organisée pour tous les
faits délictueux : chez nous, c'est le ministère public qui
est actuellement chargé de ce soin : les Romains le rem-
plaçaient par l'action populaire. Je n'oserais pas affirmer
que leur système valait mieux que le nôtre ; en tous cas,
le premier avait sans doute ses avantages, puisqu'il
fonctionne encore avec des variantes, dans la procédure
criminelle de l'Angleterre, et qu'il est question de le
ressusciter en Allemagne et en Italie.

Nous avons dès maintenant, ce me semble, des élé-
ments suffisants pour ébaucher une définition de l'action
populaire : cette définition ne sera complète, on le conçoit,
que lorsque toutes les particularités qui s'y rattachent au-
ront été étudiées en détail : ce n'est qu'après en avoir
scruté la nature intime, et en avoir approfondi le carac-
tère original, dans les chapitres qui vont suivre, qu'il nous

sera permis d'avoir une idée rigoureusement exacte de ce genre d'actions et de condenser toutes nos observations dans une formule claire et précise. Mais nous pouvons avoir, dès à présent, une certaine vue d'ensemble sur les principes qui constituent l'action populaire et en donner une définition large et compréhensive, à laquelle viendront s'incorporer plus tard chaque point de détail successivement étudié.

Au début du titre XXIII du livre XLIII des Pandectes intitulé « *De popularibus actionibus* », Paul nous donne une définition ainsi conçue : *Eam popularem actionem dicimus quæ suum jus populi tuetur.* »

Je ferai remarquer, tout d'abord, combien la construction de cette phrase est défectueuse : il est impossible de la traduire telle quelle ; très probablement le manuscrit de Paul a été grossièrement défiguré par les scribes chargés de le reproduire, dans la compilation de Justinien. Mommsen corrige ainsi: « *Eam popularem actionem dicimus quæ sua vi jus populi tuetur.* » Je préférerai la correction suivante, qui n'altère presque pas le texte : « ..... *qua suum jus populus tuetur.* »

Quoi qu'il en soit, c'est là vraisemblablement une nouvelle forme donnée par Paul à une pensée que nous connaissons déjà, et qu'il avait exprimée dans un texte cité plus haut, lorsqu'il disait : « *Reipublicæ interest quamplurimos...* etc. » Assurément cette définition est exacte, mais il faut avouer qu'elle est bien incomplète et ne serait pas de nature, à elle seule, à donner une idée quelconque du caractère de l'action populaire. Il est donc nécessaire, pour l'étendre un peu, de lui adjoindre divers autres fragments qui se trouvent épars dans le Digeste; je prends les principaux et à la loi 1 de notre titre, j'ajoute : « *in qua quis quasi unus ex populo agit*[1] » ; « *quæ cuivis ex populo competit*[2] ; » — « *in qua quivis ex populo jus pro-hibendi habet*[3]. »

Ces différents textes ont le mérite de nous indiquer le principal caractère de l'action, à savoir qu'elle est donnée à tout citoyen qui veut l'intenter, ce que Paul ne nous disait pas, mais ils ne font aucune allusion aux autres caractères qui l'accompagnent. En tenant compte des explications que je viens de donner, et sans empiéter sur celles qui suivront, nous pouvons, dès à présent, dire que l'action populaire est *une action pénale, civile, donnée, dans l'intérêt du peuple, à tout citoyen jouissant de la plénitude de ses droits civils, bien qu'il n'y ait aucun inté-rêt personnel.* Je tiens à répéter que cette définition est forcément incomplète et qu'elle ne peut donner qu'une idée générale et très sommaire de l'action, dont je me suis proposé l'étude. J'aurais été obligé, si j'avais voulu éviter cet inconvénient, d'anticiper sur les chapitres suivants, ce qui leur eut enlevé tout le faible intérêt qu'ils peuvent avoir, ou de placer ma définition à la fin de cet ouvrage, ce qui eut été contraire à toutes les règles admises.

1. D. I. 43, § 2, III, 3.
2. D. l. *unica*, § 9, XLIII, 13.
3. D. l. I, § 2, XLIII, 8.

CHAPITRE II

DES PRINCIPALES ACTIONS POPULAIRES

Après avoir dit ce qu'était l'action populaire et quelles
en étaient les origines probables, il sera bon d'en exami-
ner les principaux cas d'application et de faire une revue
rapide et sommaire de celles qui tiennent une certaine
place au Digeste ou dans les monuments que nous a lé-
gués l'histoire.

Nous nous trouvons immédiatement en présence de
deux grandes catégories d'actions, qu'il faut soigneuse-
ment distinguer : la première catégorie comprend les ac-
tions populaires *prétoriennes* et *édiliciennes* ; la seconde
comprend les actions populaires *légales*, c'est-à-dire les
poursuites organisées par des lois ou des senatus-con-
sultes.

Je prends, dès à présent, parti dans un débat fort impor-
tant, car un grand nombre d'auteurs n'accordent le carac-
tère populaire qu'à la première catégorie de ces actions :
d'après eux, les Romains de l'époque classique n'auraient
compris sous cette dénomination que les actions créées par
l'édit du préteur ou par les édiles, ce qui les réduirait à

un fort petit nombre, et ce serait d'après un point de vue tout moderne qu'on aurait étendu le qualificatif *popularis* aux poursuites créées par les lois et les senatus-consultes.

Il est certain qu'il existe entre ces deux classes d'actions de très-grandes différences : les actions prétoriennes, ou édiliciennes paraissent avoir, de prime abord, un caractère absolument privé ; on aperçoit difficilement, chez le demandeur, cette sorte d'investiture du pouvoir de l'Etat, qui me le faisait comparer, plus haut, à un organe de notre ministère public ; en un mot, il semble bien agir exclusivement dans son intérêt personnel, puisqu'il fait entièrement sien le produit de la condamnation qui sera prononcée.

Tout autre est l'aspect sous lequel se présentent les poursuites instituées par des lois ou des sénatus-consultes. Ici, l'on voit clairement que le demandeur n'agit que dans l'intérêt public, comme mandataire, comme *procurator* du peuple, et la meilleure preuve en est que le profit de la condamnation est pour le peuple, tandis qu'il n'en retire lui-même aucun avantage

Malgré ces différences fort importantes, et sans entrer maintenant dans les explications qu'elles réclament, je n'hésite pas à dire qu'il n'en est pas moins vrai que toutes ces actions ont été considérées par les Romains comme populaires, et que cette qualification se justifie mieux encore pour la seconde catégorie que pour la première.

Ceci dit, je vais étudier brièvement les plus saillantes d'entre elles, dans deux paragraphes successifs.

§ 1ᵉʳ. — Actions prétoriennes et édiliciennes.

Actio de sepulchro violato. — Ulpien (l. 3, XLVII-XII)

s'exprime ainsi : « *Cujus dolo malo sepulchrum violatum esse dicetur, in eum in factum judicium dabo : ut ei ad quem pertineat, quanti ob eam rem æquum videbitur, condemnetur : quicumque agere volet, ei centum aureorum actionem dabo...* »

Le caractère populaire de cette action ressort très clairement de ce texte : on accorde, tout d'abord, le droit d'agir à celui qui peut y avoir un intérêt direct, celui *ad quem pertinet*, c'est-à-dire aux parents du défunt dont le sépulcre a été violé ; puis, s'il n'y en a pas, ou si ceux qui existent se trouvent empêchés, ou ne veulent point engager le procès, pour une raison ou pour une autre, on donne l'action à tout citoyen qui se présente pour l'intenter.

Nous trouvons, au titre *de sepulchro violato*, l'indication de plusieurs hypothèses dans lesquelles s'ouvrira cette action : on peut supposer qu'un individu s'est introduit furtivement dans un tombeau pour y voler divers objets, sans toucher à la sépulture elle-même ; il en détache, par exemple, des pierres, des marbres, des colonnes, des statuettes ; il se peut aussi que, sans rien dérober, il ait fait du tombeau sa maison d'habitation, après y avoir transporté ses dieux lares : cela constitue une action sacrilège ; enfin, dans des cas beaucoup plus graves, on voit des misérables exhumer les cadavres pour les dépouiller de leurs joyaux, ou, parfois même, pour leur faire subir des pollutions tellement atroces et odieuses qu'on se demande si ce n'est pas la folie qui pousse seule les auteurs de ces crimes sans nom. Dans toutes ces hypothèses qui ne sont que des exemples, ouverture est donnée à l'action populaire, qui s'inspire directement ici des idées de vengeance, comme nous l'attestent ces fragments de Julien et de Papinien : « *Hæc actio non ad rem familiarem ejusdem (sed) magis ad ultionem pertineat.* » — « .... *neque id capiatur quod in rei persecutione, sed in sola vindicta sit constitutum.* »

Dans les cas où la violation atteignait un certain caractère de gravité, l'action pénale privée ne faisait pas obstacle à une procédure criminelle, et tandis qu'on accordait 100 ou 200 *aurei* au demandeur populaire, le coupable pouvait, selon les cas, être condamné *ad metallum* ou bien être déporté dans une île, ou enfin subir la peine de mort.

Action de albo corrupto. — Le préteur écrivait son édit sur des tablettes : c'était là l'*album* : il importait beaucoup que cet édit ne subît aucune altération, de nature à tromper les plaideurs ou les *judices* qui le consultaient ; aussi se montrait-on très sévère, à l'égard de celui qui le dénaturait, de quelque façon que ce fut : tout citoyen qui s'apercevait de la fraude pouvait requérir à son profit une condamnation à 500 *aurei*. Cette action fut remplacée plus tard par la loi *Cornelia de falsis* et le coupable fut puni comme faussaire : « *Hodie*, nous dit Modestin [1], *qui edicta proposita corrumpunt, falsi pœna plectuntur.* »

Action de effusis et dejectis. — « *Publice utile est*, écrit Ulpien, *sine metu et periculo per itinera commeari* [2] ». Il est indispensable, en effet, que dans toute ville qui mérite ce nom, les passants qui se promènent ou qui vont à leurs affaires puissent le faire avec sécurité. Ainsi donc si d'un appartement habité quelque chose a été répandu ou jeté sur la voie publique, et y a causé quelque accident, une action sera donnée contre celui qui habite l'appartement soit à titre de propriétaire, soit à titre de locataire ; qu'il y ait ou non de sa faute, il est toujours présumé responsable

1. D. 1. 32, XLVIII-X.
2. D. IX-III.

de l'accident, car il doit savoir ce qui se passe chez lui. Quant aux conséquences de sa négligence ou de son imprudence, elles varient selon les cas : est-ce une chose qui a été lésée, et parmi les choses on comprend les esclaves, il paiera deux fois la valeur du dommage qu'il a causé. Si c'est un homme libre, qui a été blessé, le juge statue d'après l'équité « *ex æquo et bono*[1] » ; si l'homme libre a été tué, la peine est fixée invariablement à 50 sous d'or ou à 200 solides.

Action de positis et suspensis. — Cette action a une grande analogie avec la précédente : au lieu de supposer un objet qui tombe dans la rue et qui cause du dommage, on le suppose placé ou suspendu de telle façon qu'il est sujet à tomber : apparemment, les dames romaines cultivaient avec amour, comme on le fait aujourd'hui, dans nos grandes villes, des plantes exotiques ou autres, qu'elles exposaient à l'air sur leur balcon et que le premier coup de vent pouvait faire choir sur la tête de quelque passant inoffensif ; on prévenait le mal sans attendre qu'il fut arrivé, en donnant contre l'amateur d'agriculture en chambre une action de 10 solides que tout citoyen pouvait intenter. Le caractère de popularité s'aperçoit mieux encore dans cette hypothèse que dans la précédente : ici, en effet, nul n'a jamais un intérêt direct à agir, puisque personne n'est lésé et qu'on ne voit pas quel serait le citoyen plus spécialement désigné pour exercer le droit qui appartient à la communauté.

Action de tabulis apertis[2]. C'est au milieu des dispo-

---

1. Mais il faut observer dans ce cas, que tant que le blessé vit, l'action ne compète qu'à lui seul : ce n'est qu'après sa mort qu'elle devient populaire.

2. D. xxix-v.

sitions du S.-C. Silanien et Claudien, qui édictait toute une
série de pénalités cruelles contre les esclaves qui n'avaient
pas secouru leur maître en danger de mort, que nous
trouvons l'action populaire créée par le préteur dont il
s'agit ici : une peine de 100 *aurei* était infligée à celui qui
était convaincu d'avoir irrégulièrement ouvert le testa-
ment d'un défunt : « *Ex hoc edicto, actio proficiscitur con-
tra eum qui tabulas testamenti aperuisse dicetur. Palam
autem est, popularem actionem esse cujus pœna in centum
aureos ex bonis damnati extenditur, et inde partem dimi-
diam ei, cujus opera convictus est præmii nomine se datu-
rum prætor pollicetur, partem in publicum redactu-
rum* [1]. »

Nous reviendrons sur cette action, qui a donné lieu à de
nombreuses discussions ; on comprendra tout de suite
pourquoi, si l'on a remarqué cette singularité très impor-
tante, que le demandeur, au lieu de bénéficier totalement
du produit de la peine, comme dans les autres actions
précédemment étudiées, n'en reçoit ici que la moitié, et à
titre de récompense, nous dit le texte.

Action édilicienne de bestiis. — On sait qu'à Rome le
pouvoir judiciaire n'était pas le partage spécial et exclusif
de certains magistrats. La distinction des pouvoirs était
encore à peu près lettre morte, la règle était que tous en
fussent investis, dans une mesure égale à celle de leurs
attributions, c'est-à-dire que là où ils étaient compétents
pour administrer, ils devaient l'être aussi pour juger eux-
mêmes ou tout au moins organiser un *judicium*. C'est
pourquoi, à côté d'actions organisées par le préteur en
notre matière, en trouvons-nous, qui ont été créées par
les édiles curules. Au cours d'une longue série de dispo-

1. D., l. 25, § 2, XXIX-V.

sitions relatives aux vices redhibitoires, dans les ventes
d'animaux et d'esclaves [1] ces magistrats furent amenés à
sauvegarder la sécurité des citoyens menacée par les
arrivages fréquents de bêtes féroces, qu'on amenait
d'Afrique pour les jeux du cirque. « *Deinde aiunt ædiles,
ne quis canem, verrem, vel minorem àprum, lupum, ur-
sum, pantheram, leonem, et generaliter aliuJve, quod
noceret animal .. etc.* [2]. » La condamnation était de 100
aurei, en cas de mort d'un homme libre, et arbitrée *ex
æquo et bono*, en cas de simple blessure.

Telles sont les principales actions prétoriennes et édili-
ciennes que tout le monde à peu près est d'accord pour
regarder comme populaires. Nous arrivons maintenant à
la seconde catégorie, qui donne lieu, de nos jours, à des
controverses très-vives, sur lesquelles je m'expliquerai
ultérieurement.

§ 2. — Actions organisées par des lois ou des senatus-consultes.

Il est juste de donner la première place à celle des actions
de cette seconde classe qui paraît la plus ancienne et la
seule qui soit mentionnée dans le Digeste.

Elle se trouve dans le titre intitulé : *De termino moto*
(D. XLVII.-XXI.) On sait quel respect les Romains ont tou-
jours eu pour la propriété et de quelles garanties ils se
plaisaient à l'entourer. Aussi les propriétaires avaient-ils le
droit de faire délimiter soigneusement leurs champs par
l'action *finium regundorum*, et de placer sur les limites
qui leur avaient été assignées, des bornes qui incarnaient

1. D. XXI-I.
2. D., l. 40, 41, 42, XXI-I.

une divinité : le dieu Terme. Ceux qui déplaçaient frauduleusement ces bornes commettaient donc un sacrilège et Numa vouait leur tête aux dieux infernaux. Les peines extrêmement cruelles édictées par ce roi, peines qui atteignaient le coupable jusque dans sa famille, étaient vraiment hors de toute proportion avec la criminalité de l'acte et devaient disparaître peu à peu. Des mesures plus douces furent prises, dans la suite, contre les délinquants et les rigueurs exagérées des premiers temps furent remplacées par une simple peine pécuniaire que tout membre du peuple pouvait se faire attribuer, en intentant une action populaire. Cette action, nous dit Callistrate, fut instituée par Gaius César, c'est-à-dire vraisemblablement par l'empereur Caligula, dans sa loi agraire, la même qui dans le recueil des *Agrimensores* est appelée loi *Mamilia*. Une des principales dispositions de cette loi ordonnait aux propriétaires voisins de laisser un espace libre de cinq pieds entre leurs fonds respectifs, afin de faciliter l'exploitation agricole : cet espace ne pouvait pas être usucapé. Pour sanctionner les prescriptions de cette loi, on donnait une action populaire dont la loi 3 de *termino moto* nous parle ainsi : « *Adversus eos, qui terminos statutos extra suum gradum finesve moverint dolo malo, pecuniaria pæna constituta est : nam in terminos singulos quos ejecerint locove moverint, quinquaginta aureos in publico dari jubet; et ejus actionem petitionem, ei qui volet, esse jubet.* »

Ainsi que je le disais plus haut, les autres poursuites dont je vais maintenant parler, ne sont pas mentionnées dans les Pandectes. Aussi sont-elles restées longtemps dans l'ombre, et n'est-ce qu'à la suite de découvertes fort curieuses faites depuis peu de temps qu'on s'est mis à les étudier.

Mommsen et Geib[1] sont les premiers, en Allemagne, qui s'en soient occupés ; puis sont venus Ihering et Bruns, qui ont mis à leur service toute la finesse de leur dialectique et les ont portées à la connaissance du monde scientifique avec leur compétence indiscutable.

Toutes les lois et senatus-consultes qui les mentionnent ont généralement trait à des réglements municipaux postérieurs à la loi des XII Tables et organisent une répression contre des infractions que nous qualifierions aujourd'hui de contraventions de simple police[2]. Il m'a paru intéressant de rapporter ici un certain nombre d'exemples, parce qu'ils nous donneront des notions très-précises et très-caractéristiques sur les mœurs des munici-pes et des colonies romaines, dans les premiers siècles de notre ère.

I. *Lex coloniæ Genitivæ Juliæ.* — C'est en 1870 et 1874 qu'ont été trouvées, en Espagne, près de l'ancienne Hispalis, les tables de bronze qui ont fait connaître les dispositions de cette loi : on leur a donné le nom de *bronzes d'Osuna,* parce que c'est dans le duché d'Osuna qu'elles ont été découvertes. M. Charles Giraud[3] a fait de très savantes dissertations sur ces tables : je ne m'en occupe qu'au point de vue tout spécial de cette étude.

1. *Lehrbuch des deutschen Strafrechts.*

2. Il y en a cependant parmi elles qui auraient plutôt le caractère de délits correctionnels.

3. Les tables de bronze d'Osuna sont au nombre de quatre ; la quatrième, trouvée en 1870, a été éditée par M. R. de Berlanga, à Malaga, en 1873, avec ce titre : *Los bronces de Osuni ;* par Mommsen, en 1874, dans les *Ephemeris epigraphica,* vol. II, p. 105-151 ; par Ch. Giraud : *les bronzes d'Osuna,* Paris, 1874 ; par Bruns et Camillo Ré. — En 1875, on annonça que la première et la deuxième tables avaient été retrouvées. — Voir Giraud : *les nouveaux bronzes d'Osuna,* Paris, 1877, *Journal des savants,* 1876-1877.

Nous trouvons dans la *lex coloniæ Genitivæ* un nombre considérable d'actions populaires : les plus intéressantes ont trait au respect qu'on avait alors des libertés municipales, et aux précautions prises pour empêcher l'immixtion des sénateurs de l'empire dans les affaires de la colonie, et pour obliger les magistrats à se conformer aux décrets votés par les décurions, nous dirions aujourd'hui par le Conseil municipal.

Nous trouvons encore dans ces poursuites des mesures nombreuses pour prévenir la corruption électorale : il paraît que notre siècle n'a pas eu le monopole des appétits politiques et des ambitions effrénées et que les manœuvres des aspirants au pouvoir, pour capter les suffrages de leurs concitoyens, sont un peu de tous les temps. Les termes employés diffèrent seuls: on ne disait pas autrefois « un pot de vin » mais on connaissait parfaitement la chose. Je cite, à l'appui de ces réflexions, les exemples suivants d'actions populaires triées au travers des nombreux chapitres de la *lex coloniæ Genitivæ*.

Une action est donnée à tout citoyen :

1° Contre les decemvirs ou les préfets nommés par les decemvirs à leur place, qui ont, de quelque manière, reçu des dons ou des récompenses ;

2° Contre les magistrats qui n'ont pas respecté les règles sur la nomination de certains fonctionnaires ;

3° Contre les candidats qui ont donné des festins au-delà d'une certaine mesure légale [1], et qui ont fait des dons pour leur élection ;

4° Le chapitre relatif à l'obéissance due par les ma-

---

1. La mesure légale permettait au candidat d'avoir à sa table onze invités: au-delà de ce chiffre, il y avait *convivium publicum*, ce qui était défendu, en temps d'élections.

gistrats aux décrets des décurions mérite d'être rapporté en entier : « *II viri ædiles præfectus coloniæ Genitivæ Juliæ quicumque erunt, decurionesque coloniæ Genitivæ Juliæ quicumque erunt, ei omnes decurionum decretis diligenter parento obtemperanto sine dolo malo faciuntoque uti quod quemque eorum decurionum decreto agere facere oportebit ea omnia agant faciant, uti quod recte factum esse volent sine dolo malo. Si quis ita non fecerit, sive quis adversus ea fecerit sciens dolo malo, is in res singulas H. S. « I » colonis coloniæ Genitivæ Juliæ dare damnas esto, ejusque pecunia qui eorum volet reciperatorio indicio apud II virum præfectumve actio petitio persecutioque ex hac lege ius potestas que esto.* »

On donnait encore une action populaire :

5° Contre quiconque s'opposait violemment à ce qu'un créancier exerçât contre son débiteur la *manus injectio judicati* et usât du droit de *secumducere* ce même débiteur, s'il ne donnait pas un *vindex* ou n'exécutait pas le jugement ;

6° Contre ceux qui violaient les règles relatives à la sépulture et à la crémation des cadavres ;

7° Contre celui qui démolissait un édifice, sans donner caution pour le reconstruire ou sans avoir obtenu la permission des décurions ;

8° Contre ceux qui s'introduisaient, sans en avoir le droit, dans les loges réservées aux décurions, dans les spectacles publics, ou qui troublaient de quelque façon l'ordre des places assignées à chacun, dans ces mêmes spectacles ;

9° Contre ceux qui ne respectaient pas les règles établies pour l'administration du culte ; etc., etc.

Le produit de toutes ces actions appartenait à la colonie

et non au demandeur, comme dans les actions préto-
riennes ou édiliciennes; nous savons déjà que c'est là la
grande différence qui a amené Bruns, et beaucoup d'au-
teurs après lui, à refuser le caractère populaire à cette ca-
tégorie. Nous examinerons soigneusement cette question
un peu plus loin.

Ces poursuites avaient lieu devant un tribunal de récu-
pérateurs : le chapitre CV des bronzes d'Osuna traite de
la composition de ce tribunal, de la citation des témoins
et de la déchéance du droit d'agir lorsque le demandeur
ne se présentait pas sans avoir une excuse légitime.

II. *Inscription de Lucera.* — Cette inscription avait été
publiée, en 1861, par d'Amelis, mais ainsi que je l'ai dit,
dans mon introduction, elle n'a été connue, dans le monde
des jurisconsultes, que lorsque Mommsen [1] et Bruns [2] l'eu-
rent publiée, en accompagnant cette publication de com-
mentaires.

Voici sa teneur :

> *In hoce loucarid stircus*
> *ne (qu)is fundatid neve cadaver*
> *proiecitad neve parentatid*
> *sei quis arvorsu hac faxit (in)ium*
> *quis volet pro ioudicatod n(ummum) I*
> *manum iniect(i)o estod seive*
> *mag(i) steratus volet moltare*
> *(li)cetod* [3]

<hr>

1. *Ephemeris epigraphica*, vol. II, p. 198.

2. *Fontes juris romani antiqui* (3ᵉ édit., Tubinga, 1876), p. 42.

3. Cette inscription appartient vraisemblablement à la première moi-
tié du VIᵉ siècle de Rome. Voici l'interprétation de quelques mots :
loucarid pour *luco*, *fundatid* pour *fundito*, *parentatid* pour *parentato*;
arvorsu pour *adversus*.

Il est probable que c'était là un décret de l'autorité publique de la colonie, tendant à protéger un bois sacré ; ce qu'il y a de certain, c'est qu'on y donne alternativement pouvoir à toute personne d'exercer la *manus injectio pro judicato*, pour le recouvrement de la somme due par le contrevenant, et au magistrat le droit d'imposer une amende à ce contrevenant.

Je crois qu'il est nécessaire ici, quoique je sois obligé pour cela d'empiéter quelque peu sur la discussion du chapitre suivant, au risque de ne pas être très-clairement compris, d'examiner un problème qui s'est posé, à propos des termes fort vagues de cette inscription : on s'est demandé à qui devait appartenir le bénéfice de la condamnation prononcée. Sera-t-il pour le demandeur, comme dans les actions prétoriennes, ou pour le trésor public, comme dans les autres poursuites instituées par des lois ?

Mommsen dit simplement que le profit doit être attribué au trésor public. Bruns soulève quelques doutes en sens contraire et il fait observer qu'alors même qu'on serait obligé d'admettre que l'inscription a trait à une loi coloniaire, il ne s'ensuit pas nécessairement que l'action populaire qu'elle organise soit une action *procuratoire*, au nom de la colonie, les seules, dont le profit, selon Bruns, appartienne à la communauté. « Dans les autres lois, nous dit-il, qui organisent des actions populaires procuratoires, cette nature résulte toujours pour elles, d'une façon claire, de formules spéciales, telles que : *populo* ou *colonis* ou *municipibus* ou *in publicum dare damnas esto*, et ensuite on ajoute : *ejusque pecuniæ ei qui volet petitio esto*. Dans notre inscription, au contraire, rien de tout cela : la formule qu'elle contient est absolument pareille à celle de l'action *sepulchri violati* : « *quicumque agere volet, ei centum aureorum judicium dabo.* »

Je ne crois pas, d'accord en cela avec M. Scialoja [1], que le doute de Bruns soit bien fondé, alors même qu'on tiendrait pour vraie, ce que nous discuterons, la distinction qu'il fait entre les actions populaires *procuratoires* et les actions en *nom propre*, et je pense que cette inscription de Lucera a trait à une action dont le produit doit être pour le trésor public, ou plutôt pour le trésor sacerdotal.

Je suis conduit à cette opinion par l'analogie d'un ensemble d'autres dispositions de semblable nature, où il est constamment établi que le bénéfice des amendes, pour la violation des bois ou autres lieux sacrés, religieux ou publics, doit toujours être attribué au trésor sacerdotal; c'est ainsi que dispose la *lex Spoletina* et les si fréquentes prohibitions qu'on lit sur les inscriptions tombales. Ceci posé, il faut admettre, avec Mommsen et Scialoja que cette inscription de Lucera renferme un de ces cas, où il était permis d'agir *pro populo*, même avec la procédure des *legis actiones.*

III. *Lex Salpensana* et *lex Malacitana.* — Ces deux lois qui contiennent les réglements municipaux très-détaillés, accordés par l'empereur Domitien à la cité de Malaca et à la ville de Salpensa (en Bétique), ont été découvertes sur des tables de bronze trouvées, en 1851, à Malaga. Nous y trouvons également un grand nombre de poursuites populaires, établies dans des termes qui ne peuvent se prêter à aucune équivoque, et qui, partant, ne nécessitent point d'autres explications.

IV. On trouve encore, dans le traité de Frontin « *de*

—————

1. *Op. cit.*

aquæductibus urbis Romæ [1] » un exemple d'action popu-laire établi par un sénatus-consulte rendu sur la demande des consuls Elius Tubéron et Paulus Fabius Maximus, pour empêcher qu'on ne plantât des arbres ou qu'on bâtît des constructions quelconques sur un certain espace réservé devant les canaux et les aqueducs: « *... si quis adversus ea commiserit, in singulas res pœna HS X millia essent, ex quibus pars dimidia prœmium accusatori daretur, cujus opera maxime convictus esset qui adversus hoc S.-C. commisisset, pars autem dimidia in ærarium redigeretur; deque ea re judicarent cognoscerentque curatores aquarum.* »

Les expressions *pœna* et *accusatori* ont fait naître un doute sur le point de savoir si les poursuites édictées par le sénatus-consulte devaient être intentées par la voie civile ou par la voie criminelle, ou, en d'autres termes, si nous sommes en présence ici d'une action populaire ou d'un *judicium publicum.*

Je crois, pour ma part, qu'il y a simplement inexactitude dans les termes employés: car l'infraction à laquelle il est fait ici allusion a la plus grande analogie avec ces autres contraventions nombreuses que nous connaissons et qui toutes ne donnent ouverture qu'à une action pénale privée. Pour qu'il pût y avoir lieu à une procédure criminelle, il faudrait un certain caractère de gravité, un élément de criminalité qu'on ne saurait découvrir dans notre sénatus-consulte.

V. On a découvert tout récemment, au mois d'avril 1887, à Chagnon, (Loire) une inscription qui paraît avoir la plus grande analogie avec le S.-C. rapporté par Frontin.

____

1. Frontin, p. 471 de l'édit. Panckouke; — Ch. Giraud, *Enchiridion*, p. 641.

Cette inscription [1], qui a fait l'objet, à l'Académie de Lyon, d'un rapport très intéressant de M. Caillemer, le savant doyen de la Faculté de droit de Lyon, est ainsi conçue :

EX AVCTORITATÉ

IMP. ĆAES. TRAIA

NI HADRIANI

AVG. NEMINI

ARANDI. SER

ENDI. PANG

ENDIVE. IVS

EST. INTRA ID

SPATIVM AG

RI. QVOD TVTE

LAE DVCTVS

DESTINATVM

EST.

Le *ductus*, l'aqueduc que l'empereur veut protéger est celui qui amenait à Lyon les eaux du Gier et dont on voit encore les ruines remarquables à Chaponost et à Beaunand. Cet aqueduc passait à Chagnon : l'on a retrouvé des traces de son passage souterrain.

Il serait peut-être imprudent, en présence des termes concis et peu explicatifs de l'inscription rapportée ci-dessus, d'affirmer que les prescriptions de l'empereur Trajan étaient sanctionnées par une action populaire. Il y a cependant, à mon avis, de grandes probabilités pour qu'il en fut ainsi : nous nous trouvons, en effet, devant une prohibition tout-à-fait semblable à celle du S.-C. rapporté

1. L'inscription a été publiée par M. Allmer, dans la *Revue épigraphique du midi de la France*, t. II, n° 662, p. 283.

par Frontin : défense de labourer, de semer, de planter des arbres dans un certain espace, de chaque côté de l'aqueduc. Il n'y a pas de bonnes raisons pour ne pas admettre que la prohibition étant la même, la sanction devait l'être aussi, et que les cas étant identiques, la même procédure devait s'appliquer dans tout le territoire de l'empire.

VI et VII. — Je ne cite que pour mémoire la *Lex Julia municipalis*, connue sous le nom de *Tabula Heracleensis*, trouvée en 1732 et 1735, en deux fragments, dans le golfe de Tarente, ainsi que la *Lex Spoletina*, trouvée à Spolète, en 1876. Ces deux lois n'apporteraient aucun élément nouveau à la discussion.

VIII. — *S.-C. de Pago Montano*[1]. Je dois, en dernier lieu, reproduire ici une inscription trouvée à Rome, dans les fouilles de l'Esquilin, le 21 juillet 1875, sur un cippe ou colonne sans chapiteau, inscription d'une extrême importance si elle se rapporte bien réellement à notre matière.

Voici quelle serait sa teneur avec les suppléments proposés par Mommsen, suppléments dont je ne prends pas, d'ailleurs, la responsabilité :

> *eisque curarent tu(erenturque)*
> *(ar)bitratu ædilium pleibeium*
> *(quei)cumque essent neive ustrinæ in*
> *eis loceis regionibusve nive foci ustri*
> *naeve caussa fierent nive stercus terra(m)*
> *ne intra ea loca fecisse coniecisseve veli(t)*
> *quei hæc loca ab paago Montano*
> *(redempta habebit, quod si stercus in eis loceis fecerit*
> *terramve in ea) loca iecerit in. . . . .*

---

1. Cette inscription a été publiée en 1876, par Lanciani, dans le *Bolletino della commissione municipale di archeologia*, p. 190 ; par Camillo Ré, dans les *Archivio giuridico*, t. XVII ; par Henzen, Mommsen, Bruns.

. . . . . (*uti H S ma*)*nus iniectio pignorisq*(*ue*) *ca*(*pio siet*)

Le professeur Camillo Re, en commentant savamment cette inscription, considère que la *manus injectio* et la *pignoris capio*, qui y sont mentionnées, étaient deux actions populaires données contre ceux qui, de quelque façon, souillaient le lieu dont il s'agit. La *manus injectio* serait donc accordée ici, dans un cas parfaitement analogue à celui de la loi de Lucera, mais, de plus, et ce serait là le point essentiel, on aurait une *pignoris capio* qui serait tout-à-fait nouvelle.

Le texte me paraît bien incertain, à cause de la lacune considérable qui existe entre les mots « *montano* » et « *loca* » d'une part, et les mots « *in* » et « *nus* » d'autre part. Il est bien difficile, dans ces conditions, jusqu'à la découverte de nouvelles données de fait, de pouvoir exprimer une opinion formelle, et cependant je ne crois pas que M. Re puisse avoir raison. L'unique argument invoqué, en faveur de la popularité des deux actions, dont nous parle l'inscription *Esquiline*, se base sur l'analogie de cette inscription avec la loi de Lucera. Mais cette analogie est-elle si pressante ? On peut observer, tout d'abord, que cette loi de Lucera est très-probablement une véritable loi de la colonie, tandis que l'inscription *Esquiline* contient certainement un sénatus-consulte, comme nous le démontre la forme des verbes au conjonctif. On doit remarquer, en outre, que notre texte vise ici plusieurs personnes, auxquelles pouvaient être accordées les actions mentionnées dans la dernière ligne : les édiles plébeiens et ceux qui « *arbitratu ædilium pleibeium* » devaient assumer la garde du lieu, peut-être des *redemptores*. Eh bien, (et c'est aussi là l'opinion de M. Scialoja) je ne vois pas du tout que, d'après les termes obscurs de l'inscription, les deux actions ci-dessus soient données contre les *redemptores* (si toutefois il s'agit de ceux-ci) et je croirais plutôt quelles sont données aux *redemptores* contre les tiers contrevenant.

On sait, en effet, quelle est l'analogie entre les *redemptores* et les *publicani* : or Gaius (IV. 28) nous dit, à propos de ces derniers, en termes très-précis, qu'ils avaient la *pignoris capio*, pour la perception des impôts; rien ne s'opposerait même, dans les termes du texte, à ce que cette action fut accordée aux édiles plébeïens eux-mêmes, et dans l'une ou l'autre de ces deux hypothèses, l'inscription *Esquiline* ne pourrait se rapporter à notre matière. — De plus, il y a entre l'inscription *Esquiline* et la loi de Lucera cette grande différence qu'à côté de la *manus injectio*, on trouve encore dans la première, la *pignoris capio*, qui n'est pas mentionnée dans la seconde. Or, bien que je ne veuille pas nier d'une façon absolue, la possibilité d'une *pignoris capio* populaire, j'estime cependant, qu'il y a quelques difficultés à l'admettre, tant que nous n'aurons pas une preuve décisive, en fait, pour certifier son existence. Gaius nous présente, en effet, la *pignoris capio* comme une *legis actio*, d'un caractère exceptionnel, et il ne mentionne aucun cas qui puisse avoir quelque ressemblance avec celui que nous présenterait notre inscription. On comprend, d'ailleurs, que pour des contraventions comme celles qui sont visées dans notre S.-C. et dans la loi de Lucera, on puisse donner une *manus injectio* populaire, parce qu'il est très-utile d'accorder à chaque citoyen le pouvoir d'arrêter sur le fait le contrevenant pour lui faire payer immédiatement l'amende. Tout au contraire, bien moins convenable serait, dans les mêmes cas, la *pignoris capio* qui

n'aurait qu'un seul avantage : une plus grande sécurité
pour le paiement de l'amende, et qui aurait de grands in-
convénients. En effet, comme elle « *extra jus peragéba-*
tur... plerumque etiam absente adversario [1], » il aurait
pu se présenter des cas où plusieurs personnes auraient
agi en même temps, ce qui eut aggravé outre mesure la
position du contrevenant, parce que le fait de la *pignoris*
capio, même dégagé des conséquences ultérieures,
constitue par lui seul un dommage actuel pour le patri-
moine ; et cependant on n'aurait pu reprocher le moindre
dol à ceux qui simultanément auraient procédé à une *pi-*
gnoris capio, sans avoir connaissance de leurs agisse-
ments respectifs, de telle sorte que le lésé n'aurait eu con-
tre eux aucune action. — D'autre part, la crainte de pro-
céder à une *pignoris capio* injuste, parce qu'elle aurait été
déjà exercée par d'autres, devait certainement retenir ce-
lui qui eut été tenté de la pratiquer, de telle sorte qu'on
en serait venu à perdre le bénéfice résultant de la popu-
larité de l'action et à la rendre complètement inefficace.

C'est pourquoi, en l'absence de documents précis, je ne
crois pas qu'on puisse accepter l'existence d'une *pignoris*
capio populaire. Or, dans l'inscription *Esquiline*, il est cer-
tain que si la *manus injectio* est populaire, la *pignoris capio*
qui la suit immédiatement doit l'être aussi. Je pense donc
qu'il y a lieu, dans l'état actuel de la science, de ne pas re-
vendiquer ce document comme un exemple d'action po-
pulaire et qu'il faut absolument l'écarter du débat.

C'est à propos de toutes ces poursuites que Bruns à
échafaudé sa grande théorie des *multæ*, basée sur un
axiome prétendu qu'il aurait trouvé dans les sources. D'a-

1. Gaius, IV, 29.

près lui les trois formules légales que nous relevons dans les textes « *multa esto* » — « *pœna esto* » — « *populo dare damnas esto* » correspondaient à une division tripartite des amendes. Lorsque nous rencontrons les deux premières formules, les amendes devaient être recouvrées par la voie criminelle et ce n'est que dans le cas de la troisième qu'il y avait lieu de poursuivre par la voie civile. Si cette distinction devait être admise, elle éliminerait de notre seconde catégorie un certain nombre de poursuites qui appartiendraient, dès lors, à l'accusation publique. Mais, ainsi que le fait observer M. Maynz, avec beaucoup de sens, c'est en vain qu'on cherche la ligne de séparation qui existe, d'une part, entre « *multa* » et « *pœna* » et, d'autre part, dans le langage des anciens mêmes, la formule « *damnas esto* » n'est pas nettement distinguée des deux autres. Ce qui le prouve, c'est ce fragment de Labéon[1], commençant par ces mots : « *Si qua pœna est, multa est : si qua multa est, pœna est...* » et ce passage d'un discours de Caton le censeur : « *Quid nunc? Ecqua tandem lex est tam acerba quæ dicat : si quid illud facere voluerit, mille multa esto ! Si quid D jugera habere voluerit, tanta pœna esto ! Si quis majorem pecudum numerum voluerit, tantum damnas esto ?...*[2] » La confusion des trois formules, dans des hypothèses identiques, nous montre bien clairement qu'elles étaient toutes trois synonymes et que le législateur les employait indifféremment. Je rejette donc les conclusions de Bruns et je revendique pour mon sujet, malgré la différence des termes qu'ils emploient, les exemples que j'ai donnés, dans le second paragraphe de ce chapitre.

1. L. 244, *De verborum significatione.*
2. Aulu-Gelle, *Nuits attiques*, XI, 3, 37.

CHAPITRE III

Nous arrivons maintenant à une question extrêmement délicate, et, j'ose le dire, très-intéressante, tant à cause des vives controverses qu'elle a soulevées, en Allemagne et en Italie, parmi les Romanistes les plus distingués de ces deux nations, qu'à cause de la différence des aperçus philosophiques qu'elle nous donne, selon la solution adoptée, sur la manière dont les anciens Romains avaient compris la science du droit.

Le problème se pose de la façon suivante : quelle a été l'idée créatrice des actions populaires ? Les Romains avaient-ils, comme nous, cette perception nette d'une personnalité morale de l'Etat, supérieure à celle des individus, et susceptible en tant que personne d'avoir des droits et des obligations ? Si oui, le demandeur à l'action populaire représente-t-il cette personne morale, agit-il comme *procurateur* de l'Etat, pour sauvegarder ses intérêts lésés, ou bien, au contraire, ne fait-il qu'exercer un droit propre, qui lui est absolument personnel, et qu'il ne fait valoir que parce que son droit à lui, individu, a été méconnu ?

Certes, il n'est pas facile de déterminer quelle était la théorie romaine sur ce point : nous ne trouvons, dans les sources, qu'un titre du Digeste consacré aux actions populaires et encore ce titre est-il d'une concision désespérante ; les huit fragments de Paul et d'Ulpien qu'il contient sont extrêmements brefs, ne nous donnent que des indications fort vagues et laissent la porte ouverte à toutes les conjectures.

Deux opinions bien tranchées, malgré des variations de détail, ont été formulées sur cette question.

La première, à laquelle je me rallie, la plus ancienne, celle qui compte le plus de partisans, dans la doctrine, considère les actions populaires comme des actions *procuratoires* : le demandeur n'est autre chose qu'un représentant *sui generis* de l'État, qui fait valoir des droits appartenant au peuple, et non à lui-même pris en sa qualité d'individu, et qui serait assimilable, ainsi que je le disais dans mon premier chapitre, à un organe de notre ministère public actuel.

Mommsen, Rudorff[1] et Keller[2] ont poussé si loin cette idée, qu'ils sont allés jusqu'à prétendre que le produit de la condamnation, dans ces actions, devait être attribué à l'État, excepté le cas où l'intérêt privé du demandeur concourait avec l'intérêt public. Cujas était aussi de cet avis.

Savigny[3], Schmidt[4], et Püchta[5] admettent bien l'attri-

1. *Römische Rechtsgeschichte.*
2. *Der Römische Civil process.*
3. *Das Obligationenrecht.*
4. *Das Interdiktenverfaren der Römer.*
5. *Pandekten vollesungen.*

bution du profit au demandeur, mais cette attribution, d'après eux, ne lui enlève pas le caractère d'un mandataire de l'État (Staatsanwalt) qui poursuit une amende dans un intérêt public, et le bénéfice de cette amende ne lui revient que comme une sorte de récompense du service qu'il a rendu à la société.

La seconde opinion est diamétralement opposée à celle-là : ses plus brillants partisans, sont MM. Ihering et Bruns [1], qui l'ont inaugurée. Ihering est parti de sa grande théorie de la *gens*, que nous connaissons déjà en partie : d'après lui, les biens de la *gens* appartiennent conjointement à tous les *gentils* et non à la *gens* comme personne morale : c'est là une abstraction que l'intelligence juridique ne peut concevoir qu'à un certain degré de développement et de civilisation, et qu'on ne saurait, par conséquent, attribuer à l'époque de l'enfance du droit. Les actions populaires sont destinées à protéger ce rapport particulier de communauté indivise du droit. Chaque membre, individuellement, peut intenter l'action : celui qui l'intente, représente, par cela même qu'il exerce son propre droit, l'intérêt de ses associés ; mais le fondement de son action réside dans son propre droit, et la circonstance que son activité profite en même temps aux autres, ne lui donne, en aucune façon, le caractère de la représentation : « *Aliquid ex ordine facit et ideo cæteris quoque prodest.* »

Quant à Bruns, c'est après avoir très-soigneusement étudié et résolu la question de l'attribution du profit au demandeur ou à l'État, qu'il a adopté la même solution. Il distingue entre les deux catégories d'actions dont j'ai parlé dans le chapitre précédent : les actions instituées par des lois ou des senatus-consultes sont pour lui des ac-

1. *Op. cit.*

tions *procuratoires*, dans lesquelles le demandeur est bien
le véritable représentant de l'État ; quant aux actions pré-
toriennes, elles sont exercées par tout citoyen, en son nom
et en vertu d'un droit propre : elles compètent à chacun
pour soi, et il n'y aurait qu'à substituer au *quod sibi debe-*
tur des actions civiles ordinaires : *quod populari causa*
debetur. Le titre « *De actionibus popularibus* » se réfé-
rerait à celles-ci seulement et les Romains n'auraient ja-
mais donné aux autres la qualification de *populaires*; de
telle sorte que pour Bruns, décider que la peine pécu-
niaire appartient à l'État ou au demandeur conduit à une
différence substantielle dans la nature de l'action, diffé-
rence qui a été clairement exposée, par Scialoja, de la ma-
nière suivante : « Les actions populaires *légales* ou *procu-*
ratoires se rapportent à un droit qui appartient en propre
à la communauté, mais qui peut être exercé par chacun
de ses membres; les actions populaires *prétoriennes*,
c'est-à-dire, celles qui, pour Bruns, sont les *seules* et *vraies*
actions populaires, se rapportent à un droit appartenant
à tous les membres de la communauté, et qui, partant,
peut être exercé par chacun d'eux. Le droit que l'on fait
valoir avec ces actions est bien un droit public, il appar-
tient bien à l'individu, comme membre du peuple, mais
c'est, néanmoins, un droit qui lui appartient à lui-même et
non au peuple, comme à un être différent et complètement
distinct de lui : ce n'est pas une récompense que lui ac-
corde l'État, en le laissant bénéficier de la condamnation,
mais une indemnité pour son droit lésé. »

Je crois que Bruns a confondu deux questions bien dif-
férentes, en faisant absolument dépendre l'une de l'autre
l'attribution du profit au demandeur et l'idée créatrice de
l'institution, et que c'est cette confusion qui l'a empêché

d'arriver à des conclusions plus exactes que celles d'un *criterium* abstrait, auquel rien ne répond dans les sources, ni la lettre ni l'esprit de la loi.

Je reviendrai fréquemment, dans les pages qui suivront, sur la théorie de l'éminent auteur, pour réfuter une à une toutes ses objections, à mesure que je les rencontrerai, et je vais m'efforcer, pour le moment, de démontrer que la doctrine romaine était bien celle qui était universellement admise autrefois : à savoir que c'est bien sur l'idée de représentation de l'État qu'est basée toute l'économie du système des actions populaires, alors même qu'on admet, comme je le fais, l'attribution du profit au demandeur, dans les actions prétoriennes. Je vais, dans ce chapitre, examiner la question d'une façon générale ; dans les chapitres suivants, qui ne seront guère qu'un développement de celui-ci, je fortifierai mon raisonnement de tous les arguments que fournissent à ma thèse les règles particulières aux actions et aux interdits populaires.

Le caractère public de l'action populaire et ce qu'elle contient en elle de fonction publique trouve dans les sources des preuves positives : tout d'abord, le titre « *De popularibus actionibus* » se trouve après celui qui traite des délits privés et précède immédiatement le titre « *De publicis judiciis* ». Peut-être cet argument topographique, dû à Walter [1], n'aurait-il pas une grande valeur, s'il était seul, mais l'observation a de l'importance pour ceux qui admettent que l'action populaire dérive tout à la fois des *judicia publica* et des actions ordinaires, et qu'entre ces deux institutions, elle se présente avec un caractère tout-à-fait intermédiaire.

Mais nous avons des arguments meilleurs. Qu'on

1. *Geschichte des römischen Rechts,* vol. II, p. 418, note 97.

prenne la définition même de l'action populaire : « *Eam popularem actionem dicimus qua jus suum populus tuetur*[1]. » Pour bien comprendre ce fragment de Paul, il faut avoir présent à l'esprit l'autre fragment du même auteur, se rapportant à la même institution : « *Reipublicæ interest quamplurimos ad defendendam suam causam admittere.* » Ils sont tous deux pris au commentaire de Paul sur l'édit ; il n'est donc pas arbitraire de faire ressortir le lien qui existe entre eux : or il résulte de ce lien que le mot « *populus* » du premier fragment, doit avoir le même sens que le mot « *reipublicæ* » du second, c'est-à-dire le sens d'*État*. Le « *jus suum* » n'est autre chose que la « *suam causam* » et le mot « *admittere* » nous prouve ensuite bien clairement que l'État confiait une fonction publique aux citoyens. Il ne suffirait pas de dire, pour écarter ce rapprochement, que les deux fragments sont tirés de deux livres différents et qu'on ne sait pas dans quel but Paul a écrit le « *reipublicæ interest...* » qui pourrait avoir été placé par les compilateurs mal à propos sous les paroles d'Ulpien relatives à la dénonciation populaire de nouvelle œuvre ; l'objection ne porterait pas, car il est impossible de rapporter à une autre institution le fragment de Paul ; je conclus de là, ou bien que le fragment se rapportait au même cas, ou bien qu'il avait une signification encore plus générale, et des deux façons le rapprochement est justifié. Si l'on s'en rapporte à l'opinion d'Ihering et de Bruns, on ne peut donner au « *populus* » de la loi 1 le sens d'*État*, mais seulement celui de *ensemble des citoyens*, de telle sorte que Paul se serait contredit

---

1. Je reproduis ici le texte avec la correction que j'ai admise plus haut, correction qui rend la phrase intelligible et qui ne saurait changer la nature de l'argumentation.

lui-même. Du moment que les deux conceptions peuvent s'accorder, je ne vois pas les raisons qu'il y aurait d'en fausser une, pour rendre l'auteur incohérent. Bruns a été sur le point de le faire, mais il s'est dérobé lorsqu'il s'est agi de tirer des conséquences de son raisonnement. Ihering a été plus franchement logique avec lui-même en reprochant au jurisconsulte une inexactitude de langage.

Au surplus, si l'opinion des deux remarquables écrivains était exacte, on devrait trouver, pour ces actions, une ressemblance plus grande avec les actions privées *ex delicto* qu'avec l'action publique ; or cette affinité ne se trouve jamais relevée, dans les sources, bien au contraire. Savigny a justement fait observer que le point de contact entre les actions populaires et les actions *ex delicto* se trouve dans *l'obligation*, pour le défendeur, de payer au demandeur une peine en argent ; or l'action populaire ne consiste pas en une obligation de ce genre, puisqu'on ne trouve pas en présence deux particuliers : l'auteur de l'infraction d'une part et la victime de l'autre ; l'obligation du défendeur existe en faveur de tout le peuple, et ce n'est qu'après la *litis contestatio*, qui opère ici, comme nous le verrons, une novation, que cette obligation primitive envers l'État se change en une obligation privée envers l'individu qui s'est porté demandeur ; celui-ci s'est donc substitué au peuple tout entier, qui était le sujet du droit ; en un mot, il s'est fait son *procurator*.

Ihering insiste beaucoup sur l'idée de fusion du peuple et de l'État. C'est là une expression parfaitement exacte, si on veut laisser entendre que plus de fonctions étaient confiées aux citoyens romains qu'aux citoyens de nos jours, et qu'ils devaient se sentir plus vivement partie et

organe de l'État ; mais la pensée est erronée, si l'on veut
dire que les Romains n'ont pas eu la conception abstraite
de la personnalité de l'État comme quelque chose de très
distinct de l'ensemble des particuliers qui en font partie.
Ceci ne peut échapper à l'aspect de quiconque lit attenti-
vement chaque expression se référant à la république ou
au peuple romain : cette distinction n'est pas quelque
chose d'abstrait ni de fictif, mais une réalité profondément
comprise; et dans l'énergie de ces mots « *jus suum* » et
« *causam suam* » on sent combien elle était vive, dans la
conscience juridique des Romains.

Bruns a été fort mal inspiré, ce me semble, en invo-
quant principalement l'action *de sepulchro violato*, pour
nous prouver que le droit du demandeur est un droit pu-
rement privé : c'était là mal choisir son exemple, car c'est
surtout pour cette action que les arguments abondent en
faveur d'un caractère public. Que l'on songe, en effet, au
culte des Romains pour les tombeaux et à la qualité de *res
religiosæ* qui leur était conférée ; qu'on réfléchisse aux
liens étroits qui existaient entre l'État et la religion, et
l'on ne doutera pas que des peines devaient exister depuis
les tout premiers temps pour de semblables violations.
Le sentiment public qui les avait fait naître se convertit
plus tard en un culte et ce culte devient un intérêt d'État.
D'ailleurs Bruns reconnaît lui-même que, dans cette action,
ce n'est pas la propriété qui fait l'objet de la demande :
la propriété, en effet, ne pouvait tomber sur une *res reli-
giosa*, chose en dehors du commerce, par sa nature : c'est
donc la sainteté même du sépulcre et la peine de la vio-
lation qui fait l'objet de l'action : on n'en saurait douter
si on se rappelle ces fragments déjà cités : « *hæc actio pœ-
nam et vindictam (potius) quam rei perseculionem conti-*

net »[1], — « *hæc actio non ad rem familiarem ejusdem (sed) magis ad ultionem pertinet*[2] » ; «... *neque id capiatur, quod in rei persecutione, sed in sola vindicta sit constitum*[3]. »

Le caractère public de l'action *de effusis et dejectis* ressort plus clairement encore. Ulpien, après avoir rapporté la disposition du préteur ajoute : « *Summa cum utilitate prætor id edixisse, nemo est qui neget ; publice enim utile est sine metu et periculo per itinera commeari.* » Ne voiton pas bien clairement ici que l'action est établie dans un but d'ordre public ? On ne parle en aucune façon d'un droit du demandeur, et la seule chose dont on ait souci, c'est l'utilité de tous. Ce qui le prouve, c'est que cette idée de droit public est si dominante que parfois l'idée de droit privé lui est complètement sacrifiée : ainsi, par exemple, on refusera l'action *de sepulchro violato* au *dominus* qui revient d'une absence, lorsqu'un autre aura déjà exercé l'action, et cela, même au cas où cette absence aurait eu lieu *reipublicæ causa*, c'est-à-dire où il y aurait eu aucune négligence à reprocher à l'absent. Pour qu'on en arrivât à un tel sacrifice du droit privé ne fallait-il pas qu'il y eut une bien haute exigence du droit public ?

Je me crois donc, dès maintenant, autorisé à dire que non seulement l'idée d'un droit individuel doit être exclue des actions populaires, non seulement l'idée qui domine est celle d'un droit public, mais que le demandeur représente ici directement l'État, qu'il en est le *procurator*. Bruns n'invoque, à l'appui de sa thèse, que le silence des sources et la simplicité de la formule « *ei judicium dabo* » qui ne peut laisser croire, dit-il, à une procura-

1. L. 20, § 5, XXXIX-II.
2. L. 6, XLVII-II.
3. L. 10, XLVII-II.

tion quelconque. Je me flatte d'avoir quelque chose de plus positif que ces preuves purement négatives et devant les textes que je vais citer, je ne crois pas qu'on puisse dire que les sources sont restées silencieuses.

On connaît la vieille règle : « *nemo alieno nomine lege agere potest.* » Au temps des *legis actiones*, nul ne pouvait donc figurer pour autrui, dans les solennités requises pour engager l'instance. Il semble donc que le demandeur à l'action populaire, si, véritablement, il représente l'État, ne pourra agir, car ce serait agir *alieno nomine*. Or Gaius[1] nous avertit que cette règle rigoureuse comportait quelques exceptions, et Justinien nous apprend précisé- ment qu'on pouvait plaider *pro populo*. Beaucoup d'auteurs se sont refusés à croire que cette exception se rapportât aux actions populaires[2] ; d'après eux, elle viserait l'hypothèse d'un procès intéressant le peuple, en tant que personne de création légale capable d'agir par elle-même. Cette hypothèse me paraît bien peu pratique, et, en tout cas, si on l'admet, on est obligé de se servir des arguments mêmes qui militent en faveur des actions populaires. Nous avons vu, en effet, qu'une des grandes raisons pour lesquelles Ihering et Bruns répugnent à une idée de représentation, c'est qu'ils prétendent qu'à cette époque peu avancée de la civilisation, les Romains ne pouvaient avoir une idée nette de la personnalité morale de l'État, se séparant de l'ensemble des individus. Or dans l'hypothèse à laquelle ils rapportent ce *pro populo*, il faut bien admettre l'existence de cette personnalité morale, puisqu'on lui suppose des droits qu'elle fait valoir par le moyen d'un mandataire.

1. Gaius, IV, 82.
2. Accarias, *Précis du droit romain*, t. II, p. 1299.

La grosse objection, c'est que le demandeur populaire garde le bénéfice du produit de l'instance, tandis qu'il devrait le remettre à l'État, pour le compte duquel il agit. Mais j'ai déjà tâché de faire comprendre qu'on n'aurait pu compter sur la bonne volonté des citoyens, si on ne les avait alléchés par l'espoir d'un gain. On comprit donc la nécessité de récompenser l'individu qui prenait l'initiative d'une poursuite, dans l'intérêt commun et on lui laissa le profit de l'instance, à titre de récompense, à titre de *prœmium*. Les notions historiques confirment cette opinion : on sait combien était usité chez les Romains cet usage des *prœmia*, même dans les temps très-anciens [1]. Si, comme nous le dit Denys, le système de la récompense fut déjà pratiqué par Tarquin, si d'abord le juge et, plus tard, la loi cherchent, au moyen de la récompense, à provoquer l'accusation, qu'y a-t-il d'étonnant à ce qu'on retrouve ce système ici ? pourquoi chercher une autre explication ?

L'action *de tabulis apertis*, nous l'avons vu, contient une récompense pour le demandeur : elle est néanmoins appelée populaire, dans les sources. Comment soutenir, après cela, que l'idée de récompense soit étrangère à cette sorte d'action. Non seulement les jurisconsultes romains n'auraient pas mis en relief une délicate différence, bien faite, cependant, pour leur fournir l'occasion d'exercer leur finesse renommée pour la forme précise et saisissante, mais ils auraient tout-à-fait confondu des choses absolu-

---

1. L'esclave Vindicius reçut la liberté et de l'argent pour avoir dénoncé le complot des amis de Tarquin. — L'affranchie Hispala Fecenia, reçut également de l'argent pour avoir dénoncé l'association mystérieuse des Bacchanales, qui avait mis Rome à deux doigts de sa perte.

ment disparates : ils se seraient servis, à propos de l'action *de tabulis apertis,* d'un langage grossièrement impropre.

Il me paraît donc certain que l'exception établie en faveur des plaideurs *pro populo* se rapporte bien aux actions populaires, d'autant plus que des textes très-clairs viennent apporter leur lumière au passage douteux des Institutes. Nous trouvons, en effet, ces paroles catégoriques dans la loi 8, § 3 (XXXIX-I) : « *Quod si nuntiavero tibi ne quid contra leges in loco publico facias promittere debebis, quoniam de eo opere alieno jure contendo non meo, et tanquam alieni juris petitor expromissione contentus esse debeo.* » Il n'est pas douteux que ce passage se réfère aux actions populaires ; Bruns ne l'a pas examiné, et Ihering ne l'a cité que pour taxer les jurisconsultes d'inexactitude, mais pour les accuser avec raison, il aurait fallu citer d'autres passages, où l'on put découvrir cette idée qu'il leur prête gratuitement, sans l'établir sur des données certaines.

On nous objecte encore que jamais l'action populaire n'est désignée, dans les sources, comme *procuratoire*, et que le demandeur n'est jamais appelé *procurateur*, au sens formel de ce mot. Mais c'est là un argument que je retourne contre nos adversaires et dont je m'empresse de tirer parti.

Je n'ai jamais dit, en effet, que la représentation dont il s'agit ici fut une représentation ordinaire, revêtue des formes procédurières : il est certain que le demandeur requérait la condamnation pour lui et non pour le peuple ; ce que je soutiens, c'est que cette façon de procéder n'était que superficielle et, qu'au fond, il y avait une représentation substantielle, quoique indirecte de l'État. On sait que dans le système des *legis actiones*, il n'y avait encore aucune règle de procédure établie pour la procuration, puisqu'on ne pouvait agir par mandataire, et que l'intéressé devait figurer en personne au procès. Ces règles ne furent créées que plus tard, sous le système formulaire. Or si, dans la première période, on cite déjà comme exceptions au principe en vertu duquel nul ne peut agir pour autrui, si l'on cite, dis-je, les actions *pro populo*, *pro tutela*, *pro libertate*, cela démontre d'une façon péremptoire que l'idée de représentation existait déjà avant qu'elle ne se fut développée dans sa forme légale. C'est assurément l'idée d'une représentation du peuple qui a dû se présenter la première : on ne pouvait la revêtir, à l'origine, de formes qui n'existaient pas, et voilà pourquoi nous la trouvons, à l'époque des actions de la loi, libre de toute formule et seulement à l'état de conception abstraite. Plus tard, les Romains sentirent le besoin de s'affranchir des solennités surannées et périlleuses pour tous des *legis actiones* et on créa alors une procédure nouvelle[1], où la procuration trouva sa place ; mais cette institution ne fut établie que dans l'intérêt des particuliers, afin de faciliter les rapports du droit privé. Il n'y a donc pas à s'étonner si le rapport de représentation *sui generis* de l'action populaire resta en dehors des règles nouvelles ; pour l'y faire rentrer, il aurait fallu fausser le caractère de l'institution qu'on venait de créer : bien différente, en effet, est la physionomie de celui qui représente un simple particulier de celle d'un représentant de l'État et la formule qui convenait au premier ne pouvait, sans inconvénients, être admise pour le second ; on ne peut que féliciter les Romains d'avoir clairement perçu cette différence et de ne pas avoir confondu

---

1. Cette procédure date de la loi *OEbutia*, édictée vraisemblablement vers l'an 577 de Rome.

deux ordres d'idées fort disparates. Notre action garde donc, sous le système formulaire, le caractère qu'elle avait anciennement, c'est-à-dire le caractère d'une représentation substantielle de l'État, affranchie de toute forme de procédure.

J'arrive à un dernier argument à faire valoir contre la théorie de MM. Ihering et Bruns. Ces deux auteurs n'ont jamais contesté que l'accusateur public, celui qui intentait un *judicium publicum* fut réellement le *vindex* d'un droit du peuple, le représentant de l'État, et cela, sans qu'il fut besoin de recourir à une procuration formelle. Cela étant, je me demande quelles difficultés s'opposent à ce qu'on reconnaisse le même caractère à celui qui poursuit des fautes moins graves. La seule différence consiste en ce que le premier d'entre eux se présente à nous dans un jugement solennel, public, tandis que le second reste dans la sphère des jugements ordinaires, en ce que l'un a pour arme l'accusation, l'autre une action. Cette action n'est, après tout, que le moyen de pourvoir à la répression des faits d'une gravité secondaire, des infractions trop légères pour donner ouverture à un jugement public; c'est un expédient pour donner à l'État une aide plus rapide et plus efficace, à l'effet de punir les petits délits, mais la nature de cette action est la même, quant au fond, que celle de l'accusation : il y a, entre elles deux, pour me servir d'une comparaison moderne, le même rapport que celui qui existe entre une Cour d'assises et un Tribunal correctionnel, ou entre un Tribunal correctionnel et un Tribunal de simple police ; les peines prononcées, la procédure varient, mais l'idée génératrice est la même, le but à atteindre est identique.

La différence essentielle admise par Bruns, outre qu'elle

est sans fondement historique, serait donc rationnellement arbitraire. Prenons, au hasard, une de ces actions, dans lesquelles, suivant Bruns, un individu ne fait valoir qu'un droit propre : prenons, par exemple, l'action *de sepulchro violato* et faisons une espèce : *N. Negidius* viole le tombeau de famille de *Titius*, qui ne s'en préoccupe pas ; *A. Agerius*, un étranger, intente une action à raison de cette violation et fait condamner le coupable à une amende ; cette amende lui est accordée, à lui, parce que, dit Bruns, il a, comme tous les autres, droit à une réparation comme lésé. Mais quel est donc le caractère de cette lésion qu'Agérius subit par le fait de la violation d'un sépulcre qui ne lui appartient pas ? Diffère-t-elle, en quelque façon, de la lésion qu'il subit par suite du meurtre d'une personne qui lui est étrangère ? Il est évident que son droit personnel, dans les deux cas, n'a pas été lésé : il a reçu une menace indirecte, parce que lui, comme tous les autres membres de la communauté pourront craindre à l'avenir pour leur sépulcre et leur personne. Mais ce qui, chaque fois, a été directement méconnu et violé, c'est le droit public de l'État et le droit particulier de la victime du méfait. Pourquoi donc, dirait-on que, dans le cas du meurtre, celui qui agit représente l'État, tandis que dans le cas de la violation de sépulcre, il ne représente que lui-même ? Pourquoi de simples circonstances de fait changeraient-elles complètement sa physionomie juridique ? Encore une fois, cela ne saurait être, et je le répète, cette diversité de formes n'est rien autre que l'emploi de moyens divers pour arriver à une même fin ; si la nature et les effets de la lésion sont les mêmes, la nature intime de l'action doit être également la même, quelle que soit la différence extérieure de l'instance.

Il y a encore beaucoup à dire sur cette question fondamentale qui me paraît être le point de vue le plus intéressant du sujet que je traite ; bien des arguments de texte et de raisonnement viennent fortifier encore la théorie que j'ai très incomplètement exposée dans ce chapitre.

Mais comme ces arguments sont principalement tirés des règles particulières aux actions et aux interdits populaires, règles dont je n'ai pas encore parlé, je m'efforcerai de les faire valoir dans les chapitres suivants, qui ne seront guère, comme je l'ai déjà dit, qu'une continuation de celui-ci, en même temps qu'une démonstration plus approfondie de cette idée principale de représentation qui domine toute la matière.

CHAPITRE IV

RÈGLES PARTICULIÈRES AUX ACTIONS POPULAIRES

Ainsi qu'on a pu le voir par tout ce qui a été dit jusqu'ici, les actions qui font l'objet de cette étude occupent une place à part dans la procédure romaine ; elles ont une nature intime très-originale et se distinguent entièrement des autres actions du droit civil. En conséquence, elles doivent avoir des règles toutes particulières, à raison même de leur caractère exceptionnel. Ce sont ces règles diverses que je vais étudier ici, dans quatre paragraphes successifs.

§ 1er. — Du choix du demandeur.

Nous savons que tout citoyen jouissant de la plénitude de ses droits civils pouvait se porter demandeur à l'action populaire ; or comme cette action était rémunératrice, puisque le profit de la condamnation était attribué à celui qui l'intentait, tout au moins dans les actions prétoriennes et édiliciennes, on comprend à merveille qu'il

arrivait souvent que plusieurs personnes se portaient à la
fois demanderesses ; qu'allait faire le préteur, dans ce cas ?
Devait-il choisir le premier arrivant et donner ainsi une
sorte de prime à la course ? Assurément non : on ne pou-
vait faire dépendre le sort d'une instance sérieuse d'un
motif aussi futile que celui d'une avance d'une heure ou
même de quelques minutes de tel citoyen sur tel autre ; il
était donc nécessaire de mettre un peu d'ordre dans le
flot des concurrents qui pouvaient se présenter et d'éta-
blir des règles déterminées, pour ne point permettre au
magistrat de favoriser arbitrairement telle personne aux
dépens des autres. Il fut donc admis, tout d'abord, en prin-
cipe, que le citoyen directement intéressé, celui que l'in-
fraction aurait lésé personnellement, obtiendrait toujours
la préférence : c'est ce qui résulte de la loi 3 II. T., § 1 : « *In
populuribus actionibus, is, cujus interest, præfertur.* »
Cette règle fut même poussée à l'extrême, dans le cas de
l'action *de sepulchro violato* ; si l'intéressé avait laissé béné-
volement un autre citoyen commencer l'instance et qu'il
eût des regrets de son inaction, avant qu'il n'y eut eu *litis
contestatio*, il pouvait faire annuler la procédure déjà
faite, et recommencer l'instance à son profit : « *Si is, cu-
jus interest, sepulchri violati agere nollet ; potest pœniten-
tia (acta) antequam lis ab alio contestetur dicere velle se
agere, et audietur* [1]. »

Ce n'était donc qu'à défaut d'intéressés que l'action de-
venait vraiment populaire et qu'il était permis à tout
citoyen de l'intenter. Mais il fallait ici faire un choix,
lorsque plusieurs personnes se présentaient à la fois : le
préteur, dans ce cas, donnait la préférence à celui qui,
par des liens de parenté, d'alliance ou même d'amitié se

1. L. 3, § 10, XLVII, XII.

rapprochait le plus de la personne intéressée, et à défaut
d'un demandeur qui se présentât dans de semblables con-
ditions, il choisissait celui qui, par sa probité, son intelli-
gence, ses capacités juridiques, lui paraissait le mieux à
même de bien conduire la procédure jusqu'à la fin du
procès : « *Si plures simul agunt populari actione, prætor
eligat idoneiorem*[1]. » — « *Si tamen plures sunt qui expe-
riri volent, eligendus est a prætore ad quem res maxime
pertinet, vel is qui idoneior est*[2]. » Il y avait là une règle
analogue à celle de la *divinatio*, dans les *quæstiones per-
petuæ*.

§ 2. — Incapacité d'agir.

« *Mulieri et pupillo populares actiones non dantur, nisi
quum ad eos (res) pertineat*[3] ». Ce texte nous apprend que
ni la femme ni le pupille ne pouvaient intenter une action
populaire, lorsqu'ils n'y étaient pas directement intéressés.
On doit se demander quelle est la pensée qui a fait ad-
mettre ces exclusions. Pourquoi refuser aux femmes et
aux impubères l'exercice d'un droit qui appartient à tous ?
Nous trouvons ici un argument très-puissant, en faveur
de cette idée de représentation de l'État, exposée dans
le chapitre précédent.

En effet, si l'on devait admettre ce droit propre de
chaque membre de la communauté, comme indirectement
lésé par l'infraction, il serait inadmissible qu'on refusât à
la femme ou à l'impubère le pouvoir de le faire valoir,

1. L. 2, H. T.
2. L. 3, § 12, *De homine lib. exhib.*
3. L. 6, H. T.

alors qu'on leur accorde le droit d'agir, lorsqu'ils sont directement intéressés. Quelle eut été la différence entre les deux hypothèses, puisque, dans les deux cas, c'était toujours un droit privé qui était invoqué? Bruns a si bien compris toute l'importance de cette objection qu'il en est arrivé à reconnaître que cette exclusion provenait bien d'une représentation indirecte et substantielle de l'État.

Evidemment, le véritable motif qui empêche les mineurs et les femmes de poursuivre populairement est celui-là même qui les empêche de poursuivre au criminel ; dans les deux cas, c'est un intérêt de l'État qu'il s'agit de défendre, et l'on ne veut pas en confier la protection à des personnes qui, par leur âge ou leur faiblesse, sont considérées comme incapables d'assumer la charge d'une fonction publique ; ce qui le prouve encore, c'est que ces personnes sont précisément les mêmes qui sont exclues du droit de postuler pour autrui : il serait bien surprenant qu'il n'y eut là qu'une simple coïncidence ; pour moi, il est certain que poursuivre populairement, c'était bien réellement postuler pour autrui, pour l'État, et qu'on écartait les mineurs et les femmes, parcequ'on ne voulait pas en faire des *procuratores populi*.

En dehors de ces deux catégories d'incapables, il y en avait une troisième : j'ai dit plusieurs fois déjà, sans m'expliquer sur ce point, que seuls pouvaient se porter demandeurs ceux qui jouissaient de la plénitude de leurs droits civils. Cela revient à dire que pour être admis à poursuivre, il fallait être « *integræ frontis, opinionis et existimationis* », c'est-à-dire qu'il fallait avoir, dans son intégrité, le *jus postulandi* : « *Popularis actio integræ personæ permittitur : hoc est cui per edictum postulare licet* [1], » or, d'après l'édit, ne pouvaient agir, comme n'étant pas *personæ integræ*, tous les infâmes : cette troisième catégorie comprenait les *ignominiosi notabiles*, notamment le *damnatus crimine capitali* ou *calumniæ judicio-publico* ; ceux qui louaient leurs services pour combattre les bêtes féroces dans le cirque, les gladiateurs, tous ceux enfin « *qui lege, plebiscito, senatus consulto, edicto, decreto principum postulare prohibentur.* » Les mêmes motifs que ceux indiqués pour les femmes et les mineurs, s'opposaient à l'admission des infâmes ; la république ne pouvait confier à des hommes de cette espèce, à des citoyens flétris et indignes, la haute mission de protéger et de défendre ses intérêts sacrés.

§ 3. — De l'impossibilité pour le demandeur de constituer un procurateur.

La loi 5 de notre titre est ainsi conçue : « *Qui populari actione convenietur, ad defendendum procuratorem dare potest : is autem, qui eam movet, procuratorem dare non potest* [2]. » Le défendeur à l'action populaire peut se faire représenter par un mandataire ad hoc : le demandeur ne le peut pas. Cette règle est encore affirmée par la loi 43 § 2, *de proc.* III, 3. « *In popularibus actionibus, ubi quis quasi unus ex populo agit, defensionem ut vrocurator, præstare congendus non est,*

Quel est, au juste, le sens de cette prohibition ? Nous en trouvons l'explication dans les Basiliques, qui s'expri-

1. L. 4, H. T.
2. Voyez aussi le § 340 des *Fragments du Vatican* : « *Actio popularis cognitorem (procuratoremve non nisi postlit)em contestatam admittit.* »

ment ainsi : « *Qui enim fieri potest ut quis agat quasi procurator? Nam si quis agat quasi procurator quam ob causam non agit suo nomine cum unus et ipse sit ex civibus qui possit agere suo nomine.* »

Je reconnais que ce passage est obscur et quelque peu amphigourique, mais dire avec Bruns qu'il n'a aucun sens, c'est un moyen trop commode de supprimer l'obstacle.

Tel serait, à mon avis, celui qu'on doit lui donner : le demandeur à l'action populaire se fait le *vindex* d'un droit public ; il assume donc une représentation, et l'instance une fois engagée, il a le devoir de la conduire jusqu'au bout ; il ne saurait lui être permis, alors qu'il pouvait rester dans l'ombre et laisser à d'autres le soin de la poursuivre, de se démettre des fonctions qu'il a bénévolement acceptées pour nommer quelqu'un qui agisse à sa place [1].

Cujas nous donne une autre raison que je trouve excellente, pour ma part, lorsqu'il nous dit, pour expliquer la prohibition de la loi 5 : « *Ratio est quod sit ipse quodammodo populi procurator: non potest autem procurator procuratorem substituere.* » C'est bien là, à mon sens, le véritable motif de notre règle : le demandeur ne peut se faire représenter, puisqu'il est lui-même un représentant, et cela nous donne une preuve de plus de la nature publique de cette action, de cette tutelle du droit de l'État qui était confiée par le préteur à chaque citoyen.

§ 4. — De la transmissibilité active et passive. — Des effets de la Litis contestatio.

Nous allons trouver, à propos de la transmissibilité des

1. Dans le même sens, M. Codacci-Pisanelli, *op. cit.*

actions populaires, quelques règles spéciales et des difficultés de textes qu'il sera bon d'examiner.

On a déjà pu voir que ces actions appartenaient à la catégorie des actions pénales ; à ce titre, et d'après la règle générale, elles doivent être intransmissibles passivement, c'est-à-dire ne peuvent être données contre les héritiers de l'auteur de l'infraction : c'est là un principe d'équité admis chez tous les peuples civilisés. Il était donc à peu près inutile de nous dire, dans la loi 8 H. T. : « *Omnes actiones populares in heredes non dantur.* » Les lois et les auteurs sont donc d'accord sur ce point. Toutefois, il faut tenir compte ici des effets de la *litis contestatio* : on sait que cette phase du procès opérait une véritable novation de l'obligation primitive ; c'est-à-dire qu'elle l'éteignait entièrement pour en créer une nouvelle entre les parties en cause ; à partir de ce moment, l'action prenait un caractère privé et se transmettait activement et passivement : « *Si ab ipsis principalibus fuerint contestatæ, et heredibus dantur et contra heredes transeunt* [1]. »

Les règles sur la transmissibité active ne sont pas aussi claires. On pourrait dire, tout d'abord, que, comme les autres actions pénales, les actions populaires doivent pouvoir être exercées par les héritiers. On arrive à cette affirmation par une déduction légitime, en constatant simplement qu'il ne se trouve pas d'exception au principe général, dans le titre *De popularibus actionibus*, et que, partant, on ne saurait y déroger. Mais il faut prendre garde à la nature particulière de nos actions : comme elle peuvent être exercées non seulement par celui qui a subi un dommage privé, mais encore par tout citoyen, leur transmissibilité active est subordonnée à la condition qu'elles n'aient pas

1. Inst., § 1, *in fine*, IV-XII.

encore été exercées par d'autres, car alors il y aurait consommation de l'instance et l'exception *rei judicatæ* ou *in judicium deductæ* pourrait être valablement opposée. Cette limitation aux droits du lésé existant déjà pour la personne de ce lésé lui-même, il était logique qu'elle existât *à fortiori* pour son héritier. Tel était le principe, lorsque l'action était intentée par l'héritier de l'intéressé direct, c'est-à-dire de celui, qui, comme nous l'avons vu plus haut, avait une sorte de droit de préférence sur les autres concurrents et devait être désigné le premier par le préteur, s'il se présentait.

Si nous prenons maintenant l'hypothèse d'un demandeur ordinaire, c'est-à-dire non intéressé personnellement, agissant simplement comme représentant de l'intérêt public, la règle variera quelque peu. Il est clair, dans ce cas, que si ce demandeur meurt après la *litis contestatio*, l'action passera à l'héritier, mais s'il meurt avant, il n'en sera plus de même. Ces actions, en effet, ne sauraient faire partie d'un patrimoine particulier; elles ne sont pas *in bonis*, ou si l'on veut, elles sont *in bonis*, par rapport à tous les membres de la communauté; c'est le bien du peuple tout entier. Donc, si celui qui avait pris l'initiative de la poursuite meurt avant la *litis contestatio*, avant la création, à son profit, d'une obligation nouvelle, l'héritier pourra bien continuer l'instance engagée par son auteur, mais le droit qu'il fera valoir ne sera pas un droit *héréditaire*, ce sera simplement le droit qu'aurait tout autre citoyen. Ce qui peut se transmettre dans ces actions, c'est le droit à la préférence, lorsqu'il s'agit d'un demandeur intéressé, mais rien de plus, car il est évident que si le droit à l'action n'est pas absolu et exclusif pour l'auteur, il doit l'être moins encore pour l'héritier.

Voilà en quel sens on peut dire que les actions populaires sont activement intransmissibles. On est donc obligé d'éliminer ici l'idée de transmissibilité exclusive, selon les principes du droit privé et de ne voir, dans le demandeur, au lieu de l'héritier, que le représentant de l'État.

Ces idées admises, il est facile d'expliquer les fragments qui contiennent des dispositions spéciales pour les diverses actions de ce genre. La loi 5 § 5 sur l'action *de effusis et dejectis*[1] dit : «... *quæ autem de eo competit, quod liber perisse dicetur, intra annum duntaxat competit, neque in heredem, sed nec heredi similibusque personis: nam est pœnalis et popularis.* »

La première partie de cette proposition exclut la transmissibilité passive, à raison non-seulement de la loi 8, *de pop. act.*, mais surtout à raison de la règle générale sur les actions pénales, dont les populaires ne sont qu'une variété. Ulpien remonte au principe et il dit : « *Nam est pœnalis.* » La seconde partie a trait à la transmissibilité active, telle que je l'ai exposée, à savoir que lorsque c'est l'héritier du demandeur originaire qui agit, on ne le considère pas comme agissant *jure hereditario*, mais bien *jure publico*, c'est-à-dire comme un citoyen quelconque, et Ulpien dit : *Neque heredibus similibusque personis (competit), nam est popularis.* » C'est l'exclusion, pour ces actions, des règles ordinaires sur les successions ; cela n'implique pas que l'héritier soit exclu de l'exercice de l'action : cela veut dire simplement qu'il ne sera pas considéré comme tel, dans le procès qu'il pourra intenter, du chef de son auteur. On lui reconnaîtra, d'ailleurs, je le répète, le droit à la préférence, s'il le tient de son auteur, ainsi qu'il résulte des paroles immédiatement suivantes de ce même paragra-

1. D., IX-III.

phe 5: « *Dummodo sciamus ex pluribus desiderantibus hanc actionem ei potissimum dari debere, cujus interest: vel qui adfinitate cognationeve defunctum contingit.* »

Il me reste maintenant, si je veux que tout ce qui vient d'être dit sur la transmissibilité des actions populaires soit sérieusement fondé, à triompher d'un texte extrêmement ardu contenu dans cette même loi 5 d'Ulpien, au dernier paragraphe[1]. Il est ainsi conçu : « *Ista autem actio popularis est et heredi similibusque competit, in heredes autem non competit quia pœnalis est.* » Cette courte phrase paraît, de prime abord, renverser complètement la théorie que je viens d'édifier; c'est la négation absolue de tout ce que j'ai dit sur la transmissibilité active, puisque ce texte paraît donner l'action aux héritiers, précisément parce qu'elle est populaire. Devant cette contradiction manifeste d'Ulpien avec ce qu'il vient de nous dire, au paragraphe 5, les jurisconsultes se montrent fort embarrassés : Noodt se borne à dire : « *Tu lector cogita.* » Schmidt et Rudorf pensent qu'il faut rapporter la maxime, non à l'action *de positis*, en général, mais au cas spécialement prévu dans le paragraphe 12 qui précède. Cette explication, si elle était fondée, ne suffirait pas, comme le fait très-bien remarquer Bruns, à écarter la difficulté. Mommsen voudrait rapporter le fragment au temps postérieur à la *litis contestatio*. Mais alors, les dernières paroles viendraient contredire le principe d'après lequel les actions pénales deviennent transmissibles comme les autres, après la *litis contestatio*, et pour éviter à Ulpien une contradiction apparente, on lui ferait dire une sottise. Bruns, Scialoja, et beaucoup d'autres auteurs ont cru qu'il n'y avait de ressources que dans une correction du

1. L. 5, § 13, IX-III.

texte, correction qui aurait contre elle les Basiliques et les manuscrits. Bruns propose de remplacer le mot « *et* » par le mot « *nec* ». Scialoja propose un « *non* »; tous deux se rangent d'ailleurs à ce parti extrême avec une visible répugnance. Il est inutile de faire observer comme sonnerait mal ce « *nec* » ou ce « *non* », dans le fragment ainsi modifié ; il faut donc rejeter aussi cette explication.

Je crois que M. Codacci-Pizanelli[1], en analysant soigneusement le texte litigieux a trouvé la clef du mystère : je reproduis en partie son raisonnement.

Il faut prendre le texte tel qu'il est, sans le modifier et voir s'il peut se concilier avec les règles précédemment exposées. Rapprochons, tout d'abord, le fragment de ce paragraphe 14 du paragraphe 5 déjà cité : « *Hæc actio neque in heredem datur, neque heredi similibusque personis, nam est pœnalis et popularis.* » J'ai déjà fait remarquer la co-ordination qui existe dans ce texte : l'action n'est pas transmissible *passivement*, parce qu'elle est *pénale*, et elle ne l'est pas *activement*, d'une façon absolue et exclusive, parce ce qu'elle est *populaire*; le lien causal entre ces deux idées est exprimé par le « *nam* ». Un lien égal, comme idée et comme forme, ne se retrouve pas dans le paragraphe 13 : il ne dit pas, en effet : « *Hæc actio heredi similibusque competit,* QUIA *popularis est* ; *in heredes autem non competit,* QUIA *pœnalis est;* » si le fragment était ainsi conçu, il correspondrait exactement à l'autre, et en serait la contradiction manifeste. Mais le texte dit simplement : « *Ista autem actio popularis est et heredi similibusque competit* ; *in heredes autem non competit, quia pœnalis est.* » Nous n'avons ici de lien causal que dans le second membre de phrase : l'action ne sera pas donnée

---

1. *Op. cit.*, p. 32.

contre les héritiers, *parce que* elle est pénale. Dans le premier membre de phrase, nous n'avons pas de lien causal. Ulpien n'a pas dit : « L'action est populaire, et par cette raison, elle passera à l'héritier » ; il dit simplement : « l'action est populaire et compète aux héritiers » ; elle compète, cela s'entend, dans les limites établies par les règles précédentes, sur la même question, règles auxquelles il ne contredirait que si l'on voulait voir une corrélation dans des expressions qui sont seulement conjointes. Il a exprimé sa pensée sous deux formes différentes, mais on ne peut soutenir qu'il se soit donné un démenti à lui-même, si le sens de ses paroles peut apparaître clair et juste, en tenant compte de la diversité des deux formules ; et c'est ce que l'on peut faire, si, dans le paragraphe 13, on ne donne pas au mot « *et* » un sens adversatif : il suffit de lui conserver son propre sens de simple conjonction. Les deux fragments s'accordent alors parfaitement, en tenant compte des règles générales : dans le premier, il nous dit que l'action ne compète pas aux héritiers : c'est exact ; elle ne leur compète pas *jure hereditario* ; dans le second, il nous dit qu'elle compète aux héritiers : c'est encore exact ; elle leur compète *jure publico*. Je reconnais que toute cette argumentation peut paraître fort subtile et fort éloignée de la réalité, étant donné la précision et la clarté habituelles des textes d'Ulpien ; mais je ne vois pas d'autre moyen de concilier deux formules malheureuses, sans doute, qui seraient, sans l'explication ci-dessus, la négation absolue l'une de l'autre.

Ce qui précède va nous permettre, maintenant, de comprendre la signification exacte de la loi 7 de notre titre, ainsi conçue : « *Populares actiones non transeunt ad eum, cui restituta est hereditas ex Trebelliano senatus consulto.*

*Item qui habet has actiones non intelligitur esse locu-
pletior.* » Je rapporte ici les termes du S.-C. Trebellien,
afin qu'on puisse mieux saisir l'hypothèse prévue par la
loi 7 : « *Quum esset æquissimum, in omnibus fideicom-
missariis hereditatibus qua de his bonis judicia pende-
rent, ex his eos subire, in quos jus fructusque transferetur,
potiusquam cuique periculosam esse fidem suam, placet
ut actiones, quæ in heredes heredibusque dari solent, eas
neque in eos neque his dari, qui fidei suæ commissum
sicuti rogati essent, restituissent, sed his et in eos, quibus
ex testamento fideicommissum restitutum fuisset, quo
magis in reliquum confirmentur supremæ defunctorum
voluntates*[1]. » La régle était donc que celui qui avait
accepté un fideicommis d'hérédité ne devait ni tirer un
profit quelconque, ni subir un préjudice, à raison des actions
qui dépendaient de celte hérédité.

Notre loi 7 prévoit l'hypothèse suivante : dans la suc-
cession attribuée momentanément à l'héritier fiduciaire se
trouvent des actions populaires nées au profit du *de cujus,*
comme lésé par l'infraction ; le fiduciaire exerce ces actions
et se fait attribuer le montant d'une peine pécuniaire.
D'après la règle générale, il devrait, lorsqu'il restituera l'hé-
rédité, tenir compte à l'héritier du profit qu'il a tiré des ac-
tions exercées par lui. C'est ici qu'intervient notre excep-
tion, d'après laquelle, contrairement au senatusconsulte, il
pourra garder pour lui le bénéfice acquis, sans que le fidei-
commissaire puisse élever une réclamation, à cet égard.

D'après Bruns, toujours logique avec lui-même, cette
loi se rapporterait au temps qui précède la *litis contestatio,*
et elle ne ferait que dire en général, ce qui, pour l'action
de dejectis, a été dit en particulier dans ces mots : « *Neque*

1. D., l. 1, § 2, xxxvi, I.

heredi similibusque personis competit; *nam est pœnalis et popularis.* » Cette opinion n'est pas admissible. Pourquoi, d'abord, pour expliquer une règle générale, qui résulte clairement déjà des autres dispositions, aurait-on parlé du S.-C. Trebellien? Et d'ailleurs, on ne voit pas pourquoi, puisque cette loi se rapporte au temps qui précède la *litis contestatio*, ces actions ne passeraient pas au fideicommissaire, puisque tout citoyen est apte à les intenter. Ainsi la loi 7 ne voudrait rien dire et c'est bien inutilement qu'on serait allé chercher le S.-C. Trébellien pour émettre un aphorisme rebattu.

Qu'on essaie, au contraire, d'interpréter le fragment, en le rapportant au cas spécial du S.-C. Trebellien, et au temps postérieur à la *litis contestatio*, et l'on se convaincra qu'il n'est pas inutile et qu'il a un sens clair et précis.

Lorsque la restitution a été faite, nous dit Gaius, « *statim omnes res in bonis fiunt ejus, cui restituta est hereditas* » ; *omnes res*, c'est-à-dire les biens meubles ou immeubles, les droits de créance et les actions. Il s'agissait donc de limiter ces effets, par rapport aux actions populaires ; on comprendra combien était juste cette limitation, si l'on se remémore les principes qui viennent d'être exposés sur la transmissibilité active. La restitution imposée à l'héritier fiduciaire ne peut comprendre que ce qu'il a reçu *jure hereditario* ; or les actions populaires introduites par lui, alors même qu'elles eussent été préparées par son auteur, ne sauraient être considérées, ainsi que j'ai cherché à le démontrer, comme lui ayant été transmises *jure hereditario*.

Il est vrai que sa qualité a pu lui obtenir la préférence sur les autres concurrents, mais il n'en a pas moins reçu ces actions *jure publico*, et, à ce titre, leurs conséquences

bonnes ou mauvaises sont pour lui seul d'une façon dé-
finitive. Devant sa qualité de représentant de l'intérêt
public, les principes de la succession privée perdent une
partie de leur efficacité et les règles générales sur les
actions populaires doivent recevoir leur application. Il est
certain qu'il ne pourrait nommer un *procurator* : il a le
devoir de conduire lui-même à terme les poursuites qu'il
a commencées : à lui le profit, à lui la responsabilité. De
même que lorsqu'un tiers avait introduit l'action, l'inté-
ressé absent ou négligent pouvait être privé de son exer-
cice, de même l'héritier fiduciaire, devenu *vindex* d'un
droit public, devait conserver cette situation et ne pas la
céder au fideicommissaire. Le sacrifice imposé au droit
de ce dernier n'est certes pas plus grand que celui qui est
imposé au citoyen qui avait été absent *reipublicæ causa*
et qui devait abandonner l'espoir d'un profit légitime, sans
qu'il eut cependant la moindre faute à se reprocher.

Si on permet à l'héritier de poursuivre, avec un droit de
préférence, l'action qui compétait à son auteur, c'est
parce que le premier représentant n'existe plus : or il en
est autrement, dans les rapports entre l'héritier fiduciaire
et le fideicommissaire. Le représentant existe encore et il
ne doit pas se retirer devant les prétentions que le fidei-
commissaire tire de son droit successoral.

Cet affaiblissement de plus en plus marqué du droit
privé, lorsqu'il s'agit des actions populaires, fait ressortir
davantage encore le caractère de la représentation de
l'État ; c'est bien d'après les règles du droit privé que le
préteur admet à l'exercice de l'action ; mais le choix fait,
le *vindex* du droit constitué, ce dernier conserve son
titre, malgré les prétentions des droits propres ou héré-
ditaires qu'un autre pourrait vouloir invoquer.

La loi 7 entendue de cette façon, comme une limitation aux principes contenus dans le S.-C. Trébellien, le sens de ces paroles devient très-clair: « *Item qui habet has actiones, non intelligitur esse locupletior.* » Elles s'appliquent précisément à l'héritier fiduciaire; si on le considérait comme devenu plus riche par l'exercice des actions qu'il a fait valoir, il serait tenu de restituer son bénéfice, en vertu des termes mêmes du sénatus-consulte, qui veut qu'il ne retire ni profit ni perte de l'hérédité.

Et c'est pourquoi on a soin de nous dire qu'aux yeux de la loi, il ne s'est pas enrichi; par conséquent, il n'aura rien à restituer. Cela vient confirmer encore l'idée déjà émise, à savoir que l'attribution au demandeur, du profit de la condamnation n'était pas une réparation d'un dommage subi, mais une sorte de prime; si on lui avait donné le caractère d'un paiement, d'une indemnité, il n'y aurait eu que le citoyen lésé directement qui eut pu réclamer ce paiement ou cette indemnité, et celui qui, comme l'héritier fiduciaire, avait l'usufruit d'une action de ce genre, se serait enrichi par la consommation qu'il en aurait faite et aurait été tenu, dans la mesure de cet enrichissement. Les Basiliques confirment pleinement cette interprétation, lorsqu'elles nous disent que l'action est donnée δικαιω δημοτικω, et je puis également invoquer la règle d'après laquelle l'exercice de l'action *de sepulchro violato* n'implique pas l'acceptation de la succession : la physionomie de l'héritier aussi bien que celle du lésé disparaît dans celle de représentant de l'État.

CHAPITRE V

DES INTERDITS POPULAIRES

A côté des actions populaires proprement dites, on trouve, dans le Digeste, une quantité assez considérable d'interdits qui participent au même caractère. Ces deux modes de procédure étant quelque peu similaires, et tendant, en somme, au même but général, il ne pouvait en être autrement, et l'on ne comprendrait guère qu'alors que le préteur accorde diverses sortes d'actions à tout citoyen « *cuilibet e populo* » pour défendre l'intérêt public, il ne lui accordât jamais d'interdits dans la même intention. Il existe donc des interdits populaires, et j'estime que ce serait laisser une grave lacune dans ce travail que de les passer sous silence.

Je vais donc examiner les questions principales qui s'y rattachent, m'arrêtant de préférence à celles qui ont soulevé quelques discussions et qui, partant, me semblent devoir offrir le plus d'intérêt.

SECTION PREMIÈRE

ORIGINE ET DÉFINITION DES INTERDITS

Beaucoup d'auteurs prétendent que d'une façon générale les interdits ont précédé chronologiquement les actions et que ce fut là la première manifestation du pouvoir du magistrat. Certes la question est entourée de ténèbres profondes et je me garderai bien d'indiquer une solution absolue ; il me semble cependant que l'opinion de ces auteurs ne saurait être acceptée, et sans discuter une à une leurs diverses objections, ce qui m'entraînerait trop loin, je crois devoir me rallier à l'opinion de ceux qui estiment que la création des actions et des interdits a été concomitante [1].

Il y avait de grandes lacunes dans le droit civil : le système des actions de la loi était bien incomplet et bien insuffisant : dans un grand nombre de cas, les citoyens n'avaient aucun moyen légal de se faire rendre justice. Mais il ne faudrait pas croire que ces lacunes fussent dues à une imprévoyance du législateur ; elles étaient, au contraire, préméditées et voulues ; c'était sciemment que le droit civil se contentait de formuler des règles générales, sans en indiquer le mode d'application, pour laisser ainsi une large part à l'autorité du magistrat, qui l'exerçait en vertu de son *imperium*. Ce qui tend à prouver que ce fut là réellement un système et non un oubli, c'est l'importance des matières qui échappaient au *jus civile* et qui furent réglées

1. Voyez notamment M. Accarias, *Précis de droit romain*, t. II, p. 1343.

par des interdits. Serait-il admissible, par exemple, qu'il eut jamais été permis de construire des édifices sur un terrain sacré, d'entraver la navigation, de dégrader les voies publiques, ou d'en empêcher l'usage, de violer la liberté individuelle, ou de porter obstacle aux inhumations ? Toutes ces hypothèses ont cependant fait l'objet d'interdits divers et le droit civil n'y pourvoyait pas. Comprendrait-on que ceux qui faisaient des lois n'y eussent pas songé ? Évidemment non, et il faut admettre que la loi, après avoir posé des règles générales, se déchargeait, quant à leur sanction et aux mesures à prendre pour les faire exécuter, sur le magistrat auquel elle donnait des pouvoirs suffisamment étendus pour qu'il pût mener à fin toutes les querelles.

Ce qui est vrai des interdits en général, doit l'être aussi des interdits populaires, et il est très-vraisemblable qu'en cette matière non plus, ils n'ont pas précédé les actions. Si l'on admet cela, on réduit à néant, comme je l'ai déjà dit, la théorie de **M. Ch. Maynz**, sur l'origine des actions populaires qu'il fait dériver directement des interdits.

Qu'était-ce maintenant qu'un interdit? C'était un acte solennel par lequel le préteur donnait un ordre ou faisait une défense. A l'origine, l'interdit était toujours prononcé en présence de deux parties adverses « *inter duos* ». Une fois prononcé, il devenait le principe d'une obligation, car désormais le défendeur était tenu de faire ou de ne pas faire. S'il obéissait au magistrat, le procès était immédiatement terminé: le demandeur obtenait la satisfaction réclamée par lui; s'il résistait, l'interdit aboutissait à l'organisation d'un *judicium* ordinaire, selon les formes requises pour les actions. Les deux parties faisaient, devant le magistrat supérieur, deux *sponsiones* ou

stipulations: le demandeur stipulait une certaine somme,
sous la condition que son adversaire serait jugé avoir con-
trevenu à l'*interdictum* du magistrat : le défendeur sti-
pulait, à son tour, pareille somme, sous la condition in-
verse [1]: c'était la *restipulatio*. Le préteur nommait alors
un juge chargé d'examiner de quel côté la *sponsio* était
due, c'est-à-dire si, oui ou non, l'interdit avait été violé.
Finalement la partie qui succombait encourait une con-
damnation qui consistait dans la perte du montant de sa
sponsio.

Il est aisé maintenant de comprendre ce que c'est qu'un
interdit populaire : c'est ce même interdit, tel qu'il vient
d'être décrit, accompagné de ce caractère exceptionnel
qu'il peut être invoqué par tout citoyen jouissant du *jus
postulandi*, même dans des cas où il n'y aurait aucun
intérêt personnel.

SECTION II

DIFFÉRENTES CATÉGORIES D'INTERDITS POPULAIRES

M. Accarias a voulu faire rentrer tous les interdits dans
une seule formule générale : « De deux choses l'une, nous
dit-il, ou le demandeur s'appuie sur un droit qui lui est
propre, et alors l'interdit est privé, ou, au contraire, il al-
lègue un droit qui *appartient à tout le monde*, et alors

1. Cette procédure était du moins celle de l'époque classique (Gaius,
IV, §§ 141, 162 à 165), et il est probable qu'elle remonte jusqu'au temps
des *legis actiones*, car elle rentre dans les plus anciennes habitudes
des Romains et a la plus grande analogie avec les formes du *sacramen-
tum*.

l'interdit est populaire [1]. » Cette définition diffère sensiblement, comme on le voit, de celle que je viens de donner; nous verrons un peu plus loin, en étudiant quelques interdits rangés par M. Accarias, dans la seconde catégorie, que les termes de la formule qu'il emploie sont équivoques et beaucoup trop vagues et que cette circonstance que le demandeur allègue un droit qui *appartient à tout le monde* ne suffit pas à elle seule à donner à l'interdit le caractère populaire. Il faut, de plus, que le demandeur puisse l'invoquer, *alors même qu'il n'y aurait aucun intérêt personnel.*

On peut faire rentrer tous les interdits populaires dans trois grandes classes :

1° Les Interdits *de rebus sacris.*

2° Les Interdits *utilitatis publicæ causa.*

3° Les Interdits *officii tuendi causa.*

§ 1er — Interdits de *rebus sacris.*

Les lieux sacrés, à Rome, n'avaient pas de propriétaire; personne n'était spécialement chargé d'en prendre soin. Il importait donc à l'intérêt public d'en confier la sauvegarde à tous les citoyens. C'est pourquoi le préteur donnait à celui qui le réclamait un interdit soit prohibitoire, contre ceux qui commettaient des dégâts dans le lieu sacré ou en usurpaient quelque partie, soit restitutoire pour forcer le coupable à rétablir les lieux dans leur état primitif: « *In loco sacro non solum facere vetamur, sed et factum restituere iubemur. Hoc propter religionem* [2]. »

Pour cette classe d'interdits, aucune discussion ne sau-

1. Accarias, *op. cit.*, t. II, p. 353.
2. D., 1. 2, § 19, XLIII, 8. — Voyez aussi D. XLII, 6.

rait s'élever : le demandeur ne peut jamais être lésé person-
nellement, puisque le lieu sacré n'appartient à personne :
il ne peut donc que se prévaloir d'un droit général et le
caractère de popularité ne saurait être mieux établi.

§ 2. — Interdits *utilitatis publicæ causa*.

Cette seconde catégorie comprend un ensemble de me-
sures destinées à protéger le droit de chaque citoyen à
l'usage des choses publiques, en sa qualité de membre de
la communauté. J'ai déjà eu l'occasion de dire que ces *res
publicæ* étaient des choses hors du commerce, non suscep-
tibles d'une appropriation privée et sur lesquelles chaque
individu avait une sorte de droit d'usage. Les plus impor-
tantes sont : les voies et les chemins, les fleuves et ri-
vières, les cloaques publics. Nous trouvons ici une quantité
assez considérable d'interdits s'appliquant à des hypothèses
variées : je n'indiquerai que les principaux, et parmi eux,
ceux dont la nature a fait naître des controverses.

1°. *Pour les voies et chemins.* — Défense d'y construire ou
d'y appuyer des ouvrages capables de les détériorer
(D. L. 2, § 20, XLIII, 8).

Défense d'apporter un obstacle à quiconque voudrait les
réparer (D. L. 1, XLIII, 11).

Défense d'empêcher qui que ce soit de passer à son gré
sur les voies publiques (D. L. 2, § 45, XLIII, 8).

Ces trois interdits sont prohibitoires ; en voici un resti-
tutoire : ordre est donné à ceux qui ont encombré de maté-
riaux les voies publiques de les déblayer (D. L. 2, § 35,
XLIII, 8).

2° *Pour les fleuves publics.* — Défense de faire sur le

fleuve ou sur ses rives des travaux susceptibles de gêner la navigation (D. L. 1, XLIII, 12).

Défense de faire, dans le fleuve, des ouvrages tendant à modifier la direction ou le niveau de l'eau (D. L. 1, § 19, XLIII, 12).

Défense d'entraver la navigation, à l'aide de n'importe quel moyen, de gêner ceux qui chargent des marchandises sur des bateaux ou débarquent sur les rives du fleuve, ceux qui font, dans le fleuve, des travaux pour protéger leur fonds, à condition, bien entendu, que ces travaux ne portent préjudice à personne (D. L. 1, XLIII, 14).

Ordre de remettre les choses en leur état primitif, à celui qui a fait des travaux susceptibles de changer le cours du fleuve (D. L. 1, § 11, XLIII, 13).

Ordre de remettre également les choses en l'état à celui qui a fait des travaux capables de porter obstacle à la navigation (D. L. 1, § 21, XLIII, 12).

Ces deux derniers interdits sont restitutoires : les autres sont prohibitoires.

3° *Pour les cloaques.* — Défense de rien faire et de rien jeter qui puisse les détériorer ; ordre à celui qui aurait contrevenu à cette défense de réparer les dégats commis par lui (D. L. 1, XLIII, 23).

Pour la plupart de ces interdits, la discussion ne s'élève pas, leur caractère populaire est nettement déterminé. Mais il y en a plusieurs qui ont soulevé de vives controverses.

Bruns a pris ici pour point de départ l'analogie qu'on doit établir entre les interdits et les actions populaires et à l'encontre d'un grand nombre d'auteurs, y compris Ihering lui-même, il a établi le *criterium* suivant : il y aura interdit populaire lorsqu'un fait, par lui-même et par lui seul, motivera, comme tel, une action pour tout le monde ; l'interdit ne sera pas populaire lorsque ce fait n'engendrera d'action que pour une personne déterminée.

Je trouve ce principe parfaitement exact, et je serais heureux, pour une fois, de me ranger à l'opinion du savant allemand si je pouvais accepter l'application pratique qu'il a faite de ce *criterium*. Je vais, pour un instant, me placer au même point de vue que lui et montrer que son raisonnement est irréprochable.

On devrait, d'après Bruns, refuser le caractère populaire aux deux interdits relatifs aux réparations des chemins et rivages : celui-là seul, en effet, peut les intenter, qui voulant faire ces réparations, en a été empêché. Le texte dit : « *Quominus illi viam publicam iterve publicum aperire, reficere liceat, vim fieri veto.* » — « *Quominus illi in flumine publico ripave ejus opus facere ripæ agrive qui circa ripam est... vim fieri veto*[1]. » Ne seraient pas non plus populaires les deux interdits défendant à qui que ce soit d'empêcher quelqu'un d'user, selon son droit, des voies, chemins et fleuves publics. En effet, celui-là seul peut les intenter, qui voulant exercer ce droit, en a été empêché : « *Quominus illi via publica itinereve publico ire agere liceat, vim fieri veto*[2]. » — « *Quominus illi in flumine publico navem ratem agere, quodve minus per ripam onerare exonerare liceat, vim fieri veto*[3]. »

Les adversaires de Bruns et principalement Schmidt[4] et Ihering, lui font les objections suivantes : pour les deux premiers interdits, s'il est vrai que celui-là seul peut s'en

1. D., l. 1, XLIII, 11 et D. l. I, XLIII, 15.
2. D., l. 2, § 45, XLIII, 8.
3. D., l. 1, XLIII, 14.
4. Schmidt, *op. cit.*, p. 131 à 136.

servir, qui a été arrêté dans ses réparations, il n'en est pas moins vrai que cette action lui compète, en vertu d'un droit général des citoyens, en vertu de ce droit à l'*usus* des *res publicæ* qu'a chaque membre de la communauté. Bien que l'action n'appartienne qu'à un seul, elle lui appartient néanmoins, en vertu de ce droit général et populaire. — Quant aux deux autres interdits, mis à l'écart par Bruns, ils doivent *a fortiori* être classés parmi les interdits populaires : à la vérité, ils ont un caractère un peu vague et indéterminé ; à la vérité, il semble que leur conséquence directe et immédiate soit de servir exclusivement l'intérêt privé de celui qui est entravé, dans l'exercice de son droit, et non un intérêt public et général ; mais ne les envisager qu'à ce point de vue, c'est s'arrêter à une apparence et négliger l'analyse rigoureuse de leurs éléments intimes. Pour peu qu'on réfléchisse, il est facile de s'apercevoir que le concept est double, et qu'à côté de l'élément privé, il y a l'élément public, qui est le véritable fondement, le *substratum* de ces interdits.

Si ce raisonnement est juste, je me fais fort de démontrer que toutes les actions sont plus ou moins populaires et que ce n'est plus seulement une procédure exceptionnelle que nous étudions, mais bien toute la procédure ordinaire.

On dit, en effet : celui-là seul qui est entravé dans sa navigation a le droit de se prévaloir de l'interdit, mais il n'en est pas moins un demandeur populaire, parce que le droit qu'il fait valoir appartient à tout le monde et qu'il aurait pu arriver à tout autre que lui d'être entravé par le délinquant. Mais je demande à quel genre de droits ou d'actions le même raisonnement ne serait pas applicable. Prenons une action quelconque : l'action *furti*, par exemple :

celui-là seul qui a été volé peut l'intenter : mais ne peut-il arriver à tout le monde d'être volé et le droit qu'on fait valoir n'est-il pas un droit qui appartient également à tout le monde, le droit de se faire restituer des objets qui vous ont été soustraits frauduleusement ou d'obtenir, comme compensation, une somme d'argent supérieure à leur valeur ?

Quelle est la différence essentielle entre cette hypothèse et celle qui précède? dans les deux cas, le demandeur est intéressé directement à la répression du coupable ; dans les deux cas, il fait valoir un droit qui appartient à tout le monde ; dans les deux cas, enfin, l'intérêt public est en jeu, car s'il importe au bien de la communauté qu'on puisse naviguer sans encombres sur les fleuves publics, il lui importe bien autant, je pense, que les particuliers ne soient pas dépossédés des objets qui leur appartiennent, et atteints, de la sorte, dans leur patrimoine. Dira-t-on, dès lors, que l'action *furti* est populaire ? Évidemment non, car il faudrait le dire aussi de toutes les autres, car à toutes nous pourrions appliquer, avec de légères variantes, le raisonnement ci-dessus. Le *criterium* de Bruns paraît donc très-exact, et ce n'est pas l'argumentation de Schmidt et d'Ihering qui peut le renverser.

Malheureusement, il me semble en avoir fait, à l'encontre de textes formels, une application défectueuse aux quatre interdits précédemment exposés, en prétendant que ces interdits ne sont pas populaires. Je crois, au contraire, qu'il faut leur attribuer ce caractère : mais pour une raison que ni Bruns ni ses adversaires ne semblent avoir soupçonnée. Ils admettent, en effet, d'un commun accord, que seul pourra s'en prévaloir, le demandeur directement intéressé : c'est là ce que je crois absolument erroné. Qu'on lise attentivement les textes et qu'on me dise où se trouve la preuve d'une pareille affirmation. Ce serait aller à l'encontre de toute la théorie des actions populaires, en général, dont le caractère original consiste précisément dans ce fait qu'un citoyen quelconque, *quilibet e populo*, peut se porter demandeur dans des cas où il n'a aucun intérêt personnel. Assurément, il arrive très souvent que le demandeur sera intéressé : par exemple, c'est celui dont on a violé le sépulcre de famille, ou celui qui a reçu sur la tête un objet tombé d'une fenêtre, qui intente l'action ; mais ce n'est là qu'un fait accidentel, qu'un point de vue tout-à-fait secondaire de la question. Ce qui fait que l'action, même dans ce cas, n'en garde pas moins son caractère de popularité, c'est la possibilité pour tout autre citoyen que le lésé, de pouvoir intenter l'action, si celui-ci, pour une raison ou pour une autre, reste inactif.

Ainsi donc, pour les interdits controversés, si l'on vient dire que celui-là seul peut les faire valoir, qui y a un intérêt personnel, c'est leur enlever, à mon avis, le caractère essentiel qui les rend populaires, et je comprends fort bien que Bruns se refuse à les considérer comme tels. Mais, encore une fois, il faudrait un indice certain, un texte formel, pour en arriver à cette étrange solution : et cet indice, non seulement on ne le trouve pas, mais les Pandectes viennent confirmer ici la théorie générale. Que dit Ulpien, à propos de l'interdit *de via publica et itinere publico reficiendo* ? Il nous dit (§ 3) : « *Interdictum hoc.... dabitur omnibus et in omnes.* » Peut-on prétendre que cela signifie simplement : cet interdit sera donné à tous ceux qui se trouveront dans le cas prévu par lui, c'est-à-dire à tous ceux, qui voulant réparer un chemin public en seront empêchés ? Vraiment, ce serait là trop de naïveté. Pourquoi ne pas dire aussi alors : l'action *furti* sera donnée à tous ceux qui seront volés, l'action en revendication à tous ceux qui auront quelque chose à revendiquer ? En vérité, on ne peut prêter gratuitement à Ulpien d'avoir dit une sottise de ce genre, et l'on doit admettre que ce *dabitur omnibus* a, ici, la même significacation que dans les autres actions ou interdits du même genre, à savoir que l'interdit sera donné à tout citoyen ; à celui qui est intéressé d'abord et de préférence, et à son défaut, à tout autre.

D'autres textes viennent encore confirmer ce raisonnement : c'est ainsi que nous lisons, dans la loi 1, § 9 D. XLIII. 13 : « *Hoc interdictum cuivis ex populo competit,* » et dans la loi 2, § 34, D, XLIII, 8 : « *Hoc interdictum perpetuum et populare est.* »

Ces paroles seraient grossièrement inexactes ou tout au moins n'auraient aucun sens et seraient inutiles, si le demandeur intéressé avait seul droit à l'interdit.

Ma conclusion est celle-ci : Bruns a raisonné fort exactement et son *criterium* est juste, mais l'application qu'il en a faite est fausse, parce qu'il est parti d'un principe erroné. Quant à Ihering et Schmidt, ils disent vrai en affirmant que ces interdits sont populaires, mais il partent du même principe erroné, et le raisonnement par lequel ils arrivent à une conclusion différente de celle de Bruns ne saurait être justifié.

Tous les interdits dont il vient d'être parlé, dans ce paragraphe, sont institués dans le but d'accorder une protection spéciale à certaines *res publicæ*. Il y en a d'autres qui constituent des mesures générales tendant à protéger ces mêmes *res publicæ*. Voici les principaux :

Pomponius, dans la loi 1, *De locis et itineribus publi-*

cis[1] nous en indique un premier, dans les termes suivants: « *Cuilibet in publicum petere permittendum est id, quod ad usum omnium pertineat : veluti vias publicas, itinera publica, et ideo quolibet postulante de his interdicitur.* » Comme on le voit, tout citoyen était admis à une sorte de fonction publique, qui en faisait quelque chose comme un agent-voyer de nos jours, et lui permettait de s'opposer efficacement à toute manœuvre, qui, de quelque façon que ce fut, eut porté atteinte aux voies et chemins publics. Cela semble très-vague et très-indéterminé : heureusement Ulpien[2] vient immédiatement nous indiquer une hypothèse où cet interdit recevra son application : « *Nemini licet in via publica monumentum exstruere.* » Cela paraîtrait bien invraisemblable, aujourd'hui, mais, à Rome, la chose était fréquente. On sait que les généraux qui revenaient victorieux, les grands personnages qui quittaient une fonction élevée, avaient coutume d'édifier des monuments qui devaient perpétuer leur gloire à travers les siècles. C'est à cette coutume que nous devons un certain nombre de merveilles architecturales qui subsistent encore à travers les ruines de la vieille capitale romaine, et dans plusieurs villes du midi de la France. Mais cette habitude avait fini par devenir abusive : certains patriciens, qui ne se recommandaient que par une fortune aussi grande que leur vanité, voulurent s'imposer à la postérité en encombrant les rues et les places publiques de constructions diverses, auxquelles ne présidait pas toujours un goût très-pur. C'est, sans doute, pour faire cesser un pareil abus que fut introduit l'interdit général dont nous parle Pomponius.

1. D., XLIII, 7.
2. D., l. 2, XLIII, 7.
3. D., l. 2, XI, 7.

Actio de mortuo illato. — Nous savons quel respect religieux les Romains professaient pour leurs morts : mais ils savaient admirablement concilier ce respect avec l'hygiène et la salubrité publique. Aussi prenaient-ils les plus grandes précautions pour que l'ensevelissement et la crémation des cadavres ne pussent faire naître des épidémies dangereuses. Comme ils n'avaient point de cimetière, et que chaque famille enterrait ou brûlait ses morts chez elle, on avait décidé, dès la loi des XII Tables, que ces cérémonies auraient toujours lieu hors des murs de la ville. C'est pour faire observer plus rigoureusement ces prescriptions sévères que chaque citoyen fut autorisé à veiller, au moyen d'un interdit, à ce qu'il n'y fut pas contrevenu.

Operis novi nunciatio. — Je ne veux pas entrer ici dans les détails de cet interdit possessoire bien connu, en droit privé ; qu'il me suffise de dire, en quelques mots, en quoi il consistait : le possesseur troublé dans sa possession par le fait de constructions entreprises par un tiers sur son propre fonds, pouvait interrompre les travaux par une *défense*, sur la nature de laquelle on discute. C'est cette défense qui prenait le nom de *nunciatio.* Si le constructeur n'y obtempérait pas et poursuivait son entreprise, le *nuntians* pouvait obtenir un interdit restitutoire, qui lui permettait de faire détruire tout ce qui avait été fait, depuis la *nunciatio.* Voilà ce qui se passait entre particuliers. Que si, maintenant, les travaux ou constructions avaient été entrepris sur des lieux publics, chemins ou fleuves, l'*operis novi nunciatio* devenait populaire et compétait à tout citoyen : « *Si in publico aliquid fiat, omnes cives opus novum nunciare possunt*[1]. »

____

1. D., l. 3, § 4, xxxix, 1.

Aucune difficulté ne s'élève relativement à ces trois interdits: leur caractère populaire est très nettement établi.

Il me reste maintenant à surmonter ici une difficulté que font naître plusieurs textes.

Au § 34 de la loi 2, D., XLIII, 8, il est dit: « *Hoc interdictum perpetuum et populare est: condemnatioque ex eo facienda est, quanti actoris intersit;* » au § 44 de la même loi, sur l'interdit restitutoire: « *Condemnatio ex eo facienda quanti actoris intersit tolli quod factum est;* » enfin au § 3 de la loi 1, D., XLIII, 11 : « *Interdictum hoc dabitur omnibus et in omnes, et habet condemnationem in id, quod actoris intererit.* »

Au premier examen, si l'on considère ces textes, sans les rapprocher des autres, et si l'on s'attache spécialement aux mots « *quanti actoris interest* », on ne sait plus que penser de toute la théorie laborieusement échafaudée dans les pages qui précédent. Et, en effet, si le juge doit prononcer une condamnation adéquate à l'intérêt qu'a le demandeur au procès, c'est que ce demandeur est toujours intéressé, c'est qu'il agit en vertu d'un droit propre, parce qu'il a été directement lésé par l'infraction. Comment dire d'un demandeur étranger qui n'agit que par patriotisme, ou dans le but d'obtenir le gain que lui promet la loi, qu'il requiert le « *quanti interest* »? Et ainsi l'édifice s'écroulerait tout entier, car il serait véritablement absurde d'appeler populaires des interdits, que, seules, certaines personnes, ayant un intérêt privé en jeu, pourraient mettre en mouvement.

Mais alors que veulent dire, d'autre part, les passages nombreux et très précis qui nous parlent de popularité, et comment se fait-il que ce soit précisément dans ceux qui parlent d'une condamnation au *quanti interest*, qu'on rencontre, sans restriction aucune, les expressions « *populare* » ou « *dabitur omnibus ?* » sommes-nous en présence d'une antinomie inexplicable? Nullement; la difficulté n'est qu'apparente, et je crois l'antinomie simplement superficielle. Qu'on se souvienne de la procédure originaire des interdits: une désobéissance à l'ordre ou à la défense du magistrat a été commise; par exemple, on a détérioré un lieu sacré; un citoyen quelconque, témoin de la chose, accourt devant le magistrat et y amène avec lui l'auteur de l'infraction. C'est là, *in jure*, qu'il lui demande de réparer le dégat qu'il a fait et de remettre les lieux en l'état primitif. Le défenseur refuse cette réparation, sous le prétexte qu'il n'a pas contrevenu à l'interdit. Que fait alors le magistrat? sans examiner qui a tort ou raison, il fait faire au demandeur une *sponsio pœnalis*, et requiert du défendeur une promesse semblable, une *restipulatio* de la peine. Pour déterminer la somme qui fera l'objet de cette *sponsio*, le demandeur prend pour base de son évaluation l'intérêt qu'il estime avoir à ce que l'interdit dont il se prévaut soit respecté par tous. Les deux parties s'en vont alors devant un juge, *in judicio*, et c'est le juge, qui après avoir examiné les faits et reconnu le bien fondé ou le mal fondé de la demande prononce la condamnation. Si c'est le demandeur qui succombe, il perd le montant de la *sponsio pœnalis*; si c'est le défendeur, le montant de la *restipulatio*; dans les deux cas, c'est le chiffre de cette stipulation pécuniaire qui indique le *quanti interest*.

On a objecté à cette explication que le langage des jurisconsultes serait singulièrement impropre si nous avions raison, car une fois la *sponsio* faite, on ne saurait parler d'une condamnation au *quanti interest*, attendu que le *quantum* est déterminé par la *sponsio* même, qu'il y a, dès

lors, au procès, une *certa pecunia* et que le juge doit con-
damner au *certum*, sans qu'il lui soit permis de faire une éva-
luation quelconque. — Tout cela est parfaitement exact et
je n'y contredis point, mais dans les textes controversés
que j'ai apportés, le préteur envisage l'action, dans son
ensemble, et parle d'une façon générale; il ne se demande
même pas, comment, dans telle ou telle espèce, un *quan-
tum* sera déterminé : il suffit qu'il puisse l'être. Et se pla-
çant, dès lors, au début de l'instance, abstraction faite des
phases diverses par lesquelles le *quantum* indéterminé,
tout d'abord, finira par devenir une *certa pecunia*, le ma-
gistrat dit: celui qui succombera paiera l'intérêt engagé
au procès. C'est un peu le « *ce qu'il appartiendra* » de
notre procédure actuelle.

D'ailleurs, il n'y a pas d'autre explication du langage des
jurisconsultes qui doit être cependant nécessairement
expliqué, car la théorie générale des actions populaires
étant établie d'une façon péremptoire, il faut trouver la clé
de l'antinomie dont je viens de parler, sous peine de faire
tomber les auteurs du Digeste dans des contradictions
tellement grossières qu'elles ne sont pas admissibles.

§ 3. — Interdits *officii tuendi causa*.

Cette troisième catégorie a principalement trait à des
mesures basées sur l'intérêt de la morale publique. Paul
ne cite comme tel que l'interdit « *De homine libero exhi-
bendo* »[1]. Cet interdit était donné contre celui qui déte-
nait frauduleusement une personne libre « *quem libe-
rum dolo malo retines, exhibeas* ». C'était donc dans

1. D., XLIII, 29.

l'intérêt général de la liberté, à laquelle les Romains atta-
chaient un si grand prix que le préteur avait fait ici usage
de son *jus interdicendi*. On ne trouvait, en effet aucun
moyen, dans le droit strict, pour faire cesser la séquestra-
tion arbitraire d'un homme libre. C'était un de ces cas
nombreux, où la loi avait cru pouvoir s'en remettre à
l'autorité des magistrats supérieurs, qui avaient comblé
la lacune en créant cet interdit. — Le « *quem liberum* »
de l'édit s'appliquait à toute personne libre quelle qu'elle
fut: pubère ou impubère, masculine ou féminine, *sui juris*
ou *alieni juris*. Mais pour que l'interdit put être donné, il
fallait que la séquestration fut frauduleuse, entachée de
dol[1]. C'était là une question de fait. Il n'était pas donné,
par suite, contre le *paterfamilias* qui retenait chez lui une
personne qui était régulièrement sous sa puissance, ni
contre celui qui avait racheté un captif à l'ennemi et qui
n'avait pas reçu le prix versé par lui, ni, enfin, contre le
créancier qui retenait son débiteur, en vertu d'un juge-
ment. Dans toutes ces hypothèses, la séquestration ayant
lieu en vertu de la loi elle-même, il est évident qu'il ne
pouvait y avoir *dolus malus*.

On a prétendu qu'on ne rencontrait pas ici le pur carac-
tère populaire, parce que l'interdit visait spécialement
l'intérêt privé des citoyens injustement détenus : « *Ne
homines liberi retineantur a quoquam*[2] » et que ce qui
devait confirmer dans cette opinion, c'est qu'on s'écartait
ici des règles générales admises pour les actions populai-
res proprement dites. En effet, nous savons que, d'ordi-
naire, on exclue comme incapables les femmes, les mi-
neurs et les infâmes ; or l'interdit « *De homine libero ex-*

<hr>

1. D., l. 3, §§ 2, 3, 4, XLIII, 29.
2. D., l. 1, § 1, H. T.

hibendo » déroge à cette règle et Ulpien nous dit, au § 11 de la loi 2 : « *Sed (et) si mulier vel pupillus hoc interdictum desideret, pro cognato vel parente... dandum esse eis interdictum, dicendum est....* »

Ces objections sont loin d'être péremptoires : il me semble, en effet, qu'il importe tout autant à l'intérêt général de l'État d'empêcher qu'un homme libre ne puisse être détenu arbitrairement, que de veiller à ce que les sépulcres ne soient pas violés, ou à ce que les citoyens ne puissent être blessés par des objets tombant d'une fenêtre, et il ne m'est pas possible de voir une différence dans la conception de ces trois mesures analogues, quant à l'idée qui a dû les engendrer. En second lieu, je retournerai contre mes adversaires leur second argument : si l'on a permis ici à la femme et au pupille d'agir, contrairement à la règle générale, c'est que l'action est, si je puis m'exprimer ainsi, plus populaire encore que les autres, et qu'on cherche à étendre, dans une mesure plus grande, les bénéfices qu'on retire de cette popularité. On admet à agir tous les citoyens, *quilibet e populo*, comme dans les autres actions, et, de plus, les mineurs et les femmes, qui ne l'auraient pu, sans cette exception en leur faveur.

Nos adversaires se heurtent d'ailleurs à un texte formel, qu'il faudrait effacer de ce titre pour pouvoir soutenir leur opinion. Ce texte est le suivant : « *Hoc interdictum omnibus competit : nemo enim prohibendus est libertati favere*[1]. » Il est assez clair par lui-même pour pouvoir se passer de commentaires.

Cet interdit pouvait concorder avec une poursuite criminelle intentée contre l'individu coupable de séquestration, en vertu de la *Lex Fabia de plagiariis ;* s'il y avait

1. D., l. 3, § 9, H. T.

doute sur la qualité d'homme libre, un *præjudicium* intervenait d'abord pour trancher la question d'état.

Nous trouvons ici un curieux exemple de la ténacité des Romains pour le formalisme de leur procédure. Je suppose que le défendeur à l'interdit reste sourd aux menaces, qui lui sont faites et résiste à l'ordre donné par le préteur d'exhiber l'homme libre qu'il détient : il semblerait assez naturel, dans ce cas, de requérir, au besoin, la force armée, de pénétrer, au nom de la loi, dans le domicile du coupable et de songer, avant tout, à mettre en liberté le malheureux séquestré, à qui l'on fait peut-être subir des traitements qui mettent sa vie ou son honneur en danger. Pas du tout : cela ne serait pas légal : tout ce qu'on peut faire, c'est d'infliger au coupable une condamnation pécuniaire. S'il est riche, il pourra donc, en payant les frais du jugement, s'obstiner à garder sa victime. On remédiait en fait à cette procédure détestable, et l'on arrivait à forcer la main au défendeur en grossissant outre mesure le chiffre de la condamnation ou en redonnant indéfiniment l'interdit contre lui, sans égard pour l'*exceptio rei judicatæ* : « *Si tamen reus condemnatus malit æstimationem suffere quam hominem exhibere, non est iniquum, sæpius in eum interdicto experiri, vel eidem sine exceptione, vel alii* [1]. »

Cela n'empêchait pas qu'un citoyen, par manie ou par vengeance, put priver un de ses semblables de la liberté et le tenir enfermé dans un cachot, jusqu'à ce qu'il eut épuisé les ressources d'une fortune qui pouvait être considérable. Il y aurait eu là, en vérité, avec les lenteurs inévitables de la procédure, un vrai chef-d'œuvre de logique et d'absurdité, tout à la fois, si l'on n'eut eu la ressource de faire

1. D., l. 3, § 13, *in fine*, H. T.

tomber, au besoin, sur le coupable les rigueurs de la loi criminelle *de plagiariis* [1].

SECTION III

IDÉE FONDAMENTALE DE REPRÉSENTATION

Nous retrouvons, à propos des interdits populaires, la même controverse que pour les actions, au sujet de la nature du droit exercé par le demandeur. Bruns, logique avec lui-même, soutient également ici que le demandeur n'agit jamais qu'en vertu d'un droit propre, alors même qu'il n'aurait aucun intérêt personnel. Le raisonnement qu'il fait est analogue à celui que nous connaissons déjà, et de même que, pour les actions, il se fondait principalement sur l'attribution au demandeur du profit de la condamnation, de même, ici, son principal argument est tiré de ce fait que le demandeur à l'interdit doit fournir la *sponsio pœnalis* et gagner la *restipulatio*, en cas de succès. La déduction de cette façon de raisonner n'est pas plus forte que précédemment : il veut juger de la nature intime d'un droit d'après des formalités de procédure, sous lesquelles ce droit était contraint de se voiler pour pouvoir triompher.

1. On sait avec quelle rigueur légitime la loi pénale française réprime aujourd'hui la détention ou la séquestration arbitraire de toute personne, cette personne fut-elle même étrangère. Le simple fait de la détention ou de la séquestration, entraîne contre celui qui s'en est rendu coupable, la peine des travaux forcés à temps (art. 341 du Code pénal). Si la détention a duré plus d'un mois, on applique la peine des travaux forcés à perpétuité (art. 342). Enfin, si les personnes séquestrées ont été, en outre, soumises à des tortures corporelles, on prononce la peine de mort (art. 344).

Mais, pour admettre ce droit des particuliers comme fondement de l'institution, il faudrait, ici encore, que les sources nous le disent clairement. Bruns n'a trouvé qu'un texte qui paraisse confirmer son opinion. A propos de l'interdit « *Ne quid in loco publico vel itinere fiat,* » Ulpien nous dit : « *Et tam publicis utilitatibus quam privatis per hoc prospicitur. Loca enim publica utique privatorum usibus deserviunt jure scilicet civitatis, non quasi propria cujusque : et tantum juris habemus ad obtinendum quantum quilibet e populo ad prohibendum habet*[1]. »

Dans ces mots « *loca enim publica* » et « *jure scilicet civitatis* » ce que l'on voit le plus clairement, c'est précisément l'exclusion d'un droit privé, et il me paraît très risqué de vouloir trouver le fondement d'une action, fondement dont Ulpien ne parle pas, dans la constatation de la faculté qu'ont les citoyens de jouir des choses publiques.

L'autre point sur lequel Bruns appuie sa théorie, c'est que trois fois, à propos de l'interdit, on trouve cette phrase : « *Condemnatio ex eo facienda est quanti actoris interest.* » Nous avons vu ce que signifiait cette formule et que c'était vraisemblablement dans la procédure originale de la *sponsio* qui fallait chercher la clef de ce « *quanti interest* » qui serait incompréhensible sans elle. Les explications que j'ai données précédemment me dispensent de réfuter à nouveau cette objection de Bruns.

Du reste, la réfutation la plus claire, la plus complète, se trouve dans un passage que j'ai déjà cité : c'est la loi 8, § 3, XXXIX, I, ainsi conçue : « *Quod si nunciavero tibi ne quid contra leges in loco publico facias, promittere debebis, quoniam de eo opere* ALIENO JURE CONTENDO, NON MEO, *et tanquam* ALIENI JURIS PETITOR, *repromissione contentus esse*

____

1. D., l. 2, § 2, XLIII, 8.

debeo. » Il ne sera pas possible, tant qu'on n'aura pas effacé des Pandectes ce texte lumineux, de croire à un droit propre du demandeur, tel que Bruns et Ihering l'ont imaginé.

Au surplus, nous avons vu que tous ces interdits se rapportaient à des chemins, des cloaques, des cours d'eau, toutes choses, en général, pour lesquelles l'autorité avait besoin de l'aide de l'initiative privée, à cause de la pénurie de fonctionnaires. Elle plaçait donc toutes ces *res publicæ* sous la protection de chaque citoyen, comme le fait encore l'autorité, de nos jours, pour certains lieux publics, tels que les squares et jardins de nos grandes villes. Tout le monde a vu ces superbes écriteaux fixés au sommet d'un piquet, et sur lesquels se détachent, sur fond blanc, des inscriptions en prose municipale, où on lit que tous les citoyens sont intéressés à la conservation des fleurs et des plantes rares qui ornent les parterres. Aujourd'hui, cela est quelque peu platonique et l'on fait surtout appel à l'amour-propre des citadins. A Rome, il y avait une sanction pénale, c'était l'interdit, et chaque individu était appelé à remplacer, je ne veux pas dire avantageusement, le gardien de la paix, qui, de nos jours, dresse procès-verbal aux délinquants.

C'est donc dans l'intérêt public que le défendeur à l'interdit, comme le défendeur à l'action populaire sera frappé d'une peine pécuniaire, s'il succombe ; et s'il arrive parfois que le droit du demandeur ait été lésé, en même temps que le droit de l'État, il n'y a là qu'un fait accidentel et secondaire, et point du tout essentiel. Une même pensée, comme le dit Schmidt, anime les actions et les interdits, et à ce point de vue, il n'y a pas de différence entre le citoyen qui agit, parce qu'un objet tombant de haut l'a blessé, et celui qui agit parce qu'il a été entravé dans sa navigation. Dans les deux cas, on arrive à protéger indirectement le droit lésé du demandeur, mais pas plus dans l'action que dans l'interdit, le législateur ne s'est inspiré de cette idée ; son but principal a été, chaque fois, de suppléer à l'insuffisance de l'autorité.

Il y a quelque chose de plus à objecter à Bruns : si l'on veut ne voir dans le demandeur populaire qu'un demandeur ordinaire qui fait valoir son droit et rien autre chose, on détruit absolument le caractère spécial de cette institution originale. Et, en effet, l'action par laquelle on fait valoir un droit propre, quel que soit le rapport qui la fasse naître, est une action ordinaire ; l'épithète de populaire n'aurait donc pas eu sa raison d'être, de même que le terme d'action publique aurait été inexact pour les *judicia publica*, si, au dessus du droit du citoyen intéressé, qui pouvait l'intenter, de préférence à tous autres, il n'y avait pas eu le droit de l'État.

La conclusion générale, aussi bien pour les interdits que pour les actions populaires, se trouve donc dans le développement du principe, d'après lequel l'État romain confiait au citoyen beaucoup de ces fonctions qui sont exclusivement exercées, aujourd'hui, par certains organes administratifs, mandataires directs du pouvoir, et l'on peut affirmer, sans crainte, que toute la théorie des actions populaires est renfermée dans cette idée de quelques fonctions d'État confiées à l'activité et à l'initiative de chacun des membres de la communauté.

CHAPITRE VI

LIMITES ET JUSTIFICATION DU TITRE DE POPULARIBUS ACTIONIBUS

Au début du second chapitre de cet ouvrage, où je donnais une énumération succincte des principales actions populaires, je prenais immédiatement parti, dans une question fort controversée, sans indiquer les arguments qui avaient formé ma conviction. Tandis qu'un certain nombre d'auteurs ne veulent considérer comme populaires que les seules actions prétoriennes, je disais que je n'hésitais pas à donner, *a fortiori*, cette qualification aux actions établies par des lois ou par des senatus-consultes.

Les diverses théories que j'ai développées depuis, sont venues confirmer indirectement la décision que j'avais prise, dès le début: il me reste à la justifier d'une façon plus complète, en détachant des règles générales celles qui s'y rapportent plus spécialement.

Le problème est le suivant: que comprend, au juste, le titre *de popularibus actionibus?* Quelle est la mesure de son élasticité? quelles actions faut-il y faire rentrer? quelles sont celles qu'on doit en éliminer ?

§ 1ᵉʳ. — Limites du titre *De popularibus actionibus*.

Le contenu de ce titre, suivant Bruns, se limiterait aux actions *de sepulchro violato*, de *dejectis et effusis*, *de positis et suspensis, de albo corrupto*. Il comprendrait, en outre, les actions et les interdits, pour la défense des *res publicæ*, et l'on pourrait encore l'étendre à l'action edilicienne *de bestiis*. Mais on devrait en exclure, parmi celles que j'ai citées, l'action *de tabulis apertis*, l'action *de termino moto*, l'action naissant de l'interdit *de homine libero exhibendo*, et, d'une façon générale, toutes les poursuites établies par des lois ou des senatus-consultes, c'est-à-dire toute la seconde catégorie des actions que j'ai énumérées dans mon deuxième chapitre.

Bruns en est arrivé là, à la suite de la grande distinction que nous connaissons déjà : toutes les fois que le profit de la condamnation est attribué au demandeur, l'action est populaire ; dès que ce profit est pour l'État, elle ne l'est plus. C'est à la lumière de ce *criterium* qu'il fait son triage, sans trop se soucier, il faut bien le dire, des textes qui lui donnent tort.

C'est ainsi que, parmi les actions prétoriennes, il élimine, d'abord, l'action *de tabulis apertis* ; nous savons que dans cette action, une moitié de la condamnation était attribuée au demandeur, tandis que l'autre moitié était pour l'État. Il y avait là, pour Bruns, un double motif de la rejeter : d'abord, on ne pouvait pas dire que l'amende était pour le demandeur, puisque l'État en prenait la moitié ; il était ensuite impossible de prétendre que l'*actor* agissait en vertu d'un droit propre ; il était trop clair, en

effet, qu'il agissait pour le compte de l'État, qui lui abandonnait une partie de l'amende, à titre de prime, de récompense pour le service rendu. Il fallait donc l'écarter, mais pour ce faire, Bruns a dû mettre à néant le texte de Gaius [1], qui, précisément, appelle cette action populaire : « *Palam est autem popularem actionem esse.* » Le savant professeur allemand a cherché à se défaire de cette phrase gênante en disant que l'action *de tabulis apertis* constituait un passage d'une variété à une autre : le passage des actions en nom propre aux actions procuratoires, et que, par habitude et sans souci de la transition, on lui avait conservé l'ancien qualificatif. Mais le mot passage serait ici synonyme de confusion, et je ne crois pas qu'on ait le droit d'adresser ce reproche au jurisconsulte romain.

Si l'on admet, au contraire, notre théorie sur l'idée de représentation, si l'on considère toujours le demandeur populaire comme étant, au fond, un procurateur de l'État, cette anomalie s'explique aisément. Après avoir primitivement abandonné au demandeur, à titre de *prœmium*, le montant intégral de la condamnation, pour stimuler l'activité des citoyens, l'État n'en abandonne plus désormais qu'une quote-part, usant en cela d'un droit qu'on ne saurait lui dénier.

Quant à l'action *de termino moto*, Bruns l'écarte parce qu'elle n'est pas appelée dans les sources action populaire. Or nous avons vu que Callistrate [2], en nous parlant de la loi agraire édictée par Gaius César, nous dit, au sujet de la peine des 50.000 *aurei*, établie par lui contre ceux qui déplaçaient les bornes : «... *et ejus actionem petitionem ci qui volet esse jubet.* » La forme narrative n'admettait

1. D., l. 25, § 2, xxix, 5.
2. D., l. 3, pr. xlvii, 21.

pas l'emploi de l'expression « *popularis actio* » qui d'ailleurs, ne se trouve jamais dans l'édit, où l'action est toujours donnée par le préteur dans des termes analogues à ceux qui sont employés ci-dessus.

Je répondrai de la même façon à l'objection identique qui lui fait repousser l'action naissant de l'interdit *de homine libero exhibendo*. Il n'était pas nécessaire de lui donner en toutes lettres le qualificatif de populaire, puisque ce caractère ressortait assez clairement de ces paroles : « *Hoc interdictum omnibus competit : nemo enim prohibendus est libertati favere*[1]. » Bruns objecte encore, pour cet interdit, qu'il est perpétuel, alors que les autres ne le sont pas : mais, en vérité, on ne peut lui enlever sa nature intime, à raison de ce fait qu'il s'y trouve des règles qui lui sont spéciales.

Au surplus, si l'on tenait pour vraie la distinction de Bruns, il ne devrait pas être difficile de déterminer un terrain sur lequel pourraient coexister harmonieusement les quatre ou cinq actions reconnues par lui comme populaires. Il faudrait indiquer une idée qui leur fut exclusivement applicable et qui déterminerait les limites si exactement, qu'aucune autre ne saurait entrer dans le champ ainsi délimité. Or, il est aisé de voir que Bruns n'arrive pas à ce résultat en partant de cette idée que le demandeur populaire agit en vertu d'un droit propre, parce que l'infraction l'a lésé indirectement en tant que membre de la communauté. Lorsqu'un citoyen agit à raison de la violation d'un sépulcre qui ne lui appartient pas, ou parce que l'édit du préteur a été tronqué ou lacéré, Bruns admet cette lésion et permet l'action populaire. Mais il me semble que si, dans ces deux cas, un individu non inté-

1. D., 1. 3, § 9, XLIII, 29.

ressé a droit à une indemnité, il aura ce droit *a fortiori* lorsque des infractions beaucoup plus graves auront été commises : dans ce cas, en effet, la menace que fait naître le délit, pour chaque citoyen, est incontestablement plus redoutable, la lésion plus grande, et le droit à l'indemnité plus certain. S'il naît, au profit de tout particulier, une créance de ce fait qu'un autre a faussé l'édit du préteur, pourquoi cette créance n'existerait-elle pas, alors qu'un testament a été ouvert à l'encontre de la loi ? D'un côté, une tombe a été profanée, de l'autre, un citoyen libre est injustement retenu comme esclave : qu'on choisisse entre ces deux faits, et qu'on me dise quel est celui qui lèse ou menace plus directement chaque membre du peuple.

La distinction faite par Bruns paraît donc ici tout-à-fait arbitraire et il me semble qu'on n'aperçoit aucune bonne raison d'exclure de notre titre les trois actions prétoriennes écartées par le professeur allemand.

Il peut paraître plus vraisemblable, au premier abord, d'en exclure, tout au moins, les actions créées par des lois et des senatus-consultes, toutes ces poursuites, dont j'ai donné de nombreux exemples, et que l'on trouve surtout dans les lois coloniaires. Il existe, en effet, des différences très-marquées entre cette seconde catégorie et la première : le demandeur n'a plus ici l'aspect de l'*actor* ordinaire. Il agit directement pour le compte de l'État, et s'il retire parfois un bénéfice de la poursuite intentée par lui, c'est qu'il lui est formellement attribué, à titre de *prœmium* ; en outre, la formule n'est plus la même, et la *condemnatio*, au lieu de contenir le nom du demandeur, contient celui du peuple : « *populo dare damnas esto.* » Frappés de ces différences notoires, de cet aspect tout nouveau, nombre d'auteurs, à la suite de Bruns, se sont refusés à classer les poursuites de cette catégorie parmi les actions populaires, et tandis qu'ils appellent celles-ci des *actions en nom propre,* ils nomment celles-là *actions procuratoires.*

On est arrivé, ce me semble, à cette solution erronée, pour n'avoir pas tenu compte de l'évolution historique de ces actions. Comme elles étaient peu nombreuses au début, et d'une application fort restreinte, il importait peu à l'État que le demandeur gardât pour lui le bénéfice intégral de la condamnation. Mais cette procédure prenant chaque jour une extension plus grande, et le législateur voulant aussi restreindre les effets de la dénonciation à outrance, qui pouvait démoraliser le peuple, l'État retira en partie, d'abord, pour le tout, dans la suite, les faveurs qu'il avait accordées à l'origine. L'action *de tabulis apertis,* prétorienne pourtant, et dont on ne peut discuter sérieusement le caractère populaire, marque la première étape de cette transformation ; le demandeur n'a plus droit qu'à la moitié de l'amende ; l'autre moitié, désormais, appartient au Trésor public. De là aux poursuites légales dans lesquelles la condamnation est prononcée tout entière au nom du peuple; il n'y avait qu'un pas à franchir. Cette transformation dans l'attribution de l'amende, change-t-elle d'une façon essentielle la nature intime de l'action ? pas le moins du monde : il n'y a de différence que dans le chiffre du *prœmium* : au début, toute l'amende, à titre de récompense, puis la moitié seulement, et, en dernier lieu, plus rien, comme dans les lois coloniaires. Mais quel sera donc le caractère de ces dernières actions, si on ne les considère pas comme populaires, de ces actions, dans lesquelles, comme le dit Brinz[1], avec beaucoup de raison,

1. *Lehrbuch der Pandekten.*

tout est populaire, non seulement le demandeur et le droit lésé, mais encore la condamnation en faveur du peuple. On ne trouve pas, à vrai dire, pour elles, dans les textes, la dénomination de « *popularis actio* », mais cela s'explique, parce qu'on ne pouvait employer, dans les lois, une telle expression doctrinale : la nature de l'action n'en est pas moins fort bien déterminée par la formule : « *Qui volet actio, esto.* »

On se trompe, en outre, sur le caractère des relations juridiques qui existaient entre Rome et ses colonies, lorsqu'on veut considérer comme procuratoires les actions organisées par les lois coloniaires, tandis qu'on refuse ce caractère aux mêmes actions prétoriennes. L'action *de sepulchro violato*, par exemple, populaire dans le Digeste, perdrait cette qualité et deviendrait procuratoire dans la *Lex coloniæ Genitivæ*. Les actions pour la défense des *res publicæ* subiraient le même changement, dans les lois de *Lucera*, de *Spolète*, de *Malaca* et de *Salpensa*. Il faudrait donc soutenir que si, à Rome, ces actions étaient fondées sur un droit purement privé du demandeur, la conscience juridique des colonies était, sur ce point, absolument différente. Or, comme on doit tenir compte, au contraire, de leur tendance à imiter les lois romaines, on serait forcé d'admettre qu'elles n'eurent pas connaissance de la façon, dont ce rapport de droit était conçu dans la métropole, ce qui est véritablement inadmissible.

Il faut donc en revenir à la définition donnée plus haut : l'action est populaire, toutes les fois qu'elle est donnée à tout citoyen, alors même qu'il n'y aurait aucun intérêt personnel. Peu importe à qui profitera le bénéfice de l'amende ; ce n'est là qu'un caractère tout-à-fait secondaire de l'institution. Le demandeur primitif est un procurateur salarié ; plus tard, il s'acquitte gratuitement de ses fonctions ; sa procuration n'en conserve pas moins la même nature essentielle dans les deux cas : elle constitue toujours une représentation plus ou moins apparente de l'État.

En admettant ces idées basées sur la logique et puisées dans les sources, on donne une certaine extension au titre *de popularibus actionibus* ; on y fait rentrer les deux catégories d'actions que nous avons étudiées, et l'on n'arrive pas à cette étrange solution adoptée par Bruns, à savoir qu'un titre entier du Digeste aurait été confectionné spécialement pour quatre ou cinq actions.

§ 2. — Justification du titre *De popularibus actionibus*.

On a adressé plusieurs critiques au titre du Digeste qui se réfère aux actions populaires. On a prétendu d'abord que ce titre était inutile, parce qu'on pouvait, en notre matière, raisonner par analogie et puiser les règles, pour ce genre d'actions, soit dans les principes relatifs aux jugements ordinaires, soit dans ceux qui se rapportent aux *judicia publica*. D'autres auteurs, au contraire, ont soutenu que ce titre était insuffisant, qu'il ne nous apprenait pas grand chose et qu'il laissait dans l'obscurité la plus profonde la nature même de l'institution qu'il a pour but de réglementer.

Je vais répondre à ces critiques et principalement à la première, car je serais quelque peu disposé à m'associer à la seconde, en repoussant toutefois l'éxagération qu'elle contient.

Les actions populaires, nous l'avons vu, se distinguent très nettement de l'accusation publique : celle-ci, en effet, donnait naissance à un *judicium publicum*, et n'était pas, à proprement parler, une action : « *Publica judicia neque per actiones ordinantur, neque omnino quicquam simile habent cum cæteris judiciis*[1] » Elles se séparent également, sur un grand nombre de points des jugements ordinaires. C'était quelque chose d'intermédiaire entre les délits privés et les *crimina extraordinaria.* Le préteur les avait principalement créées pour la répression de quelques contraventions auxquelles ne pourvoyait pas la loi. Comme elles n'avaient pas l'importance et la gravité de l'accusation publique, on avait donné à ces poursuites les formes des actions de la procédure civile et c'était devant le magistrat ordinaire qu'elles devaient s'intenter. Mais, à raison précisément de ce caractère intermédiaire, mal défini, on comprit la nécessité d'édicter quelques règles spéciales : ces règles, formulées d'abord dans l'édit du préteur, éclaircies et commentées par les jurisconsultes, furent ensuite recueillies en bloc, dans le titre dont nous nous occupons. Il est certain que ce travail de compilation a été mal fait, mais cela s'explique historiquement. Les poursuites populaires, qui avaient été fort nombreuses, à une certaine époque, avaient fini par diminuer, à mesure que l'activité personnelle des citoyens se ralentissait et que le pouvoir impérial créait, chaque jour, de nouveaux fonctionnaires. Aussi, fort peu nombreuses en fait, sont celles qui sont restées définitivement dans la législation de Justinien. C'est, sans doute, à cause de ce petit nombre, que les compilateurs pensèrent qu'il était inutile de donner de longs développements à une institution qui tombait en désuétude, d'autant plus qu'on pouvait, suivant eux, en puiser certaines

1. Inst. IX, IV, 18, pr.

règles, partie dans les jugements privés, partie dans les jugements publics.

Ainsi s'explique pourquoi, en ce qui regarde la capacité d'agir, il y a un renvoi à ce qui était établi par l'édit sur la capacité de postuler[1]. Ainsi s'explique encore pourquoi l'on ne trouve aucune règle relative à la responsabilité du demandeur, au cas où sa demande n'était pas justifiée : les règles du titre *de calumniatoribus* y suppléent naturellement. Mais on doit rendre aux compilateurs cette justice qu'ils ont inséré, dans le titre des actions populaires, tout ce qui était absolument particulier à ces actions, c'est-à-dire les règles qui ne pouvaient être déduites ni des jugements ordinaires ni des jugements publics. Nous allons nous en rendre compte, en passant brièvement en revue les divers fragments de notre titre.

Le premier fragment nous donne la définition de l'action populaire et nous indique quelle est sa première particularité, en nous disant qu'elle a été instituée pour défendre les droits du peuple (L. 1, H. T.).

Il fallait ensuite donner la caractéristique de ces actions, qui consiste en ce qu'elles peuvent être exercées par tout citoyen. C'est ce que fait la loi 2 et le § 1 de la loi 3, en nous disant qu'il peut y avoir plusieurs concurrents, et que le préteur doit donner la préférence à l'intéressé, ou, à son défaut, à celui qui est le plus apte à conduire l'instance.

Vient ensuite la loi 3, qui nous apprend, que lorsque l'action a déjà été intentée une fois, le nouveau demandeur sera repoussé par l'exception ordinaire de la chose jugée. Cette règle était indispensable, à raison de la popularité de l'action : il fallait bien établir une limite à son exercice et dire quelle serait cette limite, car on ne pou-

1. D., l. 4, H. T.

vait se référer, en pareil cas, ni aux principes des juge-
ments privés, ni à ceux des *judicia publica*.

Que faut-il entendre maintenant par « *tout citoyen* » ?
Quelle est au juste, la capacité nécessaire pour pouvoir in-
tenter l'action ? Le fragment 4 répond à cette question : le
demandeur devra être « *persona integra, hoc est cui per
edictum postulare licet* ». Ce renvoi aux règles sur la capa-
cité de plaider pour autrui a sa raison d'être, car, dans le
silence de la loi, on aurait pu s'en référer, par analogie,
aux règles admises pour l'accusation publique. Mais,
parmi les « *personæ integræ* », peut-on admettre les
femmes et les mineurs ? Non, nous dit la loi 6, à moins
qu'ils n'aient au procès un intérêt personnel. Cette dispo-
sition était encore indispensable, car, sans elle, on n'au-
rait pu savoir, pour ces personnes, si on devait les admettre
ou les exclure sans limitation.

Paul nous indique ensuite, dans la loi 5, la règle la plus
originale, parmi celles qui se réfèrent à la matière : le de-
mandeur ne pourra pas, comme dans les autres procès
civils, se faire représenter par un procurateur. Nous avons
vu plus haut toute l'importance qu'avait ce principe et
quelle lumière il jetait sur la nature intime de l'institution.

Dans le fragment 7, nous trouvons une limitation à la
transmissibilité active, la seule qui ne pouvait être tirée
des règles générales : l'héritier fiduciaire ne sera pas tenu,
en vertu du S.-C. Trébellien, de restituer au fidéicommis-
saire les actions populaires de l'hérédité qu'il aurait exercées
et qui lui auraient procuré un bénéfice. Cette limitation
qui dérive, ainsi que je me suis efforcé de le démontrer, de
la nature même de l'action populaire, avait besoin d'être
exprimée en toutes lettres, puisqu'elle contenait une dé-
rogation fort importante au droit commun.

Enfin le dernier fragment mentionne l'intransmissibilité passive dont aurait pu laisser douter peut-être le mode d'exercice de l'action. Il établit, en outre, le délai d'un an, pour cet exercice. Ici encore, les compilateurs ne sauraient être accusés de pléonasme juridique : il fallait bien indiquer si, quant à leur durée, les actions populaires devaient être considérées comme les actions pénales créées par le préteur.

On voit ainsi que le premier reproche adressé au titre *de popularibus actionibus*, à savoir qu'il est oiseux et inutile, est absolument immérité : il n'eut pas été prudent de laisser déterminer par analogie toutes les particularités qui se rencontrent en notre matière ; la nature intermédiaire de l'institution aurait certainement donné lieu à beaucoup d'incertitudes et à de faciles erreurs ; on peut s'en convaincre en observant que la capacité d'agir est réglée suivant les principes des jugements ordinaires, tandis que l'exclusion de la représentation s'inspire des règles qui gouvernent les jugements publics.

Quant à la seconde critique qui prétend que notre titre est trop vague, trop écourté, et qu'il ne nous donne pas une idée bien nette de la nature de cette institution, j'ai déjà dit que je m'y associais pour partie ; mais j'ai dit également qu'à l'époque de la compilation de Justinien, le nombre des actions populaires étant devenu fort restreint, les rédacteurs des *Pandectes* étaient quelque peu excusables de ne pas leur avoir consacré de longs développements et qu'il y avait lieu de leur accorder le bénéfice des circonstances atténuantes.

Telle est, dans ses grandes lignes, la théorie générale des actions populaires, en droit romain. J'aurais voulu

pouvoir donner plus d'extension à cette étude qui sera
forcément incomplète, mais le cadre restreint de cet ou-
vrage m'imposait une certaine concision. Je crois cepen-
dant avoir mis en relief les points les plus importants et
les controverses les plus intéressantes. Les autres parties
de la matière volontairement sacrifiées, et notamment les
actions qualifiées, dans les textes, *quasi publicæ* et *quasi
populares*, n'ont trait qu'à des détails secondaires, qui
n'auraient pas contribué, je crois, à donner une idée plus
nette du mécanisme de l'institution[1].

Il me reste maintenant à dire quelques mots des actions
populaires modernes, si, toutefois, elles le deviennent
jamais, car on sait que la tentative de résurrection qu'en
a faite, en Italie, l'honorable député Luchini, n'est encore
qu'à l'état embryonnaire, et il se peut qu'elle n'aboutisse
pas. Je laisse de côté les quelques *fac-simile* qui existent,
de nos jours, dans plusieurs législations européennes, en
Angleterre, principalement, dans la procédure criminelle,
et en Allemagne, en France et en Italie, en matière
électorale.

Ce ne sont là que des contrefaçons qui rappellent plus
ou moins la Rome antique, et quoique la comparaison

---

1. C'est ainsi que je n'ai parlé qu'accidentellement du délai pen-
dant lequel pouvaient s'intenter ces actions : ce délai dérivait natu-
rellement de leur caractère pénal : il était, par conséquent, d'une
année, selon la règle générale ; cependant, il était de 5 ans pour l'ac-
tion *de tabulis apertis*. — Je n'ai rien dit non plus d'une particularité
intéressante signalée par M. Accarias (*op. cit.*, II. 562. 4º). Elle con-
siste dans l'impossibilité de faire accéder un fidéjusseur à une obliga-
tion sanctionnée par une action populaire. Il faut, en effet, que le fidé-
jusseur s'engage envers le même créancier que le débiteur principal ;
par conséquent, il faut que l'obligation à garantir compte dans l'actif
d'une personne déterminée : la nature même de nos actions s'opposait
à ce que ces conditions pussent être réalisées.

entre l'original et les copies pût, sans aucun doute, offrir quelque intérêt, je ne puis en dire plus long, à cet égard, que ce que j'ai mentionné très-brièvement dans mon introduction.

Je me bornerai donc, dans un court Appendice, à une exposition sommaire du projet de loi du député Luchini, parce que ce projet s'inspire directement aux sources du droit romain, et que s'il passait un jour de la théorie à la pratique, ce serait, en notre matière, une véritable renaissance.

Lorsque le député Odoardo Luchini, dans la séance
du 19 mars 1885, proposait au Parlement italien de ra-
jeunir les vieilles actions populaires romaines, il s'inspi-
rait des considérations suivantes : cette procédure toute
nouvelle, dans les législations modernes, devait servir à
l'éducation morale, juridique et politique du peuple ; elle
fortifierait, chez lui, le sentiment de ses droits ; elle affermi-
rait la solidarité civile, en donnant aux citoyens un con-
trôle efficace sur les actes du gouvernement ; elle garan-
tirait l'exercice de la justice en matière administrative ;
en un mot, elle serait le complément nécessaire des insti-
tutions libérales de la nation.

Devait-on faire un code général de l'action populaire,
ou celle-ci devait-elle être admise et organisée peu à peu,
au fur et à mesure qu'on en aurait l'occasion, lorsqu'on
réformerait les lois tombées en désuétude ? M. Luchini
adopte pleinement ici la vieille théorie romaine : les Ro-
mains n'avaient pas de loi organique et générale, en cette
matière ; ils avaient procédé, pour ces actions, de la façon
habituelle ; c'était leur merveilleux instinct qui leur suggé-
rait, chaque fois que le besoin s'en faisait sentir, de placer

les institutions publiques sous la sauvegarde de tous les citoyens. On fera de même en Italie : il faut laisser le peuple se familiariser avec ses nouvelles prérogatives, sauf à les augmenter plus tard, si l'innovation donne de bons résultats.

Un seul projet est donc présenté, tout d'abord ; j'en indique les dispositions principales[1], en conservant autant que possible à ma traduction la tournure de la phrase italienne :

« Quiconque jouit de ses droits civils, et lorsqu'il s'agit
» d'intérêts locaux, est domicilié ou paie contribution
» dans la province ou la commune intéressée, a une
» action judiciaire :

» 1° Pour faire valoir on défendre les droits civils du
» peuple ou de certaines classes, ordres ou catégories de
» personnes, contre les actes des représentants légaux de
» l'Etat, de la province ou de la commune, dans les œuvres
» de bienfaisance et toutes autres institutions ayant le
» caractère d'intérêt public, et en général, contre les actes
» des agents de l'administration publique ;

» 2° Pour faire valoir ou défendre les droits ci-dessus
» spécifiés contre toute autre personne qui les aurait
» violés ;

» 3° Pour faire déclarer l'illégalité d'une élection[2] ou
» nomination, et la déchéance de la charge d'administra-
» teur, ou préposé ou adjoint à toute charge ou institution
» publique, dans les cas prévus par les lois, tout en main-

1. Voir les *Actes parlementaires d'Italie*, 1re session, 188?-83-84-85 ; pro-position de loi prise en considération, dans la séance du 19 mars 1885

2. Le décret organique du 2 février 1852, dans notre législation, contient une disposition du même genre. (Voir l'introduction de cet ouvrage).

» tenant dans ces cas la procédure établie par des lois
» spéciales ;

» 4° Pour demander une réparation ou une indemnité,
» lorsque les droits d'une institution publique ont été lésés
» par le fait des administrateurs ou agents, ou perdus par
» leur faute.

» L'action contre les administrateurs a lieu encore qu'ils
» aient été révoqués d'office ou aient donné leur démis-
» sion.

» Quiconque peut exercer l'action populaire, peut aussi
» continuer une action déjà introduite : mais le deman-
» deur précédent reste toujours obligé, à l'égard de ceux
» qu'il a attaqués, pour les frais et les dommages dont il
» aurait été la cause. »

Telles sont les dispositions caractéristiques de ce projet
de loi. Je n'entre pas dans le détail des mesures prises pour
règlementer l'exercice de l'action, et pour garantir les
agents de l'administration contre le zèle intempestif ou
même contre la malveillance des citoyens : il suffit des
quelques extraits que j'ai cités, pour connaître la pensée
du législateur, et pour voir nettement le but qu'il s'est
proposé.

Le projet du député Luchini a été accueilli avec une
grande faveur : ses collègues ne lui ont pas marchandé
leur approbation et beaucoup de professeurs italiens ont
applaudi des deux mains. En revanche, les critiques ne
lui ont pas fait défaut, et M. Codacci-Pizanelli, tout particu-
lièrement, l'a combattu avec énergie.

D'après cet auteur, une semblable procédure ne se
justifie plus, de nos jours, et son admission serait une me-
nace sérieuse pour l'avenir du droit public : les temps et
les mœurs ont bien changé, depuis vingt siècles ; la physio-

nomie du citoyen actuel n'est plus du tout celle du Romain de l'époque classique. Bien différent aussi est l'Etat d'aujourd'hui, qui constitue une personne morale, dont le caractère bien défini la sépare absolument des individualités particulières. Dans l'antiquité, quoique la conception abstraite de l'Etat fut déjà connue, la ligne de démarcation n'était pas suffisamment établie entre la communauté et les membres de cette communauté et l'idée représentée par le mot « *populus* » a subi de telles transformations, qu'il ne serait plus permis, aujourd'hui, d'appliquer ce mot, dans le même sens, à la collectivité des citoyens. Il y aurait donc de très-grands dangers à confier actuellement à l'individu quelques-unes de ces délicates fonctions exercées autrefois par les membres du peuple romain.

Il y aurait, en outre, inutilité, et le citoyen ferait double emploi avec le ministère public. Pourquoi, en effet, confiait-on, à Rome, la poursuite des crimes, des délits et des contraventions à tous les membres du peuple? Parce qu'il n'existait pas de fonctionnaires spécialement chargés de cette mission; et ce qui le prouve, c'est que partout où il y avait des autorités exceptionnellement chargées d'une poursuite de ce genre, la procédure populaire perdait ses droits et se trouvait réduite à l'inaction. On lit, en effet, dans la loi 2 § 24 et 25 (D., XLIII, 8) qui fait mention d'un interdit populaire : « *Hoc interdictum tantum ad vias rusticas pertinet, ad urbicas vero non; harum enim cura pertinet ad magistratus. — Si viæ publicæ exemptus commeatus sit vel via coartata: interveniunt magistratus.* » Ulpien déclare que l'interdit s'applique seulement aux voies rustiques et non aux voies urbaines, attendu que pour celles-ci il y avait des magistrats spéciaux (les édiles). Cela ne prouve-t-il pas que, dans la conception romaine, l'action populaire ne pouvait trouver sa place, lorsqu'il y avait des fonctionnaires spécialement chargés de défendre les intérêts du peuple? Aujourd'hui donc que ces fonctionnaires existent dans toutes les branches de l'administration et de la justice, on doit bannir l'action populaire qui a perdu toute raison d'être.

M. Luchini a fort habilement réfuté ces objections. Il fait remarquer, à propos de l'interdit « *Ne quid in loco publico....* » que la jurisprudence postérieure a étendu l'usage de cet interdit même aux voies urbaines, tout en maintenant la compétence des édiles. On doit observer, d'ailleurs, qu'il résulte du titre 10 de ce même livre XLIII du *Digeste*, que les édiles n'avaient pas seulement des attributions administratives, mais aussi des attributions judiciaires; ils pouvaient imposer des amendes, faire bâtonner les esclaves, qui avaient endommagé les rues: en un mot, tout ce qui regardait l'entretien, la solidité ou la propreté des voies urbaines rentrait dans leur juridiction, et partant, échappait à celle du préteur. A quoi bon, dès lors, l'action devant le préteur? La disposition des §§ 24 et 25, dont il est parlé ci-dessus, s'explique donc par une raison de distribution de compétence, et non par une raison intrinsèque tirée de la nature même de l'action.

Il y a, en outre, d'autres exemples d'actions populaires, dont l'exercice n'est pas subordonné à l'absence d'autorités spéciales. En 530, Justin [1] décrétait, à propos des dispositions pieuses, dont la recherche et la poursuite étaient confiées aux évêques, que si ceux-ci avaient été négligents ou s'étaient laissés corrompre par les héritiers ou par les fiduciaires, tous les paroissiens pourraient intenter l'action. Ici donc, l'institution d'un magistrat spé-

---

1. Code I, 3, *De episcopis et clericis.*

cial (l'évêque) ne mettait pas obstacle à l'action populaire, dont il est facile de saisir toute l'opportunité, dans le cas prévu par le décret.

C'est dans des hypothèses de cette nature que l'action rétablie pourra donner d'excellents résultats : il arrive, en effet, que dans les organisations sociales les plus parfaites, les magistrats chargés de défendre les intérêts du peuple, ne font pas leur devoir : « *errare humanum est* », et, tout magistrat que l'on soit, on n'en est pas moins homme ; nous avons malheureusement des exemples trop fréquents de cette triste vérité. Eh bien, dit M. Luchini, pourquoi refuser au peuple une sorte de contrôle sur les actes de ses représentants, lorsqu'il s'agit de l'intérêt public ? Pourquoi refuser à tout citoyen d'assumer, à ses risques et périls, le rôle de défenseur des droits de la communauté ?

En matière de bienfaisance publique, par exemple, le peuple ne participe pas à la nomination des administrateurs : n'est-il pas bon de le charger de veiller à la bonne gestion des intérêts des pauvres ?

Il ne s'agit pas, bien entendu, pour lui, de se substituer à l'autorité légalement constituée : mais il peut intervenir sans que l'ordre public soit troublé, et sans que les pouvoirs divers soient confondus : on en revient simplement au vieil adage d'Ulpien : « *interest reipublicæ quamplurimos addefendendam suam causam admittere.* » Tout le monde y trouvera son compte : l'État, qui aura de meilleurs fonctionnaires, car chacun d'eux, se sentant l'objet d'une surveillance minutieuse, sera moins enclin aux tentations que peut faire naître sa situation ; les agents intègres, qui n'ayant rien à craindre, n'auront rien à cacher ; le peuple enfin, qui, se sentant mieux assuré de ses droits, n'aura pas à redouter l'oppression d'une classe privilégiée, dont les incorrections seraient couvertes par un pouvoir trop indulgent.

Telle est, dans son ensemble, la théorie de M. Luchini. Son projet de loi, déposé en 1885, a été renvoyé à une commission parlementaire : depuis cette époque, de nombreux travaux antérieurement commencés, la préoccupation résultant d'expéditions lointaines, l'état d'effervescence où se trouve l'Europe, depuis quelques années, divers traités internationaux de la plus haute importance, ont absorbé l'attention du peuple et du Parlement, qui, tout entier aux luttes politiques et aux soucis de ses alliances, a mis au second plan l'étude de ce projet. L'honorable député Luchini a bien voulu me faire part de ses intentions, dans une correspondance extrêmement courtoise, dont je le remercie très-vivement. Il se propose de reprendre, cette année même, son projet initial quelque peu délaissé, en élargissant beaucoup la conception primitive, et il a l'espoir de faire adopter à ses collègues le principe de l'action populaire, dans un grand nombre de cas, auxquels il n'avait pas songé, tout d'abord. Si l'on se rappelle la faveur très-marquée avec laquelle sa première tentative avait été accueillie, on peut espérer que M. Luchini, malgré ses adversaires, restera maître du champ de bataille, et que le droit romain, grâce à lui, poussera de nouveaux bourgeons dans la terre qui fut son berceau.

TABLE DES MATIÈRES

L'ESPIONNAGE

AU POINT DE VUE

DU DROIT INTERNATIONAL ET DU DROIT PÉNAL FRANÇAIS

INTRODUCTION

Tous les peuples d'Europe sont en proie, depuis quelques années, à un malaise général : les esprits sont inquiets, les âmes fiévreuses. De temps à autre, des bruits discordants se font entendre dans le concert des nations : cela ressemble à ce grondement sourd qui vient parfois d'un horizon chargé de nuages et laisse craindre une tempête prochaine. Les regards se tournent alors anxieux vers un point noir, à peine perceptible encore, mais qui peut, selon le caprice des vents, envahir bientôt tout le ciel et causer, sur la terre, d'irréparables désastres.

Autour de nous, les évènements graves se succèdent rapidement. En Orient, nous assistons à une série d'épisodes, qui peuvent, d'un jour à l'autre, enfanter un combat de géants. Tout près de nous, la mort vient d'emporter, à quelques semaines de distance, deux empereurs germaniques, qui semblaient incliner vers une politique de calme et d'apaisement, [1] et devant les ambitions et les

1. C'est cependant sous le règne éphémère de l'empereur Frédéric III, que le gouvernement allemand a imposé à toute personne qui voudrait franchir notre frontière de l'Est, la formalité vexatoire du passeport.

convoitises, qui menacent à nouveau l'équilibre de notre continent, les craintes ont reparu plus vives, les suprêmes garanties ont semblé s'évanouir.

Et c'est pourquoi les nations, sentant combien la paix est précaire, et songeant sérieusement aux éventualités d'un avenir incertain, se munissent, à la hâte, de formidables armements; partout on remplit les arsenaux de boulets et d'obus, on amoncelle les fusils, on fabrique des canons par centaines, on invente des poudres terribles et on lance sur la mer d'énormes bâtiments cuirassés. Assurément tout cela ne prouve rien, et l'on dira aux pessimistes, trop prompts à s'effrayer, qu'il existe un bel adage latin, que tout peuple, digne de ce nom, est obligé de mettre en pratique : *si vis pacem para bellum*. N'est-il pas, en effet, hors de doute, que lorsque tout le monde désire la paix, il est essentiel pour tout le monde de se préparer à la guerre ? Mais les pessimistes répondent, avec raison peut-être, que tout cela n'en est pas moins redoutable, que les budgets de guerre ne suffiront pas à continuer indéfiniment ces armements à outrance, qui, d'autre part, ruinent partout le commerce et l'industrie, que c'est là une impasse, dont il faudra sortir à tout prix, et que le moment est peut-être proche, où jaillira l'étincelle qui mettra le feu à tant de poudres accumulées.

Je ne voudrais pas, toutefois, que l'on m'accusât d'être alarmiste, et je suis tout disposé à croire que la crise aiguë que nous traversons peut se résoudre autrement que par la violence, mais je ne laisse pas de penser que le moment est singulièrement propice pour reporter toute notre attention sur les graves questions que soulève, au point de vue juridique, le droit peu connu de la guerre, et pour chercher, dans la mesure de nos forces, à en hâter la solution.

Parmi ces questions, on comprend de suite l'importance de celles qui touchent au droit international ; il y a dans cette science encore obscure, mal définie, pas assez développée, une foule de points restés dans l'ombre, qu'il serait bon d'éclairer, des recoins mystérieux, où l'on devrait porter la torche, des principes qu'il faudrait dégager et mettre à l'abri de toute contestation future.

Des efforts très louables sont faits dans ce sens, depuis quelque temps, par des savants et des philanthropes de toute nationalité. *L'Institut de droit international*, tout particulièrement, a fait appel aux érudits remarquables de notre continent, sans distinction de races ; une réunion de légistes, pris parmi les plus distingués, s'est adonnée à l'étude d'une branche de droit jusqu'alors trop délaissée, et les résultats ont été excellents ; on a dégagé du droit des gens des axiomes peu connus, on a proscrit certaines pratiques anciennes, dont le caractère odieux révoltait les consciences, on a proclamé d'une façon catégorique la supériorité du droit sur la force et placé désormais au ban de l'histoire les peuples qui oseraient enfreindre les lois de la justice et de l'humanité. C'est ainsi qu'en 1880, l'Institut a voté dans sa session d'Oxford le *Manuel des lois de la guerre sur terre*, ouvrage remarquable, qui jouit, en Europe, d'une légitime autorité et que l'on peut appeler non seulement une œuvre de bon sens et de science, mais aussi une œuvre de bien. Il est juste de dire que la doctrine de ce Manuel est en grande partie celle qui avait été antérieurement proclamée par les États-Unis d'Amérique, dans la guerre de Sécession [1].

C'est dans le même ordre d'idées que M. Bluntschli,

1. *Instructions for the government of armies of the U. S. in the field* 24 *apirl* 1863.

professeur à l'Université d'Heidelberg a fait paraître « Le
Droit International codifié[1]. » qui, plus tard, servira peut-
être de base à un vrai Code du droit des nations, admis et
reconnu par tous les peuples, sans distinction.

Au milieu des questions soulevées en grand nombre
par ces divers ouvrages, il en est une qu'on semble avoir
peu approfondie et qui est cependant pour nous de la
plus haute importance : j'ai nommé l'espionnage. Depuis un
an surtout, on entend parler partout d'espions : il n'est pas
de jour où quelque journal ne mentionne un fait ou un
incident y ayant trait plus ou moins directement : tantôt
c'est un agent diplomatique que l'on éloigne pour avoir
abusé des privilèges qu'il possède en pareille matière[2] ;
tantôt c'est une célébrité féminine de triste aloi soupçon-
née de transmettre à nos voisins des secrets intéressant
notre armée[3] : un jour, le public s'émeut en apprenant
une tentative faite pour soustraire notre fusil nouveau mo-
dèle[4], le lendemain surgit un incident de frontière qui
nécessite des explications aigres-douces ;[5] et tout cela à
propos d'espions. On se souvient peut-être qu'il en fut de
même à la veille des événements déplorables de 1870 : on
redoutait partout les espions, et pour cause, car nous en
étions littéralement inondés : trop d'abus d'un côté, trop
de légèreté de l'autre, furent commis à cette époque pour
qu'il soit superflu d'étudier aujourd'hui, à divers points de
vue, le sujet que je me propose de traiter dans les pages
qui vont suivre.

1. Bluntschli, *Le Droit International codifié*, traduit de l'allemand par
Lardy, Paris, 1874.
2. Affaire Vuillaume.
3. Affaire Limousin-Caffarel.
4. Affaire Châtelain.
5. Affaire Schnæbelé.

La matière est d'autant plus intéressante qu'elle est plus neuve et n'a donné lieu, jusqu'à ce jour, qu'à de rares discussions : on l'a beaucoup exploitée d'une façon anecdotique, mais le domaine juridique est resté à peu près inexploré ; et cependant on ne saurait nier qu'il est pratiquement fort important, et qu'il peut être plus dangereux ici que partout ailleurs de laisser le champ libre à l'arbitraire : la passion peut y avoir trop d'empire.

Notre loi de 1886, édictée d'après les dispositions analogues que l'on trouve dans plusieurs législations étrangères, en vue de réprimer l'espionnage, en temps de paix, le projet de loi qui vient tout récemment d'être adopté, en Italie, des brochures et des articles parus dans ces derniers temps, sont encore venus rehausser l'intérêt de cette question.

Je dois dire tout de suite que je n'ai nullement la prétention de faire un code complet de l'espionnage : il me faudrait, pour cela, une science que je n'ai pas et des moyens tous autres que ceux dont je dispose. Mon but est plus modeste : je veux simplement réunir en quelques pages les questions principales soulevées par ce sujet soit dans le droit international, soit dans le droit pénal. Les avis sont partagés, les interprétations différentes sur certaines parties : je porterai sur ces dernières une attention particulière et je me risquerai parfois à proposer mon humble avis. Comme on en est encore aux fondations, je puis, sans crainte de compromettre la solidité du monument futur et de le rendre disgracieux, apporter ma pierre à l'édifice.

CHAPITRE PREMIER

DÉFINITION ET GÉNÉRALITÉS

Il n'est pas facile de donner une définition bien précise
de l'espionnage : c'est là un terme complexe qui embrasse
des faits de nature souvent très-différente et que l'on doit
entendre dans un sens assez large pour pouvoir y com-
prendre des hypothèses, qu'à première vue on ne songe-
rait pas à faire rentrer dans la conception que s'en fait le
vulgaire.

Dans la vie ordinaire, le mot *espion* (du vieux mot fran-
çais *espier*) est un terme de mépris qu'on applique sou-
vent à tout individu qui se livre, avec dissimulation, à
des investigations sur certaines actions personnelles ou
certaines situations locales, afin d'en rapporter le résultat.
C'est ainsi qu'on désigne souvent les agents de la police
secrète : il y a cependant pour eux un synonyme auquel
on donne ordinairement la préférence : on les appelle des
« *mouchards* ». Mais ce n'est pas à ce point de vue que
nous devons considérer l'espionnage : ce qu'il nous im-
porte de connaître et de définir, ce sont les espions de
nation à nation, c'est-à-dire les seuls qui soient dangereux

pour la sécurité d'un peuple, et contre lesquels il y a lieu de recourir à la sévérité des lois pénales.

Nous n'avons pas de définition juridique de l'espion : le legislateur s'est borné à prévoir tel ou tel fait, à réprimer telle action déterminée, mais il a laissé aux interprètes le soin de décider dans quel cas il y aurait *espionnage* ou *concert d'espionnage*, selon les termes mêmes de l'article 78 du code pénal.

D'une manière générale, on peut dire, avec M. Garraud [1], que l'espionnage consiste à obtenir ou à recueillir des informations plus ou moins secrètes, sur la politique, les ressources militaires, l'organisation des forces défensives ou offensives des Etats étrangers et à livrer ces renseignéments, soit à titre gratuit, soit à prix d'argent, à un autre gouvernement.

Les différents auteurs qui ont exprimé leur opinion à cet égard, restreignent beaucoup trop, à mon sens, la portée qu'il faut donner au mot d'espion : la plupart, en effet, prétendent qu'il n'y a d'espions qu'en temps de guerre et qu'on ne saurait juridiquement donner cette qualification aux individus, qui, en temps de paix, se livrent aux mêmes pratiques.

C'est ce que nous dit M. Bluntschli, au § 629 de son *Droit International codifié* : « Est considéré comme espion celui qui se glisse secrètement ou sous de faux prétextes dans les lignes de l'armée pour y recueillir des renseignements utiles à l'ennemi et les communiquer à ce dernier ; » et reproduisant la doctrine des Instructions Américaines dont il a été parlé plus haut, il ajoute : « Les recherches faites, avant l'ouverture de la guerre, sur les

---

1. Garraud, *Traité du Droit pénal français*, t. II, p. 535.

armements de l'ennemi ou sur ses places fortes, peuvent être poursuivies par les tribunaux de police, *mais on ne peut les considérer comme des actes d'espionnage et les punir militairement. Il n'y a d'espions qu'en temps de guerre*, et même alors, il faut se garder de présumer trop facilement l'espionnage. »

Tel est aussi l'avis de M. G. F. de Martens [1] : « On ne peut traiter d'espion que celui qui, sous les dehors d'ami ou de neutre, tâche de prendre des renseignements ou de favoriser une correspondance nuisible à l'intérêt de *l'armée, de la place*, etc..... »

Vattel [2] professe la même doctrine et ne parle aussi que des espions de guerre : « L'usage des espions est une espèce de tromperie à la *guerre* ou de pratique secrète. Ce sont des gens qui s'introduisent chez l'*ennemi* pour découvrir l'état de ses affaires, pénétrer ses desseins et en avertir celui qui les emploie. »

Le même enseignement nous est encore donné par l'article 19 du projet de déclaration sorti des travaux de la conférence tenue à Bruxelles, en 1874, sur l'initiative de la Russie [3] : « Ne peut être considéré comme espion que l'individu qui, agissant clandestinement ou sous de faux prétextes, recueille ou cherche à recueillir des informations dans les localités occupées par l'ennemi, avec l'intention de les communiquer à la partie adverse [4]. »

---

1. G. F. de Martens, *Précis du Droit des gens moderne de l'Europe*, § 274.

2. Vattel, *Le Droit des gens*, t. III, § 179.

3. Conférence internationale de Bruxelles, sur les lois et coutumes de la guerre; actes de la conférence. Bruxelles, 1874.

4. Il est vrai de dire que la conférence de Bruxelles, n'ayant à traiter que des questions se rattachant au droit de la guerre, ne put prendre le mot *espion* que dans un sens restreint et exclusivement militaire.

Il n'est question, comme on le voit, dans les passages qui viennent d'être cités, que des espions à la guerre, et nul ne parle de l'espionnage, en temps de paix[1]. C'est une grave lacune. On sait, en effet, que l'usage des espions est peut-être plus fréquent pendant la paix que pendant la guerre, et cela s'explique par la force même des choses: s'il est vrai, d'une part, que des armées en campagne ont le plus grand intérêt à connaître tout ce qui se passe chez l'ennemi, à surprendre, par exemple, le secret des expéditions ou des mouvements de troupes projetés, à savoir le nombre approximatif des soldats qui sont prêts à livrer bataille, à se renseigner, en un mot, sur tout ce qui touche aux forces de l'adversaire et à l'organisation de ces forces, il est encore plus important, d'autre part, pour une nation, de bien connaître son ennemi avant que la guerre soit ouverte. Ce n'est qu'avant la déclaration des hostilités qu'il est possible d'étudier longuement la nature du terrain sur lequel les armées en viendront vraisemblablement aux mains, la composition des effectifs, l'état des armements et des équipements militaires, la nature et l'importance des fortifications, etc. C'est alors que des espions intelligents et sûrs rendent d'immenses services à un gouvernement et que, partant, ils sont plus dangereux pour la nation contre laquelle ils opèrent: c'est à ce moment qu'il importe de surveiller étroitement et de réprimer sévèrement leurs manœuvres, car ce sont ces actes préparatoires qui, le plus souvent, décideront plus

1. Quelques publicistes cependant, comme le fait remarquer M. Vergé, dans ses notes sur l'ouvrage de G. F. Martens, parlant de l'espionnage international, comprennent sous cette dénomination, celui qui a lieu avant les hostilités ouvertes, « lequel est d'autant plus trompeur qu'il opère sans que la nation qui en souffre, ait été prévenue d'avoir à se garantir. »

tard de la destinée d'un peuple : nous en avons fait la cruelle expérience, en 1870, et cette expérience nous a couté assez cher pour nous en souvenir.

Il est, d'ailleurs, tout-à-fait erroné, au point de vue juridique, de prétendre qu'il n'y a légalement d'autres espions que ceux de la guerre : presque toutes les législations modernes, en effet, prévoient et punissent l'espionnage, en temps de paix, sous une dénomination qui correspond à la nôtre, et notre loi de 1886 est intitulée : *Loi tendant à établir des pénalités contre l'espionnage*. Antérieurement à cette loi, plusieurs dispositions du Code pénal de 1810 s'appliquaient, comme nous le verrons, à des faits qui ne sauraient être compris sous une autre qualification que celle d'espionnage en temps de paix.

J'en reviens donc à la définition de M. Garraud, parce que la formule que nous donne le savant criminaliste est large et compréhensive et peut s'adapter à toutes les formes diverses sous lesquelles se présente ordinairement ce fléau international qu'on prétend nécessaire : l'espionnage.

Mais si cette formule a le mérite d'être exacte, elle est, par contre, un peu vague, et il est nécessaire de l'éclaircir par des notions de pratique et par quelques commentaires sur les différents genres d'espions.

A un premier point de vue, les espions peuvent se diviser en *volontaires* ou *forcés*, *mobiles* ou *fixes*, *simples* ou *doubles*.

L'espion *volontaire* est généralement un déclassé, un homme que le vice et la débauche ont rendu incapable de faire un métier honnête, et qui consent sans regret à descendre jusqu'en bas l'échelle sociale, même au risque de son existence perdue d'avance : d'autres fois, c'est un fanatique entraîné par la passion politique, un patriote qui, de bonne foi, se dévoue pour son pays, en haine de l'étranger ; le plus souvent, aussi, c'est le vil appât d'un lucre déshonnête qui fournit les recrues pour cette triste besogne ; c'est cette considération, sans doute, qui a fait écrire à Montesquieu[1] : « L'espionnage serait peut-être tolérable s'il pouvait être exercé par d'honnêtes gens. »

L'espion *forcé* est celui à qui on impose ce métier, par crainte d'un châtiment personnel ou en le menaçant dans sa famille ou sa fortune. Frédéric II, le Grand Frédéric se vantait cyniquement d'avoir plusieurs fois employé ce moyen, et d'avoir réussi. — En France, je ne crois pas que l'on connaisse cette catégorie.

L'espion est *mobile* lorsqu'il se déplace, va d'un point à un autre, explore un jour telle forteresse, le lendemain, telle rivière, pour y découvrir un gué : on pourrait multiplier les exemples.

L'emploi d'un espion *fixe* est très-pratique et fort utilisé par nos voisins ; voici l'hypothèse : un étranger, muni des meilleures références vient s'établir dans une de nos villes ; sous les apparences les plus débonnaires, il se place comme ouvrier dans une industrie quelconque de la localité ; parfois même il dirige personnellement une usine ou une fabrique, se donne les allures d'un bienfaiteur de la contrée, lorsqu'un beau jour, une lettre se trompe d'adresse ; une main indélicate en brise le cachet et l'on est fort étonné d'apprendre que cet honorable industriel envoyait par de-là la frontière une correspondance des plus instructives et des mieux rédigées.

Enfin nous trouvons dans l'espion *double* un des plus curieux specimens de cette grande famille : c'est celui

---

1. Montesquieu, *Esprit des lois*, XII, 23.

qui travaille des deux côtés, et reçoit des deux mains ; c'est ordinairement le plus heureux de tous : on se défie moins de lui, puisque d'un camp à l'autre chacun le revendique pour soi ; ses coudées sont, par conséquent, beaucoup plus franches et ses moyens d'investigations beaucoup plus faciles ; en outre, il peut multiplier par 2 ses petits bénéfices.

Je dois ajouter qu'il est arrivé souvent qu'un espion simple découvert a été mis en demeure par l'ennemi de se prêter de force à cette manœuvre qui est le comble de l'abjection pour celui qui s'y prête volontairement. Bien des généraux et des chefs d'armée se sont servis de ce moyen pour tromper l'ennemi et le faire tomber dans un piège préparé à l'avance.

A un second point de vue, il faut distinguer le cas où l'espion est un sujet étranger du cas où il est regnicole. Ce dernier n'est pas seulement un espion, c'est encore un traître. Il est très difficile ici d'apercevoir nettement la délimitation entre les actes qui constitueront l'espionnage proprement dit, et ceux qui appartiendront au domaine de la trahison. L'espionnage se compose d'une série d'actes qu'on peut diviser en deux catégories : la première comprend des actes *préparatoires*, qui consistent dans la recherche des renseignements secrets ; la seconde comprend des actes *d'exécution*, qui consistent dans la remise ou la livraison de ces renseignements à la puissance qui doit en profiter : on pourrait dire, en se plaçant à ce point de vue, que le regnicole qui se trouve dans la première période, celle des actes préparatoires, doit être simplement considéré comme espion et qu'il ne devient définitivement un traître que lorsqu'il s'est livré à des actes d'exécution ; mais cette division ne serait pas toujours rationnelle, car il peut y avoir souvent confusion entre les deux ordres de fait. C'est pourquoi je traiterai incidemment de ce que les auteurs appellent *trahison diplomatique* et *trahison militaire*, parce que j'estime qu'un grand nombre d'hypothèses classées sous ces deux dénominations appartiennent par quelque côté à la théorie de l'espionnage et rentrent ainsi plus ou moins directement dans le cadre de mon sujet.

Presque tous les auteurs complètent ou corrigent la définition que j'ai donnée plus haut, en disant que le propre de l'espion est de déguiser son nom, sa personne ou sa nationalité et que c'est là une condition indispensable pour qu'on puisse lui appliquer une semblable épithète avec toutes les conséquences qui en découlent : pas de déguisement, pas d'espion. C'est aller un peu loin : je veux bien qu'il soit de règle générale que les espions travestissent quelque chose de leur personnalité ; c'est une condition de réussite presque absolue, et le loup ne se rend pas auprès d'un troupeau de moutons gardé par des chiens robustes et vaillants, sans endosser préalablement les habits du berger ; mais parce qu'il y a, dans une telle coutume, une situation de fait à peu près générale, il ne faut pas conclure à une condition essentielle du crime ou du délit d'espionnage, sous peine de laisser échapper la répression, dans un certain nombre de cas. Je parlais tout-à-l'heure des espions *fixes* : il se peut très bien que l'industriel, dont j'esquissais le portrait, ne cache ni son nom ni sa nationalité : ses manœuvres en sont-elle moins dangereuses et doivent-elles être légalement licites ?

Plaçons-nous maintenant tout près des frontières : il suffit à un indigène étranger de quelques kliomètres pour venir explorer une route, un bois, une rivière qu'il lui

importe de connaître : il ne prend pas la peine de se dé-
guiser, parce qu'il espère qu'on n'aura pas le temps de
le découvrir, et qu'il pourra, à la moindre alerte, prendre
la fuite et regagner son territoire ; dira-t-on que cet indi-
vidu ne fait pas acte d'espion et ne doit pas tomber comme
tel sous le coup de la loi pénale? Il faut encore aller plus
loin si l'on admet la théorie ci-dessus : ce n'est plus seu-
lement aux environs de la frontière, mais sur n'importe
quel point de notre contrée que l'étranger pourra venir
impunément prendre ses croquis et porter ses investiga-
tions. Nous aurons, il est vrai, le droit de l'expulser,
mais que lui importera? Il ne s'en retournera pas moins
chez lui, les poches bourrées de notes et la mémoire gar-
nie de renseignement précieux. Il ne faut donc pas, ce me
semble, faire intervenir en pareille matière la nécessité
d'un déguisement quelconque: il suffit qu'il y ait des actes
de recherche qu'il est de notre intérêt de réprimer et l'on
doit faire abstraction des moyens qui peuvent les faciliter.

Dans quelle mesure doit-on se défier des espions?
Sont-ils donc si nombreux et si redoutables? La réponse à
cette question se trouve dans un livre tout récemment
paru[1], et qui abonde en détails tout-à-fait édifiants. L'au-
teur nous initie, d'une façon complète, aux stratagèmes in-
finiment variés auxquels les Allemands recoururent con-
tre nous, pendant la guerre de 1870. Durant les années
qui précédèrent cette date funeste, notre région de l'Est
était sillonnée en tous sens d'officiers prussiens voyageant
en bourgeois ; les uns, sous prétexte de pêche à la ligne,
sondaient la Marne : d'autres, se disant artistes, dessi-
naient des croquis de forteresses aux environs de Langres

[1]. Lieutenant Froment, *L'espionnage militaire*, Paris, 1888.

et de Belfort ; quelques-uns prenaient la défroque d'un joueur d'orgue de Barbarie et venaient mendier dans les villes. Plus tard, il s'en glissa, sous le couvert de l'humanité, jusques dans les ambulances cosmopolites qui furent fondées pendant la guerre. Durant le siège de Paris, un lieutenant de vaisseau prussien se procura, on ne sait comment, une autorisation en règle du ministre de la guerre et put visiter ainsi, dans tous ses détails, le Mont-Valérien. La veille du combat de Bagneux, un espion faillit être surpris par nos sentinelles, après avoir tranquillement visité les lignes françaises, sous l'uniforme d'un officier d'État-major français. — Je me borne à ces quelques exemples.

J'ai dit plus haut que les espions volontaires étaient ordinairement des déclassés, rendus impropres, par le vice, à faire tout autre métier. Il ne faudrait pas prendre cela au pied de la lettre, car on rencontre des espions dans toutes les classes de la société. Les personnes que l'expérience indique comme étant plus particulièrement disposées à faire cette besogne sont les contrebandiers, les colporteurs, les commis voyageurs, toutes gens que leur profession oblige à passer souvent d'un pays dans un autre et pour qui ce métier fort délicat, en somme, offre de bien moindres difficultés.

Les religieux ont souvent aussi été utilisés avec succès : sous les derniers règnes, et principalement au temps de Richelieu, et du père Joseph, on en a beaucoup employé, en cette qualité. Mais les femmes, paraît-il, sont encore le *nec plus ultra* de cet article d'exportation et d'importation surtout. Elles sont, au dire du chancelier de fer, qui a l'air de s'y connaître, douées d'un tact diplomatique tout-à-fait supérieur. Sous le couvert de titres étrangers très sonores, parées du prestige de leur beauté et de leur fortune, elles n'ont pas leurs pareilles pour s'aboucher avec les hommes publics, dans ces brillants salons parisiens, où l'on n'est pas assez difficile pour admettre, dans une large proportion, l'élément exotique ; elles y dominent, en reines de la mode et du bon ton, se faufilent adroitement dans l'intimité des personnages politiques, et s'entendent à merveille à leur faire dire ce qu'elles veulent savoir. — A côté de ces sirènes dangereuses, brillent aussi une foule de gentilshommes déclassés, de clubmen ruinés, qui, les poches pleines des deniers de Judas, font la cour aux maîtresses·des hommes d'État et leur achètent les secrets qu'elles se font révéler. On peut aussi tirer habilement parti des réfractaires et des déserteurs, mais il faut s'en méfier : c'est surtout parmi ces derniers qu'on trouve la variété des espions doubles, dont les rapports sont si périlleux.

J'ai tenu, à la fin de ce chapitre, à donner ces quelques notions de pratique, afin de sortir du domaine de l'abstraction pure et d'expliquer ma définition par quelques exemples. Il sera plus facile, je crois, de comprendre ainsi la portée juridique des théories diverses qui vont être discutées, et l'esprit saisira plus aisément les règles de droit international ou de droit pénal qui vont être exposées, dans les chapitres suivants, lorsqu'il lui sera possible d'en faire une application immédiate à tel cas déterminé.

1. Certains grands personnages n'ont pas dédaigné de faire eux-mêmes de l'espionnage. Strozzi, déjà maréchal, s'introduisit à Calais sous un déguisement, en 1558, et examina la place, avant d'en entreprendre le siége. Catinat se déguisa en charbonnier pour reconnaître l'état de la place de Luxembourg. Ney, alors qu'il était général, s'exposa aux mêmes dangers. Le maréchal de Moltke parcourut plusieurs fois, déguisé, notre frontière de l'Est. — Froment, *op. cit.*, chap. VIII.

CHAPITRE II

HISTORIQUE

L'espionnage n'est pas une institution de création récente: on le retrouve dans le très ancien droit et les historiens de l'époque romaine y ont fait de fréquentes allusions. Étudions-le d'abord dans ce vieux droit classique si fécond en enseignements de tous genres, puis nous rechercherons les traces qu'il a laissées dans la terre des Francs et les développements successifs qu'il a pris sous la monarchie et sous l'empire [1].

§ 1er. — Droit Romain.

Les nations anciennes ont à peu près ignoré l'espion-

[1]. A Athènes, l'espionnage était puni de mort. Démosthène fit saisir comme espion (κατάσκοπος), mettre à la torture, puis exécuter un certain Anaxinos ou Anaxilas d'Orée, sans se laisser arrêter par les sou. venirs de l'hospitalité qu'il avait reçue à l'étranger, dans la maison du coupable. Lorsqu'on lui reprochait d'avoir ainsi livré aux Onze un ami, dont il avait maintes fois serré les mains, un hôte, chez lequel il avait bu et mangé, faisant, à la même table, les libations accoutumées, Dé-

nage, en temps de paix, et cela s'explique rationnellement:
le résultat d'une bataille, à cette époque, ne provenait que
de la vigueur individuelle, de l'adresse, du courage et du
nombre des soldats qui en venaient aux mains ; il était
inutile d'obtenir à l'avance tous ces renseignements mul-
tiples qui sont d'une si grande importance, dans les
guerres de nos jours: aussi les espions n'étaient-ils em-
ployés que pendant la guerre, alors que les deux armées
étaient déjà en présence, et qu'il devenait utile, pour
chaque belligérant, de connaître les forces de son adver-
saire, et de mettre en usage, pour en venir plus facilement
à bout, les stratagèmes et les ruses de la guerre.

On sait que les Romains distinguaient entre le *dolus
bonus*, ruse permise, dans un grand nombre de cas, et
le *dolus malus*, ruse ordinairement réprouvée. Ils avaient
une si haute idée de la justice, qu'ils n'admettaient
qu'avec répugnance le *dolus malus*, même contre les
ennemis: ce sentiment leur était inspiré non pas par la
déférence due à un droit international dont ils n'avaient
aucune idée, ni par une morale élevée, qui pourrait pros-
crire jusqu'à la tromperie employée contre des adversaires,
mais plutôt par leur amour-propre national et un respect
orgueilleux pour leur dignité.

On peut rapporter, à l'appui de cette reflexion, le passage
où Tite-Live nous apprend que le sénat romain n'approu-
vait pas la conduite peu sincère que l'on avait tenue avec
Persée [1]. Mais, ainsi que je le disais tout-à-l'heure, ils ne
reconnaissaient aucun droit aux *hostes* et tout était permis

---

mosthène répondait : « Je mets le sel de la patrie bien au-dessus de
la table d'un hôte étranger ! » Voir *Eschine, C. Ctesiphontem*, §§ 223 et
224 ; *Plutarque, ex Oratorum Vitæ, Demosthènes*, § 63.

1. Tite-Live, lib. XLII, cap. XLVII.

à leur égard, sauf la *ruse perfide*, c'est-à-dire la violation de la foi jurée. « *Etiam hosti fides servanda* », telle était leur maxime, et c'était toujours sous cette réserve, que les stratagèmes leur paraissaient légitimes. Parmi les plus usités de ces stratagèmes, qui ne variaient guère, le plus ordinaire était le suivant: lorsqu'il était difficile de réduire par la force une ville, qu'on assiégeait, on prenait un soldat dévoué jusqu'à la torture, qu'on mutilait et qu'on feignait de chasser ignominieusement du camp ; ce soldat passait à l'ennemi comme transfuge, après s'être plaint amèrement des traitements qu'on lui avait fait subir parmi les siens ; il faisait mine, au besoin, de combattre avec les assiégés contre sa patrie, et, au moment favorable, ouvrait les portes de la ville aux assiégeants.

On trouve moins de scrupules, dans l'antiquité, chez les autres peuples: Les Grecs ne reculaient aucunement devant la perfidie envers les ennemis : ce qui a fait dire de ce peuple : « *Timeo Danaos et dona ferentes.* » Leurs poètes, du reste, assimilaient la ruse au courage, et Homère et Pindare ont chanté l'art de nuire aux ennemis soit par dol, soit par force ouverte, secrètement ou au grand jour. Quant aux Carthaginois, leurs pratiques trop connues ont justement mérité le nom flétrissant de *foi punique*. On pourrait peut-être reprocher aussi à Virgile d'avoir dit, dans l'Éneide: « *Dolus an virtus, quis in hoste requirat* [1]. » Mais il se peut très bien que le poète fit allusion à ce *dolus bonus* qui était parfaitement licite et que toute conscience peut admettre, en présence des nécessités de la guerre.

L'espionnage, en temps de paix, apparaît pour la première

____

1. Virgile, *Énéide*, l. II, v. 390.

fois, avec Annibal. S'il faut en croire, en effet, l'historien Polybe, ce général avait, longtemps avant sa première campagne, envoyé des agents secrets en Italie : il voulait avoir des renseignements sur la fertilité du pied des Alpes et de la vallée du Pô, sur les populations de ces contrées, leur esprit militaire, et surtout sur la haine qu'elles portaient à Rome. Jules César, après lui, en fit autant, dit-on, lorsqu'il résolut d'entreprendre la conquête de l'Angleterre.

Quelle était maintenant la législation pénale des Romains, à l'égard des espions ?

En ce qui concerne les espions de l'ennemi qui tombaient en leur pouvoir, il n'y avait pas plus de loi que pour les autres prisonniers de guerre : on les mettait à mort ou on les réduisait en esclavage, selon ce que réclamaient les intérêts du peuple.

Quant à l'espionnage ou à la trahison pratiqués par un citoyen romain, contre sa patrie, la répression était organisée par la *Lex Juliæ majestatis*, qui confondait ces deux crimes avec les autres crimes de lèse-majesté.

L'infraction était appelée spécialement *perduellio* ; elle supposait chez le coupable une intention hostile contre l'État ou contre le prince. Le jurisconsulte Paul nous en parle ainsi, dans ses sentences [1] : « *Lege Julia majestatis tenetur is cujus ope consilio adversus imperatorem vel rempublicam arma mota sunt, exercitusve ejus in insidias deductus est;.....* » Ulpien [2] en donne la définition suivante : « *Majestatis autem crimen illud est, quod adversus populum romanum vel adversus securitatem ejus committi-*

---

1. Pauli, *Sentent*, lib. V, t. xixx.

2. D., l. 1, XVIII, V. — Voyez aussi les autres lois de ce titre, et principalement les lois 3, 4 et 10.

tur..... » Puis il nous donne différents exemples de la façon dont ce crime peut se commettre, entre autres celui-ci qui se rapporte plus particulièrement à notre sujet : « *Quique hostibus populi romani nuntium litterasve miserit, signumve dederit, feceritve dolo malo quo hoste populi romani consilio jubentur adversus rempublicam....* »

Les pénalités étaient d'une rigueur extrême : c'était toujours la mort, mais la mort accompagnée des affreuses tortures corporelles usitées à cette époque : tantôt on brûlait vif le coupable, tantôt on le faisait dévorer par les bêtes féroces. Les biens étaient confisqués ; et ce n'est que par une condescendance extrême, nous disent les empereurs romains, qu'on laissait la vie à ses enfants : on les vouait à l'infamie en même temps qu'à la pauvreté, de telle sorte que la vie fut pour eux un supplice, et la mort une consolation : « *Sint postremo tales, ut his perpetua egestate sordentibus, sit et mors solatium, et vita supplicium* [1]. »

§ 2. — Ancien Droit francais.

Notre vieux droit français punissait bien les traîtres et les félons, et nous verrons de quelle manière atroce, mais il ne connaissait guère les espions proprement dits. Nos ancêtres, les Gaulois, professaient un tel mépris pour les ruses et les tromperies de tout genre, ils se glorifiaient à ce point de combattre à découvert, qu'ils allaient jusqu'à marquer à leurs ennemis le temps et le lieu, où ils se proposaient de livrer bataille. Au moyen-âge, même dédain pour les entreprises secrètes : la chevalerie n'admet

_____
1. C., lib. IX, t. VIII, l. 5, § 4.

pas l'espionnage, qui répugne à son caractère de fran-
chise, et qu'elle considère comme un procédé déloyal.
Les historiens signalent cependant quelques espions,
dans les guerres importantes et Montluc en parlé dans
ses commentaires; mais il s'agit toujours d'espions à la
guerre, et il faut arriver jusqu'à Frédéric II roi de Prusse
pour trouver des espions pendant la paix. Celui-ci, le pre-
mier, comprend toute l'importance qui s'attache aux
renseignements pris à l'avance, et il en préconise l'emploi,
dans ses *Institutions Militaires*: « A la guerre, nous dit-
il on prend alternativement la peau du lion et la peau du
renard : la ruse réussit où la force échouerait. Il est donc
absolument nécessaire de se servir de toutes les deux :
c'est une corde de plus que l'on a à son arc, et comme sou-
vent la force résiste à la force, souvent aussi la force suc-
combe sous la ruse. » Nous arrivons ainsi jusqu'à Napo-
léon Ier, qui, lui aussi, à l'instar du grand Frédéric, emploie
tout un personnel d'espions, pour son cabinet de renseigne-
ments et recommande à ses généraux de s'en servir habi-
lement : mais il est juste de dire que s'il ne répudiait pas
absolument les enseignements fournis par son prédéces-
seur d'Outre-Rhin, il revêtit plus souvent la peau du lion
que celle du renard et ne laissa jamais supposer qu'il fut
homme à écrire où à penser une phrase comme celle-ci :
« S'il y a à gagner à être honnête, nous le serons; s'il faut
duper, nous serons fripons [1]. »

On peut voir, par ce qui précède, que jamais le caractère
français, pas plus autrefois qu'aujourd'hui, n'a pu se plier
aux exigences de l'espionnage; les pénalités étaient d'ail-
leurs épouvantables contre les regnicoles qui avaient prêté
à l'ennemi un concours de ce genre contre leur patrie.

1. Correspondance de Frédéric II.

Toutes manœuvres en ce sens tombaient dans la caté-
gorie des crimes de lèse-majesté au premier chef, et l'ab-
sence de définition rigoureuse et d'incrimination précise
permettait à la monarchie de réprimer par des châtiments
atroces des faits qui seraient à peine passibles actuelle-
ment de peines correctionnelles. Nous allons nous en ren-
dre compte en passant rapidement en revue les diverses
ordonnances royales qui ont trait à cette matière, tout en
constatant que la royauté n'usa qu'avec une très grande
modération du pouvoir discrétionnaire qu'elle possédait.

Les crimes de lèse-majesté au premier chef pouvaient
comprendre, ainsi que nous le dit Muyard de Vouglans [1],
quatre sortes d'attentats :

1° Attentats contre la personne du roi.

2° Attentats contre la personne de la reine et des enfants
de France ;

3° Attentats contre la personne des principaux officiers
du souverain. (Les principaux officiers étaient les minis-
tres, les généraux d'armées, les gouverneurs de province,
les membres du conseil du roi et des Cours supérieures,
enfin les ambassadeurs.)

4° Attentats contre la souveraineté et la sûreté de l'État.

C'est cette dernière catégorie seule qui nous intéresse.
Muyard de Vouglans nous indique les principales hypo-
thèses dans lesquelles cette grave infraction pouvait être
commise : on va voir par les exemples qu'il nous donne
que ce crime comportait toutes les espèces qui pour-
raient aujourd'hui servir de base à une accusation de tra-
hison ou d'espionnage. « L'attentat contre la sûreté de
l'État, nous dit-il, se commet : 1° lorsqu'on forme quelque

---

1. Muyard de Vouglans, *Lois criminelles*, l. III, t. II.

entreprise, conspiration, association, intelligence, ligue offensive avec les ennemis du Roi, soit verbalement, soit par écrit, soit dedans, soit dehors du royaume, soit directement ou indirectement, par personnes interposées; 2° lorsqu'ayant assisté ou su de telles conspirations, on ne vient pas incontinent les révéler; 3° lorsqu'on fait levée et enrôlement de gens de guerre, sans permission du roi; 4° qu'on va en armes par le royaume, contre le commandement du Roi; 5° qu'on court le Royaume pour solliciter les sujets du Roi à entrer dans des associations, ou qu'on excite sourdement les ennemis à déclarer la guerre à leur maître; 6° lorsqu'on se ligue avec les ennemis de l'État, qu'on reçoit des lettres et messages de leur part, sans en donner avis; 7° lorsqu'on livre les places aux ennemis; 8° lorsqu'on leur fournit des armes et des secours; 9° lorsque, par trahison, on fait tomber les troupes dans les embûches des ennemis; 10° enfin, lorsque des capitaines et soldats désemparent les armées pour se retirer chez les ennemis. »

Muyard de Vouglans a tiré cette énumération des principales dispositions contenues dans les diverses ordonnances royales, qui régissaient cette matière : j'indique les plus saillantes.

Ordonnance de François Ier donnée à Villers-Cotterets, en 1531. — « Article Ier. *Ordonnons que ceux qui auront aucune chose machiné, conspiré ou entrepris contre notre Personne, nos enfants et postérité, ou la République de notre Royaume, soient étroitement et rigoureusement punis, tant en leurs personnes qu'en leurs biens, tellement que ce soit chose exemplaire à toujours......* »

Ordonnance de François Ier, de juillet 1534. — (Cette ordonnance prévoit l'espionnage et la trahison militaire.)

« *Quand les légions seront aux champs, ville ou en champ,
contre les ennemis, aucun compagnon d'icelles ni autre,
ne pourra parlementer auxdits ennemis ou à aucun d'eux,
sans le congé de notre lieutenant-général ou des colonels
ou capitaines, sous peine du crime de lèse-majesté, ni
pareillement lesdits colonels et capitaines, ou leurs lieu-
tenans, sans notre congé, ou de leur lieutenant-général,
sous la même peine.... Si aucun recevait aucune lettre ou
message de quelque Prince ou Seigneur que ce fut notre
ennemi ou poursuivant notre dommage, il sera tenu de
le révéler au colonel ou capitaine de la bande.... et au
défaut de ce, seront punis comme criminels de lèse-ma-
jesté.* »

Ordonnance de Charles IX, en 1563. — Article VII. *Dé-
fendons, sous peine de crime de lèse-majesté, à tous nos
sujets quels qu'ils soient, qu'ils aient à faire, pratiquer,
avoir intelligence, envoyer ni recevoir lettres et messages
écrites en chiffres, ni autre écriture feinte ou déguisée à
Princes étrangers, ni aucuns de leurs sujets et serviteurs
pour choses concernantes à notre État, sans notre sçu et
exprès congé.....* »

L'ordonnance de Blois de 1569 et celle du 24 avril
1615, de Louis XIII, contiennent des dispositions analo-
gues, qu'il est inutile de rapporter.

On peut se convaincre, par la lecture des ordonnan-
ces qui sont reproduites ci-dessus, que tous les faits que
nous qualifierions aujourd'hui de trahison ou simplement
d'espionnage, pouvaient rentrer aisément dans les termes
de ces ordonnances et donner ouverture à une accusation
pour crime de lèse-majesté.

Les pénalités étaient empreintes d'un caractère de
cruauté vraiment sauvage, et qui semble un défi porté à

la civilisation déjà fort avancée cependant de cette époque. Le coupable jugé et condamné, après avoir été bien entendu, au cours du procès, soumis aux tortures de la question, afin qu'il fît l'aveu de son crime et dénonçât ses complices, passait, avant de mourir, par les épreuves suivantes : on l'amenait en chemise, la tête rasée, les pieds nus, portant entre ses mains un cierge de cire jaune de deux livres, faire amende honorable devant le porche d'une église : cela fait, ou lui coupait-le poing de la main droite, on le tenaillait aux mamelles, aux bras, aux cuisses, au gras des jambes, et lorsque les plaies étaient béantes, on y jetait du plomb fondu, de l'huile bouillante, de la poix résine, de la cire et du souffre fondus ensemble ; puis on l'écartelait à quatre chevaux, ses membres étaient brulés et sa cendre-jetée aux vents. Mais cela ne suffisait pas encore : comme on ne pouvait plus s'en prendre au coupable, on s'en prenait d'abord à la maison qui l'avait abrité : on la démolissait de fond en comble et l'on en rasait les fondations ; on s'en prenait, en outre, à sa famille : son père, sa mère et ses enfants étaient bannis à perpétuité et ne pouvaient désormais rentrer dans le Royaume, sous peine d'être pendus ; quant aux autres parents, défense leur était faite, à l'avenir, de porter le nom du condamné dont tous les biens étaient confisqués, au profit du trésor royal.

La procédure de l'instruction de ce crime était calquée sur celle du droit romain : toutes sortes de personnes, ordinairement incapables d'accuser, comme les *infâmes*, les *esclaves*, *les enfants* à l'égard de leur père, les *femmes* à l'égard de leur mari et vice versa, étaient exceptionnellement admises à accuser pour lèse-majesté. Exceptionnellement aussi, l'accusation pouvait atteindre jusqu'aux

Princes du sang, et le procès pouvait même être fait aux *morts*: les ordonnances voulaient qu'il en fut ainsi, afin de condamner la mémoire du coupable, supprimer son nom et ses armes et prononcer la confiscation de ses biens.

Quant à l'instruction elle-même, elle ne pouvait être faite que par la Grand-Chambre des Parlements, à laquelle était réservée la connaissance de tous les crimes de lèse-majesté au premier chef.

Je répète, en terminant l'exposé de cette législation sinistre, que les rois n'ont pas abusé de ces supplices barbares, et qu'ils n'en ont jamais fait l'application qu'à des cas d'une extrême gravité.

CHAPITRE III

L'ESPIONNAGE AU POINT DE VUE MORAL

La morale universelle réprouve-t-elle l'espionnage et
cette institution devrait-elle être condamnée par les mœurs
internationales ? Cette question n'est que le corollaire
d'une autre bien plus grave, bien plus grosse de diffi-
cultés, et sur laquelle les philosophes et les théologiens
ont discuté à perte de vue, sans parvenir à la résoudre,
sans doute parce qu'elle n'est pas résoluble. Cette autre
question, qui absorbe, en quelque sorte, celle que je
traite ici, c'est la suivante : la guerre est-elle légitime, et
la violence qu'elle emploie, même pour faire triompher le
droit, est-elle excusable, devant les principes immuables
de la conscience et de la justice absolue ? Je ne veux pas
me perdre dans les développements philosophiques que
nécessiterait une discussion de ce genre, et sans prendre
parti dans un débat de cette importance, je ne veux que
constater un fait simple et brutal en même temps : c'est
que la guerre a été faite de tous temps et chez tous les
peuples, et qu'aujourd'hui, à la fin du XIX° siècle, qu'on
a proclamé le siècle du progrès et des lumières, elle est

plus que jamais en honneur, parmi les nations civilisées.

C'est donc apparemment qu'elle doit être légitime, puisqu'en bonne rhétorique, le consentement universel des peuples doit être un argument irréfutable, en faveur des axiomes et des vérités qu'il consacre.

Les mauvaises langues cherchent bien à insinuer que, pendant deux ou trois mille ans, tous les peuples ont cru que c'était le soleil qui tournait autour de la terre, et qu'un beau jour on s'est aperçu qu'il n'en était rien ; mais ce n'est là qu'une remarque désobligeante et profondément irrévérencieuse qui ne prouve qu'une chose : c'est qu'il faut se méfier des mauvaises langues et tâcher, à l'occasion, de leur imposer silence.

Ainsi donc, la sagesse des nations ayant parlé, je tiens pour constant que la guerre entre les hommes est moralement permise, et par une déduction logique, je reconnais, avec tous les auteurs, qu'est permis également tout moyen nécessaire ou utile pour pouvoir la pratiquer.

Or, de même qu'il est licite à toute nation de perfectionner ses armes et de les rendre plus meurtrières, afin de venir plus aisément à bout de ses ennemis, je ne crois pas qu'on puisse lui contester le droit d'employer des espions pour obtenir les renseignements dont elle peut avoir besoin, renseignements qui sont, de nos jours, pour la victoire, tout aussi importants que la perfection des armes et la valeur des combattants.

C'est là la doctrine admise par tous les auteurs : « Pour atteindre le but de la guerre, dit Klüber [1], on emploie aussi, outre la force ouverte, les armées et les ressources matérielles, les ruses de guerre et les espions... s'instruire

---

1. Klüber, *Droit des gens moderne de l'Europe*, § 266.

par des espions (*exploratores*) de la situation et des des-
seins de l'ennemi, n'est contraire ni au droit des gens
naturel, ni à la loi de guerre. »

M. G. F. de Martens [1] tient le même langage : « Ni la
loi naturelle, ni l'usage ne défendent, dans la généralité,
l'emploi de stratagèmes pour tromper l'ennemi, en tant
que ces ruses servent au but de la guerre…. D'après les
mêmes principes, il n'est pas contraire aux lois de la
guerre de se servir d'espions… »

C'est encore l'avis de M. Heffter, professeur à l'Univer-
sité de Berlin, syndic de la couronne : « Au point de vue
moral, il est incontestablement permis de se procurer, par
des voies secrètes, des renseignements qu'on ne pourrait
obtenir autrement, surtout lorsqu'il s'agit de se garantir de
certains dangers…. »

Cependant des esprits plus généreux qu'utilitaires pro-
posaient, il y a quelques années à peine, la suppression
de l'espionnage dans les relations internationales [2]. Cela
parut presque monstrueux et cette invraisemblable naïveté
attira aux auteurs de la proposition, cette verte réplique
de M. Den Beer Poortugael, ancien ministre de la guerre
des Pays-Bas : « Depuis quand l'espionnage est-il interdit?
En d'autres termes, cela reviendrait à dire qu'un État, un
général en chef ou un autre représentant de l'État, n'osera
plus se servir d'espions, dès que ce moyen sera interdit
ou décrété déloyal. Mais c'est là une chose qu'il est tout
bonnement impossible de proscrire : si je ne me trompe,
pas un État n'y consentira. »

Mais si l'usage des espions est, de nos jours, à peu près

1. *Op. cit.*, § 274.

2. Projet présenté, en 1880, à l'Institut du droit international, au sujet
de la rédaction du *Manuel des lois de la guerre*.

universellement reconnu comme légitime, cet usage n'est admis que sous certaines réserves. Dans les mœurs des temps passés, on ne faisait pas de distinction, quant aux moyens à employer, pour atteindre le but de la guerre : Bynkershoek[1] et Wolff[2], qui vivaient au commencement du XVIII° siècle, soutenaient encore que tout ce qui est fait contre un ennemi est légitime ; que cet ennemi pouvait être mis à mort, quoique sans armes et sans défense, que le vainqueur, en un mot, avait un droit illimité sur la personne et la propriété du vaincu. On enseigne aujourd'hui des principes plus humains et plus doux : la fin légitime ne donne un véritable droit qu'aux seuls moyens nécessaires pour l'obtenir ; tout ce qu'on fait au delà est réprouvé par la loi naturelle et doit être condamné au tribunal de la conscience ; le droit ne fait que suivre l'exigence du cas, sans en dépasser les bornes. Mais comme il est bien difficile de juger avec précision ce qu'exige tel cas particulier, et que chaque nation serait seule juge de ce que lui permet sa situation propre, les peuples ont, d'un commun accord, décidé entre eux de s'en tenir, en pareille matière, à des règles générales. C'est ainsi qu'après avoir reconnu que tel fait, pris dans sa généralité, était nécessaire pour atteindre le but d'une guerre légitime, le droit des gens a décrété que ce fait serait considéré comme honnête et légitime. Est-ce à dire, pour cela, que celui qui l'emploiera sans nécessité, alors que des moyens plus doux pouvaient lui suffire, sera irréprochable devant sa conscience ? Nullement ; c'est d'après cette réflexion que Vattel[3] a si justement établi la différence de

1. Bynkershoek, *Quæstionum juris publici*, lib. I, cap. I.
2. Wolff, *Jus gentium*, § 878.
3. Vattel, *Droit des gens*, t. III, chap. VIII, § 137

ce qui est juste, équitable, irrépréhensible dans la guerre, et de ce qui est seulement permis ou impuni, entre les nations.

C'est d'après ces principes que le droit international a permis l'usage des stratagèmes et des espions : ils sont ordinairement indispensables ou, tout au moins, fort utiles pour atteindre le but de la guerre et favoriser la victoire : donc ils sont licites. Vattel va même plus loin ; non seulement, d'après lui, les ruses de guerre sont licites, mais elles sont souvent plus humaines et plus morales que l'emploi de la force ouverte, et il en arrive presque à faire un cas de conscience au général qui aurait refusé de s'en servir : « Comme l'humanité nous oblige à préférer les moyens les plus doux, dans la poursuite de nos droits, si par une ruse de guerre, une feinte exempte de perfidie, on peut s'emparer d'une place forte, surprendre l'ennemi et le réduire, il vaut mieux, il est réellement plus louable de réussir de cette manière que par un siège meurtrier ou par une bataille sanglante [1]. »

La difficulté consiste à savoir jusqu'à quel point la ruse est permise, quelle est l'étendue de la sphère dans laquelle il est licite d'en faire usage et quelles sont les bornes qu'elle ne doit pas franchir.

La doctrine enseignée, à cet égard, par tous ceux qui se sont préoccupés d'une solution, peut être résumée dans les observations suivantes, qui peuvent, en quelque sorte, servir de *criterium* juridique : lorsque le moyen que nous employons pour tromper notre ennemi n'est pas une violation de nos devoirs, il est licite ; en d'autres termes, toutes les fois que la confiance de notre adversaire n'est

1. Vattel, *op. cit.*, t. III, p. 55.

pas motivée par la croyance où il a dû être que nous ne manquerions pas à l'honneur et à la morale, la ruse est légitime. Mais si, au contraire, il ne se méprend sur nos intentions, que parce qu'il nous suppose fidèles à nos devoirs, tandis que pour le tromper, nous y contrevenons sciemment, ce n'est plus un stratagème, mais une insigne lâcheté. Ces soldats qui s'introduisaient dans une forteresse, cachés dans une voiture de foin ne blessaient pas le droit des gens. Mais le général qui conviendrait d'un armistice pour surprendre l'ennemi sans défiance, serait voué à la réprobation de tous les peuples civilisés. Vattel[1] rapporte qu'au siècle dernier, pendant la guerre qui eut lieu entre la France et l'Angleterre, une frégate anglaise s'étant approchée de Calais, fit des signaux de détresse pour attirer quelque bâtiment et se saisit d'une chaloupe et des matelots qui venaient généreusement à son secours. Ce stratagème est indigne ; il tend, en effet, à empêcher l'effet d'une charité secourable, si sacrée au genre humain et si recommandable, même entre ennemis. Faire des signaux de détresse, c'est demander du secours, et promettre, par cela même, toute sûreté à ceux qui le donneront. Notre *criterium* s'applique donc ici pour proscrire cette action perfide : la confiance des matelots qui portaient secours à la frégate était motivée par la croyance qu'ils avaient, que l'ennemi ne manquerait pas au respect du droit des gens et de la dignité qu'il se devait à luimême, au point de commettre une infamie aussi odieuse.

C'est sous de telles réserves et dans ces justes limites que la morale internationale légitime l'espionnage, en répétant, avec Virgile : « *An dolus, an virtus ?* »

1. *Op. cit.*, t. III, p. 56.

Il est intéressant d'étudier la moralité de l'espionnage, à
un autre point de vue ; jusqu'ici, nous ne l'avons consi-
dérée que par rapport à son objet : il importe maintenant
de le faire, par rapport à son sujet, c'est-à-dire à l'espion
lui-même, à l'espion pris en sa qualité d'auteur d'une
infraction déterminée, prévue et punie par les dispositions
pénales de toutes les législations.

Il suffit de réfléchir quelques instants, pour se con-
vaincre que l'espion ne présente pas la physionomie habi-
tuelle au malfaiteur ordinaire. L'espion qui se décide à ce
métier, pour venir en aide à la défense de son pays, pour
assurer sa sécurité dans une guerre prochaine, et qui, dans
ce but, consent, sans marchander, à compromettre son exis-
tence ou sa liberté, cet homme-là peut être un parfait
honnête homme ; je dis plus : il peut être un héros. Ce
n'est plus cet être vil, qui a commis un crime ou un délit
de droit commun, qui a tué ou volé, poussé par des pas-
sions honteuses : celui-là est méprisé partout, et son action
n'est pas de celles dont l'immoralité expire aux frontières
d'un État : « Assassin en deçà des Pyrénées, assassin au-
delà. » La réprobation universelle lui jettera, en tous lieux,
son forfait à la face, et il n'est pas une île perdue au mi-
lieu des mers, où il puisse aller chercher sa réhabilitation.
Mais l'espion, j'entends celui qui est au service de son
pays, car le traître est aussi méprisable, sinon plus, que le
meurtrier ou le voleur, l'espion, quel crime est le sien ?
Est-il plus coupable, en soi, que le soldat qui tue à la
guerre, sur l'ordre de ses chefs ? Évidemment non, et l'on
peut même dire que si le soldat qui fait son devoir, mérite
des éloges, l'espion désintéressé est plus méritoire en-
core : il lui faut, en effet, d'ordinaire plus d'habileté et
d'intelligence qu'an soldat, car il se bat, pour ainsi dire,

seul contre un grand nombre, et plus de courage aussi, car il expose plus dangereusement sa vie, du moins en temps de guerre : s'il est pris; et il y a bien des chances pour qu'il le soit; il sait que sa punition sera la mort, tandis que le soldat sera simplement fait prisonnier et pourra, quelque jour, revenir dans sa patrie.

Ainsi donc l'espionnage apparaît, en lui-même, comme un fait non-seulement exempt de toute immoralité, mais pouvant comporter un certain caractère de grandeur, d'abnégation et d'héroïsme. Pourquoi, dès lors, chaque nation le classe-t-elle au nombre des infractions qu'elle réprime et le punit-elle avec la dernière rigueur? Pourquoi cette anomalie choquante, au premier abord, d'un législateur favorisant à son profit ce qu'il appelle un crime chez les autres? N'y a-t-il pas quelque chose qui soulève la conscience, lorsqu'on voit, par exemple, un général faire fusiller le sujet ennemi convaincu d'espionnage, alors qu'il invite ses propres soldats à commettre les mêmes actes?

On est bien obligé de reconnaître ici, quelle que soit d'ailleurs l'opinion qu'on professe sur le fondement du droit de punir, en droit commun, que le système pénal de toute législation, en matière d'espionnage, est essentiellement *utilitaire*. Ce qui justifie la peine appliquée à l'espion, ce n'est pas le principe *d'expiation* des systèmes spiritualistes, infligée par la société en vertu « *d'une délégation divine du droit de punir le mal* [1], » ce ne peut être que l'*utilité*, ou, pour mieux dire, la *nécessité* de cette peine. L'Etat ne saurait faire intervenir l'idée de justice absolue comme base de son droit de répression, il ne peut invoquer que la légitime défense. Il punit l'espion à cause des

---

1. Lucien Brun, *Introduction à l'étude du droit*, p. 254.

dangers qu'il présente pour sa sécurité et non parce qu'il professe des opinions criminelles.

Cela étant, comment justifier la peine de mort si souvent appliquée à l'espion ? Tout système utilitaire ne peut, ainsi que son nom même l'indique, édicter des peines que dans la mesure de ce qui est *utile*. Ne pourrait-on dire, en se plaçant à ce point de vue, que la peine de mort est excessive et dépasse le but? Quel est, en effet, le but à atteindre? Mettre l'espion dans l'impossibilité de nuire, en l'empêchant de rapporter à son gouvernement des renseignements préjudiciables pour le pays contre lequel il dirige ses attaques. Or ce résultat ne serait-il pas obtenu, si l'on se contentait d'emprisonner l'espion durant tout le temps des hostilités, ou même plus longuement, si l'on jugeait nécessaire une détention plus prolongée?

On doit, tout d'abord, répudier, en tous cas, ce me semble, les peines ignominieuses dont il était d'usage de frapper autrefois les espions : on se souvient du cas célèbre de l'adjudant-général André, de l'armée royale anglaise, condamné à mort par un tribunal américain, pendant la guerre de l'Indépendance des Etats-Unis ; il supplia en vain qu'on l'exécutât comme il convenait à un soldat; ses juges furent inexorables et le firent périr par la corde, supplice honteux réservé alors aux espions. C'était là une barbarie inutile, que tous les peuples de nos jours ont heureusement abandonnée.

Quant à la peine de mort proprement dite, j'entends sans aggravation, on cherche à la justifier par quelques bonnes raisons ; c'est, dit-on, un procédé d'intimidation destiné à effrayer des individus fort dangereux ; plus les espions ont à redouter la sévérité des lois, moins ils sont nombreux, et puis, dit-on encore, la mort est parfois le

. seul moyen pratique de se défaire d'un espion ; en temps
de guerre, il est bien difficile à un corps de troupe qui
se déplace fréquemment, de surveiller étroitement ses
prisonniers, sans compter l'embarras qui résulte de l'obli-
gation de traîner avec soi des hommes qu'il faut nourrir
et qui ne peuvent que gêner les marches en avant ; on est,
en outre, très-fortement exposé à voir l'espion s'évader et
rejoindre l'ennemi. Toutes ces raisons ne sont peut-être
pas péremptoires, mais il faut reconnaître qu'elles expli-
quent, dans une certaine mesure, l'admission d'une péna-
lité qui, sans elles, serait odieuse et sans excuses.

Quoi qu'il en soit, on doit recommander aux magistrats
civils et militaires de tous pays d'user, en cette matière
plus qu'en toute autre, d'une prudente modération, et de
ne jamais aller au delà de ce que commande l'intérêt
public ; la menace de mort n'est guère évitable et l'on
conçoit qu'elle reste dans les codes comme une sorte d'épou-
vantail, mais, ainsi que le dit M. Bluntschli [1], qui s'est fort
écarté des théories admises, en 1870, par ses concitoyens [2],
elle ne doit être appliquée que dans des cas extrêmement
graves, lorsque la sécurité de l'armée ou du pays l'exige
impérieusement.

1. *Op. cit.*, § 628.

2. Prescriptions allemandes des 16 et 19 août 1870, d'après lesquelles
les espions, faux guides, traîtres et autres individus dangereux pour la
sûreté de l'armée, étaient, sans distinction, menacés de la peine de
mort, sans qu'il fut permis à l'autorité militaire d'appliquer une au-
tre peine — « Ces prescriptions, dit M. Bluntschli lui-même, ont été
beaucoup blâmées. »

CHAPITRE IV

Il y a un grand intérêt à savoir, d'une façon générale, lorsqu'une infraction constitue un crime ou un délit politique. On sait, en effet, que notre législation pénale, après de nombreuses hésitations et de longs tâtonnements, a fini par séparer complètement, par une ligne de démarcation bien tranchée, les infractions politiques des infractions de droit commun.

Depuis longtemps, l'opinion publique réclamait cette réforme, dans notre système de répression : l'immoralité des crimes politiques n'est pas la même, en général, que celle des crimes ordinaires ; la même infamie ne s'attache pas aux uns et aux autres, et jamais les condamnés politiques n'ont été confondus, par la conscience publique, avec les autres condamnés. Les premiers s'attaquent à la constitution d'une nation, à sa forme sociale, et cette forme n'est qu'une institution humaine essentiellement variable, obligée, le plus souvent, de se modifier sans cesse pour se plier aux nécessités du temps qui marche et des mœurs qui changent. Ce n'est donc là qu'une loi purement conventionnelle, qui dépend de la volonté des hommes, qui est mobile comme elle, et qui n'est pas immuable comme les lois de la conscience. « Or, une atteinte contre cette forme sociale qui n'émane que de l'homme, sera toujours séparée, dans l'ordre moral, des atteintes aux droits qu'il tient de Dieu même: un fait dont la criminalité variable dépend des temps et des lieux, ne sera jamais confondu avec les délits dont les peuples et les siècles proclament universellement l'infamie[1]. » Une des premières conséquences pratiques de ces considérations a été l'abolition de la peine de mort, en matière politique. C'est à la révolution de 1830, que revient la gloire d'avoir érigé cette abolition en principe, et d'avoir su la maintenir, au milieu des orages populaires ; depuis cette époque, aucune exécution capitale n'a eu lieu, à raison d'un crime purement politique. Toutefois, ce n'est que dix-huit ans plus tard, que la constitution du 4 novembre 1848 a proclamé cette abrogation, dans les termes les plus explicites : « La peine de mort est abolie, en matière politique, » nous dit l'article 5 de cette constitution, et la loi du 8 juin 1850, venant sanctionner le principe établi dans la constitution, porte : « Dans tous les cas où la peine de mort est abolie, cette peine est remplacée par celle de la déportation dans une enceinte fortifiée, désignée par la loi, hors du territoire continental de la république. » Avant la promulgation de cette loi, la Cour de Cassation, dans divers arrêts longuement et savamment motivés, avait déjà déclaré, par la seule interprétation du Code pénal, et en tenant compte du travail de révision opéré en 1832, que le législateur avait clairement manifesté son intention de fonder un système

---

1. Chauveau et Hélie, *Théorie du Code pénal*, t. II, p. 17.

de pénalité politique différent du système de pénalité applicable aux crimes ordinaires et de soustraire le coupable politique aux peines de droit commun[1].

Ainsi donc, voilà un premier point de vue, qui est de la plus haute importance : si l'espionnage est une infraction politique, la peine de mort ne lui sera jamais appliquée.

Il y a d'autres intérêts à la recherche que nous faisons. La peine de mort, d'après l'ancien système du Code pénal n'était pas toujours applicable au crime d'espionnage; cette infraction pouvant être commise dans des circonstances dont la gravité est variable, des peines inférieures en constituaient souvent le mode de répression. Or, depuis la loi de révision de 1832, dont je parlais tout-à-l'heure, il existe une échelle de peines, spéciales aux crimes politiques, qui se compose, par ordre de gravité descendante, de la *déportation dans une enceinte fortifiée* de la *déportation simple*, de la *détention* et du *bannissement*. Ce seront donc là les seules peines applicables au crime d'espionnage, s'il est politique, et la Cour d'assises devra toujours exclure les *travaux forcés* et la *réclusion*.

Quand je dis : la Cour d'assises, je parle de la juridiction ordinaire, mais ce n'est point la seule, et ici se révèle un autre intérêt de la question. En vertu de l'article 9 de la loi du 24 février 1875, le Président de la République peut, en tout temps, par décret rendu en Conseil des ministres, attribuer au Sénat, constitué en *Haute Cour de justice*, le droit de juger les infractions politiques les plus graves. Toutefois, cette juridiction exceptionnelle ne pourrait changer à son gré ni la *qualification* de l'infraction, ni la

---

1. Cass., 3 février 1849 (Dall, 49, 1, 10).

peine qui lui est applicable, en vertu du Code pénal. C'est toujours à ce code qu'elle devra recourir, et elle ne pourrait, par exemple, prononcer la peine de mort ou celle des travaux forcés, remplacées toutes deux, en matière politique, par des peines spéciales.

Le Code pénal exempte, en outre, de la peine tous les coauteurs et complices des crimes politiques, qui en assurent la répression. Ce nouvel intérêt est consacré par l'article 108, ainsi conçu : « Seront exemptés des peines prononcées contre les auteurs de complots ou d'autres crimes attentatoires à la sûreté intérieure ou extérieure de l'État, ceux des coupables qui, avant toute exécution ou toute tentative d'exécution de ces complots ou de ces crimes, et avant toutes poursuites commencées, auront les premiers donné au Gouvernement ou aux autorités administratives ou de police judiciaire, connaissance de ces complots ou crimes et de leurs auteurs ou complices, ou qui, même depuis le commencement des poursuites, auront procuré l'arrestation desdits auteurs ou complices [1]. »

Enfin les infractions politiques ne peuvent compter pour la *relégation* [2] et elles ne peuvent jamais donner lieu à l'*extradition*. Une circulaire du garde des sceaux, en date du 5 avril 1841, dit que la France a toujours refusé depuis

---

1. Cette exemption de peines a été étendue, ainsi que nous le verrons, au coupable qui révèle un des délits prévus par la nouvelle loi du 18 avril 1886, sur l'espionnage. — Sous l'empire du Code de 1810, l'obligation de dénoncer les crimes attentatoires à la sûreté de l'État, était imposée légalement à tous les citoyens qui en avaient connaissance (art. 103 à 107). Cette obligation a disparu depuis la loi du 28 avril 1832. Actuellement, les citoyens n'ont plus à cet égard, qu'un devoir civique, dépourvu de toute sanction pénale.

2. Loi du 27 mai 1885, art. 3.

1830, de pareilles extraditions et qu'elle n'en demandera jamais [1].

Le même intérêt ne s'attache pas à notre question lorsque l'espionnage ne constitue qu'un délit : le Code pénal, en effet, n'organise pas deux ordres de peines correctionnelles : il ne prononce, dans tous les cas, que l'emprisonnement ou l'amende. Cependant, aux termes de l'article 49 du Code pénal, les délits qui intéressent la sûreté extérieure ou intérieure de l'État, entraînaient toujours, autrefois, à titre de peine complémentaire, la surveillance de la haute police. On sait que cette peine a été supprimée par l'article 19 de la loi du 27 mai 1885 et remplacée par l'interdiction de séjour. Dans la loi de 1886 sur l'espionnage, l'interdiction de séjour n'est plus obligatoirement imposée à la décision du juge : elle n'est que facultativement laissée à son appréciation [2].

Il n'est pas toujours facile, en l'absence d'une définition légale, de déterminer quels faits constituent une infraction politique, et ce sera presque toujours au juge du fait incriminé à faire lui-même cette détermination. Toutefois, le législateur a voulu lui venir en aide, dans une certaine mesure, pour l'accomplissement de cette tâche délicate, et la loi du 8 octobre 1830 est venue lui tracer sa ligne de conduite, dans un grand nombre de cas. Aux termes de l'article 7 de cette loi, « sont réputés politiques les délits prévus : 1° par les chapitres I et II du titre 1er du livre III du Code pénal ; 2° par les paragraphes 2 et 4 de la section 3 et par la section 7 du chapitre III des mêmes livre et

---

1. Un cas d'application célèbre de ce principe est celui de l'ex-maréchal Bazaine, condamné pour haute trahison, et qui a pu terminer paisiblement ses jours en Espagne.

2. Loi du 18 avril 1886, art. 12.

titre ; 3° par l'article 9 de la loi du 25 mars 1822 ». Si l'espionnage peut rentrer dans un des termes de cette énumération qui, du reste, n'est nullement limitative [1], je n'aurai pas besoin de pousser plus loin mes recherches, et j'aurai établi, sans aucun doute, que nous sommes en présence d'une infraction politique.

J'ai déjà dit que l'espionnage n'avait été nulle part défini par la loi et que son nom même ne se trouvait qu'une fois dans le Code pénal de 1810, à la fin de l'article 78. Mais il est aisé de voir, si l'on se reporte à la définition qui a été donnée de cette infraction, dans le premier chapitre de cet ouvrage, que sa place véritable dans notre code de répression, ne saurait se trouver ailleurs que dans la section qui traite *des crimes et délits contre la sûreté extérieure de l'Etat*. Cette section est précisément la première du chapitre i du titre 1er du livre IIIe, c'est-à-dire une de celles qui ont été nominativement comprises dans l'énumération de l'article 7 de la loi du 8 octobre 1830. L'espionnage ne saurait porter atteinte qu'aux intérêts politiques de la nation, à son indépendance, à l'intégrité de son territoire, à ses rapports avec les autres états, en un mot, à sa *sûreté extérieure*. Il réunit, au plus haut degré, tous les caractères essentiels à l'infraction politique ; il pourrait en être, si je puis m'exprimer ainsi, l'un des types. Cela me paraît d'une telle évidence, que je me dispenserai d'y insister.

Mais il se peut que le crime ou le délit d'espionnage ne soit pas pur de tout mélange, c'est-à-dire que son auteur ait employé pour l'accomplir, des moyens de fait qui, en l'absence d'une intention politique, constitueraient des in-

---

1. Chauveau et Hélie, *op. cit.*, t. II, p. 12. — Garraud, *op. cit.*, p. 98, note 1.

fractions de droit commun. On pourrait faire de nombreu-
ser hypothèses : l'espion, par exemple, pour s'emparer de
papiers importants, en tue le dépositaire ou le blesse griè-
vement. Quelle sera la solution, chaque fois que l'infrac-
tion, dont le but est cependant essentiellement politique,
se compliquera ainsi d'infractions de droit commun ? Le
mobile du crime va-t-il réfléchir sur le crime lui-même,
pour en absorber toutes les circonstances à son profit et
pour les revêtir, en quelque sorte, de son propre carac-
tère ? Je ne le pense pas, et comme le dit fort bien West-
lake, dans un mémoire remarquable lu, en 1876, à Liver-
pool, « le caractère politique ou non politique d'un acte,
qui est légalement criminel, n'est pas déterminé par
l'existence ou la non-existence de motifs politiques, mais
il dépend de la nature de l'acte considéré en lui-même. »
« En d'autres termes, ajoute M. Garraud, au point de vue
juridique, il n'y a pas plus à distinguer l'assassinat, le vol,
l'incendie politiques, qu'il n'y a à distinguer suivant que
l'assassinat, le vol, l'incendie ont été commis par vengeance,
par cupidité, par amour. Le juge, dans l'examen de la
culpabilité individuelle, peut et doit tenir compte des mo-
biles plus ou moins antisociaux, plus ou moins odieux de
l'acte incriminé, mais cet acte reste, quel que soit le mobile
qui l'a inspiré, ce qu'il est en lui-même, un assassinat, un
incendie ou un vol, c'est-à-dire un crime de droit com-
mun [1]. »

On ne saurait admettre, en effet, que les attentats contre
les personnes ou les propriétés soient punis de peines
moins sévères, parcequ'ils ont été commis dans un but
politique : si l'on admettait cette théorie, ce serait recon-

1. Garraud, *Précis du droit criminel*, 2ᵉ édition, p. 98.

naître que ce but est par lui-même une circonstance atté-
nuante pour toutes les infractions. Or, cela ne saurait être :
si le coupable, pour accomplir ses desseins politiques, n'a
pas reculé devant le meurtre, il n'est plus qu'un meur-
trier vulgaire : la criminalité relative de son intention ne
doit pas couvrir son forfait, et c'est, armé des peines du
droit commun, que le bras du juge doit le frapper.

L'élément politique n'est donc point, à lui seul, une
excuse des crimes ordinaires, mais, par contre, il ne de-
vrait jamais en être une aggravation. Il ne faudrait donc
pas appliquer à une infraction de droit commun des peines
plus rigoureuses, par cela seul qu'elle a été commise dans
un but hostile à l'État, car alors ce serait l'élément poli-
tique qui motiverait cette application.

Le législateur a commis cette faute, dans l'article 95 du
Code pénal, lorsqu'il punit de mort l'incendie d'édifices,
magasins, arsenaux, vaisseaux ou autres propriétés appar-
tenant à l'État, alors que, dans l'article 434 (§ 3) il ne punit
le même crime, commis au préjudice des particuliers, que
de la peine des travaux forcés à perpétuité.

CHAPITRE V

L'ESPIONNAGE MILITAIRE

L'espionnage militaire a certainement un droit de priorité non contestable dans les explications qui vont être données, relativement aux diverses formes sous lesquelles se manifeste cette infraction.

C'est d'abord de beaucoup le plus fréquent et cela par la force même des choses: le but de l'espionnage étant essentiellement militaire, et nuls n'étant plus aptes à fournir des renseignements précieux sur tout ce qui touche aux armées, que ceux qui en font partie, il est tout naturel que le personnel des espions se recrute le plus souvent parmi les soldats de toutes classes. Nous avons vu, d'ailleurs, qu'un grand nombre d'auteurs n'admettent l'espionnage qu'en temps de guerre: or il n'est pas douteux que, durant ces périodes néfastes, ce crime ne soit presque toujours exclusivement militaire ; les annales judiciaires sont là pour le prouver. Si l'on considère, en outre, que c'est le plus dangereux, eu égard aux facilités qu'il a de se commettre et aux conséquences terribles qu'il peut avoir; si l'on songe que c'est lui qui soulève les questions de droit international les plus intéressantes, en même temps que les plus délicates, que la nécessité de la répression, ou plutôt de la préservation, apparaît beaucoup plus clairement, en temps de guerre qu'en temps de paix, on ne s'étonnera pas que je donne ici la première place à l'étude de l'espionnage militaire, de ses juridictions et de ses pénalités spéciales, ainsi qu'aux théories diverses, auxquelles il a donné naissance, dans l'enfantement si laborieux du droit des gens [1].

§ 1er. — Qui est espion?

Il est admis, ainsi que nous l'avons vu, par le droit universel des nations, que la morale et l'honneur militaires ne sont pas blessés par l'emploi, en temps de guerre, de certaines tromperies destinées à venir plus facilement à bout de l'ennemi. Ces tromperies, de nature très-variée, comprennent d'une façon générale les ruses de guerre (*stratagemata, heuremata bellica*) et les espions (*exploratores*).

Je me suis incidemment expliqué sur les ruses de guerre, dans le chapitre où j'ai traité de la moralité de l'espionnage; j'ai dit quelles étaient les théories admises presque universellement par tous ceux qui s'étaient occupés de

1. Je ne puis, à mon grand regret, donner à ce chapitre toute l'ampleur qu'il comporterait; il aurait été intéressant d'établir ici plusieurs divisions, d'étudier notamment l'espionnage militaire, en temps de paix et l'espionnage militaire, en temps de guerre, d'examiner sous ces deux rubriques une foule d'hypothèses quisoulèvent des difficultés en théorie et en pratique, et proposer une solution pour chacune d'elles Mais il m'aurait fallu, pour cela, donner à ce travail des proportions trop vastes, ou sacrifier, en partie, le traité de l'espionnage, en droit commun.

réglementer le droit des nations, et qui avaient cherché à faire triompher, dans la mesure du possible, les principes de la justice et de l'humanité [1]. Il me reste maintenant à m'occuper d'une façon plus spéciale des espions militaires, c'est-à-dire de l'espionnage international le plus caractérisé, quoiqu'il soit souvent difficile à saisir, de l'espionnage qui se pratique avec déguisement, en cas de guerre déclarée ou autrement ouverte, par l'agent secret d'un belligérant contre l'autre, et sur le territoire occupé par celui-ci.

Comme je le disais, au début de ce chapitre, c'est là l'espionnage qui fait courir à un pays le plus de dangers et dont l'effet nuisible est le plus immédiat : chaque nation a donc inséré dans ses lois des dispositions très-sévères contre les espions de ce genre, et presque toujours, lorsqu'ils sont pris sur le fait, ils encourent une condamnation inexorable. C'est précisément à raison de cette extrême sévérité qu'il importe de ne pas procéder ici à la légère, de ne traiter en espions que ceux qui le sont réellement, et d'imposer, à cet égard, aux belligérants, quels qu'ils soient, une ligne de conduite, basée sur une sorte de consentement universel et dont ils ne pourront s'écarter sans encourir la flétrissure des autres peuples.

Recherchons donc avec soin quels sont les caractères auxquels on reconnaîtra l'espion véritable.

Tous les auteurs s'accordent pour donner à peu près la même définition : « Les espions, nous dit Vattel [2], sont

---

1. Sur les divers stratagèmes usités dans la guerre et la question de savoir dans quelle mesure ils peuvent être autorisés par la morale et le droit des gens, voir A. Morin, *Les lois relatives à la guerre*, t. I, chap. vii (Paris, 1872).

2. Vattel, *op. cit.*, t. III, p. 58.

des gens qui s'introduisent chez l'ennemi pour découvrir
l'état de ses affaires, pénétrer ses desseins et en avertir
celui qui les emploie. » D'après Martens [1] : « L'espion est
celui qui, à la faveur d'un déguisement, et sous les appa-
rences de l'amitié, ou tout au moins de la neutralité, sur-
prend ce qu'un parti ennemi a intérêt à cacher, et le com-
munique à l'autre parti, à titre gratuit ou onéreux. »
M. Bluntchli donne une définition à peu près ana-
logue.

Ainsi donc, selon les lois de la guerre, l'espion punis-
sable militairement est seulement celui qui se glisse *se-
crètement* ou sous de *faux prétextes* dans les lignes de
l'armée pour y recueillir des renseignements utiles à l'en-
nemi.

C'est à la lumière de ces définitions et en procédant,
pour ainsi dire, par *a contrario*, que nous allons examiner
un certain nombre d'hypothèses pratiques et tenter de
dégager la solution qui devra leur être donnée. Il existe, à
côté de l'espionnage, certains moyens analogues, pleine-
ment licites, qui doivent en être soigneusement distin-
gués. Et tout d'abord, citons les *reconnaissances mili-
taires* : dans l'intérêt des opérations de la guerre, les
officiers, ainsi que les soldats, peuvent pénétrer en pa-
trouilles ou autrement dans les lignes ennemies, au risque
d'être faits prisonniers ; mais on ne devra jamais les con-
sidérer comme espions et les traiter comme tels.

On ne doit pas non plus assimiler aux espions les *cour-
riers* qui portent des dépêches, ni les *messagers*, chargés
de commissions verbales, car ce ne sont là que des agents
de transport. Nous trouvons les règles suivantes dans le

____
1. Martens, *op. cit.*, t. II, p. 233.

règlement américain : « Les messagers qui, armés et revêtus de l'uniforme national, transportent des dépêches écrites ou verbales, et qui sont capturés sur le territoire ennemi, en remplissant leur mission, sont traités comme prisonniers de guerre. S'ils ne sont pas en uniforme et ne sont pas militaires, les circonstances qui ont accompagné la capture, détermineront les dispositions à prendre à leur égard (Art. 99). »

Aujourd'hui que le système des ballons montés devient de plus en plus à la mode et que de réels progrès accomplis en ces tout derniers temps permettent de supposer qu'ils seront d'une grande utilité dans les guerres futures, il est intéressant de se demander quel sera le sort de *l'aéronaute* repoussé par les vents ou tombé par accident sur le terrain occupé par l'ennemi, qu'il soumettait à ses investigations. Doit-il être traité comme espion, ou sera-t-il simplement fait prisonnier ? C'est évidemment cette dernière solution qui doit prévaloir : le ballon, étant visible, exclue la condition d'un déguisement, et on ne peut dire que celui qui espérait rester dans les airs, a pénétré volontairement sur le territoire ennemi. Il y a là un cas de force majeure qui demande des ménagements. Lors du siège de Mayence, en 1794, les Autrichiens firent l'application de ces principes à l'aérostier militaire Coutelle : ils cessèrent de tirer sur son ballon d'observation, alors que celui-ci était tourmenté par des rafales. Les Allemands, lors du siège de Paris, agirent tout autrement contre les aéronautes français, qui cherchèrent, au moyen des ballons, à faire parvenir des dépêches en province. Le chancelier fédéral envoyait cette note[1] au ministre des

____

1. Note du 10 novembre 1870.

États-Unis : « Je profite de l'occasion pour vous avertir que plusieurs ballons, expédiés de Paris, sont tombés entre nos mains, et que les personnes qui les montaient seront jugées suivant les lois de la guerre. »

Jamais le droit du plus fort n'a eu tant d'arrogance, et nul autre, ce me semble, n'eut osé traiter comme espions de braves messagers, dont le but principal était de rassurer les familles qui s'étaient trouvées brusquement séparées.

Que penser des *guides* que l'ennemi prend dans les localités, qu'il a déjà conquises, parmi les habitants du pays ? C'est là une hypothèse fréquente : malgré les plans et les cartes dressées, malgré les renseignements recueillis, une armée a souvent besoin d'être guidée sur les lieux mêmes, et pour ce faire, elle se fait accompagner de force par un indigène. Celui-ci se trouve dans la situation la plus fausse ; s'il guide exactement, sans y être absolument contraint par la force, il commet une trahison envers son pays ; s'il donne des indications inexactes, l'armée qui l'emploie le considèrera comme traître envers elle. Voici quelle devrait être, à mon avis, la solution: supposons le guide français ; s'il obéit à l'ennemi, il tombe sous le coup de l'article 77 de notre code pénal, qui prévoit le fait de « seconder le progrès des armées ennemies sur les possessions ou contre les forces françaises. » Dans ce cas, j'estime que l'application de cet article ne devra lui être faite, qu'en tenant compte, dans la plus large mesure, de l'intention, des circonstances et de la contrainte tout au moins morale qu'il subissait. Si c'est l'ennemi qu'il trompe, pour rester fidèle à sa patrie, même au péril de sa vie, une loi juste et humaine ne doit pas se montrer trop rigoureuse. Voici de quelle façon

distinguent les instructions américaines : « sera puni
criminellement et pourra même être condamné à mort,
celui qui s'offre librement comme guide à l'armée enne-
mie et lui montre les chemins. Celui qui, par contre, est
contraint par les troupes de l'ennemi à leur montrer les
chemins, n'est pas punissable d'après les lois de la
guerre[1].... » Le règlement américain réserve donc tou-
jours aux juges l'appréciation du fait et du degré de cul-
pabilité, estimant avec raison que les habitants d'un pays
envahi, qui servent de guides à des troupes ennemies,
sont parfois punissables, mais parfois aussi bien excusa-
bles. Tout autre a été la théorie allemande en 1870 : dans
la proclamation publiée en août par les commandants en
chef, il est dit que « ... toutes les personnes qui égare-
ront les troupes allemandes, quand elles seront chargées
de leur servir de guides... seront punies de la peine de
mort... Les conseils de guerre ne pourront condamner à
une autre peine que la peine de mort. Leurs jugements
seront exécutés immédiatement. » N'est-ce pas véritable-
ment excéder la rigueur et les limites du droit pénal in-
ternational, que d'imposer à des conseils de guerre l'obli-
gation de prononcer la peine suprême, sans atténuation
ni recours possible. « Il y a là un mépris de la vie hu-
maine que la guerre même n'autorise pas[2]. »

Enfin, disons en terminant, que l'espion, pris sur le
fait, qui a réussi à s'évader et à rejoindre l'armée dont il
fait partie, ne peut plus être poursuivi postérieurement

---

1. *Instr. amér.*, art. 93 et 97.
2. Cette expression se trouve dans un article de M. Jacquemyns, pu-
blié à Gand, en 1870, dans la *Revue de droit international*, favorable ce-
pendant à la justification des procédés allemands, quand la chose était
possible.

s'il retombe une seconde fois au pouvoir de l'ennemi, et s'il n'a pas commis de nouveaux faits d'espionnage : le seul droit, dont on peut user à son égard, est de le soumettre à une surveillance plus sévère[1].

§ 2. — Juridictions et pénalités.

I. *Préliminaires*. — Nous sommes loin, Dieu merci ! des époques barbares, où les ennemis, les *hostes* n'avaient aucun droit, et se trouvaient entièrement à la discrétion du vainqueur. On ne dit plus, de nos jours, *væ victis* ! et le bon plaisir du triomphateur n'est plus la suprême expression de la justice.

En dehors du combat, qui comporte la fusillade et légitime l'homicide, chaque fois que l'on se trouve en présence d'un délit ou d'un crime à punir, comme celui d'espionnage, pratiqué par l'ennemi, les grands principes admis, en matière pénale, par tous les peuples civilisés reprennent leur droit, et ce que l'on doit observer, ce ne sont plus des usages souvent arbitraires, mais des lois positives, qui exigent un *jugement* entouré de toutes les garanties que donne la libre défense à l'inculpé. Je sais bien qu'en vertu de la loi martiale, qui s'impose d'elle-même par l'occupation militaire, un commandant en chef peut émettre des dispositions pénales, autorisant à procéder sommairement contre tous ceux qui mettent en danger la sécurité des armées et particulièrement contre les espions ; mais hors le cas d'impérieuse nécessité, qui peut faire excuser[2], un jugement sommaire, on ne saurait

---

1. *Instr. amér.*, art. 104.
2. Je ne dis pas légitimer.

assez dire que l'autorité doit s'en tenir à l'application de la loi pénale promulguée régulièrement, de la loi militaire ou ordinaire, qui exige des débats et un jugement en forme.

En présence d'un espion arrêté et fait prisonnier, on ne comprend plus les violences que l'état de guerre permet ou fait absoudre, comme l'homicide par un officier d'un soldat qui veut fuir et dont la lâcheté peut avoir les plus graves conséquences ; ici la punition doit être *œuvre de justice*, comme dans les tribunaux ordinaires, avec cette seule différence, que la répression est confiée à des soldats procédant avec des formes spéciales et avec l'appareil militaire. Mais la base du droit de punir reste la même qu'en droit commun, soumise aux mêmes conditions essentielles parmi lesquelles nous trouvons : la souveraineté législative, qui déclare punissable telle ou telle action ; l'émission préalable d'une loi criminelle, déterminant les éléments et les caractères de l'infraction, l'organisation d'une juridiction répressive avec des formes pour garantie, enfin un jugement régulier par des juges qui prononceront sans passion et sans partialité. Tout cela existe aujourd'hui, dans la législation française et mérite, tout au moins, une exposition rapide, à défaut d'une étude qui devrait être approfondie.

II. *Période antérieure à la promulgation du Code de justice militaire.* — Notre législation militaire a subi des variations nombreuses jusqu'à l'adoption, en 1857, de notre code actuel. Il y eut, avant la Révolution, des juridictions diverses, telles que la *connétablie* et les *prévotés*, et des règlements généraux ou spéciaux, tels que ceux *sur la police des gens de guerre, sur le service des troupes en campagne*, etc. Tout cela ayant disparu, en 1789, d'autres systèmes furent essayés successivement. Une loi de 1790 instituait des *Cours martiales* avec jurés, une autre de 1792 introduisait dans les armées une police militaire correctionnelle. En 1793, le législateur substituait aux cours martiales des *tribunaux militaires extraordinaires* et créait un Code pénal militaire pour le temps de guerre. Le système des *Conseils de guerre*, tels qu'ils existent aujourd'hui, avec des améliorations, fut inauguré en l'an III, et deux ans plus tard, le 13 brumaire an V, ils étaient organisés d'une façon régulière et permanente, avec des *Conseils de révision*, dont les attributions étaient réglées à l'instar de celles de la Cour de Cassation. Le 21 du même mois, parut un Code des délits et des peines pour les armées ; on s'y occupait surtout des temps de guerre, des juridictions militaires et de la répression. Cette législation, complétée par des lois, arrêtés des consuls et décrets, fut abrogée en partie, au retour de la monarchie en France, par la Charte de 1814, et, en 1829, on élabora un projet de loi relatif à la juridiction militaire et un autre, sous le titre de « Code de la justice militaire ». Ce sont les dispositions de ces deux projets qui, après de sérieuses discussions et des modifications indiquées par l'expérience, forment aujourd'hui le « Code de justice militaire pour l'armée de terre » adopté et promulgué, en 1857, et le « Code de justice militaire pour l'armée de mer » promulgué, en 1858, et calqué sur le premier, sauf les changements nécessités par la différence des services.

III. *Législation actuelle*. — Le code de 1857 a eu pour but principal de donner une législation spéciale aux militaires de l'armée de terre, en organisant des juridictions, qui seraient leurs juges naturels, à raison de leur qualité, en établissant des règles diverses pour la procédure et la

compétence, en édictant des peines spéciales pour les cri-
mes et les délits militaires, tout en maintenant souvent
l'application du Code pénal ordinaire pour les infractions
de droit commun. Mais, en même temps, la préoccupation
du législateur porte sur le cas de guerre, et il a prévu toutes
les situations qui pourraient surgir, en France ou en pays
ennemi, par rapport aux étrangers et aux habitants des
pays soumis à l'occupation des troupes françaises.

C'est ainsi qu'il a édicté toute une série de dispositions,
ayant trait non-seulement aux infractions de militaires fran-
çais, mais aussi à celles qui pourraient être commises par
d'autres ou avec leur participation.

Nous allons étudier brièvement celles de ces disposi-
tions qui nous intéressent plus particulièrement :

Le crime d'espionnage, commis, soit par des soldats
français, soit par des étrangers, est prévu et puni par les
articles 205, 206 et 207, ainsi conçus :

Art. 205, § 2. — « Est puni de mort, avec dégradation
militaire, tout militaire qui entretient des intelligences
avec l'ennemi, dans le but de favoriser ses entreprises. »

Art. 206. — « Est considéré comme espion et puni
de mort, avec dégradation militaire : 1° tout militaire qui
s'introduit dans une place de guerre, dans un poste ou
établissement militaire, dans les travaux, camps, bivouacs
ou cantonnements d'une armée, pour l'intérêt de l'en-
nemi ; — 2° tout militaire qui procure à l'ennemi des do-
cuments ou renseignements susceptibles de nuire aux
opérations de l'armée ou de compromettre la sûreté des pla-
ces, postes ou autres établissements militaires ; — 3° tout
militaire qui sciemment, recèle ou fait recéler les espions
ou les ennemis envoyés à la découverte. »

Art. 207. — « Est puni de mort tout ennemi qui s'introduit déguisé dans un des lieux désignés en l'article précédent. »

Le Code de justice militaire pour l'armée de mer contient des dispositions analogues qu'il est inutile de transcrire ici : il suffit de se reporter aux articles 263 et 264 de ce code.

Les dispositions qu'on vient de lire atteignent, ainsi qu'on le voit, aussi bien les espions étrangers que les espions français. La répression est sévère : c'est la mort, dans tous les cas. Toutefois n'oublions pas que les tribunaux militaires peuvent user de l'article 463 du Code pénal et prononcer une peine inférieure, en accordant à l'inculpé des circonstances atténuantes.

Il arrive souvent que des crimes ou des délits, dont la compétence doit être attribuée aux juridictions militaires, n'ont été ni prévus ni réglementés par le code spécial de 1857. Dans ce cas, le juge militaire doit recourir au Code pénal et en faire l'application aux inculpés. Un exemple tout récent de cette application a été donné dans une affaire qui a produit une certaine émotion [1].

Un sous-officier de l'armée française, on s'en souvient, avait tenté de livrer à l'Allemagne notre fusil nouveau modèle. Ce crime ne tombait sous le coup d'aucune des dispositions du Code militaire, qui, dans les articles cités plus haut, ne prévoit pas la livraison d'armes, ou, tout au moins, ne la prévoit pas en temps de paix. Les juges militaires ont dû se référer à l'article 76 du Code pénal ainsi conçu : « Quiconque aura pratiqué des machinations ou entretenu des intelligences avec les puissances étrangères ou leurs agents, pour les engager à commettre

---

1. Procès du traître Châtelain.

des hostilités, ou à entreprendre la guerre contre la France, *ou pour leur en procurer les moyens*, sera puni de mort, » et en vertu de cette disposition générale qui permet d'atteindre toutes les trahisons, ils ont condamné l'inculpé à la déportation dans une enceinte fortifiée. On s'est beaucoup étonné, dans le public et dans la presse, de ce qu'un militaire, qui avait foulé au pied le plus sacré de ses devoirs, et commis un acte véritablement atroce, ne subissait pas le châtiment suprême, alors que des soldats, parfois plus malheureux que coupables, qui, dans un moment de fureur inconsciente, frappaient un de leurs chefs, étaient le plus souvent punis de mort. Le contraste, en effet, peut paraître étrange et regrettable, mais c'est la faute de la loi : les juges militaires, ayant à faire l'application de l'article 76, ne pouvaient en élever la peine, à raison de la qualité du coupable et de l'horreur de son crime. Or cette peine n'est plus la peine de mort, car le crime de l'article 76 est un crime politique, et nous savons qu'en cette matière, la peine de mort a été remplacée par la déportation dans une enceinte fortifiée.

Actuellement la justice militaire est rendu par des Conseils de guerre[1] et des Conseils de révision[2].

La compétence de ces juridictions peut recevoir une extension exceptionnelle prévue, d'ailleurs, par la loi, à l'occasion de diverses circonstances que nous allons passer en revue :

1° *Extension quant aux personnes.* — En temps de guerre, le droit commun ne serait pas toujours suffisant pour sauvegarder le territoire national, dont la défense exige les moyens les plus énergiques. La loi autorise donc

1. *Code de justice militaire*, l. I, tit. II, chap. I, art. 33-37.
2. *Eod.*, art. 38-40.

la justice militaire à étendre sa sphère au-delà de ce qui lui suffisait en temps de paix : « Une armée en campagne, disait le général Allard, au Conseil d'État, placée sous le feu de l'ennemi et exposée à des dangers de toutes sortes, exige pour sa sûreté les précautions les plus munitieuses. Les principes du droit commun doivent fléchir devant une situation aussi exceptionnelle : le succès d'un plan de campagne, le salut du pays, qui souvent en dépend, dominent toutes les considérations. Il est donc indispensable que tous ceux qui se trouvent avec l'armée, ou sur le théâtre de ses opérations, soient soumis au même régime ou aux mêmes obligations. De là, la nécessité de rendre justiciables des Conseils de guerre non seulement les militaires et leurs assimilés, mais encore ceux qui sont attachés à l'armée à un titre quelconque, que ce titre dérive d'un ordre ou d'une permission, tels que les employés de services financiers, les interprètes, les secrétaires ou commis, les vivandiers, cantiniers, marchands, domestiques, tous ceux enfin qui, sous quelque dénomination que ce soit, sont à la suite de l'armée ou sont compris dans les services administratifs ou autres qui en dépendent. » Le Code de justice militaire a sanctionné ces paroles, dans l'article 62, qui rend justiciables des Conseils de guerre aux armées, toutes les personnes, dont le général Allard avait donné la nomenclature.

De plus, l'article 64 rend justiciables des Conseils de guerre de l'armée dans l'arrondissement où ils ont commis l'infraction : 1° les étrangers eux-mêmes, pour les crimes et délits qu'ils commettent là ou est l'armée ; 2° *tous individus*, prévenus, comme auteurs ou complices des crimes de trahison, d'espionnage, d'embauchage, de vol et violences sur un blessé, de pillage, destruction ou dévastation d'édifices.

Les Conseils de guerre aux armées dont la compétence est ainsi étendue exceptionnellement, fonctionnent à peu près de la même manière que les Conseils permanents des divisions territoriales. Leur organisation résulte de l'article 33, ainsi conçu : « Lorsque plusieurs divisions sont réunies en armée ou en corps d'armée, deux Conseils de guerre sont établis, dans chacune de ces divisions, ainsi qu'au quartier général de l'armée, et s'il y a lieu, au quartier général du corps d'armée. Si une division active ou un détachement de troupes doit opérer isolément, deux Conseils de guerre peuvent également être formés dans la division ou dans le détachement. Ces Conseils de guerre sont composés ainsi qu'il est dit aux articles 3, 4, 7... du présent Code. » Les articles 38 à 41 instituent des Conseils de révision, dont d'autres dispositions règlent les formes. De la sorte, aucun Conseil de guerre ne peut être arbitrairement composé, ni méconnaître les formes essentielles de la procédure, ni condamner, sans que l'accusé ait la garantie d'un pourvoi en révision.

2° *Extension quant au territoire.* — D'après un principe de droit public, la compétence territoriale, pour la répression, s'étend à tout ce qui est fictivement réputé faire partie de l'État occupant. Un vaisseau de guerre, par exemple, mouillé dans des eaux étrangères, est considéré comme une partie mouvante de l'État auquel il appartient ; il voyage avec son drapeau et ses lois, et, sur son bord, tout est soumis aux juridictions que sa patrie y a régulièrement établies. Il en est de même, dans une guerre contre l'étranger, pour l'armée qui occupe un pays ennemi : sa juridiction militaire l'y accompagne, et la compétence de cette juridiction est d'autant plus étendue, que la sûreté du corps occupant n'est garantie par aucune autre juridiction. Aussi le Code de 1887 a-t-il étendu, dans la mesure la plus large, les attributions répressives des Conseils de guerre, relativement à tous les faits qui pourraient compromettre de près ou de loin la sûreté des armées. L'article 63 spécialement, rend justiciables des Conseils de guerre, sur le territoire ennemi « tous individus prévenus soit comme auteurs, soit comme complices, d'un des crimes ou délits prévus par le titre II du livre IV. » Cette disposition permet d'atteindre tous les espions et tous ceux qui, d'une façon quelconque, favoriseraient leurs entreprises.

Mais ici encore, hâtons-nous de le dire, quel que soit l'extension donnée aux pouvoirs de l'autorité militaire, rien n'a été laissé à l'arbitraire, et toutes garanties sont accordées aux justiciables étrangers ou non. L'organisation des Conseils de guerre ne ressemble nullement à celle des anciennes *commissions militaires* justement réprouvées [1]; leur composition est législativement déterminée, et s'ils dépassaient les limites de la loi pénale, les accusés auraient toujours pour garantie la voie du recours en révision.

3° *Extension résultant d'une déclaration d'état de siège.* — L'état de siège est une mesure extrême, qui substitue l'autorité militaire à tous les autres pouvoirs de

---

1. Les premières commissions militaires avaient été instituées par la loi du 18 juin 1793. — La loi du 13 brumaire, an V, les avait supprimées en les remplaçant par des Conseils de guerre. Mais elles avaient été rétablies par le décret du 17 messidor, an XII, ainsi conçu : « A l'avenir, les espions et les embaucheurs, seront, ainsi que leurs complices, jugés par des commissions militaires spéciales (art. Ier). Après diverses péripéties, ces juridictions ont été définitivement abrogées par l'art. 12 de la Charte de 1814, qui abolit *toutes commissions et tribunaux extraordinaires.*

police et qui rend toutes personnes justiciables des Conseils de guerre. C'est l'extension la plus grande, mais aussi la plus rare, qui puisse être donnée à la justice répressive de l'armée. Je ne parle pas ici de l'état de siège *effectif*, qui ne peut guère exister que pour les places de guerre et les postes militaires, et qui est le résultat ordinaire de l'investissement d'un pays étranger. L'extension donnée, dans ce cas, à la compétence des Conseils de guerre est celle que nous venons d'étudier, dans le numero précédent et qui est la conséquence de l'occupation du territoire ennemi. Je veux parler de l'état de siège *fictif*, résultant d'une *déclaration* dans les formes légales. Ces formes ont été déterminées par la loi organique du 9 aout 1849 dont les principales dispositions sont les suivantes: art. 1er « L'état de siège ne peut être déclaré qu'en cas de péril imminent pour la sécurité intérieure ou extérieure. » — Art. 2 — « L'assemblée nationale peut seule déclarer l'état de siège, sauf les exceptions ci-après. La déclaration d'état de siège désigne les communes, les arrondissements ou départements auxquels il s'applique et pourra être étendu. » L'article 7 donne à l'autorité militaire tous les pouvoirs de l'autorité civile pour le maintien de l'ordre et de la police, c'est-à-dire (art. 9) le droit de faire des perquisitions de jour et de nuit dans le domicile des citoyens, d'ordonner la remise des armes et munitions et de procéder, au besoin, à leur recherche et à leur enlèvement ; d'interdire les publications et les réunions qu'elle juge de nature à exciter ou à entretenir le désordre, etc. En un mot, tous les crimes et délits prévus soit par le Code pénal ordinaire, soit par des lois spéciales, qu'ils soient commis par des militaires, des civils ou des étrangers, rentrent dans la compétence exclusive des tribunaux militaires[1].

Telle est, esquissée à grands traits, la législation actuelle de la France en matière d'état de siège. Cette situation anormale et quelque peu dangereuse pour les libertés publiques ne s'est jamais présentée, depuis la guerre de 1870. Il est bon de dire, qu'à cette époque, les Conseils de guerre, qui ont été investis de ce pouvoir exorbitant, en ont toujours fait usage avec modération et se sont toujours comportés de la façon la plus régulière.

4° *Extension en dehors des lois préexistantes.* — Il est quelquefois nécessaire, pour augmenter les garanties de la sûreté de l'État ou de la discipline de l'armée, de faire des lois de circonstance. Tout système pénal a des lacunes que viennent parfois révéler à l'improviste des faits jusque-là imprévus. C'est un droit et même un devoir pour le gouvernement de combler ces lacunes, dès qu'il en aperçoit les inconvénients : de là, la nécessité d'édicter souvent des lois nouvelles et de simplifier certaines procédures, principalement dans les périodes de troubles. Le système est dangereux, j'en conviens, surtout en temps de guerre, car il peut aboutir à organiser des jugements trop expéditifs, dans lesquels les droits de la défense ne seront pas suffisamment respectés, mais on ne saurait en dénier la légalité, toutes les fois qu'il est mis en œuvre par l'autorité légitimement constituée. Je rappelle ici un exemple de cette façon de procéder : pendant l'investissement de Paris, le gouvernement de la Défense nationale a rendu

---

1. Cette législation a été légèrement modifiée par une loi du 3 avril 1878. L'état de siège ne peut plus être déclaré que par une loi et seulement en cas de péril imminent, résultant d'une guerre étrangère ou d'une insurrection à main armée.

un décret, en date du 26 octobre 1870, dont je résume les principales dispositions [1] : considérant qu'il fallait prévenir et réprimer sans délai les attentats à la propriété ou autres crimes attentatoires à la sûreté publique, tels que l'espionnage et le maraudage, on instituait des *Cours martiales* à Vincennes, à St-Denis, et dans les 13° et 14° corps d'armée. Tout officier général, qui avait connaissance d'un crime entraînant la peine de mort, d'après le Code de justice militaire, pouvait réunir immédiatement et dans les vingt-quatre heures, un tribunal spécial dit *Cour martiale*, composé d'un officier supérieur et de deux capitaines. La Cour, en présence de l'accusé, assisté d'un défenseur, entendait le rapport sur l'accusation, les dépositions orales avec serment, et les plaidoiries de la défense ; puis elle condamnait ou acquittait, mais en cas de doute, l'affaire devait être renvoyée devant un Conseil de guerre ordinaire. Le jugement était toujours susceptible d'un pourvoi en révision devant un Conseil [2], qui statuait sans délai ; en cas d'annulation, l'inculpé était renvoyé devant une nouvelle Cour martiale, qui prononçait sans désemparer et sans nouveau recours possible.

Par suite de circonstances exceptionnelles, cette institution, n'a jamais fonctionné ; je ne l'ai rapportée ici que comme un exemple d'une de ces lois de circonstance, parfaitement légitimes, qui peuvent augmenter, en temps de guerre, la compétence des juridictions militaires, en dehors des cas prévus par le Code de 1857.

IV. *Systèmes comparés.* — Après avoir dit ce qu'est la

1. *Journ. off.*, 3 oct. ; *Bull. des lois*, n° 21.

2. Ce Conseil de révision était composé d'un officier général et de deux officiers supérieurs, ou à défaut, des officiers présents les plus élevés en grade.

justice militaire, en France, en temps de paix et en temps
de guerre, quel est son fondement, son organisation, sa
procédure ; après avoir montré, principalement au point
de vue de l'espionnage, avec quelle modération procédait
cette autorité, et que rien n'avait été laissé à l'arbitraire et
à la passion, et que les accusés, fussent-ils nos pires en-
nemis, avaient toutes les garanties d'une bonne justice, il
serait intéressant de comparer avec ce système, celui des
autres peuples civilisés. Mais cela nous entraînerait trop
loin, et n'aurait, d'ailleurs, que des rapports indirects avec
le sujet que je traite spécialement.

Qu'il me suffise donc d'indiquer en bloc les deux systè-
mes principaux qui sont usités chez les diverses nations :
dans le premier système, l'autorité militaire n'a d'autres
pouvoirs que ceux qu'elle tient de la constitution et des
lois organiques du pays : les infractions de tout genre sont
minutieusement déterminées à l'avance : la peine est indi-
quée et la décision du juge ne pourra jamais outrepasser
les limites qui lui ont été préalablement tracées. — C'est
là le système français, celui que nous avons étudié, le plus
parfait, à coup sûr, et celui qui donne le plus de garanties.

Le second système laisse pleins pouvoirs aux chefs su-
périeurs des armées, qui deviennent ainsi le plus souvent,
juges et parties tout à la fois. La loi se garde bien de tra-
cer à l'avance des limites à leurs attributions, parce qu'elle
tient, au contraire, à leur laisser une entière liberté. Eux
seuls seront juges de l'opportunité des mesures à prendre,
seuls ils détermineront quels faits sont de nature à porter
atteinte à la sûreté de l'armée qui leur est confiée, seuls
ils créeront le plus souvent l'infraction, en la constituant
de toutes pièces et en décrétant souverainement de quelle
peine elle sera frappée.

Il n'est pas nécessaire, je crois, de faire ressortir ici les inconvénients et les abus inévitables d'un pareil système, qui devrait être abandonné par tous les peuples jaloux de leur bon renom et vraiment dignes de leur civilisation. Le droit international, qui est bien obligé cependant de l'admettre, puisqu'il existe de fait, combiné ou non avec le premier, chez presque toutes les nations, a voulu du moins tempérer par des préceptes et des règles quelque peu platoniques, à vrai dire, sa rigueur et ses abus. C'est donc, animés de très-bonnes intentions, que les publicistes qui se sont occupés de la question cherchent à faire prévaloir, en tout cas, la cause de la justice et de l'humanité.

Aussi ne se contentent-ils pas de dire comme le règlement américain pour les armées en campagne, que « les délits militaires qui ne sont pas prévus par la loi doivent être jugés et punis *conformément aux lois générales de la guerre*[1] ». Sentant bien tout le vague et l'élasticité de cette dernière expression, ils ajoutent, comme M. Bluntschli : « les conseils de guerre ne doivent pas procéder arbitrairement et avec passion : ils sont tenus de respecter les lois fondamentales de la justice. Ils doivent, en particulier, laisser aux accusés la faculté de se défendre librement, ne point recourir à la violence, établir avec soin, quoique sommairement, le corps du délit, et ne prononcer contre le coupable qu'une peine proportionnée à ses actes. Mais il ne sont pas tenus de respecter strictement les lois ordinaires de la procédure. »

Je ne puis m'empêcher de constater que, dans la dernière guerre, les compatriotes de M. Bluntschli n'ont retenu et mis en pratique, de toute sa théorie, que la der-

---

1. *Inst. am.*, art. 548.

nière phrase. Je n'en veux pour preuve que la procla-
tion, dont j'ai déjà parlé, publiée en août par les com-
mandants en chef[1], proclamation qui établissait les carac-
tères de cinq délits nouveaux, d'une gravité de fait
évidemment différente, et les punissait tous indistincte-
ment de la peine de mort, avec cette aggravation vraiment
odieuse et unique dans le droit pénal des nations, qu'il
était interdit aux conseils de guerre de prononcer une
autre peine, et que leurs jugements devaient être immé-
diatement exécutés.

Je pourrais citer bien d'autres exemples de cette
étrange façon de comprendre la justice et rapporter ici
un grand nombre de ces décrets draconiens, créant des
pénalités diverses, ordonnant des condamnations capitales
sans révision possible du procès, et prescrivant toujours
des exécutions immédiates, mais mon but n'est pas de
faire un réquisitoire contre un peuple qui, d'ailleurs,
répond de ses actes devant l'histoire et devant la conscience
des nations.

1. Le texte entier de cette proclamation est rapporté dans l'ou-
vrage de M. Morin. *Op. cit.*, t. II, p. 445, note 13.

CHAPITRE VI

L'ESPIONNAGE CRIMINEL

Les explications qui vont être données dans ce chapitre, où nous abandonnons le droit spécial militaire, pour revenir au droit commun, ne seront probablement pas admises par les nombreux auteurs qui ne veulent considérer l'espionnage que comme une infraction exclusivement militaire et lui refusent une place dans les articles du Code pénal qui traitent de la trahison proprement dite, sous ses diverses formes. Si l'on se reporte cependant à la définition moins restreinte que j'ai cru devoir proposer, après M. Garraud, au début de ce travail, et si l'on admet, avec nous, que l'espionnage consiste à obtenir des informations plus ou moins secrètes sur la politique, les ressources militaires, l'organisation des forces défensives ou offensives des états étrangers, pour livrer ensuite ces renseignements à un autre gouvernement, on conviendra que cette infraction a non-seulement la plus grande analogie avec celle qu'on est convenu d'appeler trahison, mais qu'elle en fait virtuellement partie, qu'elle en est, pour ainsi dire, le sœur jumelle, et que les liens entre elles deux sont tellement étroits, qu'il est rare que l'une ne soit pas accompagnée par l'autre. Ainsi que je l'ai déjà dit, les actes préparatoires appartiendront plus spécialement à l'espionnage, les actes d'exécution plus spécialement à la trahison ; mais les uns et les autres forment un tout complexe, dont les éléments n'ont pas été analysés séparément par le législateur, et auquel il n'a voulu donner aucune qualification nominative ; il s'est contenté de signaler des actes et de les frapper d'une peine, en les comprenant toutefois sous une rubrique générale : *Crimes contre la sûreté extérieure de l'État*. Nous allons voir, en faisant l'examen rapide des quelques articles qui sont compris sous cette dénomination, que l'espionnage tel que nous l'avons défini, y occupe une large place, et que, par conséquent, il est fort important de connaître dans quelles conditions la loi l'a frappé de peines rigoureuses.

§ 1er — L'espionnage criminel en temps de paix.

Le Code pénal n'a consacré qu'un article à la répression de l'espionnage et de la trahison, en temps de paix, l'article 76, mais les termes de cet article sont si vastes et si compréhensifs, qu'il suffit à lui seul à atteindre et à réprimer toutes les manœuvres dangereuses pour la sécurité de l'Etat.

Cet article est ainsi conçu : « *Quiconque aura pratiqué des machinations ou entretenu des intelligences avec les puissances étrangères ou leurs agents pour les engager à commettre des hostilités ou à entreprendre la guerre contre la France, ou pour leur en procurer les moyens, sera puni de mort. — Cette disposition aura lieu dans le cas même où lesdites machinations ou intelligences n'auraient pas été suivies d'hostilités.* »

Bien des critiques ont été formulées, jusque dans le sein du Conseil d'Etat, où s'élaborait le Code pénal, contre cette disposition dont quelques expressions sont d'une vague effrayant. Que faut-il entendre par ces mots : *machinations, intelligences* ? Quels sont les faits, les actes, qui les constituent et les caractérisent ? Il est impossible de répondre à cette question, d'une façon très-satisfaisante, car ce sont là des mots qui sont indéfinissables. Est-ce un mal? Oui, de l'avis d'un grand nombre de jurisconsultes : « Ce ne peut être sans un regret bien senti, nous dit M. Carnot[1], qu'on lit dans une foule d'articles du Code les mots de *machinations*, *d'artifices*, de *manœuvres*, *d'intelligences*, et tant d'autres, dont il serait impossible de donner une définition exacte. » MM. Chauveau et Hélie[2] regrettent aussi ce manque de précision, qui laisse le champ libre à l'arbitraire, et ils se font avec bien d'autres, l'écho des récriminations qui s'élevèrent, à cet égard, au milieu du Conseil d'État. M. Defermont observait qu'il était de la plus haute importance de donner une définition des mots dont il s'agit, car on ne devait employer, dans la loi pénale, que des termes dont l'acception fut précise, et le comte de Cessac, venant à la rescousse, demandait que les articles 76 à 80 fussent rédigés de la manière la plus claire ; qu'on définit, en conséquence, ce qu'on entend par *machinations, intelligences* et *manœuvres* ; qu'on dise, par exemple : sont coupables de machinations ceux qui se permettent tel ou tel fait. M. Treil-

1. Carnot, *Commentaires sur le Code pénal*, t. I, notes relatives aux art. 76 et 77 ; art 76, n° 5.
2. *Op. cit.*, t. II, p. 42.

hard ayant fait observer que l'énumération proposée par M. de Cessac était impossible, les machinations et intelligences se diversifiant à l'infini et pouvant être pratiquées d'une infinité de manières, que si l'on en oubliait une seule, la loi devenait insuffisante, M. le comte de Ségur répondait qu'une disposition générale était plus dangereuse qu'une énumération incomplète.

Malgré toutes ces critiques, l'article 76 fut adopté, tel qu'il nous est parvenu, et ce fut, ce me semble, avec raison. Une énumération complète était, de fait, impossible, et l'on ne saurait faire un reproche aux membres du Conseil qui ont su comprendre cette impossibilité : « Il y a tant d'actes et de faits qui peuvent constituer des machinations et des manœuvres, qu'il eut été téméraire de tenter de les définir. Ce sera la conscience du jury qui répondra si les fait poursuivis ont ou n'ont pas ce caractère [1]. »

Il faut donc, à mon avis, entendre par *machinations*, tous les moyens qui peuvent être mis en usage pour favoriser les desseins d'un ennemi futur, lorsque ces moyens sont employés avec l'intention criminelle d'attaquer l'existence de l'État. Deux conditions sont nécessaires pour que le crime existe : il faut d'abord un fait matériel, ayant pour but d'engager les puissances étrangères, soit à commettre des hostilités, soit à entreprendre la guerre contre la France, ou bien un fait ayant pour objet de leur en procurer les moyens ; il faut, en second lieu, selon la règle générale, une intention coupable.

Ainsi interprété, l'article 76 embrasse les hypothèses les plus variées, et les actes d'espionnage, notamment, lorsqu'ils sont suffisamment caractérisés et lorsqu'ils ont

1. *Blanche*, t. II, art. 76. C. P., p. 490.

un certain degré de gravité, peuvent parfaitement y ren-
trer.

Tel n'est pas l'avis de M. Garraud qui, après avoir cepen-
dant donné de l'espionnage une définition extrêmement
large, croit devoir se ranger à l'opinion de la majorité et
considérer ce crime comme exclusivement militaire. C'est
ainsi qu'il nous dit, à la page 514 du tome II de son traité
du droit pénal français [1] : « En temps de paix, le code ré-
prime tous actes qui peuvent avoir pour résultat d'amener
des hostilités ; mais il n'en réprime pas d'autres. L'espion-
nage, par exemple, est resté en dehors de ses prévisions. »
Je ne crois pas que cela soit exact et ces deux phrases me
paraissent même contradictoires : l'auteur, en effet, pré-
tend que la loi punit tous actes *qui peuvent avoir pour ré-
sultat* d'amener des hostilités, et immédiatement il ajoute
que l'espionnage est exclu. Pourquoi ? Est-ce que l'es-
pionnage n'est pas, au contraire, l'acte par excellence,
qui *peut avoir pour résultat* d'amener des hostilités, puis-
que chaque nation ne fait usage d'espions que dans ce but ?
Que l'on réfléchisse attentivement à cette expression de
l'article 76 « *ou pour leur en procurer les moyens.* » Est-ce
qu'elle n'embrasse pas, dans sa généralité, tous ces actes
de *recherche* et de *livraison* qui, d'après la théorie même
du savant criminaliste, constituent l'espionnage ? L'in-
dividu qui dérobe une cartouche de fusil ou ce fusil lui-
même pour en livrer le modèle à une puissance étrangère,
celui qui transmet à cette puissance des plans de forte-
resses ou de mobilisation, des documents sur l'effectif et
l'organisation des forces militaires ou sur toute autre ma-
tière destinée à demeurer secrète, ne lui *procure-t-il* pas

1. Voyez aussi p. 536, n° 332.

les *moyens* d'entreprendre des hostilités? Mais il faut, nous dit-on, une provocation directe à commettre ces hostilités, et l'espionnage ne contient pas cette provocation. Je répondrai d'abord que le législateur ne parle nullement de provocation directe lorsqu'il parle simplement du fait de procurer des moyens d'entreprendre la guerre ; je dirai ensuite que je n'aperçois rien qui s'oppose à ce que cette provocation puisse naître d'un acte d'espionnage, et qu'il n'y aura là qu'une question de fait à faire trancher par le jury. Si l'on me dit, au surplus, que je m'égare et que je confonds l'espionnage avec la trahison, je demanderai qu'on m'indique le texte où le législateur a manifesté l'intention de faire une distinction quelconque entre ces deux termes, et si cette indication ne peut m'être fournie, je serai, ce me semble, en droit de prétendre que l'objection n'est, en réalité, qu'une querelle de mots.

On a donc tort, selon moi, de soutenir, ainsi que l'a fait à la Chambre des députés l'honorable M. Gadaud, dans l'exposé des motifs de la loi de 1886, que jusque-là, la législation française ne visait et ne réprimait aucun fait d'espionnage. Certes, l'article 76 était insuffisant, parce qu'il était trop vague et qu'il répugnait à la conscience des juges de faire l'application de la peine exagérée qu'il prononce à des actes peu graves qui ne la méritaient pas; je reconnais qu'on a fait œuvre de bonne justice en lui substituant des pénalités plus douces et en déterminant les faits qui ne seront plus passibles, désormais, que de peines correctionnelles, mais il n'en est pas moins vrai qu'à peu près tous les actes d'espionnage pouvaient tomber antérieurement sous le coup de l'article 76, et que si, dans la pratique, peu d'applications ont été faites de cette théorie, il n'en faut chercher d'autre cause que la répugnance très-légitime du ministère public ou du jury pour une répression qui était souvent hors de toute proportion [1].

L'article 76 concerne aussi bien les étrangers que les Français, puisqu'il se sert du mot *quiconque*, mais il n'est certainement applicable qu'aux étrangers qui habitent la France. On ne peut parler de trahison pour ceux qui ne lui sont unis par aucun lien. Quant aux Français, au contraire, leur nationalité leur impose partout les mêmes devoirs, et ceux qui conspireraient contre leur patrie à l'étranger auraient à répondre du crime prévu par notre article.

La loi exige que les intelligences ou machinations aient été ourdies avec des *agents* d'une puissance étrangère : c'est là une qualité qu'il faudra vérifier, car ce caractère d'*agent* est une des circonstances essentielles du crime et doit être l'objet d'une déclaration des jurés. Il y aurait lieu de discuter ici la question de savoir si, d'après les principes ordinaires du Code pénal, on peut punir comme complice cet agent de la puissance étrangère, qui, en pays étranger, bien entendu, a agi, de concert avec le coupable, car s'il avait agi sur le territoire français, il serait poursuivi, sans aucun doute : mais cette question se rattachant à un chapitre ultérieur, je ne fais que l'indiquer ici. Disons tout de suite, qu'en vertu du droit des gens, c'est la solution négative qui doit être admise.

Aux termes du dernier paragraphe de l'article 76, il

1. Un autre argument, en faveur de cette théorie, doit être tiré du mot *quiconque*, employé par l'article 76 et par les articles suivants. Ce mot *quiconque* permet de frapper les étrangers qui se trouvent sur le territoire français. Or, n'est-il pas évident que le mot *trahison*, appliqué à des étrangers, même résidant en France, est absolument impropre? On peut dire de ces derniers : ce sont des espions, mais on ne peut jamais dire : ce sont des traîtres.

est indifférent que les manœuvres criminelles aient été ou non suivies d'hostilités : dans les deux cas, la peine est la même. Je ne crois pas qu'on puisse dire, avec MM. Chauveau et Hélie[1], que c'est là une dérogation à l'article 2 du Code, qui ne punit la tentative qu'autant qu'elle est suivie d'un commencement d'exécution. Il y a, en effet, dans l'article 76, deux crimes distincts, indépendants l'un de l'autre : 1° le crime d'intelligences non suivies d'hostilités ; 2° le crime d'intelligences suivies d'hostilités. Le premier est évidemment une provocation au second, mais il vit de sa propre existence et se trouve complet dès que les machinations ou intelligences qu'il prévoit ont eu lieu dans les conditions déterminées. Il ne saurait donc être considéré comme une simple tentative, tant que l'effet cherché ne s'est pas produit : le fait seul de provoquer à des hostilités est un crime distinct, et la tentative de ce crime ne sera punie, selon les principes, qu'autant qu'elle se sera manifestée par un commencement d'exécution.

On a reproché, avec raison, au législateur d'avoir frappé, dans les deux cas, avec la même rigueur. Chaque hypothèse, en effet, ne comporte pas le même danger pour l'État, et la culpabilité même de l'auteur paraît différente, car on doit présumer que la provocation a été faite avec plus de puissance, et suivie avec plus de persévérance, lorsqu'elle est parvenue à déterminer la pleine exécution du crime[2].

Le Code de 1810 prononçait, outre la peine de mort, la confiscation générale des biens du condamné. Cette confiscation a été abolie par la Charte de 1814. Quant à la peine de mort, on sait qu'elle a été supprimée, en matière

1. *Op. cit.*, t. II, p. 43.
2. *Eod.*, p. 44.

politique, et que, partant, elle n'existe plus, en droit commun, en matière d'espionnage, aussi bien dans l'article que nous venons d'étudier que dans ceux qui seront ultérieurement examinés.

§ 2. — L'espionnage criminel en temps de guerre.

Le législateur, en notre matière, a reporté toute sa sollicitude sur les périodes néfastes, durant lesquelles la patrie est aux prises avec les ennemis du dehors.

Nous allons trouver ici des incriminations plus nombreuses, plus précises, ayant le souci de ne rien oublier, afin que le juge, en face de textes certains, ne puisse reculer devant ses hésitations.

L'article 77 du Code pénal est le plus grave et le plus complet de tous. Interprété dans son esprit et même dans sa lettre, il pourrait suffire à lui seul à la répression de tous les actes de trahison ou d'espionnage qui peuvent, en temps de guerre, porter atteinte à la sécurité de la nation. Le texte est ainsi conçu : « *Sera également puni de mort*, (lisez : de la déportation dans une enceinte fortifiée) '*quiconque aura pratiqué des manœuvres ou entretenu des intelligences avec les ennemis de l'Etat, à l'effet de faciliter leur entrée sur le territoire et dépendances de la République, ou de leur livrer des villes, forteresses, places, postes, ports, magasins, arsenaux, vaisseaux ou bâtiments appartenant à la France, ou de fournir aux ennemis des secours en soldats, hommes, argent, vivres, armes ou munitions, ou de seconder les progrès de leurs armes sur les possessions ou contre les forces francaises de terre ou de mer, soit en ébranlant la fidélité des officiers, sol-*

dats, matelots ou autres, envers le Président de la Répu- blique et l'État, soit de toute autre manière. »

Les mêmes critiques que pour l'article précédent ont été formulées contre le vague des expressions: *ma- nœuvres* et *intelligences*. On connait notre opinion, à cet égard : nous n'y reviendrons pas. Observons, en passant, que le mot *manœuvres* a certainement le même sens que le mot *machinations* de l'article 76 : ils expriment, l'un et l'autre, la même pensée, et ne sont que des synonymes d'*intelligences* entretenues pour parvenir à l'accomplisse- ment du crime projeté [1].

Cet article 77 nous révèle deux pensées distinctes du législateur : la première a été de renoncer au vague de l'article précédent et de déterminer séparément chaque fait destiné à tomber sous le coup de la répression : c'é- tait là une façon de procéder plus conforme à la loi pénale, qui redoute avant tout l'arbitraire et qui ne doit pas être étendue à la légère à des cas qu'elle n'aurait pas prévus. Mais une fois engagé dans cette voie, le législateur a eu peur et il est bien vite revenu en arrière. M. le Duc Cam- bacérès ayant fait observer que si l'on précisait ainsi, il pourrait se trouver des cas de même nature, qui n'ayant pas été prévus, obligeraient le juge à prononcer l'acquit- tement de l'accusé, ses collègues se rangèrent à son avis et terminèrent l'article 77 par ces mots « *soit de toute autre manière* » qui rendent à peu près inutile l'énuméra- tion précédemment faite. Cette énumération n'a plus, dé- sormais, d'autre avantage que celui de nous fournir des exemples, mais elle n'est nullement limitative et le juge pourra, dans un grand nombre de cas, suppléer à son in-

---

1. Dans le même sens, Carnot *op. cil.*, notes sur l'art. 77.

suffisance. C'est ainsi que la livraison à l'ennemi d'une
arme spéciale à l'armée française ou du secret de fabri-
cation d'une poudre explosive n'est pas comprise dans
l'énumération ci-dessus, et pourrait, sans aucun doute,
être considérée comme une *manière de seconder les pro-
grès des armées ennemies sur les possessions ou contre les
forces françaises.*

Il importe de savoir ce que l'article 77 et les articles qui
suivront ont voulu entendre par *ennemi de l'État*, car ce
n'est qu'autant que les manœuvres ont été pratiquées avec
ces ennemis, qu'elles ont un caractère criminel. D'après
Grotius[1] on ne doit considérer comme ennemis que les
nations auxquelles la guerre a été publiquement déclarée :
les Romains pensaient de même : « *Hostes hi sunt qui
nobis aut quibus nos publice bellum decrevimus*[2]. » Je
crois, en effet, que telle est la véritable solution : il faut
supposer la France en état de guerre ouverte et déclarée ;
car autrement, on ne pourrait s'assurer que l'accusé a
connu une guerre qui n'était pas publique, et ce n'est pas
sur de simples présomptions qu'on peut établir une peine.
La jurisprudence de la Cour de Cassation a consacré cette
théorie dans un procès célèbre, celui du sieur Jauge accusé
d'avoir favorisé les mouvements de Don Carlos et son in-
tervention en Espagne[3].

MM. Chauveau et Hélie[4], fidèles ici à la doctrine qu'ils
ont enseignée, relativement à l'article 76 et que j'ai cru de-
voir réfuter, prétendent que tous les actes prévus par
l'article 77 ne prennent le caractère de crimes qu'autant

1. *De jure belli et pacis*, l. I, chap i, § 2.
2. Dig., l. 118, *de verb. signif.*
3. Cass., 28 nov. 1834.
4. *Op. cit.*, t. II, p. 46.

qu'ils ont été consommés, ou du moins qu'ils se sont manifestés par un commencement d'exécution : « En effet, disent-ils, l'art. 77 n'a pas reproduit le deuxième paragraphe de l'art 76, qui punit les machinations, lors même qu'elles n'ont été suivies d'aucun effet. Or il résulte de ce silence que, dans l'espèce de l'art. 77, il est nécessaire que les intelligences aient produit un résultat, un préjudice quelconque, pour qu'il y ait crime : l'exception qu'il avait fallu exprimer dans l'art. 76 disparait, le droit commun reprend son empire, et, dès lors, les actes criminels, quels qu'ils soient, ne sont punissables que lorsqu'ils renferment les éléments constitutifs de la tentative légale. »

Je ne saurais mieux réfuter cette théorie qu'en en faisant l'application à un exemple choisi parmi des faits qui deviennent de jour en jour plus fréquents. Supposons qu'un misérable ait engagé une correspondance avec un agent de l'ennemi, à l'effet de lui livrer un de nos fusils dernier modèle ; les conditions de prix et d'envoi ont été faites et acceptées de part et d'autre ; le fusil va être expédié. C'est à ce moment qu'on découvre la trahison et que l'autorité fait arrêter le coupable. Si nous en croyons MM. Chauveau et Hélie, c'est à tort, et il faudra le relâcher, car il n'a commis aucun crime, au point de vue légal : la correspondance échangée constitue bien les manœuvres ou intelligences de l'article 77, pratiquées à l'effet de seconder les progrès des armées ennemies sur notre territoire, mais il n'y a qu'une tentative non manifestée par un commencement d'exécution : ces manœuvres, en effet, n'ont produit ni *résultat*, ni *préjudice quelconque*, puisque le fusil n'a pu être envoyé.

Cela est-il admissible, et peut-on croire que le législateur ait voulu laisser impunis des actes aussi odieux, parce qu'ils n'auraient pas abouti ? Evidemment non : ici, comme dans l'article précédent, les manœuvres et les intelligences, lorsqu'elles ont pour but l'un des faits prévus par la loi, et que l'intention criminelle de leur auteur n'est pas douteuse, ces manœuvres se suffisent à elles-mêmes et constituent le crime, abstraction faite du résultat qu'elles pourront avoir par la suite ; dans notre espèce, la correspondance échangée constitue, à n'en pas douter, le commencement d'exécution exigé par la loi, pour que la tentative soit punissable.

Ces observations faites, je n'entre pas dans les détails, et je passe aux articles suivants :

L'article 78 s'exprime ainsi : « *Si la correspondance avec les sujets d'une puissance ennemie, sans avoir pour objet l'un des crimes énoncés en l'article précédent, a néanmoins eu pour résultat de fournir aux ennemis des instructions nuisibles à la situation militaire ou politique de la France ou de ses alliés, ceux qui auront entretenu cette correspondance seront punis de la détention, sans préjudice de plus forte peine, dans le cas où ces instructions auraient été la suite d'un concert constituant un fait d'espionnage.* »

Après la disposition générale qui termine l'article précédent, nous retrouvons maintenant une disposition spéciale, qui, au besoin, pouvait être comprise dans la première. Mais aucun reproche ne saurait être adressé, de ce chef, au législateur, car il était nécessaire d'incriminer à part le fait de correspondance, puisqu'on ne voulait le frapper que d'une peine inférieure.

On a beaucoup discuté sur la portée véritable de cet article. Merlin soutient, dans son répertoire[1], que le crime

1. V. Trahison.

qu'il prévoit peut exister sans intention directe de trahir, parce que, par son résultat, il nuit autant que si un esprit de trahison l'avait déterminé.

Rauter[1] se range aussi à cet avis, mais avec répugnance : « Il paraît, nous dit-il, par la comparaison des articles 78, 77 et 76, qu'il faut dire qu'il suffit d'une correspondance entretenue sciemment avec les sujets d'une puissance publiquement connue comme ennemie, et qu'il n'est pas besoin que le résultat nuisible en ait été l'objet. Il faut en convenir, cette solution est dure, et elle est bien faite pour paralyser tout commerce de banque et autre. »

Cela ne me paraît pas admissible : ce serait le renversement de tous les principes du droit pénal, qui exige l'intention coupable, dans tous les cas, sauf en matière de contraventions. Pour que cet élément essentiel de toute infraction pût être supprimé, dans la disposition qui nous occupe, il faudrait que le législateur en eut clairement manifesté son intention, et ce n'est pas en se fondant seulement sur le mot *résultat* écrit en l'article 78, qu'on peut lui prêter cette intention. Il n'y a là qu'un défaut de rédaction : le mot *résultat* devrait être précédé du mot *but*. Je dis précédé et non pas remplacé, car, qu'on ne s'y trompe pas, ce n'est pas seulement sur l'intention qu'on pourrait juger l'accusé, il faut que la correspondance incriminée ait eu un résultat matériel, qu'elle ait fourni aux ennemis des instructions *nuisibles*.

Cette théorie est celle de MM. Chauveau et Hélie[2] ; elle est également admise par M. Carnot[3] qui dit fort bien : « Si l'on ne devait s'attacher qu'au *résultat* que la corres-

1. *Droit criminel*, t. I, n° 282.
2. *Op. cit.*, t. II, p. 24.
3. *Op. cit.*, notes sur l'art. 78.

pondance entretenue pourrait avoir eu, sans rechercher quelle aurait été l'intention de l'accusé, il pourrait arriver qu'il fut condamné pour l'action la plus innocente : il serait possible, en effet, que la correspondance la plus insigni-fiante dans son principe, fut devenue, par des faits qui lui seraient étrangers, hostile dans ses conséquences.... or, on ne peut être responsable des évènement que l'on n'a pu ni prévoir ni empêcher. » Tout cela me semble d'ail-leurs pleinement confirmé par les paroles de M. Cambacérés, qui disait précisément dans la discussion relative aux arti-cles de cette section, que dans les crimes de cette nature, où le fait matériel est difficile à constater, l'intention criminelle est un élément indispensable du délit.

Lorsque la correspondance a été engagée avec un agent d'une puissance ennemie, dans le seul but de fournir aux ennemis des instructions nuisibles à la France, avec inten-tion formelle de trahison, on rentre alors dans le cas de l'article 77. Les lettres échangées ne sont plus qu'une de ces *manœuvres* ou *intelligences* variées à l'infini, ourdies dans le dessein de seconder les armes des nations étran-gères ; le crime prend alors un caractère de gravité supé-rieure et ce n'est pas la détention, mais bien la déportation dans une enceinte fortifiée (la mort autrefois) qui lui de-vient applicable ; c'est ce que veut dire la dernière partie de l'article 78 : « ..... *sans préjudice de plus forte peine, dans le cas où ces instructions auraient été la suite d'un concert constituant un fait d'espionnage.* »

L'article 79 qui vient ensuite, dit : « *Les peines expri-mées aux articles 76 et 77 seront les mêmes, soit que les machinations ou manœuvres énoncées en ces articles aient été commises envers la France, soient qu'elles l'aient été envers les alliés de la France agissant contre l'ennemi commun.* » Je me dispenserai de commenter cette disposition qui ne suggère aucune remarque intéressante : je ferai simplement observer qu'elle contient une faute manifeste de rédaction lorsqu'elle renvoie à l'article 76. Cet article prévoyant des faits d'espionnage et de trahison, en temps de paix, il ne peut être question des *alliés de la France, agissant contre l'ennemi commun.*

Après les correspondances criminelles des simples particuliers, la loi prévoit, dans l'article 80, le fait beaucoup plus grave de la révélation de certains secrets par les personnes auxquelles la garde en était confiée : « *Sera puni des peines exprimées en l'article 76 tout fonctionnaire public, tout agent du gouvernement, ou toute autre personne, qui chargée ou instruite officiellement ou à raison de son état, du secret d'une négociation, ou d'une expédition, l'aura livré aux agents d'une puissance étrangère ou de l'ennemi.* »

Cette disposition ne s'applique qu'aux personnes seules auxquelles un secret d'État a *été confié officiellement ou à raison de leur état.* Toutes autres personnes sont en dehors de ses termes. Il faut ensuite qu'il s'agisse du *secret d'une négociation* ou *d'une expédition.* Pas de crime en ce sens, s'il s'agit d'un autre secret, quel que soit d'ailleurs son importance.

Que doit-on entendre, maintenant, par le mot *livré* ? D'après Merlin[1], un simple acte d'imprudence suffirait pour constituer le crime. Presque tous les auteurs sont d'accord pour rejeter cette solution draconienne, et ceux même, qui, comme Rauter[2], concèdent que le crime peut exister sans qu'il y ait trahison formelle, exigent cepen-

1. *Op. cit.*, v. Trahison.
2. *Op. cit.*, § 283.

dant qu'il y ait au moins une intention coupable. Le mot *livré* indique bien, par lui-même, la nécessité de cette intention : grammaticalement parlant, on laisse surprendre un secret par imprudence, on le révèle parfois sans intention criminelle, mais on ne le *livre* que frauduleusement. Il résulte d'ailleurs des débats parlementaires que c'est l'esprit du Code pénal de 1791 qui a inspiré notre disposition ; or ce Code disait : « *livré méchamment et traîtreusement.* » Ces expressions n'ont été supprimées que parce qu'elles ont été jugées surabondantes et qu'elles formaient une superfétation.

Par le terme *agent d'une puissance étrangère*, il faut entendre toute personne ayant mandat ou qualité pour représenter un État considéré comme personne morale : le crime serait donc le même, si la livraison du secret avait été faite au chef de l'État lui-même.

Enfin il importe peu, pour l'existence du crime, que la livraison du secret ait été nuisible ou non à la France. Ici, comme dans la plupart des articles qui précèdent, l'acte coupable est réprimé, abstraction faite de ses conséquences.

Terminons cette exposition rapide par un reproche mérité à l'adresse du législateur, qui n'a fait aucune distinction entre le cas où le secret a été livré à une puissance étrangère et celui où il a été livré à l'ennemi. Une distance morale certaine sépare ces deux cas et il est visible que leur criminalité diffère comme leurs conséquences. La distinction a été faite par l'article 81, dans des conditions parfaitement analogues ; on se demande vainement ce qui a pu empêcher le législateur de l'établir, dans l'article 80.

Une troisième hypothèse de trahison et d'espionnage, tout à la fois, est prévue par les articles 81 et 82, ainsi conçus : Art. 81. — « *Tout fonctionnaire public, tout agent, tout préposé du Gouvernement, chargé, à raison de ses fonctions, du dépôt des plans de fortifications, arsenaux, ports ou rades, qui aura livré ces plans ou l'un de ces plans à l'ennemi ou aux agents de l'ennemi, sera puni de mort. — Il séra puni de la détention, s'il a livré ces plans aux agents d'une puissance étrangère neutre ou alliée.* »

Art. 82. — « *Toute autre personne qui, étant parvenue, par corruption, fraude ou violence, à soustraire lesdits plans, les aura livrés ou à l'ennemi ou aux agents d'une puissance étrangère, sera punie comme le fonctionnaire ou agent mentionné dans l'article précédent, et selon les distinctions qui y sont établies.* »

Je ne transcris pas ici la fin de cet article, qui se rapporte à l'espionnage correctionnel et qui sera étudié dans le chapitre suivant.

On doit remarquer tout d'abord, dans les deux articles ci-dessus, la distinction rationnelle que fait le législateur selon que la livraison criminelle est faite à l'ennemi ou à une puissance étrangère, neutre ou alliée. Comme je le disais plus haut, le péril couru par l'État, et l'intention criminelle de l'agent de l'infraction différant dans les deux cas, il était d'une bonne application des principes du droit pénal d'établir une répression différente.

Je renvoie, pour le commentaire détaillé de ces deux dispositions et pour l'étude approfondie des éléments constitutifs du crime qu'elles prévoient, aux nombreux auteurs que j'ai déjà cités [1]. Ces articles sont d'ailleurs

---

1. J'ai vu avec surprise que M. Garraud, qui nous avait dit, plus haut, à l'instar des autres auteurs, que l'espionnage était un crime exclusivement militaire, faisait précéder le commentaire de ces deux articles de la

très clairs par eux-mêmes et ne nécessitent pas de longues explications. Je ne leur adresserai qu'un reproche, c'est d'être incomplets et de laisser échapper un grand nombre d'hypothèses. C'est ainsi qu'il ne font aucune allusion, par exemple, à la livraison criminelle de plans de mobilisation, de villes ouvertes, de chemins de fer, de routes, de canaux, etc. Dans de telles conditions, une disposition générale eut peut-être mieux valu.

Il ne me reste plus, pour terminer l'exposé du bilan de l'espionnage criminel, qu'à citer le cas spécial prévu par l'article 83, qui punit non plus l'espion ni le traître, mais celui qui leur donne asile : « *Quiconque aura récélé ou aura fait récéler les espions ou les soldats ennemis envoyés à la découverte et qu'il aura connus pour tels, sera condamné à la peine de mort.* » Ce n'est pas là, qu'on le remarque, un acte de complicité de l'espionnage : c'est un crime spécial, tout-à-fait distinct du premier. Deux circonstances sont essentielles pour le constituer : il faut, en premier lieu, que les espions ou les soldats envoyés à la découverte appartiennent à l'armée ennemie; mais il importerait peu que l'espion fut Français; il suffit qu'il agisse pour le compte de l'ennemi. Il faut, en second lieu, que l'accusé les ait récélés *sciemment, qu'il les ait connus pour tels*, ce qui implique, de sa part, une connivence coupable et le désir de favoriser les projets des armées de l'ennemi.

phrase suivante: « Le Code pénal avait prévu, dans les articles 81 et 82, *les actes d'espionnage*, qui consistent dans la communication aux gouvernements étrangers de certains renseignements (*op. cit.*, t. II, n. 333). L'auteur aurait-il abandonné, après coup, sa première opinion ? La phrase qu'on vient de lire, se trouvant placée dans le paragraphe qui traite spécialement de l'espionnage, semble répondre affirmativement.

Bien entendu, ce crime, tout distinct qu'il soit de ceux qui le précèdent, et bien qu'on ne puisse le qualifier d'acte d'espionnage, n'en est pas moins un crime politique, puni simplement aujourd'hui de la déportation dans une enceinte fortifiée.

§ 3. — Législations étrangères.

Toutes les nations européennes ont inscrit dans leurs lois des dispositions analogues à celles que nous venons d'étudier, pour réprimer, sous des dénominations diverses, ce qu'en France nous appelons trahison et espionnage. Il faut bien reconnaître qu'en général, ces législations sont supérieures à la nôtre, à certains points de vue. Venues plus tard dans une civilisation plus avancée, elles ont profité du merveilleux essor qu'a pris l'esprit humain, depuis le commencement de ce siècle ; elles ont puisé à pleines mains dans les trésors d'érudition et de science répandus dans le monde par nos penseurs contemporains ; elles ont tenu compte aussi des leçons de l'expérience, et, tandis que nous demeurions en arrière, elles se mettaient en harmonie avec les idées nouvelles et consacraient des améliorations reconnues nécessaires. C'est ainsi qu'elles ont abandonné la rigueur excessive des pénalités qui figurent encore dans notre Code, et échelonné les peines d'une façon plus logique pour les infractions nombreuses qui figurent au nombre des crimes contre la sûreté de l'Etat.

Il m'a paru intéressant de rapporter ici, sans en faire, d'ailleurs, une analyse détaillée, quelques-unes des dispositions de ces lois étrangères, parmi celles qui se rapprochent le plus des textes que nous avons étudiés et qui sont susceptibles de faire naître une comparaison.

Le Code pénal allemand [1] traite de notre matière dans le titre Ier de sa 2e partie intitulé : *De la haute trahison* (Hochverrath) *et de la trahison envers l'État* (Landesverrath). On va voir, par la lecture des principales dispositions de ce titre, que ses incriminations sont plus précises, plus nombreuses, mieux définies que les nôtres, et les peines mieux proportionnées, selon les divers degrés de la culpabilité.

Art. 81. — «... Sera puni de la réclusion ou de la détention à perpétuité, comme coupable de haute trahison, quiconque aura entrepris : 1° de tuer un des souverains de la Confédération....; 2° de changer violemment la constitution de l'empire d'Allemagne ou celle d'un des États de la Confédération..... 3° d'incorporer violemment le territoire de la Confédération, en tout ou en partie, à un État étranger, ou d'en détacher violemment une partie.

» En cas de circonstances atténuantes, la peine sera la détention pendant cinq ans au moins. »

Art. 82. — « Le crime de haute trahison est réputé consommé dès qu'il existe un acte destiné à mettre immédiatement à exécution la résolution criminelle. »

Art. 83. — « Seront punis de cinq ans au moins de réclusion ou de détention, ceux qui auront concerté entre eux l'exécution d'un crime de haute trahison, même sans qu'il y ait eu commencement d'exécution, aux termes de l'article précédent. »

1. Promulgué le 31 mai 1870, sous le titre de « *Code pénal de la confédération de l'Allemagne du Nord* ». Ce code ne prononce que dans deux cas (art. 80 et 211), la peine de mort qui figurait dans 16 articles de l'ancien Code prussien. Il adopte notre division tripartite des infractions en crimes, délits et contraventions.

Art. 84. — « Les mêmes peines seront applicables à ceux qui, pour préparer l'exécution d'un crime de haute trahison, auront entretenu des intelligences avec un gouvernement étranger, ou qui auront abusé du pouvoir qui leur est confié, soit par l'Empire, soit par un des États confédérés, ou qui auront enrôlé des troupes ou les auront exercées au maniement des armes. »

Art. 85. — Celui qui, soit publiquement, devant une foule, soit par distribution, affichage publié ou exposition publique d'écrits ou d'autres reproductions (Darstellungen) aura provoqué à l'exécution d'un acte prévu par l'article 82, sera puni de la réclusion ou de la détention pendant dix ans au plus.... »

Art. 86. — « Tout autre acte préparatoire d'un attentat réputé haute trahison sera puni de la réclusion ou de la détention pendant trois ans au plus. » (Simple délit).

Art. 87. — « Tout Allemand qui aura entretenu des intelligences avec un gouvernement étranger, afin de l'engager à entreprendre la guerre contre l'Empire, sera puni, pour crime de trahison envers l'État, de cinq ans de réclusion, au moins, et si la guerre s'en est suivie, de la réclusion à perpétuité. »

Que de distinctions sages, quelle juste entente de l'échelonnement des peines appliquées aux divers degrés de la trahison et de l'espionnage criminel, en temps de paix, tandis que notre Code pénal ne peut mettre en parallèle avec ces dispositions nombreuses que son unique article 76 et la peine uniforme qu'il prononce !

Voici maintenant les dispositions qui correspondent à nos articles 77 et suivants, pour les mêmes infractions, en temps de guerre :

Art. 89. — « Tout Allemand qui aura volontairement

prêté assistance à une puissance ennemie, pendant une guerre contre l'Empire, ou qui aura porté préjudice aux troupes de l'Empire ou de ses alliés, sera puni, pour crime de trahison envers l'État, de la réclusion ou de la détention, pendant dix ans au plus.

Art. 90. — « Sera puni de la réclusion à perpétuité tout Allemand, qui pendant une guerre contre l'Empire, aura volontairement : 1° livré à l'ennemi soit des forteresses, défilés, places occupées, ou autres postes de défense, soit des troupes allemandes ou alliées, soit des officiers ou soldats ; — 2° livré à l'ennemi des ouvrages de fortifications, navires ou autres embarcations de la marine de guerre, caisses, arsenaux, magasins ou autres provisions d'armes, munitions ou autres provisions de guerre ; détruit ou mis hors de service, au profit de l'ennemi lesdits objets ou des ponts ou chemins de fers ; — 3° fourni à l'ennemi des secours... ; — 4° communiqué à l'ennemi des plans d'opérations, de forteresses ou de positions fortifiées ; — 5° servi d'espion à l'ennemi ou recueilli, recélé ou secouru des espions de l'ennemi ; — 6° excité une révolte parmi les troupes allemandes ou alliées.

Art. 91. — « Les étrangers coupables des crimes et délits prévus par les articles 87, 89 et 90 seront traités suivant les usages de la guerre.

Si, néanmoins, ils ont commis ces actes, pendant qu'ils résidaient sur le territoire de la Confédération et sous la protection de l'Empire d'Allemagne, les peines déterminées par les articles 87, 89 et 90 leur seront applicables. »

L'article 139, comme l'ancien article 103 de notre Code, punit d'emprisonnement la non révélation de ces crimes, lorsqu'ils ont été commis ou tentés.

Signalons, en dernier lieu, l'importante différence qui existe entre le Code allemand et le nôtre, relativement à la tentative : tandis que, chez nous, la tentative est punie des mêmes peines que le crime consommé, elle subit, en Allemagne, une réduction de pénalité très-notable : « Si le crime consommé est puni de mort ou de la réclusion à perpétuité, la tentative sera punie de trois ans de réclusion au moins. — Si le crime consommé est puni de la détention à perpétuité, la tentative sera punie de trois ans au moins de la même peine.—Dans les autres cas, la peine pourra être réduite au quart du minimum de la peine corporelle et de l'amende applicable au crime ou au délit consommé » (Art. 44).

Le Code pénal hongrois [1], promulgué dans les deux chambres de la Diète, le 28 mai 1878, classe les infractions contre la sûreté de l'État sous la rubrique générale d'*Infidélité* [2], (Hütlenseg). Les distinctions pénales, selon les divers degrés de la culpabilité de l'auteur de l'infraction, me paraissent également mieux établies que dans notre législation. Qu'on en juge par la lecture des dispositions suivantes :

Art. 124. — « Commet le crime d'infidélité, et sera puni de dix à quinze ans de maison de force, tout sujet hongrois qui forme un complot, ou entretient, directement ou indirectement, des intelligences avec un gouvernement étranger pour le déterminer à des actes d'hostilité contre l'État hongrois ou contre la monarchie austro-hongroise, ainsi que celui qui s'efforce d'engager une puissance

---

1. Traduction Martinet et Dareste, Paris, 1865.

2. Cette expression est consacré par la tradition. Elle comprend les crimes de trahison militaire, de trahison diplomatique et d'espionnage.

étrangère dans une guerre contre la monarchie austro-hongroise.

« Si la guerre a été déclarée, ou si elle a éclaté, le crime d'infidélité sera puni de la maison de force à perpétuité. »

Cet article correspond absolument à notre article 76; mais à la différence de ce dernier, il ne s'applique pas aux étrangers : la loi, en effet, au lieu de dire *quiconque*, dit tout sujet hongrois. Il en est de même pour l'article suivant, qui prévoit l'espionnage criminel, en temps de guerre, et correspond à notre article 77. La nationalité hongroise y constitue également une condition essentielle du crime. Quant aux étrangers, qui se rendent coupables des actes prévus par ces deux articles, il sont traités (art. 145), suivant les régles internationales de la guerre.

Art. 144. — « Commet le crime d'infidélité et sera puni de la maison de force à perpétuité, tout sujet hongrois qui : 1° livre au pouvoir de l'ennemi des forteresses, villes, forts, lieux fortifiés, rivages, défilés ou positions militaires, magasins d'armes, de matériel de guerre ou de vivres, navires, officiers ou soldats de l'armée austro-hongroise, ou entre, à cet effet, en négociation avec l'ennemi ; — 2° communique à l'ennemi des plans d'opérations militaires, ou les plans des camps, forteresses ou forts ; — 3° seconde l'invasion ou les progrès de l'ennemi, sur le territoire de l'État hongrois de la monarchie austro-hongroise ; — 4° aide l'ennemi par son concours pécuniaire ou en contribuant à l'accroissement de sa puissance militaire, de son matériel de guerre ou de ses approvisionnements, ou en lui facilitant les moyens de les accroître ; — 5° vient en aide à l'ennemi, en ébranlant la fidélité de personnes appartenant à l'armée de la monarchie austro-hongroise ; — 6° incendie, rompt, détruit, ou met hors

d'usage de toute autre manière, les magasins d'armes, de
matériel de guerre, de vivres de l'armée austro-hongroise,
ou détruit de la même manière, au préjudice de l'armée
austro-hongroise ou au profit de l'ennemi, les ponts, di-
gues, écluses, chemins de fer ou routes ; — 7° Informe
l'ennemi de la position, de l'emplacement ou des mouve-
ments de l'armée austro-hongroise, recéle un espion en-
nemi ou soldat ennemi envoyé à la découverte, ou leur
fournit aide et conseil pour l'exécution de leurs projets ou
pour leur fuite ; — 8° commet un des actes détermi-
nés dans cet article, à l'égard du territoire d'un État al-
lié... »

Art. 146. — « Commet le crime d'infidélité, et sera
puni de dix à quinze ans de maison de force, celui qui,
étant entré en possession, ou ayant eu connaissance, par
sa situation officielle, ou pour lui avoir été confiés spécia-
lement, de documents, faits ou renseignement secrets
concernant la sûreté ou les intérêts majeurs de l'État hon-
grois, les communique à l'ennemi directement ou indirec-
tement.

» Toutefois, celui qui aura communiqué ces documents,
faits ou renseignements au gouvernement d'une puissance
étrangère, sans avoir eu l'intention de les faire parvenir à
la connaissance de l'ennemi et celui qui, de quelque autre
manière, livre à la publicité le contenu de ces documents,
faits ou renseignements, sera puni, au maximum, de cinq
ans de prison d'État. » (Simple délit, comme le dernier
paragraphe de l'article 82 de notre Code pénal.)

Art. 147. — « Sera aussi puni de dix à quinze ans de
maison de force, celui qui, étant entré en possession ou
ayant eu connaissance par violence, vol, détournement ou
ruse, de documents, faits ou renseignements de l'article

précédent, les communique à l'ennemi directement ou indirectement.

» Toutefois, s'il a connaissance des documents, faits ou renseignement secrets, autrement que de la manière prévue à cet article, mais que, tout en les sachant secrets, il les communique à l'ennemi directement ou indirectement, il sera puni de cinq à dix ans de maison de force. »

Art 149. — « La provocation publique et directe, par un des moyens de l'article 134 (Celui qui, publiquement et oralement, dans une réunion, ou par la distribution ou l'exposition en public d'écrits, imprimés ou représentations figurées, provoque,,. etc.) à commettre l'infidélité déterminée aux articles 142, 143 et 144, sera punie de cinq à dix ans de maison de force. »

Le Code pénal des Pays-bas [1] consacre quatre articles principaux à la répression de la trahison et de l'espionnage, soit en temps de guerre, soit en temps de paix. Ils sont ainsi conçus :

Art. 97. — « Celui qui entre en relation avec une puissance étrangère, en vue de la pousser à commettre des hostilités ou à faire la guerre contre l'État, de la fortifier dans la résolution prise par elle, en ce sens, de lui promettre assistance dans les préparatifs, est puni d'un emprisonnement de quinze ans au plus. — Si les hostilités ont été commises ou si la guerre a éclaté, la peine est l'emprisonnement à perpétuité ou à temps de vingt ans au plus. »

---

1. Ce Code est celui de tous, qui a réalisé le plus de réformes radicales. Il a supprimé les peines infamantes, ainsi que les distinctions entre les crimes et les délits. Il n'a pas de circonstances atténuantes, mais en revanche, le minimum de la peine est, dans tous les cas, réduit à sa plus simple expression. Il date de 1881.

Art. 98. — « Celui qui, avec intention, publie, communique à une puissance étrangère, ou fait tomber entre les mains de cette puissance des documents, des rapports ou des indications concernant quelque affaire, dont il sait que l'intérêt de l'État exige le secret, est puni d'un emprisonnement de six ans au plus. »

Art. 99. — « Celui qui, chargé par le gouvernement d'une négociation avec une puissance étrangère, la conduit, avec intention, d'une manière préjudiciable à l'État, est puni d'un emprisonnement de douze ans au plus. »

Art. 102. — « Est puni d'un emprisonnement de quinze ans au plus celui qui, en temps de guerre, avec intention, donne assitance à l'ennemi, ou met l'État dans l'infériorité à l'égard de l'ennemi.

» La peine appliquée est l'emprisonnement à perpétuité ou à temps, de vingt ans au plus : 1° Si l'auteur livre, par trahison, à l'ennemi, fait tomber au pouvoir de l'ennemi, détruit ou met hors de service une place forte, un poste, un moyen de communication, un magasin de provisions de guerre ou une caisse militaire, ou la flotte ou l'armée, en entier ou en partie, ou s'il empêche, retarde ou rend inutile une inondation ou tout autre travail militaire, projeté ou exécuté pour la défense ou l'attaque ; — 2° S'il communique à l'ennemi ou fait tomber entre les mains de l'ennemi des cartes, plans, dessins ou descriptions de travaux militaires, ou des indications concernant les mouvements ou projets militaires ; — 3° S'il provoque ou favorise soit une révolte, soit une mutinerie ou une désertion parmi les troupes ; — 4° S'il sert l'ennemi comme espion ou s'il recueille, cache ou secourt un espion, de l'ennemi. »

On peut voir, par la comparaison de cette législation

avec les autres, que c'est actuellement la plus douce et la plus humaine de toute l'Europe.

En Italie, les chambres viennent tout récemment d'adopter un nouveau Code pénal, qui doit réaliser, en sa qualité de dernier venu, tous les progrès et toutes les réformes révélés par l'expérience [1] : c'est pourquoi je rapporte ici, en dernier lieu, les dispositions de ce Code, qui régissent notre matière, laissant au lecteur le soin d'apprécier.

Ces dispositions se trouvent au livre II, titre Ier, chapitre Ier, sous la rubrique : *Dei delitti contro la Patria* ; elles sont ainsi conçues :

Art. 101. — « Quiconque commet un fait direct pour assujettir l'État ou une de ses parties au domaine étranger, ou pour en altérer l'unité, est puni de la prison perpétuelle (*l'ergastolo*) [2]. »

Art. 103. — « Quiconque entretient des intelligences avec un gouvernement étranger ou ses agents, ou commet quelques faits directs pour provoquer des hostilités ou la guerre contre l'État italien, ou pour favoriser les opérations militaires d'un État ennemi, en guerre avec l'État italien, est puni de la réclusion ou de la détention de douze à vingt ans, et s'il a atteint son but, de la prison perpétuelle. »

Art. 104. — « Quiconque, même indirectement, révèle des secrets politiques ou ayant trait au matériel de

---

1. Les réformes les plus saillantes de ce nouveau code, sont: 1° la suppression de la peine de mort en toute matière, et son remplacement par la prison perpétuelle ; 2° l'abandon de la division tripartite des infractions, qui supprime les *crimes*, pour ne laisser subsister que les *délits* et les *contraventions*.

2. L'*ergastolo* est la prison cellulaire, le cachot avec isolement, « *si prende per carcere stretissimo è duro.* »

guerre, aux fortifications ou aux opérations militaires, ou bien communique ou publie des documents intéressant la conservation et la sûreté de l'État, ou des dessins ou des plans du matériel, des fortifications ou des opérations sus-dites, ou bien en facilite d'une manière quelconque la connaissance, est puni de la réclusion ou de la détention de trente mois à cinq ans et d'une amende (*multa*) supérieure à deux mille lires.

La peine est : 1° de la réclusion ou de la détention de trois à cinq ans, et d'une amende non inférieure à quatre mille lires, si les secrets sont révélés ou les documents communiqués, ou si la connaissance en est donnée de toute autre façon à un État étranger ou à ses agents ; — 2° de la réclusion ou de la détention de cinq à dix ans et d'une amende non inférieure à cinq mille lires, si les secrets sont révélés ou les documents communiqués à un État ennemi, ou si le fait a contribué à troubler les relations amicales de l'État italien avec quelque gouvernement étranger.

Si le coupable était officiellement instruit des secrets ou en possession des dessins, plans ou documents, ou s'il n'en a obtenu la connaissance et la possession que par ruse ou violence, la peine est augmentée d'un tiers. »

Art. 105. — « Est puni des peines respectivement établies dans l'article précédent, celui qui a obtenu la révélation ou la communication des documents.... »

Art. 106. — « Quand l'un des secrets ou documents indiqués dans l'article 104 a été révélé, communiqué ou divulgué de toute autre façon, par l'effet de la négligence, ou de l'imprudence de ceux qui en étaient officiellement instruits ou en possession, ceux-ci seront punis de la détention de six à dix mois ou de l'exil (*confino*) pour une durée non moindre d'une année, et d'une amende qui peut aller jusqu'à mille lires. »

Je termine ici l'exposition sommaire des différents systèmes étrangers pour la répression du crime d'espionnage. Je serais entraîné trop loin, s'il me fallait rapporter ici les dispositions des Codes de Belgique, de Russie, d'Autriche, etc. ; il est préférable d'ailleurs, de ne comparer à notre législation que celles de l'étranger qui paraissent les mieux inspirées et qui offrent, en tout cas, l'attrait de la nouveauté. J'espère que si notre gouvernement se décide quelque jour à entreprendre la réforme nécessaire de notre système pénal, qui retarde de près d'un siècle, il puisera, sans fausse honte, dans les Codes étrangers, pour leur emprunter ce qu'ils ont de bon, et s'efforcera d'éviter, en notre matière tout particulièrement, les reproches de confusion et d'exagération qui lui ont été légitimement adressés.

CHAPITRE VII

L'ESPIONNAGE DÉLICTUEUX

Si l'on suit pas à pas l'évolution historique de l'espionnage, depuis les temps anciens jusqu'à nos jours, on ne peut manquer d'observer que les pénalités diverses qui l'ont frappé ont marché constamment selon une progression descendante. A vrai dire, ce phénomène s'est produit également pour la plupart des autres infractions, grâce à une compréhension plus douce de la nature humaine, qui rend les sociétés plus indulgentes pour les fautes dont elles doivent assurer le châtiment, grâce aussi à l'affaiblissement des anciennes théories qui basaient exclusivement le droit de punir sur une délégation de la justice divine, et aux progrès de plus en plus marqués des théories utilitaires, qui ne reconnaissent à la société que le droit de se préserver, en mettant simplement les malfaiteurs de toutes races dans l'impossibilité de lui nuire.

Ces diverses tendances n'ont été nulle part plus accentuées qu'en matière d'espionnage : chez les peuples anciens, et notamment chez les Romains, c'est la mort qui frappe toujours le coupable, la mort accompagnée de tortures affreuses, et à laquelle vient s'adjoindre la confiscation des biens et la proscription de la famille du condamné. Au moyen âge, c'est encore plus atroce ; on se souvient de la description, faite ici-même, des supplices inouïs de cruauté, réservés aux criminels de lèse-majesté, de l'appareil formidable des peines qui les atteignent dans dans leurs biens et leurs enfants et qui, en éteignant jusqu'au souvenir de leur nom s'acharnent après les pierres de la maison qui les a abrités. Durant une partie de ce siècle, on punit encore ignominieusement les espions : on les pend au lieu de les fusiller, et plus tard, lorsque cette honte leur est épargnée, le châtiment suprême subsiste toujours pour eux.

En France, la réaction a commencé à se dessiner nettement, vers 1848, lorsqu'on a aboli la peine de mort pour tous les condamnés politiques et qu'on a placé les espions au nombre de ces derniers. Presque toutes les nations en ont fait autant, et partout, on s'est contenté, hors le cas de guerre, de s'en préserver en les frappant de la réclusion ou d'autres peines analogues. Mais cela ne suffisait pas encore : les peines criminelles, même les plus faibles, ont paru trop rigoureuses, dans certains cas, et c'est ainsi qu'aujourd'hui, chez toutes les nations civilisées, l'espionnage, en temps de paix, lorsqu'il ne se complique pas d'une trahison grave et dangereuse pour l'État, n'est plus puni que de peines relativement légères, analogues, pour la plupart, à nos peines correctionnelles.

§ 1er. — Législation antérieure à 1886.

En France, jusqu'en 1886, l'espionnage délictueux était presque inconnu dans nos lois. Il n'était représenté, dans le Code de 1810, que par une disposition insignifiante, ré-

glant une hypothèse tout-à-fait spéciale et ne pouvant, par
conséquent donner lieu qu'à une application très restreinte
et très limitée. L'histoire de cette disposition est assez
curieuse : dans le projet du Code pénal, l'article 82 que
nous avons étudié, faisait partie de l'article 81 et ne se
composait que du premier paragraphe actuel que je trancris une seconde fois : « *Toute autre personne qui, étant
parvenue, par corruption, fraude ou violence, à soustraire
lesdits plans, les aura livrés ou à l'ennemi ou aux agents
d'une puissance étrangère, sera punie comme le fonctionnaire ou agent mentionné dans l'article précédent et selon
les distinctions qui y sont établies.* »

Lors de la discussion qui vint devant le conseil d'État,
M. Régnier, ministre de la justice, demanda si on laisserait impuni celui qui livrerait les plans, sans avoir eu recours pour se les procurer à la violence, à la fraude ou à
la corruption. L'hypothèse est très vraisemblable, car on
peut supposer le cas d'un héritier qui a trouvé ces plans
parmi des papiers de famille.

M. Treilhard déclara que la commission n'avait pas voulu
prévoir ce cas particulier, de peur de donner naissance,
par la suite, à des injustices et à des méprises. M. Régnier,
appuyé par le duc Cambacérés, revint alors à la charge, et
devant son insistance, le rapporteur de la commission reconnut « qu'en effet, hors le cas d'ignorance du caractère
de la personne à qui la livraison serait faite, et de la valeur des plans livrés, il y avait pour toute personne, criminalité dans le fait; qu'ainsi on pouvait admettre l'amendement, en observant toutefois que les peines devaient
être moindres, quand la livraison ne se combinait pas
avec le délit préalable prévu par l'article. » C'est d'après

---

1. Procès-verbaux du Conseil d'État, séance du 29 juillet 1809.

celle discussion, qu'on sépara de l'article 81 sa deuxième partie, pour en faire l'article 82, auquel on ajouta un deuxième paragraphe ainsi conçu : « *Si lesdits plans se trouvaient, sans le préalable emploi de mauvaises voies, entre les mains de la personne qui les a livrés, la peine sera, au premier cas mentionné dans l'article 81, la déportation, et au second cas du même article un emprisonnement de deux à cinq ans.* »

Ainsi donc, si les plans se trouvaient en la possession légitime de l'accusé, c'est-à-dire s'il ne les avait soustraits ni par *corruption*, ni par *fraude*, ni par *violence*, il sera puni de la déportation, s'il les livre à l'ennemi ou aux agents de l'ennemi. Jusque-là, nous sommes toujours en matière criminelle. Mais si, dans les mêmes conditions, il les livre seulement aux agents d'une puissance étrangère, neutre ou alliée, il n'encourra plus qu'une peine correctionnelle, un emprisonnement de deux à cinq ans.

L'observation faite dans le chapitre précédent, relativement au mot *livré*, doit évidemment s'appliquer ici : une imprudence ou une indiscrétion maladroite de l'inculpé ne suffirait donc pas à établir le délit ; il faut qu'il y ait de sa part intention coupable, c'est-à-dire qu'il ait connu le préjudice qu'il causait à l'Etat. Les paroles suivantes de Cambacérès confirment pleinement cette interprétation : « Il est hors de vraisemblance, disait-il devant le Conseil d'Etat, que celui qui se trouve, même par hasard, en possession de plans, n'en connaisse pas l'importance. Néanmoins, comme, absolument parlant, cela peut arriver, il convient d'exprimer que cet acte ne sera puni que lorsqu'il aura été fait *sciemment*. »

Tel était, avant 1886, le seul cas d'espionnage délictueux prévu par le Code. On conviendra qu'en présence d'une pa-

reille indigence, et devant l'impossibilité morale de frapper
des peines rigoureuses des articles précédents certains
actes qui légalement auraient pu y être compris, à cause de
l'extension indéfinie qu'on pouvait donner à leurs termes,
l'élaboration d'une loi nouvelle n'était pas superflue.

§ 2. — Loi du 18 avril 1886.

. Ce n'est pas dans les débats parlementaires qu'on pour-
rait chercher les bases d'un commentaire de notre nou-
velle législation sur l'espionnage, en temps de paix. Jamais,
en effet, projet de loi n'a été voté avec une telle rapidité :
déposé le jeudi[1] 11 mars 1886, sur le bureau de la Cham-
bre des députés, par le général Boulanger, ministre de la
guerre, il est immédiatement et d'urgence renvoyé à une
commission spéciale, qui l'étudie hâtivement pour que
son rapporteur, un mois plus tard, environ, puisse le
présenter à la tribune. Le 15 avril, l'honorable M. Gadaud,
député, fait la lecture de son rapport, et dans la même
séance, la loi est adoptée sans discussion, après déclara-
tion d'urgence[2]. Le lendemain, 16 avril, M. le général
Arnaudeau lit, devant le Sénat, un court exposé des motifs
de cette même loi, obtient également une déclaration
d'urgence et fait sanctionner sans discussion, par la
Chambre haute, la décision prise, la veille, par la Chambre
des députés[3]. Deux jours après, le Président de la Répu-
blique[4] la promulgue officiellement, et l'acte législatif

1. *Journal officiel* du 12 mars, débats parlementaires, p. 411.
2. *Journal officiel*, 1886, débats parlementaires, p. 796.
3. *Eod.*, p. 635 et 662.
4. M. Grévy.

ayant pour titre : *Loi tendant à établir des pénalités contre l'espionnage* devient obligatoire dans toute l'étendue du territoire français.

La préoccupation visible des promoteurs de cette loi a été de placer la législation française sur un pied d'égalité avec les autres nations d'Europe qui, presque toutes, avaient déjà inséré dans leurs codes des dispositions analogues à celles que nous allons étudier.

Ils ne se sont pas rendu un compte exact, à mon avis, des armes puissantes que pouvait tirer le juge de l'article 76 du Code pénal; j'ai tenté de démontrer, dans le chapitre précédent, que presque tous les actes d'espionnage pouvaient tomber légalement sous le coup de cet article, auquel on peut donner une extension presque indéfinie. M. Gadaud se trompait donc, lorsqu'il disait, dans son rapport « qu'en dehors de certains crimes de haute trahison, la législation française ne visait et ne réprimait aucun fait d'espionnage. » Mais j'ajoute, tout de suite, que si sa théorie juridique était erronée, il avait raison en fait. Il était, en effet, moralement impossible, ainsi que je l'ai dit plus haut, d'appliquer à certains actes, dont l'immoralité est peu grave, et qui ne constituent pas un danger très sérieux pour la sécurité nationale, les pénalités beaucoup trop rigoureuses de l'article 76. La loi de 1886 a donc remédié à une insuffisance *de fait*, et à ce titre, elle a droit à tous nos suffrages.

Le législateur, en cette matière, a puisé ses principales inspirations soit dans le droit commun préexistant, soit dans le droit militaire et maritime, soit dans les législations étrangères. Presque toutes les hypothèses prévues par lui sont tirées de ces trois sources différentes, et son innovation n'a guère porté que sur la substitution de peines correctionnelles à des peines criminelles, lorsque ces hypothèses, au lieu de se produire en temps de guerre, se produisent en temps de paix. Nous allons nous en rendre compte, en passant successivement en revue les treize articles de la loi nouvelle.

Art. 1er. — « Sera puni d'un emprisonnement de deux ans à cinq ans et d'une amende de mille à cinq mille francs : 1° tout fonctionnaire public, agent ou préposé du gouvernement, qui aura livré ou communiqué à une personne non qualifiée pour en prendre connaissance, ou qui aura divulgué, en tout ou en partie, les plans, écrits ou documents secrets intéressant la défense du territoire ou la sûreté extérieure de l'Etat, qui lui étaient confiés, ou dont il avait connaissance, à raison de ses fonctions. — La révocation s'ensuivra de plein droit.

» 2° Tout individu qui aura livré ou communiqué à une personne non qualifiée pour en prendre connaissance, ou qui aura divulgué en tout ou en partie les plans, écrits ou documents ci-dessus énoncés, qui lui ont été confiés ou dont il aura eu connaissance, soit officiellement, soit à raison de son état, de sa profession ou d'une mission dont il aura été chargé.

» 3° Toute personne qui, se trouvant dans l'un des cas prévus dans les deux paragraphes précédents, aura communiqué ou divulgué des renseignements tirés desdits plans, écrits ou documents. »

Cet article correspond presque trait pour trait aux articles 80, 81 et 82 du Code pénal, mais ils sont plus compréhensifs et embrassent un plus grand nombre de cas. Tandis que les articles du Code pénal faisaient une énumération limitative et prévoyaient seulement la livraison du secret d'une négociation ou d'une expédition d'une part, celle des plans de fortifications, arsenaux, ports ou rades d'autre part, l'article 1er de notre loi comprend d'une façon générale tous les plans, écrits ou documents secrets intéressant la défense du territoire ou la sûreté extérieure de l'État, ce qui lui donne une ampleur extrême. De plus, le Code pénal exigeait que les plans eussent été *livrés*, ce qui supposait chez l'agent, ainsi que nous l'avons vu, une intention criminelle certaine ; il suffit ici qu'ils aient été simplement *communiqués* ou divulgués, ce qui permet d'atteindre même l'imprudence ou la complaisance coupable de l'auteur du délit ; la *divulgation* se fera le plus ordinairement par la voie de la presse.

La loi a bien soin de dire qu'il s'agit de documents *secrets* : s'il s'agissait de choses notoirement connues, quelque préjudiciable d'ailleurs que pût être cette notoriété pour les intérêts du pays, le délit n'existerait plus.

Le 3e paragraphe de notre article prévoyant la divulgation de *renseignements* tirés des plans ou documents secrets, me paraît bien près de constituer un pléonasme : car divulguer des renseignements tirés d'un écrit quelconque, n'est-ce pas divulguer cet écrit lui-même *en partie* ; or les deux premiers paragraphes prévoyaient expressément le cas.

Enfin notre disposition ne s'applique qu'aux fonctionnaires de l'État dépositaires dans un sens large des documents secrets, ou aux autres individus à qui l'on en avait donné connaissance officiellement, à raison de leur état, de leur profession ou d'une mission spéciale. Ces diverses personnes sont beaucoup plus coupables que les autres, parce qu'elles abusent d'un dépôt sacré, et qu'elles trahissent la confiance qu'on a placée en elles.

Art. 2. — L'article 2 prévoit exactement les mêmes hypo-
thèses et ne fait que réduire le *minimum* de la peine, parce
qu'elles s'appliquent à des individus qui ne sont revêtus
d'aucun caractère officiel et qui, par conséquent, sont
tenus à moins de réserve. Le deuxième paragraphe pré-
voie les publications qui sont faites par la presse, publi-
cations fréquentes et qui peuvent devenir fort dangereu-
ses ; on ne peut que féliciter le législateur d'avoir apporté
cette sage restriction à une trop grande liberté[1]. Le texte
est le suivant : « Toute personne autre que celles énon-
cées dans l'article précédent, qui s'étant procuré lesdits
plans, écrits ou documents, les aura livrés ou communi-
qués, en tout ou en partie, à d'autres personnes, ou qui,
en ayant eu connaissance, aura communiqué ou divulgué
des renseignements qui y étaient contenus, sera punie
d'un emprisonnement de un à cinq ans, et d'une amende
de cinq cents à trois mille francs. — La publication ou la
reproduction de ces plans, écrits ou documents, sera pu-
nie de la même peine. »

Art. 3. — L'article 3 était le complément obligé des deux
premiers. Si l'on punissait la personne qui avait fait la
communication défendue, on devait punir aussi celle qui
en avait profité, et qui vraisemblablement l'avait sollicitée.
Aussi le texte nous dit-il : « La peine d'un emprisonne-
ment de six mois à trois ans et d'une amende de trois
cents à trois mille francs sera appliquée à toute personne
qui, sans qualité pour en prendre connaissance, se sera
procuré lesdits plans, écrits ou documents. »

Nous ne retrouvons pas ici la distinction qui avait été
faite par l'article 82 du Code pénal entre les personnes

---

1. On se souvient, à cet égard, de la célèbre affaire Aubanel, du
Figaro.

qui s'étaient procuré les plans par corruption, fraude ou violence, et celles qui en avaient acquis la possession, *sans le préalable emploi de mauvaises voies.* C'est un tort, car la distinction était fort rationnelle et il était d'une bonne justice d'édicter deux peines différentes dans les deux cas. Il suit de cette omission regrettable dans l'article 3, que les divers moyens employés, et les manœuvres plus ou moins frauduleuses dont aura fait usage le prévenu pour se procurer les documents secrets importeront peu à la prévention. Le délit existe, abstraction faite des circonstances dans lesquelles il a été commis, dès qu'une personne, qui n'avait pas qualité pour cela, s'est mise en possession des pièces destinées à demeurer secrètes. En fait, les juges pourront rémédier à cet état de choses, par l'admission, dans une mesure équitable, des circonstances atténuantes.

Art. 4. — « Celui qui, par négligence ou par inobservation des règlements, aura laissé soustraire, enlever ou détruire les plans, écrits ou documents secrets qui lui étaient confiés à raison de ses fonctions, de son état ou de sa profession, ou d'une mission dont il était chargé, sera puni d'un emprisonnement de trois mois à deux ans et d'une amende de cent à deux mille francs. »

Le législateur, justement effrayé des dangers que fait courir à l'État la divulgation de certains documents, va jusqu'à frapper, dans cet article, en essayant ainsi de les prévenir, de simples fautes de négligence, éloignées de toute intention délictueuse. Il y a, dans cette disposition, quelque chose de très rigoureux, et qui ressemble quelque peu à certaines exigences sévères de la discipline militaire, exigences nécessaires, qui rendent le soldat plus circonspect et l'empêchent de s'endormir dans une molle insouciance. Le fonctionnaire, chargé du dépôt des plans qui intéressent notre sûreté, veillera, lui aussi, davantage et fera bonne garde.

Il résulte de ces explications que ce délit a un caractère absolument contraventionnel, puisqu'il n'exige pas un des éléments essentiels de l'infraction correctionnelle de droit commun : l'intention délictueuse. Cette dérogation aux principes ordinaires a été faite sciemment ; on en trouve la preuve dans cette phrase du rapport de M. Gadaud à la chambre des députés : « Elle est muette (la loi pénale) sur les indiscrétions, sur les négligences, insignifiantes en apparence, mais qui peuvent entraîner, à un moment donné, des conséquences terribles pour le pays. »

Nous arrivons maintenant à trois incriminations distinctes tirées par analogie du Code de justice militaire (art. 206 et 207). Les hypothèses sont à peu près les mêmes, mais la qualité des personnes est changée et le délit est commis en temps de paix au lieu de l'être en temps de guerre.

Art. 5. — « Sera punie d'un emprisonnement de un à cinq ans et d'une amende de mille à trois mille francs : 1° Toute personne, qui à l'aide d'un déguisement ou d'un faux nom, ou en dissimulant sa qualité, sa profession ou sa nationalité, se sera introduite dans une place forte, un poste, un navire de l'État, ou dans un établissement militaire ou maritime.

» 2° Toute personne, qui déguisée ou sous un faux nom ou en dissimulant sa qualité, sa profession ou sa nationalité, aura levé des plans, reconnu des voies de communication, ou recueilli des renseignements intéressant la défense du territoire ou la sûreté extérieure de l'État. »

Jusqu'ici, les délits que nous avons étudiés, visaient plus particulièrement des Français, puisque, dans la majorité des cas, il s'agissait de fonctionnaires, agents ou préposés du gouvernement.

L'article 5, au contraire, vise presque uniquement les espions de l'étranger ; je dis *presque*, car il se peut fort bien que de « mauvais Français, des gens à sens moral peu développé, des étourdis... se laissent aller à devenir les auteurs ou les auxiliaires des plus odieuses tentatives [1] ». Mais ce sera plus rare, et presque toujours ce seront des étrangers qui auront à répondre de ce délit.

Quels sont ses éléments essentiels ? Les auteurs de la loi, s'inspirant des articles 206 et 207 du Code de justice militaire pour l'armée de terre, et de l'article 264 du Code de justice militaire pour l'armée de mer, ont exigé tout d'abord la nécessité d'un déguisement portant soit sur le nom, soit sur la qualité, soit sur la profession, soit enfin sur la nationalité du prévenu. Il en résulte qu'un étranger qui se livrerait aux actes prévus par notre article sans rien cacher de sa personnalité, échapperait à toute répression. J'ai déjà critiqué plus haut la nécessité d'un pareil déguisement, et tenté de démontrer que des espions qui seront beaux joueurs et procèderont avec audace et au grand jour, pourront parfaitement réussir dans leurs entreprises dangereuses pour nous, en présence du ministère public désarmé. Il aurait été préférable, ce me semble, d'autoriser les poursuites, indépendamment de tout déguisement, chaque fois qu'on aurait eu la certitude que les manœuvres de l'agent de l'infraction ont eu pour but de se procurer des renseignements préjudiciables à la sûreté

---

1. Rapport déjà cité de M. Gadaud, à la Chambre des députés.

publique et dans une intention hostile à l'État. Il est vrai,
dans ce cas, que les juges auraient eu à rechercher soi-
gneusement cette intention, tandis qu'en l'état actuel, ils
n'ont pas, je crois, à s'en préoccuper, mais cela eut été
plus conforme aux vrais principes du droit pénal.

Il faut ensuite que le prévenu se soit introduit ou ait
tenté de s'introduire dans un des lieux limitativement
déterminés par la loi. Pas de délit si l'espion n'a pas pé-
nétré dans une *place forte*, un *poste*, un *navire de l'État*
ou dans un *établissement militaire ou maritime*. L'arti-
cle se termine par une disposition générale qui permet
de saisir et de réprimer tous les actes qui seraient préju-
diciables au pays, car toutes les fois qu'un tel préjudice
sera à redouter, il sera facile de dire que les renseigne-
ments recueillis par l'espion « intéressent la défense du
territoire ou la sûreté extérieure de l'Etat. »

Cette disposition générale, de même que celle que nous
avons trouvée sous l'article 76, C. p., était indispensable
en une matière, où les procédés peuvent se diversifier à
l'infini, et où n'importe quelle énumération serait forcé-
ment incomplète.

Art. 6. — « Celui qui, sans autorisation de l'autorité
militaire ou maritime, aura exécuté des levés ou opéra-
tions de topographie dans un rayon d'un myriamètre
autour d'une place forte, d'un poste ou d'un établisse-
ment militaire ou maritime, à partir des ouvrages avan-
cés, sera puni d'un emprisonnement de un mois à un an
et d'une amende de cent à mille francs. »

Nous ne trouvons plus, dans cet article, l'obligation
d'un déguisement de l'espion pour qu'il y ait délit; aussi
s'appliquera-t-il aussi souvent à des nationaux qu'à des
étrangers. Il ne paraît pas douteux, non plus, que les

juges n'auront pas à rechercher l'intention du prévenu qui a violé la loi. Avait-il la pensée de se servir, dans un but coupable, des levés ou opérations de topographie qu'il a exécutés ? Ignorait-il même que cela fut interdit ? Il n'importe : *nemo censetur legem ignorare*. Tout se réduit à une question de fait : a-t-il, oui ou non, fait des levés ou opérations topographiques dans un rayon d'un myriamètre autour des endroits désignés par la loi ? Si oui, il doit être puni, quelle qu'ait été sa pensée. C'est bien là, comme le dit M. Garraud [1], le pur caractère contraventionnel, mais il est évident que les juges, ayant la faculté de se servir de l'article 463, C. P., devront y recourir dans une mesure plus ou moins large, selon la culpabilité morale de l'inculpé.

Art. 7. — « La peine d'un emprisonnement de six jours à six mois et d'une amende de seize à cent francs sera appliquée à celui qui, pour reconnaître un ouvrage de défense, aura franchi les barrières, palissades ou autres clôtures établies sur le terrain militaire, ou qui aura escaladé les revêtements et les talus des fortifications. »

Cet article ressemble fort au précédent, et ne fait que prévoir une hypothèse différente ; mais il s'en distingue cependant d'une manière assez remarquable, en ce sens que la question intentionnelle y joue un rôle qu'elle ne jouait pas dans le premier. Il ne suffit plus ici d'avoir franchi des barrières ou des clôtures, escaladé des revêtements ou des talus, comme il suffisait dans l'article 6, d'avoir exécuté des levés ou des opérations de topographie dans un certain rayon ; il faut, de plus, que l'agent de ces actes les ait commis *pour reconnaître un ouvrage*

1. *Op. cit.*, p. 541.

de défense. Il sera donc nécessaire que la prévention établisse cette intention chez l'inculpé pour que la peine puisse lui être appliquée.

Art. 8. — « Toute tentative de l'un des délits prévus par les articles 1, 2, 3 et 5 de la présente loi sera considérée comme le délit lui-même. »

Il n'y a aucune observation à faire relativement à cette disposition qui comporte une application pure et simple du droit commun.

Art. 9. — « Sera puni comme complice toute personne qui, connaissant les intentions des auteurs des délits prévus par la présente loi, leur aura fourni logement, lieu de retraite ou de réunion, ou qui aura sciemment recélé les objets et instruments ayant servi ou devant servir à commettre ces délits. »

Cet article est, en quelque sorte, calqué sur l'article 83 du Code pénal, qui prévoit, en temps de guerre, le recel des espions ou des soldats ennemis envoyés à la découverte, mais ses termes sont plus étendus que ceux de ce dernier, car, outre le recélé des personnes, il comprend celui des objets ou instruments qui doivent servir au délit.

Au surplus, il ne fait pas du recélé un délit spécial, *sui generis*, comme le faisait l'article 83 ; avec plus de logique, il n'en fait qu'un acte de complicité. L'auteur du recel ne sera donc pas punissable d'une peine uniforme, comme en temps de guerre : il sera puni, selon le genre de délit imputable à l'individu qu'il aura recélé et selon la peine applicable à ce dernier.

J'ajoute que la question intentionnelle est ici un élément essentiel de la complicité, alors même qu'elle ne le serait pas pour l'auteur principal du délit ; le texte est formel, lorsqu'il se sert des mots : *recélé sciemment.*

Art. 10. — Le législateur a reproduit ensuite, dans l'article 10 l'exemption de peines qu'il avait consacrée pour certains coupables, dans l'article 108 du Code pénal [1]. Il s'agissait alors des crimes attentatoires à la sûreté intérieure ou extérieure de l'État : la même mesure sera étendue aux délits qui offrent ce caractère. La nouvelle disposition est à peu près conçue dans les mêmes termes que l'article 108 : « Sera exempt de la peine qu'il aura personnellement encourue le coupable qui, avant la consommation de l'un des délits prévus par la présente loi ou avant toute poursuite commencée, en aura donné connaissance aux autorités administratives ou de police judiciaire, ou qui, même après les poursuites commencées, aura procuré l'arrestation des coupables ou de quelques-uns d'entre eux. »

La théorie qui a inspiré cette disposition a été l'objet des plus vives discussions et des plus amères critiques de Beccaria, qui la flétrissait au nom de la morale : « Il n'y a qu'opprobre, pour la société, disait-il, à autoriser les saintes lois, garants sacrés de la confiance publique, base respectable des mœurs, à protéger la perfidie, à légitimer la trahison. »

Diderot [2], beaucoup plus utilitaire, ne partageait pas cet avis et 'répondait au philosophe italien : « Rien ne peut balancer l'avantage de jeter la défiance entre les scélérats, de les rendre suspects et redoutables l'un à l'autre, et de leur faire craindre sans cesse, dans leurs complices, autant d'accusateurs. »

Si j'avais à choisir entre ces deux partis extrêmes, je donnerai certainement raison à Diderot contre Beccaria :

1. L'art. 138 du C. p., relatif au crime de faussе monnaie, est également conçu dans le même sens.

2. Notes sur le *Traité des délits et des peines*.

c'est ce qu'a fait le législateur de 1886 ; mais j'aurais pré-
féré un moyen terme, qui concilierait davantage, ce me
semble, l'intérêt de la justice avec celui de la morale. Il est
certain que la conscience du moraliste a de justes motifs
d'être froissée, lorsque se trouvant en présence de plu-
sieurs individus également coupables, elle voit le juge ren-
voyer indemne le plus lâche de tous, celui qui, pour sau-
vegarder sa liberté, ne craint pas d'enchaîner, par une
odieuse délation, celle de ses complices. N'eut-il pas
mieux valu frapper quand même le délateur, en lui don-
nant toutefois comme prime le bénéfice d'une peine infé-
rieure ? la perspective de cette peine plus légère eut suffi,
je crois, à entretenir la défiance parmi les malfaiteurs, et
nous n'aurions pas, du moins, ce spectacle étrange d'un
homme doublement méprisable par son délit et sa délation,
que la société laisse immédiatement rentrer dans son
sein, sans lui faire subir le moindre châtiment :

Trois hypothèses, se rapportant à trois périodes diffé-
rentes, sont prévues par l'article 10.

1° Le délit n'a pas encore été consommé ; il n'est qu'en
préparation ; peut-être a-t-il été tenté, mais enfin il n'est
pas accompli ; le coupable, qui y a participé, pris de re-
mords ou effrayé des conséquences possibles, vient dévoi-
ler ce qui se trame ;

2° Le délit est consommé ; l'autorité judiciaire est même
prévenue et se dispose à agir, mais aucun acte de pour-
suite n'a encore eu lieu ; l'auteur ou le complice du délit
vient, de son plein gré, faire des aveux complets sur les
faits qui se sont passés.

Ces deux cas sont évidemment les plus favorables
à l'inculpé, car on peut croire encore que sa délation
n'est pas intéressée et que l'honnêteté triomphant de

la perversité de sa nature, le remords seul le fait agir.

3° Le procès est engagé, le délit établi, mais plusieurs des coupables sont inconnus, ou bien la justice, ignorant le lieu de leur retraite, n'a pu les arrêter ; dans ce cas, le prévenu qui est déjà sous les verrous, ou qui est cité directement à comparaître devant ses juges, donne à la police des indications nécessaires pour parvenir à l'arrestation des autres coupables.

Dans ces trois hypothèses, l'inculpé bénéficiant de l'excuse légale établie par la loi, sera purement et simplement renvoyé des fins de la poursuite[1].

A la fin de l'article 10, après les mots : *arrestation des coupables*, on trouve ceux-ci : *ou de quelques-uns d'entre eux*, qui ne figuraient pas dans l'article 108, dont le législateur s'est inspiré.

Cette correction ou plutôt cette extension du texte provient vraisemblablement d'une ancienne controverse qu'avaient fait naître les termes de l'article 108. Celui-ci, parlant des coupables au pluriel, des commentateurs de la loi s'étaient demandé s'il fallait que l'inculpé procurât l'arrestation de tous les coupables, pour être exempt de peine, ou s'il lui suffisait de procurer l'arrestation de *quelques-uns* d'entre eux, voire même *d'un seul*.

On était tombé d'accord pour admettre que la loi ne devait pas être interprétée trop judaïquement, et que l'ar-

---

1. L'article 108, C. p., laissait au juge la faculté de renvoyer le révélateur, pour la vie ou à temps, sous la surveillance de la haute police. Cette peine ayant été remplacée par l'interdiction de séjour, les criminels exempts de peine, aux termes de cet article, pourraient encore se voir appliquer aujourd'hui, l'interdiction de séjour, tandis que notre article 10, ayant gardé le silence à cet égard, cette mesure ne pourrait être prise contre les coupables désignés par lui.

restation de tous les coupables étant parfois matérielle-
ment impossible, l'accusé pourrait invoquer le bénéfice
de l'excuse légale, même dans le cas où il n'aurait procuré
l'arrestation que *d'un seul* de ces coupables.

C'est dans l'intention d'éviter une controverse du même
genre, que le législateur de 1886 a ajouté les mots : *ou de
quelques-uns d'entre eux*. Mais il n'a pas pris garde, qu'en
se servant encore du pluriel, il augmentait la difficulté
d'interprétation, bien loin de la faire disparaître. Et, en
effet, comme il a pris soin de préciser davantage ; il sem-
blerait aujourd'hui que l'arrestation *d'un seul* coupable ne
suffira plus et qu'il sera nécessaire de procurer au moins
l'arrestation *de quelques-uns* d'entre eux.

Je ne crois pas que telle ait été sa pensée : elle serait
d'ailleurs injuste, car il se peut fort bien qu'il n'y ait que
deux coupables : il suffira donc au premier arrêté de pro-
curer l'arrestation de l'autre, pour bénéficier de l'excuse
établie par la loi.

Art. 11 — « La poursuite de ces délits aura lieu devant
le tribunal correctionnel et suivant les règles édictées par
le Code d'instruction criminelle. Toutefois les militaires,
marins ou assimilés demeureront soumis aux juridictions
spéciales dont ils relèvent, conformément aux Codes de
justice militaire des armées de terre et de mer. »

Je ne saurais faire un meilleur commentaire de cet ar-
ticle que celui qui résulte du rapport de M. Gadaud devant
la Chambre. Je vais donc me borner à rapporter ici les pas-
sages du discours de l'honorable député qui nous initient
à la pensée qui a guidé le législateur, lorsqu'il a rédigé
cette disposition : « Quelques pays rendent ce genre d'at-
tentat passible des juridictions militaires. D'autres, tels
que l'Autriche, par exemple, les soumettent aux tri-

bunaux criminels. C'est à ce dernier parti que nous nous rallions.

» Le fonctionnement des Conseils de guerre étendu à des civils d'une façon permanente, constituerait une sorte d'état de siège général qui serait peut-être difficilement accepté par l'opinion publique.

» De plus il est de règle, en France, que toutes les fois qu'un militaire est sous le coup d'une accusation, dans laquelle se trouve impliqué un civil, l'un et l'autre doivent être jugés par les tribunaux correctionnels. Et comme dans la majorité des cas d'espionnage, en temps de paix, le forfait est accompli par des civils ou de complicité avec eux, outre l'inconvénient du principe dont nous parlons, il en résulterait cet autre de pratique que la juridiction militaire n'aurait lieu d'intervenir que dans un nombre très restreint de circonstances.

» L'idée qui a inspiré le gouvernement et la commission est qu'il fallait bien, autant que possible, laisser aux Conseils de guerre leur libre exercice, mais seulement pour les crimes qui leur sont déjà différés par les lois existantes.

» Serait-il nécessaire, au surplus, pour obtenir une répression efficace, de recourir à des moyens exceptionnels? Nous ne l'avons pas pensé. L'application du droit commun suffira pour atteindre le but: assurer la sécurité extérieure de l'État.

» Convaincus, d'ailleurs, que la loi proposée pourra saisir un assez grand nombre de faits délictueux et faciles à définir, en dehors des crimes tombant déjà sous les coups du Code pénal, nous estimons qu'il est préférable de leur infliger des peines correctionnelles. »

Art. 12. — « Indépendamment des peines édictées par la présente loi, le tribunal pourra prononcer, pour une du-

rée de cinq ans au moins et dix ans au plus, l'interdiction
de tout ou partie des droits civiques, civils et de famille
énoncés en l'article 12 du Code pénal, ainsi que l'interdic-
tion de séjour prévue par l'article 19 de la loi du 27 mai
1885. »

Les deux peines accessoires que cet article permet
d'appliquer aux inculpés, se trouvent rarement aussi bien
justifiées que pour les délits que nous venons d'étudier.
On ne pouvait permettre à des individus qui ont trahi les
intérêts les plus sacrés de leur pays de remplir certaines
charges publiques, que l'on ne doit confier qu'à ceux qui
ont fait preuve d'un patriotisme éprouvé ; on ne devait
pas non plus les autoriser à gérer des intérêts de famille
qui exigent une honorabilité parfaite et un entier désinté-
ressement. Quant à l'interdiction de séjour, elle se com-
prend mieux encore : il faut éloigner le coupable des
lieux où il a mis à profit ses qualités d'espion. Il va sans
dire que lorsque le condamné est un sujet étranger, on
peut prendre contre lui une mesure plus radicale que
l'interdiction de séjour : on peut l'expulser du territoire
avec défense d'y reparaître.

Art. 13. — « L'article 463 du Code pénal est applicable
aux délits prévus par la présente loi. »

Cette disposition, qui n'est d'ailleurs que l'application
du droit commun, est excellente pour des infractions qui
présentent parfois, ainsi que nous l'avons vu, un caractère
contraventionnel. Lorsqu'il est certain que le prévenu n'a
enfreint la loi que par ignorance, imprudence ou légèreté,
et qu'aucune intention coupable ne dirigeait ses actes,
les pénalités, dont nous connaissons la nature rigoureuse,
eussent été hors de toute proportion, si les juges n'avaient
eu la faculté de recourir aux circonstances atténuantes.

Telle est, dans son ensemble, la loi nouvelle, qui nous
permet aujourd'hui de réprimer, sinon de prévenir, toute
atteinte, même légère, à la défense de notre territoire.
L'apparition de cette loi a soulevé, par delà la frontière,
des clameurs violentes et véritablement inconcevables ; on
a parlé bien haut de vexations, et même de provocation
comme si nous n'avions plus décidément le droit de nous
défendre. Je ne sache pas cependant que nous ne soyons
plus les maîtres chez nous, et que nous ne puissions faire
notre police, comme bon nous semble, sans qu'on vienne
du dehors crier à la persécution. Tous les peuples, d'ail-
leurs, à de rares exceptions, ont inséré dans leurs codes,
bien longtemps avant nous, des dispositions analogues à
celles de notre loi de 1886 ; il serait fort plaisant, on en
conviendra, que la France ne pût, sans s'exposer à des
récriminations, faire ce que les autres nations ont fait
avant elle. Quoi qu'il en soit, comme nous avons à cœur
de mettre toujours le bon droit de notre côté, et de ne pas
froisser certaines susceptibilités internationales, le minis-
tère public, lorsqu'il s'agit d'étrangers, doit manier avec
une extrême délicatesse la loi de 1886. Des instructions
très pressantes, lui ont été données dans ce sens. Dans une
première circulaire du 15 novembre 1886, le Garde des
Sceaux recommande à ses auxiliaires de procéder sans re-
tard aux investigations nécessaires en matière d'espionnage:
« Les magistrats doivent instruire *d'urgence et toute affaire
cessante*, afin que l'ordonnance du juge d'instruction puisse
intervenir, dans le plus bref délai possible, et que le gou-
vernement, se trouvant en présence d'une décision judi-
ciaire, soit en mesure de l'opposer à toute réclamation qui
viendrait à se produire de la part d'un État étranger. »
Une deuxième circulaire, parue au commencement de

juin 1888, rappelle aux membres du parquet les instructions contenues dans la première, et constate que des inconvénients sont résultés de ce que le ministre n'avait pas toujours été informé sans retard de toutes affaires d'espionnage. Puis la circulaire ajoute : « Dès qu'un individu a été arrêté, en vertu de la loi de 1886, les substituts doivent en aviser directement le Garde des Sceaux, et le renseigner journellement sur l'état de la procédure. Le Procureur Général reste chargé de la direction supérieure de l'affaire, et doit donner aux substituts toutes instructions qui paraissent utiles. »

J'ai tenu à mentionner ici ces deux documents, pour bien montrer le souci du Gouvernement de ne pas donner lieu à la moindre critique et à la moindre suspicion relativement à des questions qui peuvent devenir facilement irritantes dans les rapports de nation à nation.

La première application de la loi de 1886 a été faite tout récemment, dans un procès qui a eu un certain retentissement. Un sujet allemand, du nom de Karl Killian, était venu s'installer à Nice, et là, se faisant passer pour professeur hollandais, il avait réussi à nouer diverses relations dans le monde militaire. Depuis longtemps, l'autorité judiciaire le soupçonnait de se livrer à des actes d'espionnage multipliés, lorsqu'un jour on saisit, à la poste, une boîte envoyée par Killian en Allemagne ; cette boîte fut ouverte, et au milieu d'une certaine quantité de fleurs d'oranger, on découvrit une cartouche de notre fusil Lebel. L'espion fut arrêté, et le 26 octobre 1888, il comparaissait, à Nice, devant le tribunal de police correctionnelle.

Les nombreux témoins entendus à l'audience, établirent d'une façon fort nette, que Killian avait fait usage de faux nom et de fausse qualité, qu'il avait expédié à Berlin divers documents et un croquis relatif au fort de St-Jean-la-Rivière, que dans l'été de 1888, il avait envoyé à Berlin plus de quatorze rapports détaillés sur les effectifs de nos bataillons alpins, leur équipement et les résultats de leur tir à la cible. Il fut, en outre, démontré, que sans la permission des autorités militaires, il avait exécuté des opérations de topographie dans un rayon d'un myriamètre autour d'une place forte.

Ces divers délits tombant sous le coup des articles 5 et 6 de la loi de 1886, le tribunal a condamné Killian à cinq ans de prison, cinq mille francs d'amende et dix ans d'interdiction de séjour en France.

L'envoi de la cartouche, trouvée parmi les fleurs d'oranger, aurait parfaitement pu, à mon avis, donner ouverture à une poursuite criminelle, en vertu de l'article 76 du Code pénal, car on peut bien dire que c'était là une *machination* tendant à *procurer à une puissance étrangère les moyens d'entreprendre la guerre contre la France*. Mais on a sagement pensé que la peine édictée par cet article était exorbitante, qu'elle déchaînerait, par delà la frontière, tout un débordement d'insinuations malveillantes et de commentaires haineux, et que notre dignité comme notre sécurité n'avait rien à perdre à frapper le coupable d'un châtiment plein de modération.

§ 3. Législations étrangères.

Presque tous les peuples d'Europe, ainsi que je l'ai dit, ont inscrit dans leurs codes des dispositions semblables à celles que nous avons étudiées dans ce chapitre : ce sont même ces dispositions qui ont servi de modèle au législateur de 1886, et c'est pourquoi il est intéressant d'en faire ici une revue sommaire.

Le Code pénal allemand, dans son article 92, punit de deux ans au moins de réclusion « quiconque aura volontairement : 1° communiqué à un gouvernement étranger ou divulgué des secrets d'État ou des plans de forteresses ou des documents, pièces ou renseignements, sachant que ces documents, pièces ou renseignements devaient être tenus cachés à ce gouvernement, dans l'intérêt de l'État ; — 2° anéanti, falsifié ou détourné, au préjudice des droits de l'Empire les documents ou moyens de preuve relatifs à ces droits, vis-à-vis d'un gouvernement étranger ; — 3° traité avec un autre gouvernement, au préjudice de ses commettants, une affaire d'État qui lui aura été confiée par l'Empire. — En cas de circonstances atténuantes, la peine est de six mois au moins de détention [1]. »

Les levés ou publications de plans ne constituent qu'une simple contravention :

Art. 360. — « Seront punis d'une amende de cinquante thalers au plus ou des arrêts, ceux qui, sans autorisation spéciale, auront dressé ou publié des plans de forteresses ou de certains ouvrages de fortification. »

Les hypothèses étant, dans ce code, beaucoup moins nombreuses que celles de notre loi de 1886, il en résulte qu'un grand nombre d'actes que nous ne punissons que de peines correctionnelles, donnent actuellement lieu, en Allemagne, à l'application de peines criminelles.

Les dispositions du Code pénal hongrois, sont plus compréhensives :

Art. 455. — « Celui qui, en temps de paix, surprend,

1. Dans le Code prussien (art. 71.), la peine était la réclusion de cinq à vingt ans : il n'y avait pas de circonstances atténuantes.

au mépris d'une défense ou par fraude, simulation ou autre manœuvre, des dispositions ou objets concernant la puissance militaire et la défense de l'État, qu'il savait ou pouvait savoir destinés à rester secrets, dans le dessein de les livrer à un État étranger, sera puni au maximum de cinq ans de prison d'État et de quatre mille florins d'amende. »

Art. 456. — « Sera puni également de cinq ans de prison d'État et de quatre mille florins d'amende, celui qui, par la voie de la presse, fait des communications sur la position, les mouvements, les forces et les opérations de l'armée de l'État, sur l'état des forteresses et des fortifications, sur le nombre des armes, du matériel de guerre et des effets d'équipement, sur le lieu, le nombre, la qualité et le transport des approvisionnements, lorsque défense a été faite de faire des communications de cette nature, ou que, d'après la nature de la communication ou les circonstances, il a pu prévoir que ces communications nuiraient à la sûreté de l'État [1], à moins qu'elles ne contiennent une information portée par le gouvernement à la publicité. »

Art. 458. — « Les dispositions de ce chapitre ne sont applicables que dans le cas où ne se rencontre pas le crime prévu à l'article 144. »

Le nouveau CODE PÉNAL ITALIEN s'est largement inspiré de notre loi de 1886. L'article 107 qu'on va lire est la reproduction presque littérale de notre article 5, sauf pour la peine édictée qui est moins forte en Italie.

Art. 107. — « Quiconque s'introduit clandestinement ou

1. Ce membre de phrase semble donner à cette infraction un caractère contraventionnel analogue à celui que nous avons constaté dans certains articles de notre loi de 1886.

sous un faux nom ou déguisé dans un navire de l'État, ou
dans un fort, arsenal ou autre établissement militaire,
dont l'accès a été interdit au public, et quiconque lève des
plans de fortifications, de chemins militaires ou autres ou-
vrages militaires, est puni de la réclusion ou de la déten-
tion de quatre à trente mois et d'une amende de cent à
trois mille lires. »

Les autres codes de l'Europe contiennent presque tous
des dispositions analogues, qu'il serait sans intérêt de rap-
porter ici.

Constatons, en terminant ce chapitre, que si notre légis-
lation de 1810, relative à la trahison et à l'espionnage cri-
minels, était insuffisante et surannée, celle de 1886 ré-
pond, au contraire, aux nécessités actuelles d'une bonne
police, qu'elle nous garantit d'une manière satisfaisante
contre les entreprises dangereuses pour notre sécurité, et
qu'elle possède, à tous égards, une supériorité évidente,
sur les dispositions semblables de tous les peuples voisins.

CHAPITRE VIII

DE L'APPLICATION AUX ÉTRANGERS DES PÉNALITÉS QUI PRO-TÈGENT LA SURETÉ EXTÉRIEURE DE L'ÉTAT

Les crimes et les délits dont nous avons poursuivi l'étude, dans les pages qui précédent, sont de par leur nature destinés à être plus souvent commis par des étrangers que par des regnicoles, car on n'a pas toujours des traîtres à sa disposition, tandis qu'il est toujours facile de trouver des individus disposés à épier les actes d'une nation voisine, dans le double but de servir leur pays et d'accroître leur petite fortune. Il est donc très-important de bien connaître les conditions dans lesquelles nos dispositions pénales pourront atteindre les étrangers qui feraient contre nous le métier d'espions. —

Deux principes généraux réglementent cette question :

1° La criminalité des infractions contre la sûreté de l'État résulte des devoirs qui incombent à leur auteur vis-à-vis de cet État. Or, à cet égard, aucun devoir n'incombe aux sujets des autres nations. Si donc un étranger a commis une infraction de ce genre, ou plutôt un des actes que nous qualifions d'infraction, hors du territoire de la France, il n'est coupable ni par rapport à son pays dont il sert les intérêts, ni par rapport au nôtre, car il ne nous doit pas fidélité et notre loi pénale n'a pas été faite pour lui. Il ne saurait donc être question, dans ce cas, de demander son extradition, ou même de l'arrêter, s'il lui plaisait de venir chez nous, comme responsable d'un délit qui n'existe pas. Notre seul droit serait de l'expulser et de le ramener à la frontière.

2° La condition d'un étranger qui habite la France est toute différente. Du moment où nous consentons à lui donner l'hospitalité, nous le faisons bénéficier de la protection de nos lois de police et de sûreté, nous sauvegardons sa vie, sa propriété et ses droits, mais, en revanche, nous exigeons de lui qu'il ne commette aucun acte d'hostilité à notre égard, et s'il enfreint la loi qui le protége, cette loi retombera sur lui de tout son poids, sans qu'il puisse invoquer sa qualité d'étranger pour se faire une situation privilégiée.

Si donc il a commis, en France, un acte quelconque tombant sous la répression de nos lois pénales, il sera puni comme un regnicole.

En d'autres termes, la loi pénale oblige tous ceux qui résident sur le territoire où elle est en vigueur, mais elle expire aux frontières de l'État.

Telle est la règle, mais il y a des exceptions. Aux termes de l'article 7 du Code d'instruction criminelle: « Tout étranger, qui hors du territoire de la France, se sera rendu coupable, soit comme auteur, soit comme complice, d'un crime attentatoire à la sûreté de l'État, ou de contrefaçon du sceau de l'État, de monnaies nationales ayant cours, de papiers nationaux, de billets de banque autorisés par la loi, pourra être poursuivi et jugé d'après les dispositions des lois françaises, s'il est arrêté en France ou si le Gouvernement obtient son extradition [1]. » Voilà plusieurs cas dans lesquels un étranger peut être poursuivi pour des actes commis en dehors de notre territoire. Cette exception à la compétence territoriale de la loi est-elle justifiée? Oui, lorsque la nation se trouve, en quelque sorte, en état de légitime défense. Il y a des faits qui touchent de si près à sa constitution, qui l'atteignent si profondément dans son existence même, qu'elle doit se défendre à tout prix et se préserver par tous moyens du mal qui la menace. Presque tous les peuples ont reconnu et admis cette nécessité et l'Institut de droit international l'a solennellement proclamé, en 1879, dans sa session de Bruxelles, lorsqu'il a proposé la formule suivante: « Tout État a le droit de punir les faits commis, même hors de son territoire et par des étrangers, en violation de ses lois pénales, alors que ces faits constituent une atteinte à l'existence sociale de l'État en cause et compromettent sa sécurité, et qu'ils ne sont point prévus par la loi pénale, sur le territoire duquel ils ont eu lieu. »

Rien n'est plus juste que de se mettre en garde contre des actes de ce genre, car ils échappent ordinairement à la juridiction du pays où ils sont commis ; celui-ci n'a, d'ailleurs, aucun intérêt à les poursuivre ; bien au contraire, il les favorisera souvent dans un but de jalousie et verra sans déplaisir des complots se former contre la prospérité d'une nation rivale ; ce n'est donc pas sur lui qu'il faudra compter pour punir les coupables et ceux-ci ne pourront être atteints que par une extension extra-territoriale de la loi de répression.

1. Ainsi modifié par la loi du 27 juin 1866.

Mais dans quelles limites doit se faire cette extension ? On la comprend très bien dans les hypothèses qu'a précisées l'article 7, que l'on vient de lire, lorsqu'il s'agit, par exemple, de contrefaçon de monnaies nationales ou de fabrication clandestine de billets de banque autorisés, mais que faudra-t-il entendre par cette vague expression : *crime attentatoire contre la sûreté de l'Etat ?* les actes d'espionnage, tout particulièrement, pourraient-ils y être compris ? Éliminons immédiatement toute la série des infractions prévues par la loi de 1886 : ces infractions étant qualifiées *délits de police correctionnelle*, et l'article 7 ne parlant que de *crimes*, il est bien certain qu'elles doivent en être exclues. Mais les actes prévus par les articles 76 et suivants, que nous avons étudiés au chapitre de l'espionnage criminel, ne pourraient-ils constituer, dans le sens de l'article 7, les crimes attentatoires à la sûreté de l'Etat ? Je ne le crois pas, car ces actes sont de ceux qui ne mettent pas suffisamment en péril l'existence sociale d'un peuple et ils ne prennent une réelle gravité que lorsqu'ils sont commis par un national ou un étranger résidant en France. Je présume que l'article 7 a voulu faire allusion aux complots et aux conspirations ourdies à l'étranger, pour renverser le gouvernement établi ou pour démembrer le territoire, mais il n'a, en aucune façon, voulu désigner de simples faits d'espionnage.

Les manœuvres de ce genre sont, d'ailleurs, un droit, d'aucuns disent un devoir, pour tout État vis-à-vis des autres, et elles sont toujours pratiquées à l'instigation du gouvernement : il faudrait donc poursuivre le gouvernement lui-même comme complice, ce qui serait d'une grotesque absurdité.

Notre conclusion est donc, qu'en France, les étrangers

ne peuvent être poursuivis pour crime d'espionnage, qu'autant que les actes qu'on leur reproche ont été commis sur notre territoire [1].

Examinons maintenant très brièvement quelle est, à cet égard, la théorie des principales nations européennes.

L'article 10 du Code pénal de Belgique ressemble beaucoup à notre article 7 : « Pourra être poursuivi, en Belgique, l'étranger qui aura commis, hors du territoire du royaume, un crime contre la sûreté de l'État..... » Il faut donner à cette disposition le même sens qu'à la nôtre, c'est-à-dire que par *crime contre la sûreté de l'Etat*, il faut entendre les complots et les conspirations qui auraient pour but de renverser les institutions établies, d'allumer la guerre civile, de provoquer le désordre ou la désorganisation sociale. Les actes d'espionnage même criminels ne tomberaient donc pas sous le coup de cet article ; quant aux délits, ils en sont certainement exclus, puisque l'article parle de *crimes* : l'article 120 du Code pénal, par exemple, qui prononce une simple peine d'emprisonnement contre l'individu qui livre des plans de fortifications à une puissance neutre, reste, sans aucun doute, en dehors de ses termes.

Mais dans les cas où l'article 10 est applicable il comporte une différence très sensible avec notre législation, en ce qu'il n'est pas nécessaire, en Belgique, que l'étranger inculpé soit arrêté dans le royaume ou extradé. Il peut parfaitement être poursuivi quoique absent, et jugé par contumace [2].

---

1. Remarquons que dans tous les cas où la poursuite est autorisée par la loi, elle est expressément subordonnée à la nécessité de l'arrestation du coupable en France ou de son extradition.

2 MM. Goddyn et Mahiels donnent d'assez bonnes raisons pour justifier la portée de cet article 10 : « Ces prescriptions ne sont point en contradiction avec le système qui envisage les lois pénales comme essentiel-

En Russie, la solution ressemble également à la nôtre, mais elle est plus étendue : d'après l'article 117 du Code pénal, l'étranger qui a commis, hors du territoire, un crime contre l'autorité du souverain ou les droit d'un sujet russe, est jugé d'après les lois russes, s'il est arrêté sur le territoire ou extradé.

En Italie, les dispositions préliminaires du Code pénal sarde punissaient (art. 7) l'étranger qui a commis, à l'étranger, un crime contre la sûreté de l'État, dans les mêmes conditions d'arrestation ou d'extradition.

La loi pénale hongroise est plus étendue en même temps que plus détaillée : elle permet de punir l'étranger qui a commis, à l'étranger, un des crimes ou délits déterminés aux chapitres I, III, IV de la seconde partie de son Code, c'est-à-dire tous les crimes de lèse-majesté, et tous les crimes ou délits *d'infidélité*, qui d'après les termes de la loi, peuvent être commis par d'autres que par des sujets hongrois, et notamment, le fait d'avoir communiqué à l'ennemi des documents secrets concernant la sûreté ou les intérêts majeurs de l'État hongrois (art. 146), et le fait d'avoir provoqué à l'infidélité par distribution ou exposition, en public, d'écrits, imprimés ou représentations figurées (art. 149 et 134), etc.

lement territoriales. En effet, le délinquant n'est pas soumis à la juridiction de sa résidence, *mais à celle du lieu où se manifeste son activité* (? *.* S'il agit à distance, s'il étend son action à un territoire autre que celui où il se trouve, il deviendra justiciable de cette nation étrangère, à raison des faits qui se seront passé sur le domaine de celle-ci... Le criminel ne saurait se plaindre d'être régi par les lois du pays, qu'il a eu en vue, au sein duquel il a prolongé son action... De même qu'il y devrait compte de l'incendie qu'il y aurait allumé, en lançant des matières inflammables, de l'autre côté de la frontière, de même, il est tenu des perturbations qu'il a causées, en y jetant des brandons de discorde. »

L'étranger peut être jugé, en son absence, par contumace ou par défaut.

Le Code pénal des Pays-Bas ne consacre pas une extension aussi grande de sa compétence extra-territoriale. Son article 4 est ainsi conçu : « La loi pénale néerlandaise s'applique à quiconque, hors du royaume, en Europe, se rend coupable : 1° d'un des délits spécifiés dans les articles 92 à 96, 105 et 108 à 110 ; 2°..... » Or les délits ainsi prévus sont : les attentats contre la vie ou la liberté du roi, de la reine, de l'héritier présomptif, d'un membre de la famille royale ; les voies de fait contre les mêmes personnes ; les attentats et les complots contre la constitution et contre l'assemblée ou conseil de la régence ; enfin les fraudes dans la livraison des choses nécessaires au service de la flotte et de l'armée. Comme on le voit, ni les actes d'espionnage, ni les actes de trahison ne sont imputables à des étrangers qui ont agi hors du royaume, mais, par contre, ces derniers peuvent être jugés par coutumace.

Nous arrivons, en dernier lieu, au Code pénal allemand, qui paraît, en théorie, le moins sévère et le plus indulgent de tous, mais qui se prête, paraît-il, dans la pratique, à des interprétations assez élastiques, pour donner lieu, de temps à autre, à des incidents internationaux.

On se souvient encore du retentissement et de l'émotion causée en France, il y a quelque temps, par l'affaire de Pagny : un commissaire de police de cette ville, M. Schnœbelé, ayant franchi la frontière allemande, était arrêté et incarcéré, en attendant qu'il fut jugé par la haute cour de Leipzig pour crime de haute trahison envers l'Allemagne. On reprochait à M. Schnœbelé, d'avoir cherché, sur le territoire de la France, à obtenir et à recueillir des renseignements et des informations plus ou moins secrètes sur les forces militaires de l'Empire, pour en faire profiter son gouvernement. Tels étaient les faits qui constituaient, chez lui, le crime de haute trahison, et on le poursuivait, en vertu de l'article 4 du Code pénal allemand ainsi conçu : « Les crimes et délits commis, en pays étranger, ne sont, en règle générale, soumis à aucune poursuite. Peuvent néanmoins être poursuivis d'après les lois pénales de l'Empire d'Allemagne : 1° Tout étranger, qui en pays étranger, s'est rendu coupable de haute trahison contre l'Empire d'Allemagne ou un des États de la Confédération, ou du crime de fausse monnaie.., etc... » Or, quels sont les faits constitutifs de la haute trahison, aux termes de l'article 81 ? nous les connaissons déjà, en partie : 1° Le fait d'avoir entrepris de tuer un des souverains de la Confédération, ou de le faire prisonnier, etc. ; — 2° le fait d'avoir entrepris de changer violemment la constitution de l'Empire d'Allemagne..., ou l'ordre de succession au trône, dans l'un des États confédérés ; — 3° le fait d'avoir entrepris d'incorporer violemment le territoire de la Confédération en tout ou en partie, à un État étranger ou d'en détacher violemment une partie ; — 4° le même fait, à l'égard d'un des états confédérés. Et c'est tout. Eh bien, peut-on raisonnablement faire rentrer dans l'un quelconque des numéros qui précèdent le fait d'avoir simplement recueilli des renseignements sur les forces militaires de l'Empire ? Peut-on dire, sans faire crier les mots, qu'on peut trouver, dans des actes d'espionnage, *l'entreprise d'incorporer violemment le territoire de la confédération à un État étranger* ? Et c'est cependant ce qu'on était obligé de dire pour justifier les poursuites contre M. Schnœbelé. Il est inutile, je crois, d'insister pour faire comprendre qu'une pareille théorie était inadmissible en droit, alors qu'on eut voulu l'appliquer à un simple particulier, individualité sans mandat, libre de faire ou de ne pas faire un acte qui contrariait l'intérêt d'une puissance étrangère.

Mais cette théorie était encore bien plus inadmissible, en face d'un fonctionnaire, agissant dans le cercle d'activité de ses fonctions, comme l'était le commissaire de police Schnœbelé.

Il est universellement reconnu, ainsi que nous l'avons dit, que les nations peuvent très licitement chercher à se renseigner sur ce qui se passe chez les autres, ou, pour dire le mot, pratiquer l'espionnage vis-à-vis de leurs voisines. Mais une nation est une entité abstraite, qui ne vit et ne se manifeste qu'à l'aide d'une série d'individus que l'on nomme des fonctionnaires publics. Ce qui est innocent pour la nation prise en sa collectivité sera donc innocent pour chaque individualité qui la représente, pour chaque fonctionnaire à qui elle délègue une partie de son autorité. Or puisque c'est une nécessité pour elle de surveiller ce que fait le peuple voisin, puisque ses investigations par delà la frontière sont légitimes, lorsqu'elle ne viole pas les principes du droit des gens, on ne peut considérer comme coupable le fonctionnaire nommé pour pourvoir à cette nécessité, pour faire ces investigations. Sans doute, l'État étranger a le droit de se défendre, et si le fonctionnaire, par exemple, franchissait la frontière et se livrait secrètement à l'espionnage, sur le territoire étranger, il pourrait assurément être arrêté, sans que sa qualité pût le protéger contre des poursuites parfaitement légales ; mais s'il n'étend son activité que dans les limites du mandat qu'il a reçu, s'il ne cherche à recueillir des renseignements que sur le sol de son pays, s'il ne pénètre sur la terre étrangère, comme dans le cas qui nous occupe, qu'accidentellement, soit pour voyages d'affaires, soit pour des motifs de convenance privée, on ne saurait l'incarcérer pour des actes commis antérieurement, dans la sphère de ses attributions, et, somme toute, pour remplir le devoir qui lui incombait. « Une telle prétention est la négation même des nécessités de l'existence internationale et des principes de mutuelle indépendance qui en sont la condition fondamentale[1]. » D'ailleurs, quel que soit le point de vue auquel on se place, aucun des actes reprochés au commissaire Schnœbelé, ne pouvait, je le répète, aux termes du Code pénal allemand, fournir les éléments d'une accusation pour crime de haute trahison ; l'extension abusive qu'on avait dû donner dans cette circonstance, à l'extra-territorialité de la loi pénale ne pouvait venir que d'un ministre qui, un jour, a prononcé ces paroles devant l'assemblée de son pays : « La politique étrangère n'a rien à voir avec les théories juridiques[2]. »

1. Édouard Clunet, *Journal de droit international privé*, année 1887, p. 404.

2. Discours de M. de Bismark, au Reichstag, le 3 décembre 1851.

CHAPITRE IX

L'ESPIONNAGE AUTORISÉ

J'ai réservé pour les pages qui vont terminer cette modeste étude, un des plus bizarres spécimens de l'illogisme des hommes, en général, et des gouvernements, en particulier. Cet espionnage, que nous avons vu réprimé avec rigueur, chez tous les peuples, et d'une façon ignominieuse, chez quelques-uns, cet espionnage dont on cherche partout à se garantir, en faisant des lois nouvelles, et en multipliant contre lui les hypothèses des incriminations, nous allons le voir maintenant s'étalant au grand jour dans des hôtels somptueux, comblé d'honneurs, de privilèges et de décorations, et si ce n'est pas assez dire, provoqué ouvertement par les États qui le redoutent et qui lui donnent néanmoins l'hospitalité la plus grande et la plus cordiale.

§ 1er. — Privilèges et immunités du corps diplomatique.

Depuis que les progrès de la science et de la civilisation ont étendu les relations politiques et commerciales entre les différents peuples, on a reconnu qu'il était nécessaire que les gouvernements pussent fréquemment correspondre entre eux, pour le bien de leurs affaires et pour éviter les différents. Une explication franche et loyale peut souvent faire cesser un désaccord qui ne provient que d'un malentendu, et il est certainement bon et utile de favoriser l'échange de ces explications, en cherchant-les moyens les plus pratiques de les rendre promptes et faciles. Ces moyens, on a cru les trouver dans l'institution des missions diplomatiques permanentes entre les différents États ; cette institution a été élevée, après la paix de Westphalie, à la hauteur d'un droit réciproque, et aujourd'hui, elle est définitivement fixée et incorporée au Code international [1].

Les agents diplomatiques, autrefois appelés *legati*, ont reçu, de nos jours, la dénomination générique de *ministres publics* : ils se divisent, suivant l'importance de leurs fonctions et du pays où ils résident, en *ambassadeurs* ordinaires ou extraordinaires, *envoyés*, *résidents*, *ministres plénipotentiaires* et *chargés d'affaires*. Sans entrer dans le détail de la hiérarchie et des pouvoirs différents de ces divers agents, disons que leur rôle principal consiste à représenter leur souverain, à l'égard de la nation auprès de laquelle ils sont accrédités : qu'ils sont des mandataires entre deux autorités qui ne peuvent correspondre directement avec facilité, chargés de transmettre les instructions qu'ils reçoivent, de faire des communications à titre officiel ou officieux, et de rendre compte à leurs man-

1. Wheaton, *Élém. du Dr. internat.* — Voyez aussi Vattel, *op. cit.* ; Wicquefort, l'*Ambassadeur et ses fonctions* ; — De Martens et Bluntschli, *loc. cit.*

dants de tous les actes accomplis dans la mission qui leur a été confiée.

Mais en dehors de cette fonction, dont l'utilité et la légitimité ne sont pas contestables, tout agent diplomatique digne de ce nom doit en remplir une seconde, moins officielle, à coup sûr, mais tout aussi nécessaire, au dire de tous ceux qui ont traité cette question. L'agent diplomatique doit observer habilement, en y mettant toute la discrétion possible, le gouvernement auprès duquel il réside, il doit surveiller assidûment tout ce qui s'y passe, écouter parler les uns et regarder agir les autres, se tenir au courant de tout ce qui peut survenir de nouveau dans la situation politique, industrielle et militaire du pays, se procurer tous les documents intéressants, secrets ou non ; en un mot, tout voir et tout entendre, et transmettre fidèlement ses observations et ses renseignements au souverain qu'il représente[1]. Dans le langage courant et dans la pratique ordinaire, on appelle tout cela de l'espionnage, mais ici, c'est simplement de la diplomatie.

Le droit et la nécessité des ambassades une fois établis, l'inviolabilité des ambassadeurs en est, pour ainsi dire, le corollaire. Si leur personne n'était pas à l'abri de toute violence, si leur liberté n'était pas garantie par une sûreté parfaite, l'institution elle-même serait bien précaire et son succès très incertain. Le droit des gens admet donc partout que la personne des ministres publics, est *inviolable* et *sacrée*, comme celle du souverain qu'ils

---

1. Pour correspondre plus sûrement avec leurs gouvernements, les ministres publics se servent habituellement de la *cryptographie*, qui est l'art d'écrire avec des signes secrets et de lire les textes ainsi rédigés. Les systèmes employés dans la *cryptographie* sont fort nombreux. C'est de Richelieu et du père Joseph que date le grand développement donné à cette science.

représentent. Quiconque leur fait injure ou violence, devient responsable de ses actes devant la nation tout entière, à laquelle appartient le ministre. Ce qui serait, dans les cas ordinaires, un simple différent de personne à personne, prend ici une extension considérable, devient un différent de nation à nation, et peut donner naissance à un *casus belli*, si la réparation n'est pas accordée. Ce différent peut même prendre des proportions plus grandes encore, si la mauvaise foi de la nation qui a permis l'outrage et ne veut pas le réparer, est certaine : sa conduite devient alors blessante pour la sûreté commune et le salut des nations ; elle commet un crime à l'égard de tous les peuples, et ceux-ci sont, dès lors, autorisés à prendre les armes, pour lui demander raison.

Ces considérations ont fait établir les dérogations suivantes aux règles du droit commun : 1° le ministre public, ainsi que sa famille et les gens qui font partie de sa maison, sont pleinement indépendants de la juridiction civile du pays où il réside. Il ne faut pas, en effet, qu'il puisse être obsédé par des procès et des chicanes, qui lui prendraient son temps et ne lui laisseraient pas assez de liberté pour s'acquitter des devoirs de sa charge. Le citoyen qui a des droits civils à faire valoir contre lui, devra donc se désister en vertu d'une sorte d'expropriation, pour cause d'utilité publique, et remettre le soin de ses intérêts entre les mains de son gouvernement, qui fera valoir ses droits par la voie diplomatique, ou lui donnera un dédommagement équivalent.

2° Le ministre public, sa famille et sa suite sont indépendants de la juridiction criminelle du pays où ils résident. Cette deuxième dérogation est encore plus nécessaire que la première, et elle n'a même pas besoin d'être expliquée, car elle a presque la force d'un axiome ; on comprend aisément que s'il n'était pas admis en principe, que les ministres ne sont pas justiciables des Etats où ils sont accrédités, leur mission ne serait plus possible, car chaque fois qu'ils deviendraient suspects ou simplement désagréables, chaque fois que le gouvernement aurait la fantaisie de fouiller dans leurs archives, pour y recueillir des documents intéressants, il serait très facile de simuler une information judiciaire, d'impliquer le ministre dans une accusation imaginaire, de se saisir de sa personne, et tandis qu'il serait sous les verrous, de charger un magistrat intelligent et consciencieux de procéder à une perquisition aussi complète que possible au domicile habité par lui. La possibilité d'une pareille procédure serait donc exclusive de l'essence même du droit d'ambassade, et le droit des gens ne l'a jamais admise.

Indépendamment du corps diplomatique proprement dit, les gouvernements ont à leur disposition d'autres agents officiels de renseignements dont je vais dire quelques mots, et qui figurent, eux aussi, au nombre des moyens permis de faire de l'espionnage.

Chaque nation possède aujourd'hui des bureaux d'état-major, qui s'occupent de statistique et d'histoire militaire : cette institution est fort utile, car c'est le meilleur moyen de tenir l'armée au courant de tout ce qui se passe au dehors et de lui inculquer la connaissance des inventions nouvelles et des meilleurs procédés d'armement. Ces bureaux font paraître des publications périodiques, des traductions d'ouvrages étrangers et des données de toute nature, puisées dans les livres, les journaux, les revues, etc. Mais tout cela, en y ajoutant les émissaires secrets et les vrais espions, ne suffit pas encore pour obtenir tous les renseignements dont on a besoin, et, depuis quelques années, l'usage s'est établi entre nations de s'envoyer réciproquement des attachés militaires ou maritimes et de les adjoindre au personnel des ambassades [1]. Ces attachés sont pris parmi les officiers supérieurs ou subalternes les plus intelligents et les plus instruits, et comme leur compétence, en matière militaire, est naturellement plus grande que celle des agents diplomatiques ordinaires, ils sont spécialement chargés d'étudier et d'observer tout ce qui touche à l'armée, de se mettre au courant des innovations en matière d'armement, d'équipement, de manœuvres topographiques, etc., et d'en rendre un compte exact et fidèle à leurs bureaux d'état-major respectifs.

La France compte ainsi vingt officiers détachés dans les différentes capitales, et donne en échange l'hospitalité de la sienne à dix-sept attachés militaires et à six attachés maritimes, représentant ensemble quinze puissances. Surveillés étroitement par chaque gouvernement, ces attachés n'en participent pas moins aux privilèges et aux immunités des corps diplomatiques; ils sont, en outre, invités aux manœuvres de corps d'armée, aux manifestations et aux fêtes militaires, quelquefois même à des expériences techniques intéressantes; ils possèdent donc des moyens d'investigation très-étendus et peuvent être d'une extrême utilité, alors même qu'ils se contentent d'agir dans le cercle légal de leurs attributions.

En dehors des attachés militaires permanents, et sans

1. Cette institution date officiellement de 1864; elle n'avait pas autrefois la même raison d'être, les diplomates étant presque toujours recrutés parmi les gens d'épée. D'après une information du *Figaro* (28 novembre 1888), les puissances négocieraient, en ce moment, la suppression des attachés militaires. Cette nouvelle mérite d'être confirmée.

parler des officiers envoyés en mission temporaire, accidentelle ou secrète, il est d'usage, entre peuples civilisés, d'échanger, au moment des grandes manœuvres, des officiers chargés de les suivre. Ces personnages qui partent avec le mandat de voir et d'entendre le plus possible, de tout analyser pour rapporter beaucoup de renseignements, sont accueillis avec la bienveillance la plus cordiale, et tandis que celui qui serait trouvé remplissant le même rôle, mais sans invitation et sous un déguisement, serait impitoyablement jeté en prison, eux les privilégiés, reçus à titre gracieux, peuvent se procurer, sans danger, tous les documents qu'il leur paraît bon de recueillir, et leur mission terminée, ils repartent comblés d'honneurs et la poitrine constellée d'ordres et de croix.

Il y a d'autres sources légitimes de renseignements. Quelquefois les États s'envoient des personnes de confiance pour traiter d'affaires importantes, sans leur attribuer un caractère formel de ministre ; il peut se faire, en effet, que, dans l'intérêt même d'une négociation, il soit convenable de laisser ignorer au public la qualité de l'envoyé qui en est chargé. Il se peut encore que cet envoyé ait la mission d'entamer avec le gouvernement ou avec des personnes intermédiaires des pourparlers, pour lesquels il n'ait aucun besoin d'être accrédité.

Quelquefois aussi, lorsqu'on ne veut pas recevoir d'un État, pour des motifs quelconques, des ministres légitimés en forme, il est néanmoins utile, pour entretenir des relations avec cet État, de recevoir de lui des représentants

---

1. En temps de guerre, les états neutres envoient souvent des officiers, étudier les opérations militaires et observer la marche des évènements. Les belligérants ont le droit d'accepter ou de refuser ces officiers.

sans caractère public. Toutes ces hypothèses constituent différents genres de ce qu'on appelle les *missions secrètes*. Il est de règle, dans tous ces cas, bien que les personnes dont nous venons de parler, ne soient, aux yeux des tiers, que de simples particuliers, que le gouvernement, qui est informé de leur véritable destination, les laisse jouir d'une inviolabilité entière et des mêmes immunités que les autres agents officiels[1].

Il existe enfin une dernière classe de personnes qui peuvent, quoiqu'avec moins de garanties et de facilités, se livrer à l'espionnage autorisé. Je veux parler des *consuls*, établis par les États dans les principaux centres de commerce des nations étrangères, pour y sauvegarder les intérêts de leurs nationaux. Les consuls ne représentent pas, au même titre que les membres du corps diplomatique la souveraineté de la nation qui les institue; ils ne participent donc pas aux mêmes prérogatives, et seraient justiciables des tribunaux civils et criminels du pays dans lequel ils exercent leurs fonctions. Mais on leur reconnait, toutefois, une certaine immunité, en matière criminelle, et en cas de perquisition judiciaire, notamment, les autorités ne peuvent, sous aucun prétexte, visiter ou saisir les documents relatifs aux affaires du consulat.

Que de facilités, on le voit par ce qui précède, pour une nation qui prémédite une invasion, de prendre ses renseignements à l'avance et de bien connaître les ressources de son futur adversaire !

1. Un usage constamment reconnu et observé par tous les peuples, conserve aussi aux souverains leur inviolabilité personnelle, pendant leur séjour en pays étranger, quel que soit le but dans lequel ils s'y trouvent. Mais il faut pour cela qu'il s'agisse d'un souverain régnant, et qu'il ait donné connaissance au gouvernement de son arrivée dans le pays.

§ 2. — Pratiques anciennes.

On me permettra de faire ici un peu d'historique pour bien montrer que ce chapitre a sa raison d'être, qu'il ne repose pas sur des hypothèses invraisemblables, quoique possibles, mais bien, au contraire, sur des réalités profondément vraies et, à mon humble avis, profondément regrettables.

Il est certain que les diplomates, ceux de l'ancienne école, tout au moins, avaient une morale toute spéciale, exclusivement fabriquée pour leur usage personnel. Au moyen âge jusqu'au XVII⁰ siècle, l'art des négociations politiques ne fut qu'une combinaison de ruses, de finesses et de mensonges qui, masquant sous les apparences du droit, les procédés les plus habiles, provoquait cette boutade d'un homme du métier : « *Legatus est vir bonus peregre missus ad mentiendum reipublicæ causa*[1]. » Cette morale était, sans doute, le résultat des instructions données par Machiavel dans son livre du *Prince*, livre où il professait la théorie du succès par tous moyens, et donnait aux souverains ou à leurs représentants des conseils de ce genre : « Un prince bien avisé ne doit point accomplir sa promesse, lorsque cet accomplissement lui serait nuisible, et que les raisons qui l'ont déterminé à promettre n'existent plus... Dans les actions des hommes et surtout des princes, *qui ne peuvent être scrutées devant un tribunal,* ce que l'on considère, c'est le résultat... Il faut se défier du premier mouvement, c'est le bon... La parole a été donnée à l'homme pour déguiser sa pensée. »

1. Henry Wolton, ambassadeur de Jacques I⁰ʳ, roi d'Angleterre, à Venise.

Ces avis ont largement porté leurs fruits : il suffit, pour s'en convaincre, de remonter un peu dans le passé et d'étudier les actes des grands négociateurs des époques de François 1er, de Frédéric II, de Louis XV. Qu'on juge des procédés usités alors par les deux échantillons suivants rapportés par un contemporain[1]. Frédéric II, désirant savoir ce que le comte de Broglie, qui était alors notre ambassadeur à Dresde, pensait de lui, lui fit voler ses papiers par le comte de Maltzahn, ambassadeur de Prusse à Dresde : celui-ci, pour mener à bien son opération, profita d'une grave maladie du secrétaire qui remplaçait le comte de Broglie en son absence ; vint, à titre d'ami, s'installer à l'ambassade, et sous prétexte de veiller sur les archives, emporta tous les documents qui lui parurent offrir quelque intérêt.

Même délicatesse à la cour de Vienne, lorsque le prince de Rohan, représentait Louis XV auprès de l'Autriche. Cet ambassadeur avait trouvé le moyen d'arriver au cabinet du premier ministre de Marie-Thérèse, M. de Kaunitz, de lire dans ses papiers les plus intimes, et là, il avait découvert que la cour de Vienne était parvenue à se procurer et à déchiffrer toute la correspondance secrète du gouvernement français. Il prévenait aussitôt son maître, tandis que dans le même temps, M. de Mercy, ambassadeur d'Autriche à Paris. rivalisant de zèle et d'habileté, surprenait les révélations du prince de Rohan et avertissait son gouvernement. Aussi un ancien commis aux affaires étrangères, tout en condamnant de semblables théories, ajoutait-il que pour ne pas se *faire lapider dans le monde politique*, il se bornait à conseiller à

---

1. Duc de Bloglie, *Diplomàtie secrète de Louis XV.*

n'y avoir recours qu'au défaut de tout autre moyen [1].

Hâtons-nous de dire qu'un courant très accentué de réaction s'est produit, depuis cette époque, dans le monde des diplomates, et que la politique machiavélique, déjà flétrie par Vattel en termes indignés, est aujourd'hui universellement frappée de réprobation. On a fini par comprendre que ce qui déshonorerait la conscience d'un homme-privé, ne pouvait être excusable chez l'homme public, et que, somme toute, il n'y avait qu'à gagner avec la franchise et l'honnêteté.

§ 3. — Ce qui est licite. — Ce qui est illicite.

Wicquefort a dit : « Un ambassadeur est un espion distingué qui est sous la protection du droit. » Cette parole est toujours vraie, malgré l'abandon des procédés odieux, dont je parlais dans le paragraphe précédent. Le droit des gens, tenant compte des progrès accomplis et de la morale plus élevée, admise, en notre siècle, dans la diplomatie, n'en autorise pas moins la recherche et la communication de tous les secrets intéressants. Mais dans quelle mesure cette recherche est-elle permise, quels sont les moyens licites pour y parvenir, c'est ce que le droit des gens ne dit pas d'une façon positive, c'est ce qui fait encore l'objet des plus vives controverses.

Il est tout d'abord certain que tout ce qui tendrait à troubler l'ordre public d'une nation, ou serait de nature à porter une sérieuse atteinte à la sécurité d'un État, est sévèrement réprouvé et pourrait donner ouverture à une demande de réparation.

1. Pecquet, *Discours sur l'art de négocier avec les souverains*. Paris, 1737.

Mais parmi les moyens plus ordinaires et moins dange-
reux de se procurer des renseignements, on se demande
si l'agent diplomatique peut employer la corruption pour
circonvenir les sujets ou les fonctionnaires de l'État où il
réside. Bon nombre d'auteurs semblent l'admettre dans
une certaine mesure : c'est ainsi que le baron Ch. de Mar-
tens[1], après avoir dit, qu'au point de vue général, il n'est
pas douteux que la corruption ne soit une pratique
odieuse, puisqu'elle est fondée sur un crime caractérisé,
ajoute qu'il y a toutefois des cas où elle peut être em-
ployée sans blâme : « Ainsi, lorsqu'une puissance est
justement suspecte ; qu'on a des indices de ses mauvaises
intentions ; qu'elle est remuante et que son ambition de-
venue dangereuse inspire des craintes fondées, le droit
de la propre défense semble permettre à l'État menacé de
recourir à la voie de la corruption, pour découvrir et
faire échouer des projets pernicieux. »

Malheureusement M. de Martens ne nous dit pas quel
sera le juge pour décider que toutes ces conditions se
trouveront réunies et que l'État peut invoquer le *droit de
la propre défense*. Si c'est l'État intéressé, qui est le seul
juge, quelle pente glissante que celle où on l'engage, et
comme il prendra vite, pour se justifier à ses propres
yeux, de simples apparences pour la réalité !

Vattel tient à peu près le même langage et doit suggé-
rer les mêmes réflexions : « Si jamais la corruption est
excusable, c'est lorsqu'elle se trouve l'unique moyen de
découvrir pleinement et de déconcerter une trame odieuse
capable de ruiner ou de mettre en grand péril l'État que
l'on sert. Celui qui trahit un pareil secret, peut, selon les
circonstances, n'être pas condamnable ; le grand et légi-

1. *Guide diplomatique* (1832), t. I, p. 128 et 129.

time avantage qui découle de l'action qu'on lui fait faire, la nécessité d'y avoir recours, peuvent nous dispenser de nous arrêter trop scrupuleusement sur ce qu'elle peut avoir d'équivoque de sa part... Tous les jours, on se voit obligé, pour faire avorter les complots des méchants, de mettre en œuvre les dispositions vicieuses de leurs semblables. »

Mêmes principes dans le *Précis du droit des gens*, de G. F. de Martens[1] : « ... Il y a une différence entre le cas où, de son chef, on tente de corrompre, et celui où l'on profite des offres d'un traître ; ensuite le but même de la corruption peut influer sur sa nature. Le ministre qui corrompt pour exciter une rébellion se déclare lui-même l'ennemi de l'État, et traître, en ce qu'il prend le masque d'ami ; il n'en est pas de même de celui dont le but est de découvrir un secret ou d'obtenir des complaisances... Il est des cas où notre propre conservation nous autorise à manquer aux devoirs, d'ailleurs parfaits, envers d'autres. — De même on ne peut condamner, en temps de guerre, comme moyen illégitime, la corruption employée pour réduire les officiers ou autres sujets ennemis, et les engager, soit à révéler un secret, soit à rendre une place, soit même à la révolte ; c'est à chaque État à s'en garantir par le choix de ses employés et par la sévérité des peines, dont il punit de *tels crimes*. »

Quelle singulière théorie et quelle contradiction ! L'auteur avoue, en toutes lettres, que ce sont là des *crimes*, et il déclare qu'on ne peut les condamner comme *illégitimes*. Y a-t-il donc des crimes qui soient légitimes ? J'avoue humblement, pour ma part, que je ne comprends rien à toutes ces distinctions. Il me semble que, dans

1. *Op. cit.*, §§ 232 et 274.

tous les cas, la corruption est un moyen contraire à toutes les règles de l'honnêteté la plus vulgaire, et qu'elle blesse évidemment la loi naturelle. Je ne puis admettre une telle élasticité, dans les lois de la morale, et j'approuve pleinement Pinheiro-Ferreira, l'annotateur de l'ouvrage de M. de Martens, lorsqu'il s'écrie : « Cette doctrine est non-seulement erronée, elle est abominable. La fin ne justifie pas les moyens. Employer à notre conservation des moyens illicites est un crime; engager quelqu'un à commettre une trahison pour nous sauver, est un acte de scélératesse [1]. »

§ 4. — Répression des actes illicites.

Que va faire l'État, lorsqu'un agent diplomatique, se retranchant derrière le privilège d'extra-territorialité qui le couvre, dépassera les bornes de l'indiscrétion permise ou commettra des actes qui mettent en danger la sûreté de la nation? Va-t-il se trouver désarmé, en face des manœuvres déloyales d'un perturbateur et être obligé de souffrir chez lui celui qui viole les lois de l'hospitalité ?

Ici encore les auteurs sont indécis et le droit international flotte incertain entre des solutions parfois contradictoires, sans savoir à laquelle il doit s'arrêter.

Il faut dire tout d'abord que, dans l'état actuel de notre civilisation, et grâce à la réforme qui s'est opérée dans

---

1. Indépendamment de la corruption, il y a bien d'autres pratiques interdites au corps diplomatique. C'est ainsi que les ambassadeurs ou autres ministres publics ne seraient pas autorisés, en temps de guerre, à envoyer sur la position et les forces des troupes, des rapports dont l'autre belligérant pourrait tirer parti. — Voir Bluntschli, *loc. cit.*, § 637.

les mœurs internationales, les cas dans lesquels un État
se voit obligé de prendre des mesures de défense contre
un ambassadeur, deviennent de plus en plus rares. Tant
que l'ambassadeur, en effet, se borne à recueillir des ren-
seignements, sans recourir à la corruption ou à d'autres
manœuvres inavouables, il reste dans les limites recon-
nues de l'espionnage autorisé, et ses actes ne peuvent
soulever aucune réclamation. La question ne se pose que
s'il profite des immunités de sa situation pour violer
ouvertement les lois, en cherchant, par exemple, à s'em-
parer frauduleusement de documents secrets, ou en fo-
mentant des cabales et des complots contre le gouver-
nement établi.

Tous les auteurs sont d'accord pour reconnaître à l'État
le droit non contestable, dans de telles circonstances, de
provoquer le rappel de l'ambassadeur et au besoin de le
faire reconduire à la frontière, sans attendre que son
gouvernement ait acquiescé à la demande de révocation.
Mais quelques-uns vont beaucoup plus loin et admettent,
dans certains cas, l'emploi de mesures coërcitives contre
la personne de l'agent diplomatique : « En matière de
crimes contre l'État, disent MM. Goddyn et Mahiels [1], le
gouvernement peut, si le péril est urgent, se saisir de la
personne du ministre jusqu'à ce que tout danger soit
passé. » D'après G. F. de Martens [2], « le gouvernement
conserve le droit non-seulement d'éloigner de son terri-
toire un ministre qui y a commis un crime, mais même
en cas de crime d'État, d'employer tous les moyens né-
cessaires, d'après les circonstances, pour la sûreté de
l'État..... Si le danger est urgent, on se permet de se

1. *Loc. cit.*, p. 15.
2. *Op. cit.*, § 218.

saisir de la personne du ministre, jusqu'à ce que le danger soit passé ». Vattel [1] nous donne à peu près les mêmes conclusions : « S'il était nécessaire, pour déconcerter et prévenir une conjuration, d'arrêter, de faire périr même un ambassadeur qui l'anime et la dirige, je ne vois pas qu'il y eut à balancer, non-seulement parceque le salut de l'Etat est la loi suprême, mais encore parceque, indépendamment de cette maxime, on en a un droit parfait et particulier, produit par les propres faits de l'ambassadeur. »

« En cas de nécessité, nous dit aussi M. Bluntschli [2], et spécialement, si l'envoyé a participé à des actes d'hostilité ou de haute trahison contre l'État auprès duquel il est accrédité, ce dernier pourra le faire arrêter et retenir jusqu'à ce qu'il ait été fait droit à ses réclamations ultérieures. Mais même dans ce cas, l'État lésé n'a pas le droit de juger l'envoyé. » M. Morin [3] va encore plus loin que cela et il admet des poursuites judiciaires contre l'agent coupable : « Que s'il y avait preuve acquise d'un crime et surtout si la sûreté de l'état était compromise, nous préférerions la solution suivant laquelle le ministre public luimême, au lieu d'être seulement renvoyé dans son pays, pourrait être arrêté, interrogé et jugé, dans le cas de nécessité ou d'urgence, pour la défense de l'État. »

Une pareille doctrine me semble incompatible avec l'indépendance nécessaire des ministres publics. Il n'y a qu'un seul cas où l'on pourrait, à mon avis, s'emparer de leur personne ou même les faire périr, c'est lorsqu'ils en viennent aux voies de fait, qu'ils prennent les armes,

1. *Op. cit.*, § 99.
2. *Op. cit.*, § 210.
3. *Op. cit.*, l. I, chap. ii, p. 115.

qu'il usent de violence. Il est évident qu'on est autorisé
ici à repousser la force par la force, à opposer la violence
à la violence ; la défense de soi-même est de droit na-
turel. Mais dans tous les autres cas, admettre en principe
qu'on peut arrêter et détenir un ambassadeur, n'est-ce
pas ouvrir la porte à tous les abus? Un gouvernement
qui aura quelque intérêt à se saisir d'un ministre pour
parcourir ses archives et ses papiers secrets, pourra tou-
jours prétendre qu'il est impliqué dans un attentat contre
la sûreté de l'État. Rien n'est plus élastique qu'une incri-
mination de ce genre, et l'auteur de la poursuite serait,
en ce cas, le seul juge de ses actes ; les nations étrangères
ne pourraient, en effet, avoir la prétention de décider
elles-mêmes de ce qui peut, aux yeux d'un autre État,
constituer un péril pour sa sûreté ; elles se trouveraient
donc désarmées devant une accusation d'attentat politique
portée contre un de leurs ambassadeurs, et ne seraient
pas légalement en droit d'exiger une réparation.

Aussi la pratique des gouvernements de l'Europe a-t-elle
toujours repoussé cette solution, jugeant avec raison
qu'en accepter le principe, c'était détruire, dans son
essence même, l'institution si nécessaire des missions
diplomatiques.

CHAPITRE X

En arrivant à la fin de cette étude modeste et sans prétention, mais sincère et consciencieuse, je reporte mes regards en arrière, et je me demande quel enseignement pratique on peut tirer de tout ce qui précède. Une constatation qui n'est point faite pour rehausser le prestige de l'humanité, s'impose tout d'abord : par une étrange destinée, l'espionnage qui aurait dû, semble-t-il, disparaître avec les mœurs des époques barbares, s'est accru, comme la guerre, dont il est, en quelque sorte, le corollaire, en raison directe des progrès admirables pourtant de notre civilisation. N'est-il pas profondément triste et décourageant, pour un esprit paisible, qui ne comprend rien assurément aux exigences de la politique et qui n'est d'ailleurs que fort peu accessible aux théories malthusiennes, de voir multiplier, chaque jour, les engins de destruction et de ruine, tandis que les découvertes de la science et de l'industrie s'efforcent de faire la part si belle à nos aspirations vers le bien-être ? Que l'on évoque, par la pensée, le magique tableau de tous les peuples d'Europe marchant unis et la main dans la main, exonérés du fardeau écrasant des budgets de leurs armées et renvoyant à l'agriculture ou aux occupations intellectuelles les millions d'hommes dont ils stérilisent les forces vives et qu'ils destinent à des hécatombes impies. Quelle magnifique solution de cette question sociale qui nous ronge et qui menace d'engloutir le vieux monde dans les abîmes creusés par une révolution sans précédent! Mais cette solution, entrevue déjà par Henri IV, n'est, paraît-il, qu'une utopie sans consistance, indigne de faire l'objet des réflexions des cerveaux bien équilibrés, et, en attendant que les fous d'aujourd'hui deviennent peut-être les sages de demain, plus que jamais on proclame que la guerre est un mal nécessaire et inévitable.

Il faut donc nous résigner à l'accepter avec toutes ses conséquences, parmi lesquelles l'espionnage tient la première place. Mais, du moins, il faut nous efforcer de la civiliser le plus possible, d'en réglementer les mœurs, les usages, les théories; de tout cela, il faut faire des lois sévères que les belligérants ne pourront plus enfreindre sans s'exposer non-seulement à la réprobation platonique des autres peuples, mais encore à une rigoureuse répression par la force. Telle est la tâche du droit international public.

Pour l'espionnage, tout particulièrement, quelles sont les réformes désirables? Je les ai indiquées, au cours de cet ouvrage, mais il est bon de résumer ici les plus saillantes, celles qu'il importe de réaliser à bref délai. La plus importante a été formulée par l'Institut de droit international, dans son *Manuel des lois de la guerre sur terre* : « Aucun individu accusé d'espionnage ne doit être puni avant que l'autorité judiciaire ait prononcé sur son

sort. » Cette règle a été inspirée par l'atroce conduite des
Allemands, en 1870, qui traitaient en espions et fusil-
laient, sans jugement, nos francs-tireurs, nos courriers
et nos aéronautes. Les jugements et les exécutions som-
maires, en temps de guerre, doivent être rigoureusement
proscrits ; quelles que soient les circonstances, l'autorité
militaire doit procéder légalement, respecter les droits
de la défense, entendre l'accusé et le juger avec impar-
tialité.

On doit ensuite user, le plus rarement possible, de la
peine de mort contre l'espion, car il ne professe pas tou-
jours des opinions criminelles, et souvent, au contraire,
il croit faire son devoir, comme le soldat fait le sien. Que
la peine de mort reste inscrite dans les Codes militaires,
je le veux bien, puisque les espions font courir de grands
dangers aux armées et qu'il est bon de les effrayer, mais
qu'on ne l'applique que dans les cas les plus dangereux,
car elle serait, le plus souvent, cruelle et inutile, et les
peines privatives de liberté suffisent à la préservation que
l'on cherche.

Je ne puis m'empêcher d'adresser ici une critique à la
presse, qui s'est faite parfois inconsciemment l'auxiliaire
de l'étranger. Les reporters n'ont habituellement d'autre
souci que de donner les premiers une nouvelle à sensa-
tion ; il faut, coûte que coûte, paraître le mieux informé,
et dans cette course imprudente à la recherche de l'écho
qui fera du bruit, on n'a pas le temps de songer aux
conséquences possibles de sa publication, et au profit
que l'étranger pourra en retirer. Un seul exemple à l'ap-
pui : En 1870, c'est une nouvelle du *Temps*, lue en An-
gleterre et télégraphiée aussitôt aux Allemands, qui leur
apprit la marche du maréchal Mac-Mahon de Reims vers

l'Est. L'ennemi ignorait si complètement ce mouvement, que tout d'abord il eut peine à y croire. Sans cette indication, il ne l'aurait connue que vingt-quatre heures plus tard, et bien des choses eussent pu s'en trouver modifiées[1].

Que la presse s'impose donc la plus grande réserve, et comprenne que c'est faire le jeu de l'ennemi présent ou futur que de donner tant de détails sur notre matériel de guerre et sur l'effectif ou la mobilisation de nos corps d'armée.

En temps de paix, nous devons veiller soigneusement sur les actes des étrangers, qui résident sur notre territoire, et chaque fois que leur conduite devient sérieusement suspecte, prendre contre eux des mesures d'expulsion, ou leur faire une sévère application des pénalités de la loi de 1886, si des faits certains d'espionnage sont relevés à leur charge.

Telle doit être la théorie de la défensive, mais nous devons malheureusement prendre aussi l'offensive, et pour ne pas tomber bientôt dans un état d'infériorité marquée vis-à-vis des nations voisines, nous devons, à notre tour, user, dans une certaine mesure, de l'espionnage à l'étranger. M. Froment termine le livre dont j'ai déjà parlé, en donnant à nos gouvernants les conseils suivants : « Il faut, dit-il, devenir plus positifs en matière d'espionnage : on ne fait pas la guerre avec des sentiments, mais avec des armes ; c'est dire que la délicatesse n'a rien à y voir, et que les faits, comme les actes, y doivent être brutaux ; il faut, pour être bien renseigné, admettre un nombreux personnel d'espions : c'est un mal pour le bien. Il est à

---

1. Rapporté par le lieutenant Froment, *op. cit*, chap. xv.

désirer qu'on augmente les fonds secrets de la guerre
pour pouvoir acheter, à l'étranger, des consciences de di-
recteurs de journaux. »

Qu'un militaire puisse parler ainsi, cela se conçoit et
s'excuse, mais le jurisconsulte, comme le moraliste, ne
peuvent admettre une semblable doctrine. Non, la fin ne
justifie pas les moyens, et la sûreté de l'État elle-même
n'est pas une excuse absolutoire pour les procédés odieux
de certains hommes politiques. Sans doute il faut voir et
s'instruire, et s'il faut pour cela des espions, qu'on em-
ploie des espions. Mais la corruption des âmes est tou-
jours une action mauvaise, qu'elle parte d'en bas ou
qu'elle vienne d'en haut; le droit à l'existence ne justifie
pas, lui-même, les actes illicites, et s'il y a de par le
monde, en dépit de Machiavel, quelque chose qui s'ap-
pelle la morale, l'achat d'une conscience sera toujours
une infamie.

J'ai dit, dans l'introduction de cet ouvrage, quelles no-
bles tentatives étaient faites, chaque année, pour doter
l'humanité d'un code universel et amener progressive-
ment les peuples à une notion plus exacte de leurs véri-
tables intérêts.

Encourageons de toutes nos forces ces conférences in-
ternationales, où des hommes d'érudition, partis de tous
les points de l'Europe, viennent apporter, de temps à au-
tre, le tribut de leur science et de leurs pensées géné-
reuses. Là, on oublie les préjugés de races et les haines
héréditaires, et les efforts s'unissent pour faire entendre
au monde le langage du bon sens et de l'équité.

Pourquoi ces grandes voix n'auraient-elles point d'écho ?
Pourquoi cet arbitrage international qu'on traite de chi-
mère, et qui était pourtant sérieusement discuté, il y a

quelques semaines[1], ne triompherait-il pas, quelque jour, des dédains qui l'accablent, pour devenir une vivante réalité. Pour moi, j'ai foi en l'avenir, et dussé-je faire rire aux dépens de la naïveté de mes illusions, je crois que le temps viendra, où les peuples, fatigués de ce bruit incessant d'armes remuées, briseront, d'un commun accord, leurs sabres et leurs canons, pour ouvrir toutes grandes les portes du temple de la paix. Que cette heure, si longtemps attendue, vienne à brève échéance, que cet humble travail ne présente aucun sens pour les générations futures, et que le mot lui-même d'espionnage, demeurant désormais inexpliqué, comme une chose inerte et privée d'existence, on lui applique ces deux vers de Victor Hugo :

> On ne sait ce que c'est. C'est quelque vieille honte
> Dont le nom s'est perdu ![2]

1. A Bruxelles.
2. *Les Châtiments*, édition Hetzel, p. 6'.

POSITIONS

DROIT ROMAIN

I. La mancipation a toujours été une vente imaginaire.

II. L'action publicienne ne compète qu'à celui qui a possédé.

III. La *lex commissoria* est applicable aux ventes au comptant aussi bien qu'aux ventes à terme.

IV. L'exception de dol insérée dans une action *stricti juris* la rend de bonne foi.

DROIT CIVIL

I. Les collatéraux ne peuvent pas demander la nullité du mariage de leur parent pour cause de démence.

II. Le concours de la femme à une donation faite par le mari des immeubles de la communauté, contrairement à l'article 1422 du Code civil, ne peut rendre cette donation valable.

III. La dissimulation faite par un héritier d'une donation manuelle rapportable constitue le divertissement ou le recel prévu par l'article 792 du Code civil.

IV. Celui qui est à la fois créancier et débiteur d'une même personne peut, pour sûreté de ce qui lui est dû, former, sur ce qu'il doit lui-même, une saisie-arrêt entre ses propres mains.

DROIT COMMERCIAL

I. Le commerçant qui achète sans restrictions, pour la revendre, une œuvre d'art, peinture ou sculpture, n'acquiert pas, en même temps, le droit de la reproduire, sans le consentement de l'auteur.

DROIT CRIMINEL

I. Le ministère public n'a pas le droit de faire détenir un individu, en vertu d'un jugement de condamnation par défaut.

II. Les peines confondues ne peuvent, d'après la loi du 27 mai 1885, compter pour la relégation.

DROIT ADMINISTRATIF

I. Les ministres ont la qualité de juges ordinaires, en matière de contentieux administratif.

Vu, le 3 décembre 1888.

Le Président de la thèse,

CH. APPLETON.

Lyon, le 4 décembre 1888.

Vu :

Le Doyen de la Faculté,

E. CAILLEMER.

Permis d'imprimer :

Lyon, le 5 décembre 1888.

Le Recteur de l'Académie,

EM. CHARLES.

TABLE DES MATIÈRES

Châteauroux. — Typographie et Stéréotypie A. MAJESTÉ

Châteauroux. — Typ. et Stéréotyp. A. MAJESTÉ.

§ I

LA RACE

Tâchons d'abord de nous représenter exactement
cette race, et pour cela observons le pays. Un peu-
ple reçoit toujours l'empreinte de la contrée qu'il
habite, mais cette empreinte est d'autant plus forte
qu'au moment où il s'établit, il est plus inculte et
plus enfant. Quand les Français allèrent coloniser
l'île Bourbon ou la Martinique, quand les Anglais
vinrent peupler l'Amérique du Nord et l'Australie,
ils apportaient avec eux des armes, des instruments,
des arts, des industries, des institutions, des idées,
bref une civilisation ancienne et complète, par la-
quelle ils pouvaient maintenir leur type acquis et

résister à l'ascendant de leur nouveau milieu. Mais quand l'homme neuf et désarmé se trouve livré à la nature, elle l'enveloppe, elle le façonne, elle le moule, et l'argile morale, toute molle et flexible encore, se plie et se pétrit sous la pression physique contre laquelle son passé ne lui fournit point d'appui. Les philologues nous montrent une époque primitive où les Indiens, les Persans, les Germains, les Celtes, les Latins, les Grecs, avaient la même langue et le même degré de culture ; une époque moins ancienne où les Latins et les Grecs, déjà séparés de leurs autres frères, étaient encore unis entre eux (1), connaissaient le vin, vivaient de pâturage et de labourage, possédaient des barques à rames, avaient ajouté à leurs vieilles divinités védiques une divinité nouvelle, Hestia, Vesta, le foyer. Ce sont à peine les rudiments de la première culture ; s'ils ne sont plus des sauvages, ils sont encore des barbares. A partir de ce moment, les deux rameaux issus de la même souche commencent à diverger ; quand nous

(1) Mommsen, *Rœmische Geschichte*, t. Ier, p. 21.

les retrouvons plus tard, leur structure et leurs fruits, au lieu d'être les mêmes, sont différents ; mais l'un pousse en Italie et l'autre en Grèce, et nous sommes conduits à regarder les alentours de la plante grecque pour chercher si l'air et le sol qui l'ont nourrie n'expliquent point les particularités de sa forme et la direction de son développement.

1.

I

Jetons les yeux sur une carte. La Grèce est une péninsule en forme de triangle, qui, appuyée par sa base sur la Turquie d'Europe, s'en détache, s'allonge vers le midi, s'enfonce dans la mer, s'effile à l'isthme de Corinthe pour former au delà une seconde presqu'île plus méridionale encore, le Péloponèse, sorte de feuille de mûrier qu'un mince pédoncule relie au continent. Joignez-y une centaine d'îles avec la côte asiatique qui fait face ; une frange de petits pays cousue aux gros continents barbares, et un semis d'îles éparses sur une mer bleue que la frange enserre, voilà la contrée qui a nourri et formé ce peuple si précoce et si intelligent. Elle était singulièrement propre à cette œuvre. Au nord (1) de

(1) Curtius, *Griechische Geschichte*, t. Ier, p. 4.

la mer Égée, le climat est encore dur, semblable à celui de l'Allemagne du centre; la Roumélie ne connaît pas les fruits du sud; point de myrtes sur sa côte. Le contraste est frappant lorsque, descendant vers le midi, on entre en Grèce. Au 40ᵉ degré, en Thessalie, commencent les forêts d'arbres toujours verts; au 39ᵉ degré, en Phtiotide, l'air tiède de la mer et des côtes fait pousser le riz, le cotonnier, l'olivier. Dans l'Eubée et l'Attique on trouve déjà les palmiers. Ils abondent dans les Cyclades; sur la côte orientale de l'Argolide sont des bois épais de citronniers et d'orangers; le dattier africain vit dans un coin de la Crète. A Athènes, qui est le centre de la civilisation grecque, les plus nobles fruits du Midi croissent sans culture. Il n'y gèle guère que tous les vingt ans; la grande chaleur de l'été y est modérée par la brise de la mer; sauf quelques coups de vent de Thrace et des bouffées de sirocco, la température y est exquise; aujourd'hui encore (1), « le peuple a l'habitude de coucher dans les rues

______

(1) About, *La Grèce contemporaine*, p. 345.

» depuis le milieu de mai jusqu'à la fin de septembre;
» les femmes dorment sur les terrasses. » En pa-
reil pays, on vit en plein air. Les anciens eux-
mêmes jugeaient que leur climat était un don des
dieux : « Douce et clémente, disait Euripide, est notre
» atmosphère ; le froid de l'hiver est pour nous sans
» rigueur, et les traits de Phœbus ne nous blessent
» pas. » Et ailleurs il ajoute : « O vous ! descendants
» d'Érechthée, heureux dès l'antiquité, enfants ché-
» ris des dieux bienheureux, vous cueillez dans votre
» patrie sacrée et jamais conquise la sagesse glorieuse
» comme un fruit de votre sol, et vous marchez con-
» stamment avec une douce satisfaction dans l'éther
» rayonnant de votre ciel, où les neuf Muses sacrées
» de Pierie nourrissent l'Harmonie aux boucles d'or,
» votre enfant commun. On dit aussi que Cypris, la
» déesse, a puisé des vagues dans l'Ilissus aux belles
» ondes et qu'elle les a répandues dans le pays sous
» forme de zéphyrs doux et frais, et que toujours la
» séduisante déesse, se couronnant de roses parfu-
» mées, envoie les Amours pour se joindre à la Sa-
» gesse vénérable et pour soutenir les ouvrages de

» toute vertu (1). » Ce sont là de beaux mots de poëte, mais à travers l'ode on aperçoit la vérité. Un peuple formé par un semblable climat se développe plus vite et plus harmonieusement qu'un autre ; l'homme n'est pas accablé ou amolli par la chaleur excessive, ni roidi et figé par la rigueur du froid. Il n'est pas condamné à l'inertie rêveuse ni à l'exercice continu ; il ne s'attarde pas dans les contemplations mystiques ni dans la barbarie brutale. Comparez un Napolitain ou un Provençal à un Breton, à un Hollandais, à un Indou, vous sentirez comment la douceur et la modération de la nature physique mettent dans l'âme la vivacité avec l'équilibre pour conduire l'esprit dispos et agile vers la pensée et vers l'action.

Deux caractères du sol opèrent dans le même sens. D'abord la Grèce est un réseau de montagnes. Le Pinde, son arête centrale, prolongé vers le midi par l'Otrys, l'Æta, le Parnasse, l'Hélicon, le Cithé-

____

(1) Voyez aussi le célèbre chœur de Sophocle dans *Œdipe à Colone : Euippou, Xéne, tés chórds.*

ron et leurs contre-forts, fait une chaîne dont les an-
neaux multipliés vont au delà de l'isthme se relever
et s'enchevêtrer dans le Péloponèse ; au delà, les îles
sont encore des échines et des têtes de montagnes
émergentes. Ce terrain, ainsi bosselé, n'a presque
pas de plaines ; partout le roc affleure comme dans
notre Provence ; les trois cinquièmes du sol sont
impropres à la culture. Regardez *les Vues et
Paysages* de M. de Stackelberg ; partout la pierre
nue ; de petites rivières, des torrents laissent entre
leur lit demi-desséché et le roc stérile une bande
étroite de sol productif. Hérodote opposait déjà la
Sicile et l'Italie du Sud, ces grasses nourrices, à la
maigre Grèce « qui en naissant eut la pauvreté pour
» sœur de lait. » En Attique notamment, le sol est
plus maigre et plus léger qu'ailleurs ; des oliviers,
de la vigne, de l'orge, un peu de blé, voilà tout ce
qu'il fournit à l'homme. Dans ces belles îles de mar-
bre qui constellent l'azur de la mer Égée on trou-
vait çà et là un bois sacré, des cyprès, des lauriers,
des palmiers, un bouquet de verdures élégantes, des
vignes éparses sur les coteaux rocailleux, de beaux

fruits dans les jardins, quelques petites moissons dans un creux ou sur une pente ; mais il y avait plus pour les yeux et la délicatesse des sens que pour l'estomac et les besoins positifs du corps. Un tel pays fait des montagnards sveltes, actifs, sobres, nourris d'air pur. Encore aujourd'hui (1) « la nourriture » d'un laboureur anglais suffirait en Grèce à une » famille de six personnes ; les riches se contentent » fort bien d'un plat de légumes pour leur repas ; les » pauvres, d'une poignée d'olives ou d'un morceau » de poisson salé ; le peuple tout entier mange de » la viande à Pâques pour toute l'année. » A cet égard il est curieux de les voir à Athènes en été. » Les gourmets se partagent entre sept ou huit une » tête de mouton de six sous. Les hommes sobres » achètent une tranche de pastèque ou un gros con- » combre qu'ils mordent à belles dents comme une » pomme. » Point d'ivrognes : ils sont grands bu- veurs, mais d'eau pure. « S'ils entrent dans » un cabaret, c'est pour jaser » ; au café, « ils

______

(1) About, *La Grèce contemporaine*, p. 41.

» demandent une tasse de café d'un sou, un
» verre d'eau, du feu pour allumer leurs cigarettes,
» un journal et un jeu de dominos : voilà de quoi
» les occuper toute la journée ». Un tel régime n'est
pas fait pour alourdir l'esprit ; en diminuant les exi-
gences du ventre, il augmente celles de l'intelli-
gence. Les anciens avaient déjà remarqué les con-
trastes correspondants de la Béotie et de l'Attique,
du Béotien et de l'Athénien : l'un, nourri dans des
plaines grasses et au milieu d'un air épais, habitué à
la grosse nourriture et aux anguilles du lac Copaïs,
était mangeur, buveur, épais d'intelligence ; l'autre,
né sur le plus mauvais sol de la Grèce, content d'une
tête de poisson, d'un oignon, de quelques olives,
élevé dans un air léger, transparent, lumineux, mon-
trait dès sa naissance une finesse et une vivacité
d'esprit singulières, inventait, goûtait, sentait,
entreprenait sans relâche, ne se souciait point
d'autre chose « et semblait n'avoir en propre que sa
» pensée » (1).

(1) *Thucydide*, liv. Ier, ch. LXX.

D'autre part, si la Grèce est un pays de montagnes, elle est aussi un pays de côtes. Quoique moindre que le Portugal, elle en a plus que toute l'Espagne. La mer y entre par une infinité de golfes, d'anfractuosités, de creux, de dentelures ; si vous regardez les vues que rapportent les voyageurs, une fois sur deux, même dans l'intérieur des terres, vous apercevez sa bande bleue, son triangle ou son demi-cercle lumineux à l'horizon. Le plus souvent, elle est encadrée de rocs qui avancent ou d'îles qui se rapprochent et font un port naturel. Une pareille situation pousse à la vie maritime, surtout quand le sol pauvre et les côtes rocheuses ne suffisent pas à nourrir les habitants. Aux époques primitives, il n'y a qu'une sorte de navigation, le cabotage, et aucune mer n'est mieux faite pour y inviter ses riverains. Chaque matin le vent du nord se lève pour conduire les barques d'Athènes aux Cyclades ; chaque soir le vent contraire les ramène au port. De la Grèce à l'Asie Mineure les îles sont posées comme des pierres sur un gué ; par un temps clair, un navire qui fait ce trajet a toujours la côte en vue. De

Corcyre on voit l'Italie, du cap Malée les cimes de la
Crète, de la Crète les montagnes de Rhodes, de Rho-
des l'Asie Mineure ; deux jours de navigation condui-
sent de la Crète à Cyréne ; il n'en faut que trois pour
passer de la Crète en Égypte. Aujourd'hui encore (1),
« il y a dans chaque Grec l'étoffe d'un marin » (2).
Dans ce pays, qui n'a que neuf cent mille âmes, on
comptait en 1840 trente mille marins et quatre mille
navires ; ils font presque tout le cabotage de la Mé-
diterranée. Déjà au temps d'Homère nous leur trou-
vons les mêmes mœurs ; à chaque instant on lance

(1) About, *La Grèce contemporaine*, p. 146.

(2) «Deux insulaires se rencontrent sur le port de Syra: « — Bon-
» jour, frère, comment vas-tu? — Bien, merci ; que dit-on de nou-
» veau? — Le Dimitri, le fils de Nicolas, est revenu de Marseille.
» — A-t-il gagné beaucoup d'argent? — 23 600 drachmes, à ce
» qu'on assure ; c'est beaucoup d'argent. — Il y a longtemps que
» je me dis : il faut que j'aille à Marseille. Mais je n'ai pas de
» bateau. — Si tu voulais, nous en ferions un à nous deux. N'as-tu
» pas du bois ? — J'en ai bien peu. — On en a toujours assez pour
» un bateau. J'ai de la toile à voile et mon cousin Jean a des cor-
» dages : nous nous mettrons ensemble. — Qui est-ce qui comman-
» dera ? — C'est Jean, il a déjà navigué. — Il nous faudra un petit
» garçon pour nous aider. — J'ai mon filleul Basile. — Un enfant
» de huit ans ! Il est bien petit. — On est toujours assez grand
» pour naviguer. — Mais quel chargement prendrons-nous ? —

un navire à la mer ; Ulysse en construit un, de ses mains ; on va commercer, piller sur les côtes environnantes. Négociants, voyageurs, pirates, courtiers, aventuriers, ils l'ont été à l'origine et dans toute leur histoire ; d'une main adroite ou violente, ils allaient traire les grosses monarchies orientales ou les peuples barbares de l'Occident, rapportaient l'or, l'argent, l'ivoire, les esclaves, les bois de construction, toutes les marchandises précieuses achetées à vil prix, et par-dessus le marché, les inventions et les idées d'autrui, celles de l'Égypte, de la Phénicie, de la Chaldée, de la Perse (1), de l'Étru-

» Notre voisin Petros a des vallonées ; le papas a quelques tonnes
» de vin ; je connais un homme de Tinos qui a du coton ; nous
» passerons à Smyrne, si tu veux, pour charger de la soie. » — « Le
» bateau se construit tant bien que mal ; l'équipage se recrute dans
» une ou deux familles ; on prend chez les voisins et les amis toutes
» les marchandises qu'ils veulent vendre : on va à Marseille en
» passant par Smyrne ou même par Alexandrie ; on vend la car-
» gaison, on en prend une autre, et lorsqu'on revient à Syra, le
» navire est payé par le fret et les associés se partagent encore
» quelques drachmes de bénéfice. »

(1) Alcée loue son frère d'être allé combattre en Babylonie et d'en avoir rapporté un glaive à poignée d'ivoire. — Récits de Ménélas dans l'*Odyssée*.

rie. Un tel régime affine et excite singulièrement l'intelligence. La preuve en est que les peuples les plus précoces, les plus civilisés, les plus ingénieux de l'ancienne Grèce étaient tous marins : Ioniens de l'Asie Mineure, colons de la Grande-Grèce, Corinthiens, Éginètes, Sicyoniens, Athéniens. Au contraire, les Arcadiens, enfermés dans leurs montagnes, demeurent rustiques et simples ; pareillement les Acarnaniens, les Épirotes, les Locriens Ozoles, qui débouchent sur une autre mer moins favorable et ne sont point voyageurs, restent jusqu'au bout demi-barbares ; au temps de la conquête romaine, leurs voisins, les Étoliens, n'avaient encore que des bourgs sans murailles et n'étaient que des pillards brutaux. L'aiguillon qui avait pressé les autres ne les avait pas touchés. Voilà les circonstances physiques qui, dès l'origine, ont été propices à l'éveil de l'esprit. On peut comparer ce peuple à une ruche d'abeilles qui, née sous un ciel clément mais sur un sol maigre, profite des routes de l'air qui lui sont ouvertes, récolte, butine, essaime, se défend par sa dextérité et son aiguillon, construit des édifices

délicats, compose un miel exquis, toujours en quête,
agitée, bourdonnante, au milieu des massives créa-
tures qui l'environnent, et ne savent que paître sous
un maître ou s'entre-choquer au hasard.

De nos jours encore, si déchus qu'ils soient (1),
« ils ont de l'esprit autant que peuple au monde,
» et il n'est pour ainsi dire aucun travail intellec-
» tuel dont ils ne soient capables. Ils comprennent
» vite et bien ; ils apprennent avec une facilité
» merveilleuse tout ce qu'il leur plaît d'apprendre.
» Les jeunes commerçants se mettent rapidement
» en état de parler cinq ou six langues. » Les
ouvriers, en quelques mois, deviennent capables
d'exercer un métier même difficile. Un village tout
entier, parèdre en tête, interroge et écoute cu-
rieusement des voyageurs. « Ce qui est le plus
» remarquable, c'est l'application infatigable des
» écoliers », petits ou grands ; des domestiques
trouvent le loisir, tout en faisant leur service,
de passer leurs examens d'avocats ou de méde-

____

(1) About, *La Grèce contemporaine.*

cins. « On rencontre à Athènes toutes les es-
» pèces d'étudiants, excepté l'étudiant qui n'étudie
» pas. » A cet égard nulle race n'a été si bien dotée
par la nature, et il semble que toutes les circon-
stances se soient assemblées pour délier leur intel-
ligence et aiguiser leurs facultés.

Suivons ce trait dans leur histoire. Que l'on con-
sidère la pratique ou la spéculation, c'est toujours
l'esprit fin, adroit, ingénieux, qui se manifeste.
Chose étrange, à l'aube de la civilisation, quand
ailleurs l'homme est bouillant, naïf et brutal, un de
leurs deux héros est le subtil Ulysse, l'homme avisé,
prévoyant, rusé, fertile en expédients, inépuisable
en mensonges, l'habile navigateur qui toujours
songe à ses intérêts. Revenu sous un déguisement,
il conseille à sa femme de se faire donner des col-
liers et des bracelets par les prétendants, et il ne
les tue qu'après qu'ils ont enrichi sa maison. Quand
Circé se donne à lui ou que Calypso lui propose de
partir, il leur fait prêter par précaution un serment
préalable. Si on lui demande son nom, il a toujours
quelque nouvelle histoire ou généalogie toute prête
et bien arrangée. Pallas elle-même, à qui sans la

connaître il fait des contes, l'admire et le loue : « O
» fourbe, menteur, subtil et insatiable en ruses, qui
» te surpasserait en adresse, si ce n'est peut-être
» un dieu ! » — Et les fils sont dignes du père : à
la fin comme au commencement de la civilisation,
ce qui domine en eux, c'est l'esprit ; il a toujours
primé le caractère, maintenant il lui survit. Une
fois la Grèce soumise, on voit paraître le Grec di-
lettante, sophiste, rhéteur, scribe, critique, philo-
sophe à gages ; puis le Græculus de la domination
romaine, parasite, bouffon, entremetteur, toujours
dispos, alerte, commode, protée complaisant, qui
fait tous les métiers, s'accommode à tous les carac-
tères, se tire de tous les mauvais pas, d'une dexté-
rité infinie, premier ancêtre des Scapins, des Mas-
carilles et de tous les ingénieux drôles qui, n'ayant
eu que leur esprit pour héritage, s'en servent pour
vivre aux dépens d'autrui. — Revenons vers leur
belle époque et considérons leur grande œuvre,
celle qui les recommande le plus aux sympathies et
à l'admiration du genre humain ; c'est la science,
et, s'ils l'ont faite, c'est en vertu du même instinct

et des mêmes besoins. Le Phénicien qui est marchand a des recettes d'arithmétique pour faire ses comptes. L'Égyptien arpenteur et tailleur de pierres a des procédés géométriques pour empiler ses moellons et pour retrouver la mesure de son champ, couvert chaque année par l'inondation du Nil. Le Grec reçoit d'eux cette technique et cette routine ; mais elles ne lui suffisent pas ; il ne se contente point de l'application industrielle et commerciale ; il est curieux, spéculatif ; il veut savoir le pourquoi, la raison des choses (1) ; il cherche la preuve abstraite, il suit la délicate filière des idées qui conduisent d'un théorème à un théorème. Plus de six cents ans avant Jésus-Christ, Thalès s'occupait à démontrer l'égalité des angles du triangle isoscèle.

(1) *Théétète de Platon.* Voyez tout le rôle de Théétète et les rapprochements qu'il fait entre les figures et les nombres. — Voyez aussi le début des *Rivaux.* — A cet égard, Hérodote (liv. II, 29) est très-instructif. Personne, parmi les Égyptiens, n'a pu lui répondre quand il leur a demandé la cause des crues périodiques du Nil. Ni les prêtres ni les laïques n'avaient fait d'enquête ou d'hypothèse sur ce point qui les touchait de si près. — Au contraire, les Grecs avaient déjà imaginé trois explications du phénomène. Hérodote les discute et en propose une quatrième.

Les anciens content que Pythagore fut si transporté de joie lorsqu'il trouva la proposition du carré de l'hypoténuse, qu'il promit aux dieux une hécatombe. C'est la vérité pure qui les intéressait ; Platon voyant que les mathématiciens de Sicile appliquaient leurs découvertes aux machines, leur reprocha de dégrader la science ; selon lui, elle devait s'enfermer dans la contemplation des lignes idéales. En effet, ils la poussèrent toujours en avant, sans s'inquiéter de l'utile. Par exemple, leurs recherches sur les propriétés des sections coniques n'ont trouvé d'emploi que dix-sept siècles plus tard, quand Képler chercha les lois qui règlent le mouvement des planètes. Dans cette œuvre qui est la base de toutes nos sciences exactes, leur analyse est si rigoureuse qu'aujourd'hui encore, en Angleterre, la géométrie d'Euclide sert de manuel aux écoliers. Décomposer les idées, noter leurs dépendances, former leur chaîne de telle façon qu'aucun anneau ne manque et que la chaîne entière soit accrochée à quelque axiome incontestable ou à un groupe d'expériences familières, prendre plaisir à

forger, attacher, multiplier, éprouver tous ces chaî-
nons sans autre motif que le désir de les sentir
toujours plus nombreux et plus sûrs, voilà le don
particulier de l'esprit grec. Ils pensent pour penser,
et c'est pour cela qu'ils ont fait les sciences. Nous
n'en construisons pas une aujourd'hui qui ne s'ap-
puie sur les fondements qu'ils ont posés ; souvent
nous leur devons un premier étage, parfois une aile
tout entière (1) ; une série d'inventeurs se déroule
pour les mathématiques, de Pythagore à Archi-
mède ; pour l'astronomie, depuis Thalès et Pytha-
gore jusqu'à Hipparque et Ptolémée ; pour les
sciences naturelles, depuis Hippocrate jusqu'à Aris-
tote et les anatomistes d'Alexandrie ; pour l'histoire,
depuis Hérodote jusqu'à Thucydide et Polybe ; pour
la logique, la politique, la morale, l'esthétique, de-
puis Platon, Xénophon, Aristote, jusqu'aux stoï-
ciens et aux néoplatoniciens. — Des hommes si fort
épris des idées ne pouvaient manquer d'aimer les
plus belles de toutes, les idées d'ensemble. Pendant

(1) La Géométrie d'Euclide, la Théorie du syllogisme d'Aristote,
la Morale des stoïciens.

onze siècles, de Thalès à Justinien, leur philosophie n'a jamais discontinué sa pousse ; toujours un système nouveau vient fleurir au-dessus ou à côté des systèmes anciens ; même lorsque la spéculation est emprisonnée dans l'orthodoxie chrétienne, elle se fraye une voie et végète à travers les fissures : « La langue grecque, disait un Père de l'Église, est la mère des hérésies. » Dans cet énorme dépôt, nous trouvons encore aujourd'hui nos hypothèses les plus fécondes (1) ; ils ont tant pensé, ils avaient l'esprit si bien fait, que leurs conjectures se sont rencontrées maintes fois avec la vérité.

A cet égard, leur œuvre n'a été surpassée que par leur zèle. Deux occupations à leurs yeux distinguaient l'homme de la brute et le Grec du Barbare : le soin des affaires publiques et l'étude de la philosophie. On n'a qu'à lire le *Théagès* et le *Protagoras* de Platon pour voir l'enthousiasme soutenu avec lequel les plus jeunes gens, à travers les ronces et les épines de la dialectique, couraient aux idées.

(1) Les Idées-types de Platon, les Causes finales d'Aristote, les Atomes d'Épicure, les Dilatations et les Condensations des stoïciens.

Ce qui est plus frappant, c'est leur goût pour la dialectique elle-même ; ils ne s'ennuient point de ses longs détours ; ils aiment la chasse autant que la prise, et le voyage autant que l'arrivée. Le Grec est raisonneur encore plus que métaphysicien ou savant ; il se plaît aux distinctions délicates, aux analyses subtiles ; il raffine, il tisse volontiers des toiles d'araignées (1). En cela sa dextérité est sans égale ; que ce réseau trop compliqué et trop ténu reste sans emploi dans la théorie et dans la pratique, peu lui importe ; il est content de voir ses fils déliés s'entrecroiser en mailles imperceptibles et symétriques. Ici le vice national achève de manifester le talent national. La Grèce est la mère des ergoteurs, des rhéteurs et des sophistes. Nulle part ailleurs on n'a vu un groupe d'hommes éminents et populaires enseigner avec succès et avec gloire, comme faisaient les Gorgias, les Protagoras et les

(1) Voyez, dans Aristote, *la Théorie des syllogismes modaux*, et dans Platon, *le Parménide* et *le Sophiste.* — Rien de plus ingénieux et de plus fragile que toute la physique et la physiologie d'Aristote ; voyez ses *Problèmes.* Ce que ces écoles ont dépensé de sagacité et d'esprit en pure perte est énorme.

2.

Polus, l'art de faire paraître bonne une mauvaise cause, et de soutenir avec vraisemblance une proposition absurde, si choquante qu'elle fût (1). Ce sont des rhéteurs grecs qui ont fait l'éloge de la peste, de la fièvre, de la punaise, de Polyphème et de Thersite ; c'est un philosophe grec qui a prétendu que le sage se trouverait heureux dans le taureau de Phalaris. Il s'est trouvé des écoles comme celle de Carnéade pour plaider le pour et le contre ; d'autres, comme celle d'Énésidème, pour établir que nulle proposition n'est plus vraie que la proposition contraire. Dans le legs que nous avons reçu de l'antiquité se trouve une collection, la plus riche que nous ayons, d'arguments captieux et de paradoxes ; leur subtilité eût trouvé la carrière étroite si elle n'avait poussé ses courses aussi bien du côté de l'erreur que du côté de la vérité.

Telle est la finesse d'esprit qui, transportée du raisonnement dans la littérature, a fait le goût « attique », c'est-à-dire le sentiment des nuances, la grâce

(1) Platon, *Euthydème.*

légère, l'ironie imperceptible, la simplicité du style, l'aisance du discours, l'élégance de la preuve. On conte qu'Apelles, étant venu voir Protogènes, ne voulut pas dire son nom, prit un pinceau et traça sur un panneau préparé une mince ligne sinueuse. Protogènes, de retour, ayant vu ce trait, s'écria qu'il était certainement d'Apelles ; puis, reprenant l'esquisse, il conduisit à l'entour une ligne plus déliée et plus ténue, et ordonna de la montrer à l'étranger. Apelles revint, et, honteux qu'un autre eût mieux fait, il coupa les deux premiers contours par un nouveau trait dont la finesse surpassait tout. Quand Protogènes la vit : « Je suis vaincu, dit-il, et je vais embrasser mon maître. » — Cette légende nous donne l'idée la moins imparfaite de l'esprit grecque. Voilà le trait délié dans lequel il enserre les contours des choses ; voilà la dextérité, la précision, l'agilité natives avec lesquelles il circule à travers les idées pour les distinguer et les relier.

Ce n'est là pourtant qu'un premier trait, il y en a un autre. Retournons dans le pays et nous verrons le second s'ajouter au premier. Cette fois encore, c'est la structure physique de la contrée qui a laissé sur l'intelligence de la race l'empreinte que nous retrouvons dans son œuvre et dans son histoire. Rien n'est énorme, gigantesque, dans ce pays ; les choses extérieures n'ont point de dimensions disproportionnées, accablantes. On n'y voit rien de semblable à ce monstrueux Himalaya, à ces enchevêtrements infinis de végétation pullulante, à ces énormes fleuves que décrivent les poëmes indiens ; rien de semblable aux forêts interminables, aux plaines illimitées, à l'océan sans bornes et sauvage de l'Europe du Nord. L'œil y saisit sans peine les formes des objets et en rapporte une image précise. Tout y est moyen, mesuré, aisément et nettement perceptible aux sens. Les montagnes de Corinthe, de l'Attique, de la Béotie, du Péloponèse, ont trois ou quatre mille pieds de haut ; quelques-unes seulement vont jusqu'à six mille ; il faut aller à l'extrémité de la Grèce, tout au nord, pour trouver un sommet semblable à ceux des Pyrénées et des Alpes ; c'est l'Olympe, et ils en avaient fait le séjour des dieux. Les plus grands fleuves, le Pénée et l'Achéloüs, ont tout au plus trente ou quarante lieues de cours ; les autres ne sont d'ordinaire que des ruisseaux et des torrents. La mer elle-même, si terrible et si menaçante au nord, est ici une sorte de lac. On n'en sent point l'immensité solitaire ; toujours on voit la côte ou quelque île ; elle ne laisse pas d'impression sinistre, elle n'apparaît pas comme un être féroce et destructeur ; elle n'a pas de teinte blafarde, cadavéreuse ou plombée ; elle ne ravage pas ses bords et n'a point de marées qui la bordent de cailloux roulés et de boue. Elle est lustrée, et, suivant le mot d'Homère, « éclatante, couleur de vin, ou couleur de violettes » ; les roches roussies de ses côtes enserrent sa nappe luisante dans une

bordure ouvragée qui semble le cadre d'un tableau.
Concevez des âmes neuves et primitives qui, pour
toute éducation et pour éducation incessante, ont
de pareils spectacles. Elles y prendront l'habitude
des images déterminées et nettes, et n'auront point
le trouble vague, la rêverie débordante, la divina-
tion anxieuse de *l'au-delà*. Ainsi se construit
un moule d'esprit d'où toutes les idées sortiront
plus tard avec relief. Vingt circonstances du sol et
du climat se réunissent pour l'achever. En ce pays,
la figure minérale du sol est visible et plus forte-
ment encore que dans notre Provence ; elle n'est
pas émoussée, effacée, comme dans nos contrées
humides du nord, par la couche universellement
répandue de terre arable et de verdure végétale. Le
squelette de la terre, l'ossature géologique, le mar-
bre gris violacé affleure en rocs saillants, s'allonge
en escarpements nus, découpe sur le ciel ses profils
tranchés, enferme les vallées de ses pitons et de ses
crêtes, en sorte que le paysage, labouré de vives
cassures, tout tailladé de brèches et d'angles inat-
tendus, semble le dessin d'une main vigoureuse, à

qui ses caprices et sa fantaisie n'ôtent rien de sa
sûreté et de sa précision. La qualité de l'air accroît
encore la saillie des choses. Celui de l'Attique no-
tamment est d'une transparence extraordinaire. En
tournant le cap Sunium, on apercevait à plusieurs
lieues de distance l'aigrette de Pallas sur l'Acropole.
L'Hymette est à deux lieues d'Athènes, et un Euro-
péen qui débarque croit pouvoir y aller à pied avant
son déjeuner. La vapeur vague qui flotte toujours
dans notre atmosphère ne vient point amollir les
contours lointains ; ils ne sont pas incertains, demi-
brouillés, estompés ; ils se détachent sur leurs fonds
comme les figures des vases antiques. Comptez enfin
l'admirable éclat du soleil qui pousse à l'extrême
le contraste des parties claires et des ombres et qui
ajoute l'opposition des masses à la décision des li-
gnes. C'est ainsi que la nature, par les formes dont
elle peuple l'esprit, incline directement le Grec vers
les conceptions arrêtées et nettes. Elle l'y incline
encore, indirectement, par le genre d'association
politique auquel elle le conduit et le restreint.

En effet, comparé à sa gloire, c'est un pays bien

petit que la Grèce, et elle vous semblera plus petite encore si vous remarquez combien elle est divisée. D'un côté les chaînes principales et les chaînons latéraux des montagnes, de l'autre côté la mer, y découpent une quantité de provinces distinctes qui sont des enceintes fermées : la Thessalie, la Béotie, l'Argolide, la Messénie, la Laconie, toutes les îles. Dans les âges barbares, la mer est difficile à franchir, et toujours les défilés des montagnes sont commodes pour la défense. Les peuplades de la Grèce ont donc pu aisément se préserver de la conquête et subsister l'une à côté de l'autre en petits États indépendants. Homère en nomme une trentaine (1), et il y en eut plusieurs centaines quand les colonies se furent établies et multipliées. Pour des yeux modernes, un État grec semble une miniature. L'Argolide a huit à dix milles de long et quatre à cinq de large ; la Laconie à peu près autant ; l'Achaïe est une bande étroite de terre sur le flanc d'une chaîne qui descend dans la mer. L'Attique entière n'égale pas la moitié d'un de nos moindres

____

(1) Chant II. Dénombrement des guerriers et des navires.

départements; le territoire de Corinthe, de Sicyone,
de Mégare, se réduit à une banlieue : d'ordinaire,
et notamment dans les îles et les colonies, l'État
n'est qu'une ville avec une plage ou un pourtour de
fermes. D'une acropole on voit avec les yeux l'acro-
pole ou les montagnes du voisin. Dans une enceinte
si resserrée, tout est net pour l'esprit ; la patrie mo-
rale n'a rien de gigantesque, d'abstrait et de vague
comme chez nous; les sens peuvent l'embrasser;
elle se confond avec la patrie physique; toutes deux
sont fixées dans l'esprit du citoyen par des contours
précis. Pour se représenter Athènes, Corinthe, Ar-
gos ou Sparte, il imagine les découpures de sa val-
lée ou la silhouette de sa ville. Il en connaît tous
les citoyens comme il s'en figure tous les contours,
et l'étroitesse de son enclos politique comme la
forme de son enclos naturel lui fournit d'avance le
type moyen et délimité dans lequel s'enfermeront
toutes ses conceptions.

A cet égard, considérez leur religion ; ils n'ont
point le sentiment de cet univers infini dans lequel
une génération, un peuple, tout être borné, si

grand qu'il soit, n'est qu'un moment et un point.
L'éternité ne dresse point devant eux sa pyramide
de milliards de siècles comme une monstrueuse
montagne auprès de laquelle notre petite vie est
une taupinée, un pli de sable ; ils ne se préoccu-
pent pas, comme d'autres, Indiens, Égyptiens, Sé-
mites, Germains, du cercle sans cesse renaissant
des métempsycoses, ni du sommeil éternel et silen-
cieux du tombeau, ni de l'abîme sans forme et sans
fond d'où les créatures sortent comme des vapeurs
éphémères, ni du Dieu unique, absorbant et terri-
ble, en qui se concentrent toutes les forces de la
nature et pour qui le ciel et la terre ne sont qu'une
tente et un marchepied, ni de cette puissance au-
guste, mystérieuse, invisible, que la vénération du
cœur découvre à travers et au delà des choses (1).
Leurs idées sont trop nettes et construites sur un
module trop petit. L'universel leur échappe ou du
moins ne les touche qu'à demi ; ils n'en font pas un
Dieu, encore bien moins une personne ; il reste à

(1) Tacite, *De moribus Germanorum.* — *Deorum nominibus
appellant secretum illud, quod sola reverentia vident.*

l'arrière-plan dans leur religion, c'est la *Moira*, l'*Aisa*, l'*Eimarméné*, en d'autres termes la part faite à chacun. Elle est fixe ; nul être, homme ou Dieu, ne peut se soustraire aux événements compris dans son lot ; au fond, c'est là une vérité abstraite ; si les Moires d'Homère sont déesses, ce n'est guère que par fiction ; sous le mot poétique, comme sous une eau transparente, on voit apparaître l'enchaînement indissoluble des faits et les démarcations indestructibles des choses. Nos sciences les admettent aujourd'hui, et l'idée grecque de la destinée n'est rien de plus que notre idée moderne des lois. Tout est déterminé, voilà ce que prononcent nos formules et ce qu'ont pressenti leurs divinations.

Quand ils développent cette idée, c'est pour fortifier encore les limites qu'elle impose aux êtres. De la puissance sourde qui déroule et distribue les destinées, ils font leur Némésis (1) qui abat les superbes et réprime tous les excès. « Rien de trop », disait une des grandes sentences de l'oracle. Être

(1) Tournier, *Némésis ou la Jalousie des dieux.*

en garde contre les trop grands désirs, redouter la
prospérité complète, se défendre de toute ivresse,
conserver toujours la mesure, voilà le conseil que
donnent tous les poëtes et tous les penseurs de la
grande époque. Nulle part l'instinct n'a été si lucide
et la raison si spontanée. Quant au premier éveil
de la réflexion ils essayent de concevoir le monde,
ils le font à l'image de leur esprit. C'est un ordre,
Kosmos, une harmonie, un bel arrangement régu-
lier de choses qui subsistent et se transforment par
elles-mêmes. Plus tard, les stoïciens le compareront
à une grande cité gouvernée par les meilleures lois.
Il n'y a point de place ici pour les dieux incommen-
surables et vagues, ni pour les dieux despotes et
dévorateurs. Le vertige religieux n'entre point dans
les esprits sains et équilibrés qui ont conçu un pa-
reil monde. Leurs dieux deviennent vite des hom-
mes; ils ont des parents, des enfants, une généalo-
gie, une histoire, des vêtements, des palais, un
corps semblable au nôtre; ils peuvent souffrir, être
blessés; les plus grands, Zeus lui-même, ont vu
leur avénement, et verront peut-être un jour la fin

de leur règne (1). Sur le bouclier d'Achille, qui représente une armée, « les hommes marchaient » conduits par Arès et Athénè, tous deux en or, » vêtus d'or, beaux et grands comme il convient à » des dieux ; car les hommes étaient plus petits. » En effet, il n'y a guère entre eux et nous d'autre différence. Plusieurs fois dans l'*Odyssée*, quand Ulysse ou Télémaque rencontrent à l'improviste un personnage grand et beau, ils lui demandent s'il est un dieu. Des dieux si humains ne jettent pas le trouble dans l'esprit qui les conçoit ; Homère les manie à son aise ; il fait intervenir Athénè à chaque instant pour de petites besognes, pour indiquer à Ulysse la maison d'Alcinoüs, pour marquer l'endroit où est tombé son disque. Le poëte théologien circule dans son monde divin avec une liberté et une sérénité d'enfant qui joue. On l'y voit s'égayer et rire ; quand il montre Arès surpris auprès d'Aphrodite, Apollon plaisante et demande à Hermès s'il voudrait être à la place d'Arès : « Plût aux dieux,

(1) Eschyle, *Prométhée.*

» ô royal archer Apollon, que cela arrivât, et que
» je fusse enveloppé de liens trois fois plus inextri-
» cables et que tous les dieux et les déesses le vis-
» sent, pourvu que je fusse auprès de la blonde
» Aphrodite. » Lisez l'hymne où Aphrodite vient
s'offrir à Anchise et surtout l'hymne à Hermès qui,
le jour de sa naissance, se trouve inventeur, voleur,
menteur comme un Grec, mais avec tant de grâce,
que le récit du poëte semble un badinage de sculp-
teur. Entre les mains d'Aristophane, dans les *Gre-*
nouilles et les *Nuées*, Hercule et Bacchus seront
traités bien plus lestement encore. Tout cela con-
duit aux dieux décoratifs de Pompéi, aux jolies et
moqueuses gaietés de Lucien, à un Olympe d'agré-
ment, d'appartement et de théâtre. Des dieux si
rapprochés de l'homme deviennent bientôt ses ca-
marades et deviendront plus tard son jouet. L'esprit
si net qui, pour les mettre à sa portée, leur a ôté
l'infinité et le mystère, reconnaît en eux ses créa-
tures et s'amuse des mythes qu'il a faits.

Tournons maintenant nos yeux vers la vie prati-
tique. Là encore la vénération leur manque. Le

Grec ne sait pas, comme le Romain, se subordonner à quelque grande unité, à une vaste patrie qu'on conçoit et qu'on ne voit pas. Il n'a pas dépassé cette forme d'association dans laquelle l'État est la ville. Ses colonies sont maîtresses d'elles-mêmes ; elles reçoivent de la métropole un pontife et la regardent avec un sentiment d'affection filiale ; mais à cela se réduit leur dépendance. Elles sont des filles émancipées, semblables au jeune Athénien qui, devenu homme, ne relève de personne et entre en pleine possession de lui même, tandis que les colonies romaines ne sont que des postes militaires, pareilles au jeune Romain qui, marié, magistrat, consul même, sent toujours sur son épaule la dure main du père et l'autorité despotique dont rien, sauf une triple vente, ne peut l'affranchir. Abdiquer sa volonté, se soumettre à des magistrats lointains qu'on n'a point vus, se considérer comme une partie dans un vaste ensemble, s'oublier pour un grand intérêt national, voilà ce que les Grecs n'ont jamais pu faire avec suite. Ils se cantonnent, ils se jalousent ; même lorsque Darius et Xerxès viennent envahir leur pays, ils ont de la peine à s'unir ; Syracuse refuse tout secours parce qu'on ne lui accorde pas le commandement ; Thèbes se range du parti des Mèdes. Quand Alexandre les réunit de force pour conquérir l'Asie, les Lacédémoniens manquent à l'appel. Aucune ville ne parvient à former les autres en confédération sous sa conduite ; tour à tour Sparte, Athènes, Thèbes, y échouent ; plutôt que d'obéir à des compatriotes, les vaincus vont chercher de l'argent chez les Perses et faire au grand roi des soumissions. Dans chaque ville les factions s'exilent tour à tour, et les bannis, comme dans les républiques italiennes, tâchent de rentrer par violence avec le secours de l'étranger. Ainsi divisée, la Grèce est conquise par des peuples demi-barbares, mais disciplinés, et l'indépendance de chaque cité aboutit à la servitude de la nation. Et cette chute n'est point accidentelle, mais fatale. Tel que les Grecs le conçoivent, l'État est trop petit, insuffisant pour résister aux chocs des grosses masses extérieures ; c'est une œuvre d'art ingénieuse, accomplie, mais fragile. Leurs plus grands penseurs,

Platon, Aristote, réduisent la cité à une société de cinq ou dix mille hommes libres. Athènes en avait vingt mille ; au delà, selon eux, ce n'est plus qu'une tourbe. Ils n'imaginent pas qu'une association plus large puisse être bien ordonnée. Une acropole couverte de temples, consacrée par les os des héros fondateurs et par les images des dieux nationaux, une agora, un théâtre, un gymnase, quelques milliers d'hommes sobres, beaux, braves et libres, occupés « de philosophie ou d'affaires publiques », servis par des esclaves qui cultivent la terre et exercent les métiers, voilà la cité qu'ils imaginent, admirable œuvre d'art qui, tous les jours, se fonde et s'achève sous leurs yeux, en Thrace, sur les côtes de l'Euxin, de l'Italie, de la Sicile, hors de laquelle toute forme de société leur semble confusion et barbarie, mais dont la perfection tient à la petitesse, et qui, parmi les secousses brutales du conflit humain, ne tiendra qu'un temps.

A ces inconvénients correspondent des avantages égaux. Si le sérieux et la grandeur manquent à leurs conceptions religieuses, si l'assiette et la durée

manquent à leur établissement politique, ils sont
exempts des déformations morales que la grandeur de
la religion ou de l'État impose à la nature humaine.
Partout ailleurs, la civilisation a rompu l'équilibre
naturel des facultés ; elle a opprimé les unes pour
exagérer les autres ; elle a sacrifié la vie présente à la
vie future, l'homme à la divinité, l'individu à l'État ;
elle a fait le fakir indien, le fonctionnaire égyptien
ou chinois, le légiste et le garnisaire romains, le
moine du moyen âge, le sujet, l'administré, le bour-
geois des temps modernes. Sous cette pression,
l'homme s'est tour à tour ou à la fois étriqué et exalté.
Il est devenu un rouage dans une vaste machine,
ou il s'est considéré comme un néant devant l'infini.
En Grèce, il s'est subordonné ses institutions au
lieu de se subordonner à elles. Il a fait d'elles un
moyen et non un but. Il s'en est servi pour se déve-
lopper harmonieusement, tout entier ; il a pu être
à la fois poëte, philosophe, critique, magistrat,
pontife, juge, citoyen, athlète, exercer ses mem-
bres, son esprit et son goût, réunir en lui-même
vingt sortes de talents sans qu'aucun d'eux fît tort

à l'autre, être soldat sans être automate, danseur et chanteur sans devenir figurant de théâtre, penseur et lettré sans se trouver homme de bibliothèque et de cabinet, décider des affaires publiques sans remettre son autorité à des représentants, fêter ses dieux sans s'enfermer dans les formules d'un dogme, sans se courber sous la tyrannie d'une toute-puissance surhumaine, sans s'absorber dans la contemplation d'un être vague et universel. Il semble qu'ayant arrêté le contour perceptible et précis de l'homme et de la vie, ils aient omis le reste et se soient dit : « Voici l'homme réel, un corps actif et sensible avec une pensée et une volonté ; et voici la vie réelle, soixante ou soixante-dix années, entre les vagissements de l'enfance et le silence du tombeau. Songeons à rendre ce corps le plus alerte, le plus fort, le plus sain, le plus beau qu'il se pourra, à déployer cette pensée et cette volonté dans tout le cercle des actions viriles, à orner cette vie de toutes les beautés que des sens délicats, un esprit prompt, une âme vive et fière peuvent créer et goûter. » Au delà ils ne voient rien, et, s'il y a un *au delà*, il est pour eux comme ce pays des Cimmériens dont parle Homère, pâle contrée des morts sans soleil, enveloppé des brouillards mornes où, pareils à des chauves-souris, les fantômes débiles viennent par troupeaux, avec des cris aigus, remplir et réchauffer leurs veines en buvant dans la fosse le sang rouge des victimes. La structure de leur esprit a enfermé leurs désirs et leurs efforts dans une enceinte bornée, celle que le plein soleil éclaire, et c'est dans cette arène, aussi illuminée et aussi circonscrite que leur stade, qu'il faut les voir agir.

Pour cela, il nous faut revoir une dernière fois le pays et recueillir notre impression d'ensemble. C'est un beau pays qui tourne l'âme vers la joie et pousse l'homme à considérer la vie comme une fête. Il n'en reste guère aujourd'hui que le squelette ; comme notre Provence, et encore plus que notre Provence, il a été dépouillé, gratté et, pour ainsi dire, raclé ; la terre s'est éboulée, la végétation est devenue rare ; la pierre âpre et nue, à peine tachetée çà et là de maigres buissons, usurpe l'espace et couvre les trois quarts de l'horizon. Pourtant on peut se faire une idée de ce qu'il était, en suivant les côtes encore intactes de la Méditerranée, de Toulon à Hyères, de Naples à Sorrente et à Amalfi ; seulement, il faut se représenter un ciel plus bleu, un air plus transparent, des formes de montagnes plus nettes et plus harmonieuses. Il semble qu'en ce pays il n'y ait point d'hiver. Les chênes-liéges, les oliviers, les orangers, les citronniers, les cyprès, font dans les creux et sur les flancs des gorges un éternel paysage d'été ; ils descendent jusqu'au bord de la mer ; en février, à certains endroits, des oranges qui se détachent de leur tige, tombent dans le flot. Point de brume, presque point de pluie ; l'air est tiède ; le soleil bon et doux. L'homme n'est pas forcé, comme dans nos climats du Nord, de se défendre contre l'inclémence des choses à force d'inventions compliquées et d'employer le gaz, les poêles, l'habit double, triple et quadruple, les trottoirs, les balayeurs et le reste pour rendre habitable le cloaque de boue froide dans lequel, sans sa police et son industrie, il barboterait. Il n'a pas besoin d'inventer des salles de spectacle et des décors d'opéra ; il n'a qu'à regarder autour de lui ; la nature les lui fournit plus beaux que ne ferait son art. A Hyères, en janvier, je voyais le soleil se lever derrière une île ; la lumière croissait, emplissait l'air ; tout d'un coup, au sommet d'un roc, une flamme jaillissait ; le grand ciel de

cristal élargissait sa voûte sur la plaine immense de
la mer, sur les innombrables petits flots, sur le bleu
puissant de l'eau uniforme où s'allongeait un ruis-
seau d'or ; au soir, les montagnes lointaines pre-
naient des teintes de mauve, de lilas, de rose-thé.
En été, l'illumination du soleil épanche dans l'air et
sur la mer une telle splendeur, que les sens et l'imagi-
nation comblés se croient transportés dans un triom-
phe et dans une gloire; tous les flots petillent ; l'eau
prend des tons de pierres précieuses, turquoises, amé-
thystes, saphirs, lapis-lazulis, onduleux et mouvants
sous la blancheur universelle et immaculée du ciel.
C'est dans cette inondation de clarté qu'il faut imagi-
ner les côtes de la Grèce, comme des aiguières et des
vasques de marbre jetées çà et là au milieu de l'azur.

Rien d'étonnant si l'on trouve dans le carac-
tère grec ce fonds de gaieté et de verve, ce besoin de
bonheur vif et sensible que nous rencontrons en-
core aujourd'hui chez les Provençaux, chez les
Napolitains, et en général dans les populations mé-
ridionales (1). L'homme continue toujours le mou-

(1) « Ces races sont vives, sereines, légères. L'infirme n'y est pas

vement que lui imprime d'abord la nature; car
les aptitudes et les tendances qu'elle établit en

» abattu : il voit doucement venir la mort : tout sourit autour de lui·
» Là est le secret de cette gaieté divine des poëmes homériques et
» de Platon : le récit de la mort de Socrate, dans le *Phédon*, montre
» à peine une teinte de tristesse. La vie, c'est donner sa fleur, puis
» son fruit ; quoi de plus? Si, comme on peut le soutenir, la préoc-
» cupation de la mort est le trait le plus important du christianisme
» et du sentiment religieux moderne, la race grecque est la moins
» religieuse des races. C'est une race superficielle, prenant la vie
» comme une chose sans surnaturel ni arrière-plan. Une telle sim-
» plicité de conception tient en grande partie au climat, à la pu-
» reté de l'air, à l'étonnante joie qu'on y respire, mais bien plus
» encore aux instincts de la race hellénique, adorablement idéa-
» liste. Un rien, un arbre, une fleur, un lézard, une tortue, provo-
» quent le souvenir de mille métamorphoses chantées par les
» poëtes ; un filet d'eau, un petit creux dans le rocher, qu'on qua-
» lifie d'antre des nymphes ; un puits avec une tasse sur la margelle,
» un pertuis de mer si étroit que les papillons le traversent et pour-
» tant navigable aux plus grands vaisseaux, comme à Poros ; des
» orangers, des cyprès dont l'ombre s'étend sur la mer, un petit
» bois de pins au milieu des rochers suffisent en Grèce pour produire
» le contentement qu'éveille la beauté. Se promener dans les jar-
» dins pendant la nuit, écouter les cigales, s'asseoir au clair de la
» lune en jouant de la flûte ; aller boire de l'eau dans la montagne,
» apporter avec soi un petit pain, un poisson et un lécythe de vin
» qu'on boit en chantant ; aux fêtes de famille, suspendre une cou-
» ronne de feuillage au-dessus de sa porte, aller avec des chapeaux
» de fleurs ; les jours de fêtes publiques, porter des thyrses garnis

lui à demeure sont justement les aptitudes et les tendances que journellement elle satisfait. Quel-

» de feuillages ; passer des journées à danser, à jouer avec des
» chèvres apprivoisées, voilà les plaisirs grecs, plaisirs d'une
» race pauvre, économe, éternellement jeune, habitant un pays
» charmant, trouvant son bien en elle-même et dans les dons que
» les dieux lui ont faits. La pastorale à la façon de Théocrite fut
» dans les pays helléniques une vérité ; la Grèce se plut toujours à
» ce petit genre de poésie fin et aimable, l'un des plus caractéristi-
» ques de sa littérature, miroir de sa propre vie, presque partout
» ailleurs niais et factice. La belle humeur, la joie de vivre, sont
» les choses grecques par excellence. Cette race a toujours vingt
» ans : pour elle, *indulgere genio* n'est pas la pesante ivresse de
» l'Anglais, le grossier ébattement du Français ; c'est tout simple-
» ment penser que la nature est bonne, qu'on peut et qu'on doit y
» céder. Pour le Grec, en effet, la nature est une conseillère d'élé-
» gance, une maîtresse de droiture et de vertu. La « concupiscence »,
» cette idée que la nature nous induit à mal faire, est un non-sens
» pour lui. Le goût de la parure qui distingue le palicare et qui se
» montre avec tant d'innocence dans la jeune Grecque, n'est pas
» la pompeuse vanité du barbare, la sotte prétention de la bour-
» geoise, bouffie de son ridicule orgueil de parvenue ; c'est le senti-
» ment pur et fin de naïfs jouvenceaux, se sentant fils légitimes de
» vrais inventeurs de la beauté. » (*Saint-Paul*, par Ernest Re-
nan, p. 202.) — Un de mes amis, qui a longtemps voyagé en *Grèce*,
me raconte que souvent les conducteurs de chevaux et les guides
cueillent une belle plante, la portent délicatement à la main toute la
journée, la posent à l'abri le soir au moment de la couchée et la
reprennent le lendemain pour s'en délecter encore.

ques vers d'Aristophane vous peindront cette sen-
sualité si franche, si légère et si brillante. Il
s'agit de paysans athéniens qui célèbrent le retour
de la paix. « Quelle joie, quelle joie de dé-
» poser le casque et de laisser là fromages et oignons!
» Ce que j'aime, ce n'est pas à combattre, c'est à
» boire avec des amis et des camarades, à voir pe-
» tiller dans le feu les branchages secs coupés en été,
» à faire rôtir des pois chiches sur les charbons, à
» faire griller les faines, à caresser la jeune Thratta
» pendant que ma femme est au bain. Il n'y a rien
» de plus agréable, quand les semailles sont faites et
» quand le dieu les arrose, que de causer ainsi avec
» le voisin : Dis-moi, Comarchidès, qu'allons-nous
» faire? Il me plairait assez de boire pendant que
» Zeus féconde la glèbe. Allons, femme, fais sécher
» trois chénix de fèves, mêles-y du froment, choisis
» parmi les figues ; il n'y a pas moyen aujourd'hui
» d'ébourgeonner la vigne ni de casser les mottes, la
» terre est trop mouillée. Qu'on apporte de chez moi
» la grive et deux pinsons. Il y avait encore au logis
» du colostre et quatre morceaux de lièvre. Enfant,

» apportes-en trois pour nous et donnes-en un à

» mon père ; demande à Æchinadès des myrtes avec

» leurs fruits ; et qu'en même temps quelqu'un aille

» crier de la route à Charinadès de venir boire avec

» nous pendant que le dieu nous aide et fait pous-

» ser nos récoltes.... O vénérable et royale déesse,

» ô Paix, souveraine des cœurs, souveraine des

» noces, reçois notre sacrifice.... fais abonder toutes

» les bonnes choses sur notre marché, les belles

» têtes d'ail, les concombres précoces, les pommes,

» les grenades ; qu'on y voie affluer les Béotiens

» chargés d'oies, de canards, de pigeons, de mau-

» viettes ; que les anguilles du lac Copaïs y viennent

» par paniers, et qu'empressés, serrés à l'envi pour

» les acheter, tout autour d'elles, nous luttions avec

» Morychos, Téléas et les autres gourmands... Cours

» vite au festin, Dicœopolis..., le prêtre de Diony-

» sos t'invite ; hâte-toi, on t'attend ; tout est prêt,

» tables, lits, coussins, couronnes, parfums, frian-

» dises de dessert. Les courtisanes sont arrivées,

» et avec elles pâtisseries, gâteaux, belles danseuses,

» toutes les délices. » Je coupe court à la citation,

qui devient trop vive ; la sensualité antique et la sensualité méridionale ont des gestes bien osés et des mots bien précis.

Une pareille disposition d'esprit conduit l'homme à prendre la vie comme une partie de plaisir. Entre les mains du Grec les idées et les institutions les plus graves deviennent riantes ; ses dieux sont « les dieux heureux qui ne meurent pas ». Ils vivent sur les sommets de l'Olympe « que les vents n'ébranlent point, » qui ne sont jamais mouillés par la pluie, d'où la » neige n'approche point, où s'ouvre l'éther sans » nuages, où court agilement la blanche lumière. » Là, dans un palais éblouissant, assis sur des trônes d'or, ils boivent le nectar et mangent l'ambroisie, pendant que les muses « chantent avec leurs belles » voix ». Un festin éternel en pleine lumière, voilà le ciel pour le Grec ; partant, la plus belle vie est celle qui ressemble le plus à cette vie des dieux. Chez Homère, l'homme heureux est celui qui peut « jouir » de sa jeunesse florissante et atteindre au seuil de » la vieillesse ». Les cérémonies religieuses sont un banquet joyeux dans lequel les dieux sont contents parce qu'ils ont leur part de vin et de viande. Les fêtes les plus augustes sont des représentations d'opéra. La tragédie, la comédie, les chœurs de danse, les jeux gymniques, sont une partie du culte. Ils n'imaginent pas que, pour honorer les dieux, il faille se mortifier, jeûner, prier avec tremblement, se prosterner en déplorant ses fautes, mais qu'il faut prendre part à leur joie, leur donner le spectacle des plus beaux corps nus, parer pour eux la cité, élever l'homme jusqu'à eux en le tirant pour un instant de sa condition mortelle par le concours de toutes les magnificences que l'art et la poésie peuvent assembler. Pour eux, cet « enthousiasme » est la piété, et, après avoir débordé par la tragédie du côté des émotions grandioses et solennelles, il s'épanche encore dans la comédie du côté des bouffonneries folles et de la licence voluptueuse. Il faut avoir lu Lysistrata, la fête des Thesmophories dans Aristophane, pour imaginer ces emportements de la vie animale, pour comprendre qu'on célébrait publiquement les Dionysiaques, qu'on dansait la cordace sur le théâtre, qu'à Corinthe mille courtisanes desser-

vaient le temple d'Aphrodite, et que la religion con-
sacrait tout le scandale, tout le vertige d'une ker-
messe et d'un carnaval.

Ils ont porté la vie sociale aussi légèrement que
la vie religieuse. Le Romain conquiert pour acqué-
rir ; il exploite les peuples vaincus comme une mé-
tairie, en homme d'administration et d'affaires, avec
méthode, à demeure ; l'Athénien navigue, débarque,
combat sans rien fonder, irrégulièrement, selon
l'impulsion du moment, par besoin d'action, par
élan d'imagination, par esprit d'entreprise, par
désir de gloire, pour avoir le plaisir d'être le pre-
mier parmi les Grecs. Avec l'argent de ses alliés,
le peuple embellit sa ville, commande à ses artistes
des temples, des théâtres, des statues, des décora-
tions, des processions, jouit tous les jours et par
tous les sens de la fortune publique. Aristophane
l'amuse avec la caricature de sa politique et de ses
magistrats. On lui donne gratis son entrée au théâ-
tre : à la fin des Dionysiaques on lui distribue l'ar-
gent qui reste en caisse sur les contributions des
alliés. Bientôt il se fait payer pour juger dans les

décastéries, pour assister aux assemblées publiques. Tout est pour lui ; il oblige les riches à lui fournir à leurs frais des chœurs, des acteurs, des représentations et tous les plus beaux spectacles. Si pauvre qu'il soit, il a ses bains, ses gymnases défrayés par le Trésor, aussi agréables que ceux des chevaliers (1). A la fin il ne veut plus prendre de peine, il loue des mercenaires pour faire la guerre à sa place ; s'il s'occupe de politique, c'est pour en causer ; il écoute ses orateurs en dilettante et assiste à leurs débats, à leurs récriminations, à leurs assauts d'éloquence, comme à un combat de coqs. Il juge des talents et applaudit aux coups bien portés. Sa grande affaire est d'avoir des fêtes bien entendues ; il a décrété la peine de mort contre quiconque proposerait de détourner pour la guerre une partie de l'argent qui leur est destiné. Ses généraux sont pour la montre : « Hors un seul que vous envoyez à la » guerre, dit Démosthènes, les autres décorent vos » fêtes à la suite des sacrificateurs. » Quand il faut

(1) Xénophon. *La République d'Athènes.*

équiper et faire partir la flotte, on n'agit pas ou l'on n'agit que trop tard ; au contraire pour les processions et les représentations publiques, tout est prévu, ordonné, exactement accompli comme il faut et à l'heure dite. Peu à peu, sous l'ascendant de la sensualité primitive, l'État s'est réduit à une entreprise de spectacles, chargée de fournir des plaisirs poétiques à des gens de goût.

Pareillement enfin, dans la philosophie et la science, il n'ont voulu cueillir que la fleur des choses. Ils n'ont point eu l'abnégation du savant moderne qui emploie tout son génie à éclaircir un point obscur, qui observe dix ans de suite une espèce animale, qui multiplie et vérifie incessamment ses expériences, qui, confiné volontairement dans un labeur ingrat, passe sa vie à tailler patiemment deux ou trois pierres pour un édifice immense dont il ne verra pas l'achèvement, mais qui servira aux générations futures. Ici, la philosophie est une conversation; elle naît dans les gymnases, sous les portiques, sous des allées de platanes; le maître parle en se promenant, et on le suit. Tous s'élancent du premier coup aux plus hautes conclusions ; c'est un plaisir que d'avoir des vues d'ensemble ; ils en jouissent et ne songent que médiocrement à construire une bonne route solide ; leurs preuves se réduisent le plus souvent à des vraisemblances. En somme, ce sont des spéculatifs qui aiment à voyager sur les sommets des choses, à parcourir en trois pas, comme les dieux d'Homère, une vaste région nouvelle, à embrasser le monde entier d'un seul regard. Un système est une sorte d'opéra sublime, l'opéra des esprits compréhensifs et curieux. De Thalès à Proclus, leur philosophie s'est déroulée comme leur tragédie, autour de trente ou quarante thèmes principaux, à travers une infinité de variations, d'amplifications et de mélanges. L'imagination philosophique a manié les idées et les hypothèses, comme l'imagination mythologique maniait les légendes et les dieux.

Si de leur œuvre nous passons à leurs procédés, nous verrons reparaître le même tour d'esprit. Ils sont sophistes autant que philosophes ; ils exercent leur intelligence pour l'exercer. Une subtile distinction, une longue analyse raffinée, un argument captieux et difficile à débrouiller les attire et les retient. Ils s'amusent et s'attardent dans la dialectique, les arguties et le paradoxe (1); ils ne sont pas aussi sérieux qu'il le faudrait; s'ils entreprennent une recherche, ce n'est point seulement en vue de l'acquis définitif et fixe; ils n'aiment point la vérité uniquement, absolument, avec oubli et mépris du reste. Elle est un gibier qu'ils prennent souvent dans leur chasse; mais, à les voir raisonner, on sent bien vite que, sans se l'avouer, ils préfèrent au gibier la chasse, la chasse avec ses adresses, ses ruses, ses circuits, son élan, et ce sentiment d'action libre, voyageuse et victorieuse qu'elle met dans les nerfs et l'imagination du chasseur. « O Grecs! Grecs! disait à So- » lon un prêtre égyptien, vous êtes des enfants! »

(1) Voyez les procédés logiques de Platon et d'Aristote, notamment les preuves de l'immortalité de l'âme dans le *Phédon*. — Dans toute cette philosophie, les facultés sont supérieures à l'œuvre. Aristote avait écrit un traité sur les problèmes homériques à l'exemple de ces rhéteurs qui examinaient si, lorsqu'Aphrodite est blessée par Diomède, la blessure est à la main droite ou à la main gauche.

En effet, ils ont joué avec la vie, avec toutes les choses graves de la vie, avec la religion et les dieux, avec la politique et l'État, avec la philosophie et la vérité.

C'est pour cela qu'ils ont été les plus grands artistes du monde. Ils ont eu la charmante liberté d'esprit, la surabondance de gaieté inventive, la gracieuse ivresse d'imagination qui poussent l'enfant à fabriquer et à manier incessamment de petits poëmes, sans autre but que de donner carrière aux facultés neuves et trop vives qui tout d'un coup s'éveillent en lui. Les trois traits principaux que nous avons démêlés dans leur caractère sont justement ceux qui font l'âme et l'intelligence de l'artiste. Délicatesse de la perception, aptitude à saisir les rapports fins, sens des nuances, voilà ce qui lui permet de construire des ensembles de formes, de sons, de couleurs, d'événements, bref, d'éléments et de détails si bien reliés entre eux par des attaches intimes, que leur organisation fasse une chose vivante et surpasse dans le monde imaginaire l'harmonie profonde du monde réel. Besoin de clarté, sentiment de la mesure, haine du vague et de l'abstrait, dédain du monstrueux et de l'énorme, goût pour les contours arrêtés et précis, voilà ce qui le conduit à enfermer ses conceptions dans une forme aisément perceptible à l'imagination et aux sens, partant à faire des œuvres que toute race et tout siècle puissent comprendre, et qui, étant humaines, soient éternelles. Amour et culte de la vie présente, sentiment de la force humaine, besoin de sérénité et d'allégresse, voilà ce qui le porte à éviter la peinture de l'infirmité physique et de la maladie morale, à représenter la santé de l'âme et la perfection du corps, à compléter la beauté acquise de l'expression par la beauté foncière du sujet. Ce sont là les traits distinctifs de tout leur art. Un regard jeté sur leur littérature, comparée à celle de l'Orient, du moyen âge et des temps modernes, une lecture d'Homère, comparé à la *Divine Comédie*, à *Faust* ou aux épopées indiennes, une étude de leur prose, comparée à toute autre prose de tout autre siècle ou de tout autre pays, vous en convaincrait

4.

bien vite. Auprès de leur style littéraire, tout style est emphatique, lourd, inexact et forcé ; auprès de leurs types moraux, tout type est excessif, triste et malsain ; auprès de leurs cadres poétiques et oratoires, tout cadre qui ne leur a pas été emprunté est disproportionné, mal attaché, disloqué par l'œuvre qu'il contient.

Mais l'espace nous manque, et entre cent exemples nous ne pouvons en choisir qu'un. Considérons ce qui se voit avec les yeux et ce qui frappe d'abord les regards lorsqu'on entre dans la ville, je veux dire le temple. D'ordinaire il est sur une hauteur qui est l'Acropole, sur un soubassement de roches comme à Syracuse, ou sur une petite montagne qui fut, comme à Athènes, le premier lieu de refuge et l'emplacement originel de la cité. On le voit de toute la plaine et des collines voisines ; les vaisseaux le saluent de loin en approchant du port. Il se détache tout entier nettement dans l'air limpide (1). Il n'est point, comme

(1) Voyez les restaurations, accompagnées de Mémoires, de MM. Tétaz, Paccard, Boitte et Garnier.

les cathédrales du moyen âge, serré, étouffé par les files des maisons, dissimulé, à demi caché, inaccessible à l'œil, sauf dans ses détails et ses parties hautes. Sa base, ses flancs, toute sa masse et toutes ses proportions apparaissent d'un seul coup. On n'est pas obligé de deviner l'ensemble d'après un morceau ; son emplacement le proportionne aux sens de l'homme. — Pour qu'il ne manque rien à la netteté de l'impression, ils lui donnent des dimensions moyennes ou petites. Parmi les temples grecs, il n'y en a que deux ou trois aussi grands que la Madeleine. Rien de semblable aux énormes monuments de l'Inde, de Babylone et de l'Égypte, aux palais superposés et entassés, aux dédales d'avenues, d'enceintes, de salles, de colosses dont la multitude finit par jeter l'esprit dans le trouble et l'éblouissement. Rien de semblable aux gigantesques cathédrales qui abritaient sous leurs nefs toute la population d'une cité, que l'œil, même si elles étaient sur une hauteur, ne pourrait pas embrasser tout entières, dont les profils échappent, et dont l'harmonie totale ne peut être sentie que sur un plan. Le temple grec n'est pas un lieu d'assemblée, mais l'habitation particulière d'un dieu, un reliquaire pour son effigie, l'ostensoir de marbre qui enferme une statue unique. A cent pas de l'enceinte sacrée qui l'entoure, on saisit la direction et l'accord de ses principales lignes. — D'ailleurs, elles sont si simples qu'il suffit d'un regard pour en comprendre l'ensemble. Rien de compliqué, de bizarre, de tourmenté dans cet édifice; c'est un rectangle bordé par un péristyle de colonnes; trois ou quatre formes élémentaires de la géométrie en font tous les frais, et la symétrie de l'ordonnance les accuse en les répétant et en les opposant. Le couronnement du fronton, la cannelure des fûts, le tailloir du chapiteau, tous les accessoires et tous les détails viennent encore manifester en plus haut relief le caractère propre de chaque membre, et la diversité de la polychromie achève de marquer et de préciser toutes ces valeurs.

Dans ces différents traits vous avez reconnu le besoin fondamental des formes délimitées et claires. Une série d'autres caractères va nous montrer la finesse de leur tact et la délicatesse exquise de leurs perceptions. Il y a un lien entre toutes les formes et toutes les dimensions d'un temple comme entre tous les organes d'un corps vivant, et ils ont trouvé ce lien ; ils ont fixé le module architectural, qui, d'après le diamètre d'une colonne, détermine sa hauteur, par suite son ordre, par suite sa base, son chapiteau, par suite la distance des colonnes et l'économie générale de l'édifice. Ils ont modifié de parti pris la rectitude grossière des formes mathématiques, ils les ont appropriées aux exigences secrètes de l'œil, ils ont renflé (1) la colonne par une courbe savante aux deux tiers de sa hauteur, ils ont bombé toutes les lignes horizontales et incliné vers le centre toutes les lignes verticales du Parthénon, ils se sont dégagés des entraves de la symétrie mécanique ; ils ont donné des ailes inégales à leurs Propylées, des niveaux différents aux deux sanctuaires de leur Erecthéion ; ils ont entrecroisé, varié, infléchi leurs plans et leurs angles de manière à communiquer à

(1) *Entasis.*

la géométrie architecturale la grâce, la diversité, l'imprévu, la souplesse fuyante de la vie, et sans amoindrir l'effet de ses masses, ils ont brodé sur sa surface la plus élégante trame d'ornements peints et sculptés. En tout cela, rien n'égale l'originalité de leur goût, si ce n'est sa justesse ; ils ont réuni deux qualités qui semblent s'exclure : l'extrême richesse et l'extrême sobriété. Nos sens modernes n'y atteignent point ; nous ne parvenons qu'à demi et par degrés à deviner combien leur invention était parfaite. Il a fallu l'exhumation de Pompéi pour nous faire soupçonner l'harmonie et la vivacité charmantes de la décoration dont ils revêtaient leurs murs, et c'est de nos jours qu'un architecte anglais a mesuré l'imperceptible inflexion des horizontales renflées et des perpendiculaires convergentes qui donnent à leur plus beau temple sa suprême beauté. Nous sommes devant eux comme un auditeur ordinaire devant un musicien né et élevé pour la musique ; son jeu a des délicatesses d'exécution, des puretés de sons, des plénitudes d'accords, des finesses d'intention, des réussites d'expression que l'autre, médiocrement doué et mal préparé, ne saisit qu'en gros et de loin en loin. Nous n'en gardons qu'une impression totale, et cette impression, conforme au génie de la race, est justement celle d'une fête heureuse et fortifiante. La créature architecturale est saine, viable par elle-même; elle n'a pas besoin, comme la cathédrale gothique, d'entretenir à ses pieds une colonie de maçons qui réparent incessamment sa ruine incessante; elle n'emprunte pas l'appui de ses voûtes à des contre-forts extérieurs; il ne lui faut pas une armature de fer pour soutenir le prodigieux échafaudage de ses clochers ouvragés et découpés, pour accrocher à ses murailles sa merveilleuse dentelle compliquée, sa fragile filigrane de pierre. Elle n'est point l'œuvre de l'imagination surexcitée, mais de la raison lucide. Elle est faite pour durer par elle-même et sans secours. Presque tous les temples de la Grèce seraient encore entiers si la brutalité ou le fanatisme de l'homme n'étaient intervenus pour les détruire. Ceux de Pœstum sont debout après vingt-trois siècles; c'est l'explosion d'un magasin de

poudre qui a coupé en deux le Parthénon. Livré à
lui seul, le temple grec demeure et subsiste; on
s'en aperçoit à sa forte assiette; sa masse le conso-
lide au lieu de le charger. Nous sentons l'équilibre
stable de ses divers membres; car l'architecte a
manifesté la structure interne par les dehors visi-
bles, et les lignes qui flattent l'œil de leurs propor-
tions harmonieuses sont justement les lignes qui
contentent l'intelligence par des promesses d'éter-
nité (1). Ajoutez à cet air de force l'air d'aisance et
d'élégance; l'édifice grec ne songe pas seulement
à durer comme l'édifice égyptien. Il n'est pas acca-
blé sous le poids de sa matière comme un Atlas
obstiné et trapu; il se développe, se déploie, se
dresse comme un beau corps d'athlète en qui la
vigueur s'accorde avec la finesse et la sérénité.
Considérez encore sa parure, les boucliers d'or qui
étoilent son architrave, les acrotères d'or, les têtes
de lion qui luisent en plein soleil, les filets d'or et

(1) Lire à ce propos *la Philosophie de l'architecture en Grèce*,
par M. E. Boutmy, ouvrage d'un esprit très-exact, très-conscien-
cieux et très-délicat.

parfois les émaux qui serpentent sur ses chapiteaux, le revêtement de vermillon, de minium, de bleu, d'ocre pâle, de vert, de tous les tons vifs ou sourds qui, reliés et opposés comme à Pompéi, donnent à l'œil la sensation de la franche et saine joie méridionale. Comptez enfin les bas-reliefs, les statues des frontons, des métopes et de la frise, surtout l'effigie colossale de la cella intérieure, toutes les sculptures de marbre, d'ivoire et d'or, tous ces corps héroïques ou divins qui mettent sous les yeux de l'homme les images accomplies de la force virile, de la perfection athlétique, de la vertu militante, de la noblesse simple, de la sérénité inaltérable, et vous aurez une première idée de leur génie et de leur art.

§ II

LE MOMENT

Il faut maintenant faire un pas de plus et consi-
dérer un nouveau caractère de la civilisation grec-
que. Non-seulement un Grec de l'ancienne Grèce
est grec, mais encore il est ancien ; il ne diffère pas
seulement de l'Anglais ou de l'Espagnol, parce
qu'étant d'une autre race, il a d'autres aptitudes et
d'autres inclinations ; il diffère de l'Anglais, de l'Es-
pagnol et du Grec moderne en ce qu'étant placé à
une époque antérieure de l'histoire, il a d'autres
idées et d'autres sentiments. Il nous précède, et
nous le suivons. Il n'a pas bâti sa civilisation sur la
nôtre ; nous avons bâti notre civilisation sur la

sienne et sur plusieurs autres. Il est au rez-de-chaussée, et nous sommes au second ou au troisième étage. De là des suites infinies en nombre et en importance. Quoi de plus différent que deux vies, l'une au niveau du sol avec toutes les portes ouvertes sur la campagne, l'autre juchée et enfermée dans les compartiments étroits d'une haute maison moderne ? Ce contraste s'exprime en deux mots : leur vie et leur esprit sont simples, notre vie et notre esprit sont compliqués. Partant, leur art est plus simple que le nôtre, et l'idée qu'ils se forment de l'âme et du corps de l'homme fournit matière à des œuvres que notre civilisation ne comporte plus.

I

Il suffit d'un coup d'œil jeté sur les dehors de leur vie pour remarquer combien elle est simple. La civilisation, en se déplaçant vers le nord, a dû pourvoir à toutes sortes de besoins qu'elle n'était pas obligée de satisfaire dans ses premières stations du sud. Dans un climat humide ou froid comme la Gaule, la Germanie, l'Angleterre, l'Amérique du Nord, l'homme mange davantage ; il lui faut des maisons plus solides et mieux closes, des habits plus chauds et plus épais, plus de feu et plus de lumière, plus d'abris, de vivres, d'instruments et d'industries. Il devient forcément industriel, et comme ses exigences croissent avec ses satisfactions, il tourne les trois quarts de son effort vers l'acquisition du bien-être. Mais les commodités dont il se munit sont autant d'assujettissements dans lesquels il s'embarrasse, et l'artifice de son confortable le tient captif. Combien de choses aujourd'hui dans l'habillement d'un homme ordinaire ! Combien plus de choses encore dans la toilette d'une femme, même de la condition moyenne ; deux ou trois armoires n'y suffisent pas. Notez qu'aujourd'hui les dames de Naples ou d'Athènes nous empruntent nos modes. Un Pallicare porte un accoutrement aussi surabondant que le nôtre. Nos civilisations du Nord, en refluant sur les peuples arriérés du Midi, y ont importé un costume étranger, d'une complication superflue, et il faut aller dans les districts reculés, descendre jusqu'à la classe très-pauvre, pour trouver comme à Naples des lazzaroni vêtus d'un pagne, comme en Arcadie des femmes couvertes d'une simple chemise, bref, des gens qui réduisent et proportionnent leur habillement aux petites exigences de leur climat.

Dans la Grèce ancienne, une tunique courte et sans manches pour l'homme, pour la femme une longue tunique qui descend jusqu'aux pieds et, se doublant à la hauteur des épaules, retombe jusqu'à la ceinture : voilà tout l'essentiel du costume ; ajoutez une grande pièce carrée d'étoffe dont on se drape, pour la femme un voile quand elle sort, assez ordinairement des sandales ; Socrate n'en portait qu'aux jours de festin ; très-souvent on va pieds nus et tête nue. Tous ces vêtements peuvent être ôtés en un tour de main ; ils ne serrent point la taille, ils indiquent les formes ; le nu apparaît par leurs interstices et dans leurs mouvements. On les ôte tout à fait dans les gymnases, dans le stade, dans plusieurs danses solennelles ; « c'est le propre des » Grecs, dit Pline, de ne rien voiler ». L'habillement n'est chez eux qu'un accessoire lâche qui laisse au corps sa liberté, et qu'à volonté, en un instant, on peut jeter bas. — Même simplicité pour la seconde enveloppe de l'homme, je veux dire la maison. Comparez une maison de Saint-Germain ou de Fontainebleau à une maison de Pompéi ou d'Herculanum, deux jolies villes de province qui jouaient par rapport à Rome le rôle que Saint-Germain ou Fontainebleau jouent aujourd'hui par rapport à Paris ; comptez tout ce qui compose aujourd'hui un logis passable, grande bâtisse de pierre de taille à deux ou trois étages, fenêtres vitrées, papiers, tentures, persiennes, doubles et triples rideaux, calorifères, cheminées, tapis, lits, siéges, meubles de toute espèce, innombrables brimborions et ustensiles de ménage et de luxe, et mettez en regard les frêles murailles d'une maison de Pompéi, ses dix ou douze petits cabinets rangés autour d'une petite cour où bruit un filet d'eau, ses fines peintures, ses petits bronzes ; c'est un abri léger pour dormir la nuit, faire la sieste le jour, goûter la fraîcheur en suivant des yeux des arabesques délicates et de belles harmonies de couleurs ; le climat ne réclame rien de plus. Aux beaux siècles de la Grèce, le ménage est bien plus réduit encore (1). Des murs qu'un voleur peut percer, blanchis à la chaux, encore dépourvus de peintures au temps de Périclès ; un lit avec quelques couvertures, un coffre, quelques beaux vases peints, des armes suspendues, une lampe de structure toute primitive ; une toute petite

(1) Voyez, sur tous ces détails de la vie privée, Becker, *Chariclès*, surtout les **Excursus**.

maison qui n'a pas toujours de premier étage : cela suffit à un Athénien noble ; il vit au dehors, en plein air, sous les portiques, dans l'Agora, dans les gymnases, et les bâtiments publics qui abritent sa vie publique sont aussi peu garnis que sa maison privée. Au lieu d'un palais comme celui du Corps législatif ou Westminster de Londres avec son aménagement intérieur, ses banquettes, son éclairage, sa bibliothèque, sa buvette, tous ses compartiments et tous ses services, il a une place vide, le Pnyx, et quelques degrés de pierre qui font une tribune à l'orateur. En ce moment nous bâtissons un Opéra, et il nous faut une grande façade, quatre ou cinq vastes pavillons, des foyers, salons et couloirs de toute sorte, un large cercle pour l'assistance, une énorme scène, un grenier gigantesque pour remiser les décors, et une infinité de loges et de logements pour les administrateurs et les acteurs ; nous dépensons quarante millions et la salle aura deux mille places. En Grèce, un théâtre contient de trente à cinquante mille spectateurs, et coûte vingt fois moins que chez nous ; c'est que la nature en fait les frais ; un flanc de

colline où l'on taille des gradins circulaires, un au-
tel au bas et au centre, un grand mur sculpté,
comme celui d'Orange, pour répercuter la voix de
l'acteur, le soleil pour lampe, et, pour décor loin-
tain tantôt la mer luisante, tantôt des groupes de
montagnes veloutées par la lumière. Ils arrivent à
la magnificence par l'économie, et pourvoient à leurs
plaisirs comme à leurs affaires avec une perfection
que nos profusions d'argent n'atteignent pas.

Passons aux constructions morales. Aujourd'hui un
État comprend trente à quarante millions d'hommes
répandus sur un territoire large et long de plusieurs
centaines de lieues. C'est pourquoi il est plus solide
qu'une cité antique ; mais, en revanche, il est bien
plus compliqué, et, pour y remplir un emploi, un
homme doit être spécial. Partant, les emplois pu-
blics sont spéciaux comme les autres. La masse de
la population n'intervient dans les affaires générales
que de loin en loin, par des élections. Elle vit ou
vivote en province sans pouvoir se faire d'opinions
personnelles ni précises, réduite à des impressions
vagues et à des émotions aveugles, obligée de se

remettre aux mains de gens plus instruits qu'elle expédie dans la capitale et qui la remplacent quand il faut décider de la guerre, de la paix ou des impôts. — Même substitution s'il s'agit de la religion, de la justice, de l'armée et de la marine. Dans chacun de ces services nous avons un corps d'hommes spéciaux ; il faut un long apprentissage pour y jouer un rôle ; ils échappent à la majorité des citoyens. Nous n'y prenons point part ; nous avons des délégués qui, choisis par eux-mêmes ou par l'État, combattent, naviguent, jugent ou prient pour nous. Et nous ne pouvons faire autrement ; le service est trop compliqué pour être exécuté à l'improviste par le premier venu ; il faut que le prêtre ait passé par le séminaire, le magistrat par l'école de droit, l'officier par les écoles préparatoires, la caserne ou le navire, l'employé par les examens et les bureaux. — Au contraire, dans un petit État comme la cité grecque, l'homme ordinaire est au niveau de toutes les fonctions publiques ; la société ne se divise pas en fonctionnaires et en administrés : il n'y a pas de bourgeois retirés, il n'y a que des citoyens actifs.

L'Athénien décide lui-même des intérêts généraux ;
cinq ou six mille citoyens écoutent les orateurs et
votent sur la place publique ; c'est la place du mar-
ché ; on y vient pour faire des décrets et des lois
comme pour vendre son vin et ses olives ; le terri-
toire n'étant qu'une banlieue, le campagnard n'a
pas beaucoup plus de chemin à faire que le citadin.
De plus, les affaires dont il s'agit sont à sa portée ;
car ce sont des intérêts de clocher, puisque la cité
n'est qu'une ville. Il n'a pas de peine à comprendre
la conduite qu'il faut tenir avec Mégare ou Corinthe ;
il lui suffit pour cela de son expérience personnelle
et de ses impressions journalières ; il n'a pas besoin
d'être un politique de profession, versé dans la géo-
graphie, l'histoire, la statistique et le reste. Pareil-
lement il est prêtre chez lui, et de temps en temps
pontife de sa phratrie ou de sa tribu ; car sa reli-
gion est un beau conte de nourrice, et la cérémonie
qu'il accomplit consiste en une danse ou un chant
qu'il sait dès l'enfance, et dans un repas auquel il
préside avec un certain habit. — De plus, il est
juge dans les décastéries, au civil, au criminel, au

religieux, avocat et obligé de plaider dans sa propre cause. Un méridional, un Grec, est naturellement vif d'esprit, bon et beau parleur ; les lois ne se sont pas encore multipliées, enchevêtrées en un Code et en un fatras ; il les sait en gros ; les plaideurs les lui citent ; d'ailleurs, l'usage lui permet d'écouter son instinct, son bon sens, son émotion, ses passions, au moins autant que le droit strict et les arguments légaux. — S'il est riche, il est impresario. Vous avez vu que leur théâtre est moins compliqué que le nôtre, et, pour faire répéter des danseurs, des chanteurs, des acteurs, un Grec, un Athénien a toujours du goût. — Riche ou pauvre, il est soldat ; comme l'art militaire est encore simple et qu'on ignore les machines de guerre, la garde nationale est l'armée. Jusqu'à la venue des Romains, il n'y en a pas eu de meilleure ; pour la former et former le parfait soldat, deux conditions sont requises et ces deux conditions sont données par l'éducation commune, sans instruction spéciale, sans école de peloton, sans discipline ni exercices de caserne. D'un côté ils veulent que chaque soldat soit le meilleur gladiateur qu'il se pourra, le corps le plus robuste, le plus souple et le plus agile, le plus capable de bien frapper, parer et courir ; à cela leurs gymnases pourvoient : ce sont les colléges de toute la jeunesse ; on y apprend toute la journée et pendant de longues années à lutter, sauter, courir, lancer le disque, et, méthodiquement, on y exerce et l'on fortifie tous les membres et tous les muscles. De l'autre côté, ils veulent que les soldats sachent marcher, courir, faire toutes les évolutions en bon ordre ; à cela l'orchestrique suffit : toutes leurs fêtes nationales et religieuses enseignent aux enfants et aux jeunes gens l'art de former et de dénouer leurs groupes ; à Sparte, le chœur de danse publique et la compagnie militaire (1) sont disposés sur le même patron. Ainsi préparé par les mœurs, on comprend que le citoyen soit soldat sans effort et du premier coup. — Il sera marin sans beaucoup plus d'apprentissage. En ce temps-là un navire de guerre n'est qu'un bateau de cabotage, contient

(1) *Choros* et *Lochos*.

tout au plus deux cents hommes et ne perd guère de vue les côtes. Dans une cité qui a un port et vit de commerce maritime, il n'est personne qui ne s'entende à manœuvrer un tel navire, personne qui ne connaisse d'avance ou n'apprenne vite les signes du temps, les chances du vent, les positions et les distances, toute la technique et tous les accessoires qu'un matelot ou un officier de mer ne sait chez nous qu'après dix ans d'étude et de pratique. Toutes ces particularités de la vie antique dérivent de la même cause, qui est la simplicité d'une civilisation sans précédents, et toutes aboutissent au même effet qui est la simplicité d'une âme bien équilibrée, en qui nul groupe d'aptitudes et de penchants n'a été développé au détriment des autres, qui n'a pas reçu de tour exclusif, que nulle fonction spéciale n'a déformée. Aujourd'hui nous avons l'homme cultivé et l'homme inculte, le citadin et le paysan, le provincial et le parisien, en outre autant d'espèces distinctes qu'il y a de classes, de professions et de métiers, partout l'individu parqué dans le compartiment qu'il s'est fait et assiégé par la multitude des besoins qu'il s'est donnés. Moins artificiel, moins spécial, moins éloigné de l'état primitif, le Grec agissait dans un cercle politique mieux proportionné aux facultés humaines, parmi des mœurs plus favorables à l'entretien des facultés animales : plus voisin de la vie naturelle, moins assujetti par la civilisation surajoutée, il était plus homme.

Ce ne sont là que les alentours et les moules exté-
rieurs qui modèlent l'individu. Pénétrons dans
l'individu lui-même, jusqu'à ses sentiments et à ses
idées ; nous serons encore plus frappés de la dis-
tance qui les sépare des nôtres. Deux sortes de cul-
ture les forment en tout temps et en tout pays : la
culture religieuse et la culture laïque, et l'une et
l'autre opèrent dans le même sens alors pour les
garder simples, aujourd'hui pour les rendre com-
pliqués. Les peuples modernes sont chrétiens, et le
christianisme est une religion de seconde pousse,
qui contredit l'instinct naturel. On peut le comparer
à une contraction violente qui a infléchi l'attitude
primitive de l'âme humaine. En effet, il déclare que
le monde est mauvais et que l'homme est gâté ; et
certes, au siècle où il naquit, cela était indubi-

table. Il faut donc, selon lui, que l'homme change de voie. La vie présente n'est qu'un exil; tournons nos regards vers la patrie céleste. Notre fond naturel est vicieux; réprimons tous nos penchants naturels et mortifions notre corps. L'expérience des sens et le raisonnement des savants sont insuffisants et trompeurs; prenons pour flambeau la révélation, la foi, l'illumination divine. Par la pénitence, le renoncement, la méditation, développons en nous l'homme spirituel, et que notre vie soit une attente passionnée de la délivrance, un abandon continu de notre volonté, un soupir incessant vers Dieu, une pensée d'amour sublime, parfois récompensée par l'extase et la vision de l'au-delà. Pendant quatorze siècles le modèle idéal a été l'anachorète ou le moine. Pour mesurer la puissance d'une pareille idée et la grandeur de la transformation qu'elle impose aux facultés et aux habitudes humaines, lisez tour à tour le grand poëme chrétien et le grand poëme païen, d'un côté *la Divine comédie*, de l'autre *l'Odyssée* et *l'Iliade*. Dante a une vision, il est transporté hors de notre petit monde éphémère dans les régions éternelles ; il en voit les tortures, les expiations, les félicités ; il est troublé d'angoisses et d'horreurs surhumaines ; tout ce qu'une imagination furieuse et raffinée de justicier et de bourreau peut inventer, il le voit, il le subit, il en défaille ; puis il monte dans la lumière ; son corps n'a plus de poids ; il s'envole, involontairement attiré par le sourire d'une dame rayonnante ; il entend les âmes qui sont des voix et des mélodies flottantes ; il voit des chœurs, une grande rose de lumières vivantes qui sont des vertus et des puissances célestes ; les paroles sacrées, les dogmes de la vérité retentissent dans l'éther. Dans ces hauteurs brûlantes où la raison se fond comme une cire, le symbole et l'apparition, entrelacés, effacés l'un par l'autre, aboutissent à l'éblouissement mystique, et le poëme tout entier, infernal ou divin, est un rêve qui commence par le cauchemar, pour finir par le ravissement. Combien plus naturel et plus sain est le spectacle que nous présente Homère ! C'est la Troade, l'île d'Ithaque, les côtes de la Grèce ; encore aujourd'hui on le suit à la trace, on reconnaît les formes des montagnes, la couleur de la mer, les sources jaillissantes, les cyprès, les aulnes où nichent les oiseaux de mer ; il a copié la nature stable et subsistante ; partout chez lui on pose le pied sur le sol solide de la vérité. Son livre est un document d'histoire ; ses contemporains ont eu les mœurs qu'il décrit ; son Olympe lui-même n'est qu'une famille grecque. Nous n'avons pas besoin de nous forcer et de nous exalter pour retrouver en nous les sentiments qu'il exprime, ni pour imaginer le monde qu'il peint, combats, voyages, festins, discours publics, entretiens privés, toutes les scènes de la vie réelle, amitié, amour paternel et conjugal, besoin de gloire et d'action, colères, apaisements, goût des fêtes, plaisir de vivre, toutes les émotions et toutes les passions de l'homme naturel. Il se renferme dans le cercle visible qu'à chaque génération retrouve l'expérience humaine ; il n'en sort pas ; ce monde lui suffit, il est seul important ; l'au-delà n'est que le séjour vague des ombres vaines ; lorsque Ulysse rencontrant Achille chez Hadès le félicite d'être encore le premier parmi les ombres, celui-ci

lui répond : « Ne me parle pas de la mort, glorieux
» Ulysse. J'aimerais mieux être laboureur et servir
» pour un salaire un homme sans héritage et qui
» aurait de la peine à se nourrir, j'aimerais mieux
» cela que de commander à tous les morts qui ont
» vécu. Mais plutôt parle-moi de mon glorieux fils,
» dis-moi s'il a été le premier à la guerre ! » —
Ainsi par delà le tombeau, c'est encore la vie pré-
sente qui le préoccupe. « L'âme du rapide Achille
» s'éloigne alors marchant à grands pas dans la prai-
» rie d'asphodèles, joyeuse parce que je lui avais
» dit que son fils était illustre et brave. » A toutes
les époques de la civilisation grecque reparaît avec
diverses nuances le même sentiment ; leur monde
est celui que le soleil éclaire ; le mourant a pour
espoir et consolation la survivance en pleine lumière
de ses fils, de sa gloire, de son tombeau, de sa pa-
trie. « Le plus heureux homme que j'aie connu,
» disait Solon à Crésus, c'est Tellus d'Athènes ; car,
» sa cité étant prospère, il a eu des enfants beaux
» et bons qui ont eu tous des enfants et conservé
» leurs biens, lui vivant ; ayant ainsi prospéré dans

» vie, sa fin a été glorieuse ; car les Athéniens ayant
» combattu contre leurs voisins d'Eleusis, il a porté
» aide, et il est mort en faisant fuir les ennemis, et
» les Athéniens l'ont enseveli aux frais de l'État à
» l'endroit où il est tombé, et ils l'ont honoré
» grandement. » Aux temps de Platon, Hippias, in-
terprète de l'opinion populaire, dit de même : « Ce
» qu'il y a de plus beau en tout temps, pour tout
» homme et en tout lieu, c'est d'avoir des ri-
» chesses, de la santé, de la considération parmi
» les Grecs, de parvenir ainsi à la vieillesse, et,
» après avoir rendu honorablement les derniers
» devoirs à ses parents, d'être conduit soi-même
» au tombeau par ses descendants avec la même
» magnificence. » Lorsque la réflexion philosophi-
que vient à s'appesantir sur l'*au delà*, il ne paraît
point terrible, infini, disproportionné à la vie pré-
sente, aussi indubitable qu'elle, inépuisable en
supplices ou en délices, comme un gouffre épou-
vantable ou comme une gloire angélique. « De deux
» choses la mort est l'une, disait Socrate à ses juges ;
» ou bien celui qui est mort n'est plus rien et n'a

» aucune sensation d'aucune chose, quelle qu'elle

» soit ; ou bien, comme on le dit, la mort se trouve

» être un changement, le passage de l'âme qui va de

» ce lieu-ci en un autre lieu. Si, quand on est mort,

» il n'y a plus de sensation, et si l'on est comme en

» un sommeil où l'on n'a pas même de songes, alors

» mourir est un merveilleux avantage ; car, à mon

» avis, si quelqu'un choisissait parmi ses nuits une

» nuit pareille, une nuit où il a été si fort assoupi

» qu'il n'a pas eu un songe, et mettait en regard

» les autres jours et les autres nuits de sa vie pour

» chercher combien, parmi ces heures-là, il en a eu

» de meilleures et de plus douces, il n'aurait pas de

» peine à faire le compte, et je parle ici, non pas

» seulement d'un particulier, mais du grand roi. Si

» donc la mort est telle, je dis qu'elle est un gain ;

» car de cette façon tout le temps après la mort n'est

» rien de plus qu'une seule nuit. — Mais si la mort

» est le passage en un autre lieu, et si, comme on le

» raconte, en ce lieu-là tous les morts sont ensemble,

» quel plus grand bien, ô juges, pourrait-on imaginer

» que celui-là ! Si un homme, arrivant chez Hadès et

» délivré des prétendus juges qu'on voit ici, trouvait
» là-bas de vrais juges, ceux qui, dit-on, jugent là-
» bas, Minos, Rhadamanthe, Eaque, Triptolème et
» tous ceux des demi-dieux qui ont été justes dans
» leur vie, est-ce que ce changement de séjour se-
» rait fâcheux? Vivre avec Orphée, Musée, Hésiode,
» Homère, à quel prix chacun de nous n'achète-
» rait-il pas un pareil bien? Pour moi, si cela est
» vrai, je veux mourir plusieurs fois. » Ainsi, dans
l'un et l'autre cas, « nous devons avoir bonne espé-
» rance en la mort ». Vingt siècles plus tard, Pascal,
reprenant la même question et le même doute, ne
voyait pour l'incrédule d'autre attente « que l'hor-
» rible alternative d'être éternellement anéanti ou
» éternellement malheureux ». Un tel contraste
montre le trouble qui, depuis dix-huit cents ans, a
bouleversé l'âme humaine. La perspective d'une
éternité bienheureuse ou malheureuse a rompu son
équilibre; jusqu'à la fin du moyen âge, sous ce
poids incommensurable, elle a été comme une ba-
lance affolée et détraquée, au plus bas, au plus
haut, toujours dans les extrêmes. Quand, vers la

Renaissance, la nature opprimée s'est redressée et a repris l'ascendant, elle a trouvé devant elle pour la rabattre la vieille doctrine ascétique et mystique, non-seulement avec sa tradition et ses institutions maintenues ou renouvelées, mais encore avec le trouble durable qu'elle avait porté dans l'âme endolorie et dans l'imagination surexcitée. Encore aujourd'hui la discorde subsiste ; il y a en nous et autour de nous deux morales, deux idées de la nature et de la vie, et leur conflit incessant nous fait sentir l'aisance harmonieuse du jeune monde où les instincts naturels se déployaient intacts et droits sous une religion qui favorisait leur pousse au lieu de la réprimer.

Si la culture religieuse a superposé chez nous aux inclinations spontanées des sentiments disparates, la culture laïque a enchevêtré dans notre esprit un labyrinthe d'idées élaborées et étrangères. Comparez la première et la plus puissante des éducations, celle que donne la langue, en Grèce et chez nous. Nos langues modernes, italien, espagnol, français, anglais, sont des patois, restes déformés

d'un bel idiome qu'une longue décadence avait gâté
et que des importations et des mélanges sont encore
venus altérer et brouiller. Ils ressemblent à ces édi-
fices construits avec les débris d'un temple ancien
et avec d'autres matériaux ramassés au hasard ; en
effet, c'est avec des pierres latines, mutilées, raccor-
dées dans un autre ordre, avec des cailloux du che-
min et un platras tel quel, que nous avons fait la
bâtisse dans laquelle nous vivons, d'abord un châ-
teau gothique, aujourd'hui une maison moderne.
Notre esprit y vit parce qu'il s'y est fait ; mais com-
bien celui des Grecs se mouvait plus aisément dans
la sienne ! Nous ne comprenons pas de primesaut
nos mots un peu généraux ; ils ne sont pas transpa-
rents ; ils ne laissent pas voir leur racine, le fait
sensible auquel ils sont empruntés ; il faut qu'on
nous explique des termes qu'autrefois l'homme en-
tendait sans effort et par la seule vertu de l'analo-
gie, *genre*, *espèce*, *grammaire*, *calcul*, *économie*,
loi, *pensée*, *conception*, et le reste. Même dans
l'allemand, où cet inconvénient est moindre, le fil
conducteur manque. Presque tout notre vocabulaire

philosophique et scientifique est étranger ; pour nous en bien servir, nous sommes obligés de savoir le grec et le latin ; et le plus souvent nous nous en servons mal. Ce vocabulaire technique a inséré quantité de ses mots dans la conversation courante et le style littéraire ; d'où il arrive qu'aujourd'hui nous parlons et nous pensons avec des termes pesants et difficiles à manier. Nous les prenons tout faits et tout accouplés ; nous les répétons par routine ; nous les employons sans en mesurer la portée et sans en démêler la nuance ; nous ne disons qu'à peu près ce que nous voulons dire. Il faut quinze ans à un écrivain pour apprendre à écrire, non pas avec génie, car cela ne s'apprend pas, mais avec clarté, suite, propriété et précision. C'est qu'il a été obligé de sonder et d'approfondir dix ou douze mille mots et expressions diverses, d'en noter les origines, la filiation, les alliances, et de rebâtir à neuf et sur un plan original toutes ses idées et tout son esprit. S'il ne l'a pas fait et qu'il veuille raisonner sur le droit, le devoir, le beau, l'État, et tous les grands intérêts de l'homme, il tâtonne et trébu-

che ; il s'embarrasse dans les grandes phrases va-
gues, dans les lieux communs sonores, dans les
formules abstraites et rébarbatives : voyez là-dessus
les journaux et les discours des orateurs populaires ;
c'est surtout le cas des ouvriers intelligents, mais
qui n'ont point passé par l'éducation classique ; ils
ne sont pas maîtres des mots ni, partant, des idées ;
ils parlent une langue savante qui ne leur est point
naturelle ; pour eux elle est trouble ; c'est pourquoi
elle trouble leur esprit ; ils n'ont pas eu le temps de
la filtrer goutte à goutte. Désavantage énorme et
dont les Grecs étaient exempts. Il n'y avait pas de
distance chez eux entre la langue des faits sensibles
et la langue du pur raisonnement, entre la langue
que parle le peuple et la langue que parlent les gens
doctes ; l'une continuait l'autre ; il n'y a pas un
terme dans un dialogue de Platon que ne sache un
adolescent qui sort de son gymnase ; il n'y a pas
une phrase dans une harangue de Démosthènes qui
ne trouve pour se loger une case toute prête dans le
cerveau d'un forgeron ou d'un paysan d'Athènes.
Essayez de traduire en bon grec un discours de Pitt

ou de Mirabeau, même un morceau d'Addison ou de Nicole, vous serez obligé de le repenser et de le transposer ; vous serez conduit à trouver pour les mêmes choses des expressions plus voisines des faits et de l'expérience sensible (1) ; une lumière vive accroîtra la saillie de toutes les vérités et de toutes les erreurs ; ce qu'auparavant vous appeliez naturel et clarté vous semblera affectation et demi-ténèbres, et vous comprendrez par la force du contraste pourquoi chez les Grecs l'instrument de la pensée, étant plus simple, faisait mieux son office avec moins d'effort.

D'autre part, avec l'instrument l'œuvre s'est compliquée, et au delà de toute mesure. Outre les idées des Grecs, nous avons toutes celles qu'on a fabri-

---

(1) Lire, à ce sujet, les écrits de Paul-Louis Courier, qui a formé son style sur le style grec. Comparer sa traduction des premiers chapitres d'Hérodote à celle de Larcher. Dans *Francois-le-Champi*, dans les *Maîtres sonneurs*, dans la *Mare au Diable*, George Sand a retrouvé en grande partie la simplicité, le naturel, la belle logique du style grec. Cela fait un singulier contraste avec le style moderne qu'elle emploie lorsqu'elle parle en son propre nom ou fait parler des personnages cultivés.

quées depuis dix-huit cents ans. Dès nos origines, nous avons été surchargés par nos acquisitions. Au sortir de la barbarie brutale, à la première aube du moyen âge, l'esprit naïf et qui balbutiait à peine a dû s'encombrer des restes de l'antiquité classique, de l'ancienne littérature ecclésiastique, de l'épineuse théologie byzantine, de la vaste et subtile encyclopédie d'Aristote, encore raffinée et obscurcie par ses commentateurs arabes. A partir de la Renaissance, l'antiquité restaurée est venue surajouter toutes ses conceptions aux nôtres, parfois brouiller nos idées, nous imposer à tort son autorité, ses doctrines et ses exemples, nous faire Latins et Grecs de langue et d'esprit comme les lettrés italiens du xve siècle, nous prescrire ses formes de drame et de style au xviie siècle, nous suggérer ses maximes et ses utopies politiques comme au temps de Rousseau et pendant la Révolution. Cependant le ruisseau élargi grossissait par une infinité d'afflux, par l'accroissement chaque jour plus vaste de la science expérimentale et de l'invention humaine, par les apports distincts des civilisations vivantes qui occupaient à la fois cinq ou six grands pays. Ajoutez, depuis un siècle, la connaissance répandue des langues et des littératures modernes, la découverte des civilisations orientales et lointaines, les progrès extraordinaires de l'histoire qui a ressuscité devant nos yeux les mœurs et les sentiments de tant de races et de tant de siècles; le courant est devenu un fleuve bigarré autant qu'énorme; voilà ce qu'un esprit humain est obligé d'engloutir, et il faut le génie, la patience, la longue vie d'un Gœthe pour y suffire à peu près. Combien la source primitive était plus mince et plus limpide! Au plus beau temps de la Grèce, un jeune homme « apprenait à lire, écrire, compter (1), à jouer de » la lyre, à lutter et à faire tous les autres exercices » du corps » (2). A cela se réduisait l'éducation « pour les enfants des meilleures familles ». Ajoutons pourtant que chez le maître de musique on lui avait enseigné à chanter quelques hymnes reli-

(1) *Grammata.* Comme les lettres servaient de chiffre, ce mot désigne les trois choses.

(3) Platon, *Théagès*, éd. Fred. Ast, t. VIII, 386.

gieux et nationaux, à répéter des morceaux d'Homère, d'Hésiode et des poëtes lyriques, le pœan qu'il chantait à la guerre, la chanson d'Harmodius qu'il récitait à table. Un peu plus âgé, il écoutait sur l'Agora des discours d'orateurs, des décrets, des mentions de lois. Au temps de Socrate, s'il était curieux, il allait entendre les disputes et les dissertations des sophistes ; il tâchait de se procurer un livre d'Anaxagore ou de Zénon d'Éléate ; quelques-uns s'intéressaient aux démonstrations géométriques ; mais en somme l'éducation était toute gymnastique et musicale, et le petit nombre d'heures qu'ils employaient, entre deux exercices du corps, à suivre une discussion philosophique, ne peut pas plus se comparer à nos quinze ou vingt ans d'études classiques et d'études spéciales que leur vingt ou trente rouleaux de papyrus manuscrit à nos bibliothèques de trois millions de volumes. Toutes ces oppositions se réduisent à une seule, celle qui sépare une civilisation primesautière et nouvelle d'une civilisation élaborée et composite. Moins de moyens et d'outils, moins d'instruments industriels, de

rouages sociaux, de mots appris, d'idées acquises ;
un héritage et un bagage plus petits et partant
d'un maniement plus aisé ; une pousse droite et
d'une seule venue, sans crises ni disparates morales ;
partant un jeu plus libre des facultés, une concep-
tion plus saine de la vie, une âme et une intelligence
moins tourmentées, moins surmenées, moins défor-
mées ; ce trait capital de leur vie va se retrouver
dans leur art.

En effet, en tout temps l'œuvre idéale a résumé la vie réelle. Si l'on examine l'âme moderne, on y rencontre des altérations, des disparates, des maladies, et pour ainsi dire des hypertrophies de sentiments et de facultés dont son art est la contre-épreuve. — Au moyen âge, le développement exagéré de l'homme spirituel et intérieur, la recherche du rêve sublime et tendre, le culte de la douleur, le mépris du corps, conduisent l'imagination et la sensibilité surexcitées jusqu'à la vision et l'adoration séraphiques. Vous connaissez celles de l'*Imitation* et des *Fioretti*, celles de Dante et de Pétrarque, les délicatesses raffinées et les folies énormes de la chevalerie et des cours d'amour. Par suite, dans la peinture et la sculpture, les personnages sont laids ou dépourvus de beauté, souvent disproportionnés et non viables, presque toujours maigres, atténués, mortifiés et souffrants, envahis et absorbés par une pensée qui détache leurs yeux de la vie présente, immobiles dans l'attente ou dans le ravissement, avec la douceur triste du cloître ou le rayonnement de l'extase, trop frêles ou trop passionnés pour vivre et déjà promis au ciel. — Au temps de la Renaissance, l'amélioration universelle de la condition humaine, l'exemple de l'antiquité retrouvée et comprise, l'élan de l'esprit délivré et enorgueilli par ses grandes découvertes renouvellent le sentiment et l'art païens. Mais les institutions et les rites du moyen âge subsistent encore, et, en Italie comme en Flandre, vous voyez dans les plus belles œuvres le contraste choquant des figures et du sujet; des martyrs qui semblent sortir d'un gymnase antique, des Christs qui sont des Jupiters foudroyants ou des Apollons tranquilles, des Vierges dignes d'un amour profane, des Anges aussi gracieux que des Cupidons, parfois même des Madeleines qui sont des sirènes trop florissantes et des saints Sébastiens qui sont des Hercules trop gaillards; bref, une assem-

blée de saints et de saintes qui, parmi des instru-
ments de pénitence et de passion, gardent la vigou-
reuse santé, la belle carnation, la fière attitude qui
conviendrait pour une fête heureuse de nobles ca-
néphores et d'athlètes parfaits. — Aujourd'hui l'en-
combrement de la tête humaine, la multiplicité et
la contradiction des doctrines, l'excès de la vie cé-
rébrale, les habitudes sédentaires, le régime artifi-
ciel, l'excitation fièvreuse des capitales, ont exagéré
l'agitation nerveuse, outré le besoin des sensations
fortes et neuves, développé les tristesses sourdes,
les aspirations vagues, les convoitises illimitées.
L'homme n'est plus ce qu'il était, et ce que peut-
être il aurait bien fait de rester toujours, un
animal de haute espèce, content d'agir et de pen-
ser sur la terre qui le nourrit et sous le soleil qui
l'éclaire ; mais un prodigieux cerveau, une âme
infinie pour qui ses membres ne sont que des ap-
pendices et pour qui ses sens ne sont que des ser-
viteurs, insatiable dans ses curiosités et ses ambi-
tions, toujours en quête et en conquête, avec des
frémissements et des éclats qui déconcertent sa

structure animale et ruinent son support corporel, promené en tous les sens jusqu'aux confins du monde réel et dans les profondeurs du monde imaginaire, tantôt enivré, tantôt accablé par l'immensité de ses acquisitions et de son œuvre, acharné après l'impossible ou rabattu dans le métier, lancé dans le rêve douloureux, intense et grandiose comme Beethoven, Heine et le *Faust* de Gœthe, ou resserré par la compression de sa case sociale et déjeté tout d'un côté par une spécialité et une monomanie comme les personnages de Balzac. A cet esprit les arts plastiques ne suffisent plus ; ce qui l'intéresse dans une figure, ce ne sont pas les membres, le tronc, toute la charpente vivante : c'est la tête expressive, c'est la physionomie mobile, c'est l'âme transparente manifestée par le geste, c'est la passion ou la pensée incorporelles, toutes palpitantes et débordantes à travers la forme et le dehors ; s'il aime la belle forme sculpturale, c'est par éducation, après une longue culture préalable, par un goût réfléchi de dilettante. Multiple et cosmopolite comme il est, il peut s'intéresser à toutes les formes de l'art, à tous les moments du passé, à tous les étages de la société, à toutes les situations de la vie, goûter les résurrections des styles étrangers et anciens, les scènes de mœurs rustiques, populacières ou barbares, les paysages exotiques et lointains, tout ce qui est un aliment pour la curiosité, un document pour l'histoire, un sujet d'émotion ou d'instruction. Rassasié et dispersé comme il est, il demande à l'art des sensations imprévues et fortes, des effets nouveaux de couleurs, de physionomies et de sites, des accents qui à tout prix le troublent, le piquent ou l'amusent, bref, un style qui tourne à la manière, au parti pris et à l'excès.

Au contraire, en Grèce, les sentiments sont simples, et, par suite, le goût l'est aussi. Considérez leurs pièces de théâtre; point de caractères complexes et profonds comme ceux de Shakespeare; point d'intrigues savamment nouées et dénouées; point de surprises. La pièce roule sur une légende héroïque qu'on leur a répétée dès leur enfance; ils savent d'avance les événements et le dénoûment. Quant à l'action, on peut la dire en deux mots. Ajax, saisi de vertige, a égorgé les bestiaux du camp en croyant tuer ses ennemis; honteux de sa folie, il se lamente et se tue. Philoctète blessé a été abandonné dans une île avec ses armes; on vient le chercher parce qu'on a besoin de ses flèches; il s'indigne, il refuse, et à la fin, sur l'ordre d'Hercule, il se laisse fléchir. Les comédies de Ménandre que nous connaissons par celles de Térence sont faites pour ainsi dire avec rien; il fallait en amalgamer deux pour faire une pièce romaine; la plus chargée ne contient guère plus de matière qu'une seule scène de nos comédies. Lisez le début de la *République* dans Platon, les *Syracusaines* de Théocrite, les *Dialogues* de Lucien le dernier attique, ou encore les *Économiques* et le *Cyrus* de Xénophon; rien n'est pour l'effet, tout est uni; ce sont de petites scènes familières, dont l'excellence consiste tout entière dans le naturel exquis; pas un accent fort, pas un trait piquant, véhément; on sourit à peine, et cependant on est charmé comme devant une fleur des champs ou un ruisseau clair. Les personnages s'asseyent, se lèvent, se regardent en disant des

choses ordinaires, sans plus d'effort que les figu-
rines peintes sur les murs de Pompéi. Avec notre
goût émoussé, violenté, accoutumé aux liqueurs
fortes, nous sommes d'abord tentés de déclarer ce
breuvage insipide ; mais quand pendant quelques
mois nous y avons trempé nos lèvres, nous ne vou-
lons plus boire que cette eau si pure et si fraîche,
et nous trouvons que les autres littératures sont des
piments, des ragoûts ou des poisons.—Suivez cette
disposition dans leur art, et notamment dans celui
que nous étudions, la sculpture ; c'est grâce à ce
tour d'esprit qu'ils l'ont portée à la perfection et
que véritablement elle est leur art national ; car il
n'y a pas d'art qui exige davantage un esprit, des
sentiments et un goût simples. Une statue est un
grand morceau de marbre ou de bronze, et une
grande statue est le plus souvent isolée sur un pié-
destal ; on ne peut pas lui donner un geste trop
véhément, ni une expression trop passionnée comme
en comporte la peinture et comme en tolère le bas-
relief ; car le personnage semblerait affecté, arrangé
pour faire effet, et l'on courrait le risque de tomber

dans le style du Bernin. En outre, une statue est solide, ses membres et son torse ont un poids; on peut tourner autour d'elle, le spectateur a conscience de sa masse matérielle; d'ailleurs elle est le plus souvent nue ou presque nue; le statuaire est donc obligé de donner au tronc et aux membres une importance égale à celle de la tête, et d'aimer la vie animale autant que la vie morale. La civilisation grecque est la seule qui ait rempli ces deux conditions. A ce stade et dans cette forme de la culture, on s'intéresse au corps; l'âme ne l'a pas subordonné, rejeté au dernier plan; il vaut par lui-même. Le spectateur attache un prix égal à ses différentes parties, nobles ou non nobles, à la poitrine qui respire largement, au cou flexible et fort, aux muscles qui se creusent ou se renflent autour de l'échine, aux bras qui lanceront le disque, aux jambes et aux pieds dont la détente énergique lancera tout l'homme en avant pour la course et pour le saut. Un adolescent dans Platon reproche à son rival d'avoir le corps roide et le cou grêle. Aristophane promet au jeune homme qui suivra ses bons conseils, la belle santé et la beauté gymnastique :

« Tu aura'toujours la poitrine pleine, la peau blanche,
» les épaules larges, les jambes grandes....... Tu
» vivras beau et florissant dans les palestres; tu iras
» à l'Académie te promener à l'ombrage des oliviers
» sacrés, une couronne de joncs en fleurs sur la
» tête avec un sage ami de ton âge, tout à loisir,
» parfumé par la bonne odeur du smilax et du peu-
» plier bourgeonnant, jouissant du beau printemps,
» quand le platane murmure auprès de l'orme. »
Ce sont les plaisirs et les perfections d'un cheval de
race, et Platon, quelque part, compare les jeunes
gens à de beaux coursiers consacrés aux dieux et
qu'on laisse errer à leur fantaisie dans les pâtu-
rages pour voir si d'instinct ils trouveront la sa-
gesse et la vertu. De tels hommes n'ont pas besoin
d'études pour contempler avec intelligence et plai-
sir un corps comme le Thésée du Parthénon ou
l'Achille du Louvre, l'assiette flexible du tronc sur
le bassin, l'agencement souple des membres, la
courbe nette du talon, le réseau des muscles mou-
vants et coulants sous la peau luisante et ferme. Ils

en goûtent la beauté comme un gentleman chasseur d'Angleterre apprécie la race, la structure et l'excellence des chiens et des chevaux qu'il élève. Ils ne sont pas étonnés de le voir nu. La pudeur n'est point encore devenue pruderie ; chez eux, l'âme ne siége pas à une hauteur sublime sur un trône isolé, pour dégrader et reléguer dans l'ombre les organes qui servent à un moins noble emploi ; elle n'en rougit pas, elle ne les cache point ; leur idée n'excite ni la honte ni le sourire. Leurs noms ne sont ni sales, ni provoquants, ni scientifiques ; Homère les prononce du même ton que celui des autres parties du corps. L'idée qu'ils éveillent est joyeuse dans Aristophane, sans être ordurière comme dans Rabelais. Elle ne fait point partie d'une littérature secrète devant laquelle les gens austères se voilent la face et les esprits délicats se bouchent le nez. Elle apparaît vingt fois dans une scène, en plein théâtre, aux fêtes des dieux, devant les magistrats, avec le phallus que portent les jeunes filles et qui lui-même est invoqué comme un dieu (1). Toutes les

____

(1) Aristophane, *les Acharniens.*

grandes puissances naturelles sont divines en Grèce, et il ne s'est point encore fait dans l'homme de divorce entre l'animal et l'esprit.

Voilà donc le corps vivant tout entier et sans voile, admiré, glorifié, étalé sans scandale, aux regards de tous, sur son piédestal. Que va-t-il faire et quelle pensée la statue va-t-elle par sympathie communiquer aux spectateurs? Une pensée qui pour nous est presque nulle, parce qu'elle est d'un autre âge et appartient à un autre moment de l'esprit humain. La tête n'est point significative, elle ne contient pas comme les nôtres un monde d'idées nuancées, de passions agitées, de sentiments enchevêtrés; le visage n'est point creusé, affiné, tourmenté; il n'a pas beaucoup de traits, il n'a presque pas d'expression, il est presque toujours immobile; c'est pour cela qu'il convient à la statuaire; tel que nous le voyons et le faisons aujourd'hui, son importance serait disproportionnée, il tuerait le reste; nous cesserions de regarder le tronc et les membres ou nous serions tentés de les habiller. Au contraire dans la statue grecque la tête n'excite pas plus d'intérêt que les membres ou le tronc; ses lignes et ses plans ne font que continuer les autres plans et les autres lignes; sa physionomie n'est point pensive, mais calme, presque terne; on n'y voit aucune habitude, aucune aspiration, aucune ambition qui dépasse la vie corporelle et présente, et l'attitude générale comme l'action totale conspirent dans le même sens. Si le personnage se meut énergiquement vers un but, comme le *Discobole* de Rome, le *Combattant* du Louvre (1) ou le *Faune dansant* de Pompéi, l'effet tout physique épuise tous les désirs et toutes les idées dont il est capable; que le disque soit bien lancé, que le coup soit bien porté ou paré, que la danse soit vive et bien rhythmée, il est content; son âme ne vise pas au delà. Mais d'ordinaire son attitude est tranquille; il ne fait rien, il ne dit rien; il n'est pas attentif, concentré tout entier dans un regard profond ou avide; il est au repos, détendu, sans fatigue; tantôt debout, un peu plus appuyé sur un pied que sur l'autre; tantôt se tour-

____

(1) Appelé d'ordinaire le *Gladiateur combattant*.

nant à demi, tantôt à demi couché ; tout à l'heure, comme la petite Lacédémonienne (1), il a couru ; maintenant, comme la Flore, il tient une couronne ; presque toujours son action est indifférente ; l'idée qui l'occupe est si indéterminée et pour nous si absente, qu'aujourd'hui encore, après dix hypothèses, on ne peut dire précisément ce que faisait la Vénus de Milo. Il vit, cela lui suffit, et suffit au spectateur antique. Les contemporains de Périclès et de Platon n'ont pas besoin d'effets violents et imprévus qui piquent leur attention émoussée ou troublent leur sensibilité inquiète. Un corps sain et florissant, capable de toutes les actions viriles et gymnastiques, une femme ou un homme de belle pousse et de noble race, une figure sereine en pleine lumière, une harmonie naturelle et simple de lignes heureusement nouées et dénouées, il ne leur faut pas de spectacles plus vifs. Ils veulent contempler l'homme proportionné à ses organes et à sa condition, doué de toute la perfection qu'il peut

____

(1) Collection des plâtres, par M. Ravaisson, à l'École des Beaux-Arts.

avoir dans ces limites; rien d'autre ni de plus; le reste leur eût semblé excès, difformité ou maladie. Telle est l'enceinte dans laquelle la simplicité de leur culture les a arrêtés et au delà de laquelle la complexité de notre culture nous a poussés; ils y ont rencontré un art approprié, la statuaire; c'est pourquoi nous avons laissé cet art derrière nous, et nous allons aujourd'hui chercher des modèles chez eux.

§ III

LES INSTITUTIONS.

I

Si jamais la correspondance de l'art et de la vie s'est manifestée en traits visibles, c'est dans l'histoire de la statuaire grecque. Pour faire l'homme de marbre ou d'airain, ils ont d'abord fait l'homme vivant, et la grande sculpture se développe chez eux au même moment que l'institution par laquelle se forme le corps parfait. Toutes deux s'accompagnent comme les Dioscures, et, par une rencontre admirable, le crépuscule douteux de l'histoire lointaine s'éclaire à la fois de leurs deux rayons naissants.

C'est dans la première moitié du VIIe siècle qu'elles apparaissent toutes deux ensemble. A cet instant, l'art fait ses grandes découvertes techniques. Vers 689, Butadès de Sicyone a l'idée de modeler et de cuire au feu des figures d'argile, ce qui le conduit à orner de masques le faîte des toits. A la même époque, Rhoikos et Théodoros de Samos trouvent le moyen de couler l'airain dans un moule. Vers 650, Mélas de Chios fait les premières statues de marbre, et, d'olympiade en olympiade, pendant toute la fin du siècle et tout le siècle suivant, on voit la statuaire se dégrossir pour s'achever et devenir parfaite après les glorieuses guerres médiques. C'est que l'orchestrique et la gymnastique deviennent alors des institutions régulières et complètes. Un monde a fini, celui d'Homère et de l'épopée ; un monde commence, celui d'Archiloque, de Callinos, de Terpandre, d'Olympos et de la poésie lyrique. Entre Homère et ses continuateurs qui sont du IXe et du VIIIe siècle, et les inventeurs des mètres nouveaux et de la musique nouvelle qui sont du siècle suivant, une vaste transformation s'est accomplie dans la société et dans les mœurs. L'horizon de l'homme s'est élargi et s'élargit tous les jours davantage ; la Méditerranée tout entière a été explorée ; on connaît la Sicile et l'Égypte sur lesquelles Homère n'avait que des contes. En 632, les Samiens naviguent pour la première fois jusqu'à Tartessos, et, sur la dîme de leur gain, ils consacrent à leur déesse Héré un énorme cratère d'airain orné de griffons et soutenu par trois figures agenouillées de onze coudées. Les colonies multipliées viennent peupler et exploiter les côtes de la Grande-Grèce, de la Sicile, de l'Asie Mineure, du Pont-Euxin. Toutes les industries se perfectionnent ; les barques à cinquante rames des vieux poëmes deviennent des galères de deux cents rameurs. Un homme de Chio invente l'art d'amollir, de durcir et souder le fer. On bâtit le temple Dorien ; on connaît la monnaie, les chiffres, l'écriture, ignorés d'Homère ; la tactique change, on combat à pied et en ligne au lieu de combattre en char et sans discipline. L'association humaine, si lâche dans l'*Iliade* et dans l'*Odyssée*, resserre ses mailles. Au lieu d'une Ithaque où chaque famille vit à part sous son chef indépendant, où il n'y a pas de pouvoirs publics, où l'on a pu vivre vingt ans sans convoquer l'assemblée, des cités fermées et gardées, pourvues de magistrats, soumises à une police, se sont assises et deviennent des républiques de citoyens égaux sous des chefs élus.

En même temps, et par contre-coup, la culture de l'esprit se diversifie, s'étend et se renouvelle. Sans doute elle demeure toute poétique ; la prose ne s'écrira que plus tard ; mais la mélopée monotone qui soutenait l'hexamètre épique fait place à une multitude de chants variés et de mètres différents. On ajoute le pentamètre à l'hexamètre ; on invente le trochée, l'iambe, l'anapeste ; on combine les pieds nouveaux et les pieds anciens en distiques, en strophes, en mesures de toutes espèces. La cithare, qui n'avait que quatre cordes, en reçoit sept ; Terpandros fixe ses modes et donne les *nomes* de la musique ; Olympos, puis Thalétas achèvent d'approprier les rhythmes de la cithare, de la flûte et des voix aux nuances de la poésie qu'elles accompagnent. Tâchons de nous représenter ce monde si éloigné et dont les débris sont presque tous perdus ; il n'y en a pas de plus différent du nôtre, ni qui exige un si grand effort d'imagination pour être compris ; mais il est le moule primitif et persistant d'où le monde grec est sorti.

Quand nous voulons nous figurer une poésie lyrique, nous pensons aux odes de Victor Hugo ou aux stances de Lamartine ; cela se lit des yeux ou tout au plus se récite à mi-voix, à côté d'un ami, dans le silence du cabinet ; notre civilisation a fait de la poésie la confidence d'une âme qui parle à une âme. Celle des Grecs était non-seulement débitée à haute voix, mais déclamée, chantée au son des instruments, bien plus encore, mimée et dansée. Rappelons-nous Delsarte ou M*me* Viardot chantant un récitatif d'*Iphigénie* ou d'*Orphée*, Rouget de l'Isle ou M*lle* Rachel déclamant la *Marseillaise*, un chœur de l'*Alceste* de Gluck tel que nous le voyons au théâtre, avec un coryphée, un orchestre et des groupes qui s'entrelacent et se dénouent devant l'escalier d'un temple, non pas comme aujourd'hui sous la lumière de la rampe et devant des décors peints, mais sur la place publique et sous le vrai soleil ; nous aurons l'idée la moins inexacte de ces fêtes et de ces mœurs. Tout l'homme, esprit et corps, y entre en branle, et les vers qui nous en restent ne sont que des feuillets détachés d'un livret d'opéra. Dans un village corse, aux funérailles, la « vocératrice » improvise et déclame des chants de vengeance devant le corps d'un homme assassiné, et des chants de plainte sur le cercueil d'une jeune fille morte avant l'âge. Dans les montagnes de la Calabre ou de la Sicile, aux jours de danse, les jeunes gens figurent par leurs poses et leurs gestes de petits drames et des scènes d'amour. Concevons dans un climat semblable, sous un ciel encore plus beau, en de petites cités où chacun connaît tous les autres, des hommes aussi imaginatifs et aussi gesticulateurs, aussi prompts à l'émotion et à l'expression, d'une âme encore plus vive et plus neuve, d'un esprit encore plus inventif, plus ingénieux, plus enclin à embellir toutes les actions et tous les moments de la vie humaine. Cette pantomime musicale, que nous ne rencontrons plus que par fragments isolés et dans des recoins perdus, se développera, se multipliera en cent rameaux et fournira matière à une littérature complète ; il n'y aura pas de sentiment qu'elle n'exprime, pas de scène de la vie privée ou publique qu'elle ne vienne décorer, pas d'intention ou de situation auxquelles elle ne puisse suffire. Elle sera la langue naturelle, d'usage aussi universel et aussi commun que notre prose écrite ou imprimée ; celle-ci est une sorte de notation sèche par laquelle aujourd'hui une pure intelligence communique avec une pure intelligence ; comparée au premier langage tout imitatif et corporel, elle n'est plus qu'une algèbre et un résidu.

L'accent du français est uniforme ; il n'a pas de chant ; les longues et les brèves y sont peu marquées, faiblement distinguées. Il faut avoir entendu une langue musicale, la mélopée continue d'une belle voix italienne qui récite une stance du Tasse, pour savoir ce que la sensation de l'ouïe peut ajouter aux sentiments de l'âme, comment le son et le rhythme étendent leur ascendant sur toute notre machine et leur contagion dans tous nos nerfs. Telle était cette langue grecque dont nous n'avons plus que le squelette. On voit par les commentateurs et les scoliastes que le son et la mesure y tenaient une place aussi grande que l'idée et l'image. Le poëte qui inventait une espèce de mètre inventait une espèce de sensation. Tel assemblage de brèves et de longues est forcément un allegro, tel autre un largo, tel autre un scherzo, et imprime non-seulement à la pensée, mais au geste et à la musique, ses inflexions et son caractère. Voilà comment l'âge qui a produit le vaste ensemble de la poésie lyrique a produit du même coup l'ensemble non moins vaste de l'orchestrique. On sait les noms de deux cents danses grecques. Jusqu'à seize ans, à Athènes, l'orchestrique faisait toute l'éducation :

« En ce temps-là », dit Aristophane, « les jeunes » gens d'un même quartier, lorsqu'ils allaient chez » le maître de cithare, marchaient ensemble dans » les rues, pieds nus et en bon ordre, quand même la » neige serait tombée comme la farine d'un tamis. » Là ils s'asseyaient sans serrer les jambes, et on » leur enseignait l'hymne « Pallas redoutable, dé-

» vastatrice des cités, » ou, « un cri qui s'élève
» au loin », et ils tendaient leurs voix avec l'âpre
» et mâle harmonie transmise par leurs pères. »

Un jeune homme d'une des premières familles,
Hippocléidès, étant venu à Sicyone chez le tyran
Clisthènes, et s'étant montré accompli dans tous les
exercices du corps, voulut le soir du festin faire éta-
lage de sa belle éducation (1). Ayant ordonné à la
joueuse de flûte de lui jouer l'*Emmélie*, il la dansa,
puis, un instant après, faisant apporter une table, il
monta dessus et dansa des figures de l'orchestrique
lacédémonienne et athénienne. — Ainsi préparés,
ils étaient à la fois « chanteurs et danseurs » (2),
et se donnaient eux-mêmes à eux-mêmes les nobles
spectacles pittoresques et poétiques pour lesquels
plus tard ils payèrent des figurants. Dans les ban-
quets des clubs (3), après le repas, on faisait des
libations et l'on chantait le pœan en l'honneur d'A-

(1) Hérodote, VI, ch. cxix.
(2) Lucien. « Autrefois les mêmes chantaient et dansaient. »
(3) Philities, sociétés d'amis.

pollon, puis venait la fête proprement dite (1), la déclamation mimée, la récitation lyrique au son de la cithare ou de la flûte, un solo suivi d'un refrain comme plus tard la chanson d'Harmodius et d'Aristogiton, un duo chanté et dansé comme plus tard, dans le banquet de Xénophon, la rencontre de Bacchus et d'Ariane. Quand un citoyen s'était fait tyran et voulait jouir de la vie, il agrandissait et établissait à demeure autour de lui ces sortes de fêtes. Polycrate, à Samos, avaient deux poëtes, Ibycos et Anacréon, pour en ordonner l'arrangement et pour en faire la musique et les vers. Ceux qui représentaient leurs poésies étaient les plus beaux jeunes gens qu'on eût pu trouver, Bathylle qui jouait de la flûte et chantait à l'ionienne, Cléobule aux beaux yeux de vierge, Simalos, qui dans le chœur maniait la pectis, Smerdiès, à l'abondante chevelure bouclée, qu'on était allé cherché jusque chez les Thraces Cicons. C'était l'opéra en petit et à domicile. Tous les poëtes lyriques de ce temps

(1) *Kômos.*

sont pareillement maîtres de chœurs; leur demeure est une sorte de *Conservatoire* (1), une « Maison des muses ». Il y en avait plusieurs à Lesbos, outre celle de Sapho; des femmes les dirigeaient; elles avaient des élèves qui venaient des îles ou des côtes voisines, de Milet, de Colophon, de Salamine, de la Pamphylie; là on apprenait pendant de longues années la musique, la récitation, l'art des belles poses; on raillait les ignorantes, « les petites paysannes qui ne savaient pas » relever leur robe sur leur cheville »; on fournissait un coryphée et l'on préparait des chœurs pour les lamentations des funérailles ou la pompe des mariages. Ainsi la vie privée tout entière, par ses cérémonies comme par ses plaisirs, contribuait à faire de l'homme, mais dans le plus beau sens du mot et avec une dignité parfaite, ce que nous appelons un chanteur, un figurant, un modèle et un acteur.

La vie publique concourait au même effet. En

(1) Simonide de Céos habitait ordinairement le Chorégeion, près du temple d'Apollon.

Grèce, l'orchestrique intervient dans la religion et dans la politique, pendant la paix et pendant la guerre, pour honorer les morts et célébrer les vainqueurs. A la fête ionienne des Thargélies, Mimnermos le poëte et sa maîtresse Nanno conduisaient le cortége en jouant de la flûte. Callinos, Alcée, Théognis exhortaient, en vers qu'ils chantaient eux-mêmes, leurs concitoyens ou leur parti. Quand les Athéniens plusieurs fois vaincus eurent décrété la mort contre celui qui parlerait de reprendre Salamine, Solon, en costume de héraut, le chapeau d'Hermès sur la tête, parut soudainement dans l'assemblée, monta sur la pierre où se tenaient les hérauts et récita avec tant de force une élégie, que la jeunesse partit sur-le-champ « pour délivrer l'île » charmante et détourner d'Athènes l'opprobre et la » honte ». En campagne, les Spartiates récitaient des chants sous la tente. Le soir, après le repas, chacun à son tour se levait pour dire et mimer l'élégie, et le polémarque donnait à celui qui emportait le prix un plus grand morceau de viande. Certainement le spectacle était beau lorsque ces grands jeunes gens, les plus forts et les mieux faits de la Grèce, avec leurs cheveux longs et soigneusement rattachés au sommet de la tête, avec leur tunique rouge, leurs larges boucliers polis, leurs gestes de héros et d'athlètes, venaient chanter des vers comme ceux-ci :

« Combattons avec courage pour cette terre notre
» sol, — et mourons pour nos enfans sans épargner
» nos âmes. — Et vous, jeunes gens, combattez ferme
» l'un à côté de l'autre ; — que nul de vous ne donne
» l'exemple de la fuite honteuse ni de la peur, —
» mais plutôt, faites-vous un grand et vaillant cœur
» dans votre poitrine... — Pour les anciens, les
» vieillards dont les genoux ne sont plus agiles, —
» ne les abandonnez pas, ne fuyez pas, — car il est
» honteux de voir tomber au premier rang, devant
» les jeunes gens, — un homme vieux qui a déjà la
» tête et la barbe blanches ; — il est honteux de le
» voir gisant, exhalant dans la poussière sa vaillante
» âme — et serrant de ses mains sa plaie sanglante
» sur sa peau nue. — Au contraire, tout convient
aux jeunes — quand ils ont la fleur éclatante de

» l'adolescence. — Admirés par les hommes, aimés
» par les femmes, — ils sont encore beaux s'ils
» tombent au premier rang... — Ce qui est laid à
» voir, c'est un homme gisant dans la poussière, —
» percé par derrière, le dos traversé par la pointe
» d'une lance. — Que chaque homme après l'élan
» reste ferme, — fixé au sol par ses deux pieds,
» mordant sa lèvre avec ses dents — les cuisses, les
» jambes, les épaules au-dessous, la poitrine jusqu'au
» ventre, tout le corps, — couvert par son large
» bouclier ; — qu'il combatte pied contre pied, bou-
» clier contre bouclier, — casque contre casque,
» aigrette contre aigrette, — poitrine contre poi-
» trine, tout proche, — et que de tout près, corps
» à corps, frappant de sa longue pique ou de son
» épée, — il perce et tue un ennemi. »

Il y avait des chants semblables pour toutes les
circonstances de la vie militaire, entre autres des
anapestes pour aller à l'attaque au son des flûtes.
Nous avons revu un spectacle semblable pendant le
premier enthousiasme de la Révolution ; le jour où
Dumouriez, mettant son chapeau au bout de son

épée, gravit l'escarpement de Jemmapes, il entonna le *Chant du Départ*, et les soldats le chantèrent en courant avec lui. Par cette grande clameur discordante, nous pouvons imaginer un chœur de bataille régulier, une marche musicale antique. Il y en eut une après la victoire de Salamine, lorsque Sophocle, âgé de quinze ans, le plus bel adolescent d'Athènes, se mit nu selon le rite et dansa le pœan en l'honneur d'Apollon, au milieu de la pompe militaire et devant le trophée.

Mais le culte fournissait encore plus de matière à l'orchestrique que la politique et la guerre. Selon les Grecs, le plus agréable spectacle que l'on pût donner aux dieux était celui que présentent de beaux corps florissants, développés dans toutes les attitudes qui montrent la force et la santé. C'est pourquoi leurs fêtes les plus saintes étaient des défilés d'opéra et des ballets sérieux. Des citoyens choisis, quelquefois, comme à Sparte, la cité tout entière (1), formaient des chœurs devant les dieux ;

(1) Gymnopédies.

chaque ville importante avait ses poëtes qui faisaient la musique et les vers, ordonnaient les groupes et les évolutions, enseignaient les poses, instruisaient longuement les acteurs, réglaient les costumes; pour nous figurer une telle cérémonie, nous n'avons guère qu'un exemple contemporain, celui des représentations qui se donnent encore aujourd'hui, tous les dix ans, à Oberammergau, en Bavière, où, depuis le moyen âge, tous les habitants de la bourgade, cinq ou six cents personnes, préparés dès l'enfance, jouent solennellement la Passion du Christ. Dans ces fêtes, Alcman et Stesichore étaient à la fois des poëtes, des maîtres de chapelle, des maîtres de ballet, quelquefois des officiants, premiers coryphées des grandes compositions où les chœurs de jeunes hommes et de jeunes filles représentaient en public la légende héroïque ou divine. Un de ces ballets sacrés, le dithyrambe, devint plus tard la tragédie grecque. Elle-même n'est d'abord que la fête religieuse, à la fois perfectionnée et réduite, transportée de la place publique dans l'enceinte fermée d'un théâtre, une succession de chœurs coupés par le récit et par la mélopée d'un personnage principal, analogue à un *Évangile* de Sébastien Bach, aux *Sept Paroles* de Haydn, à un oratorio, à une messe de la Sixtine dans laquelle les mêmes personnages chanteraient les parties et feraient les groupes.

Entre toutes ces poésies, les plus populaires et les plus propres à nous faire comprendre ces mœurs lointaines sont les cantates qui célèbrent les vainqueurs des quatre grands jeux. De toute la Grèce, de la Sicile et des îles, on en demandait à Pindare. Il y allait ou envoyait son ami le Stymphalien Enée pour enseigner au chœur la danse, la musique et les vers de son chant. La fête commençait par une procession et un sacrifice; ensuite les amis de l'athlète, ses parents, les principaux de la ville, s'asseyaient à un banquet. Parfois la cantate était chantée pendant la procession, et le cortége faisait halte pour réciter l'épode; parfois c'était après le festin, dans la grande salle parée de cuirasses, de lances et d'épées (1). Les acteurs étaient des compagnons de

(1) Voyez les vers d'Alcée sur sa propre maison.

l'athlète et jouaient leur rôle avec cette verve méridionale qu'on rencontre en Italie dans la *Comedia dell'Arte*. Mais ce n'était pas une comédie qu'ils jouaient, leur rôle était sérieux, ou plutôt ce n'était pas un rôle ; ils avaient le plaisir le plus profond et le plus noble qu'il soit donné à l'homme d'éprouver, celui de se sentir beau et glorieux, élevé au-dessus de la vie vulgaire, porté jusque dans les hauteurs et le rayonnement de l'Olympe par le souvenir des héros nationaux, par l'invocation des grands dieux, par la commémoration des ancêtres, par l'éloge de la patrie. Car la victoire de l'athlète était un triomphe public, et les vers du poëte y associaient la cité et tous ses divins protecteurs. Entourés de ces grandes images, exaltés par leur propre action, ils arrivaient à cet état extrême qu'ils appelaient l'enthousiasme, indiquant par ce mot que le dieu était en eux ; il y était en effet, car il entre dans l'homme, lorsque l'homme sent sa force et sa noblesse grandir au delà de toutes limites, par l'énergie concordante et la joie sympathique de tout le groupe avec lequel il agit.

Nous ne comprenons plus aujourd'hui la poésie de Pindare ; elle est trop locale et spéciale ; elle est trop pleine de sous-entendus, trop décousue, trop faite pour des athlètes grecs du vi° siècle ; les vers qui nous restent n'en sont qu'un fragment ; l'accent, la mimique, le chant, les sons des instruments, la scène, la danse, le cortége, vingt accessoires qui les égalaient en importance ont péri. Nous ne pouvons qu'avec une difficulté extrême nous figurer des esprits neufs qui n'avaient point lu, qui n'avaient point d'idées abstraites, en qui toute pensée était image, en qui tout mot éveillait des formes colorées, des souvenirs de gymnase et de stade, temples, paysages, côtes de la mer lustrée, un peuple de figures toutes vivantes et divines comme aux jours d'Homère, et peut-être plus divines encore. Et cependant de loin en loin nous entendons un accent de ces voix vibrantes ; nous voyons comme en un éclair l'attitude grandiose du jeune homme couronné (1) qui se détache du chœur pour dire les

______

(1) Pythique IV, Isthmique V.

paroles de Jason ou le vœu d'Hercule ; nous devinons son geste court, ses bras tendus, les larges muscles qui s'enflent sur sa poitrine ; nous retrouvons çà et là un lambeau de la pourpre poétique, aussi vif qu'une peinture déterrée hier à Pompéi.

Tantôt c'est le coryphée qui s'avance : « Comme
» un père qui, saisissant d'une main libérale une
» coupe d'or massif, joyau de son trésor et parure
» de ses festins, l'offre, toute bouillonnante de la
» rosée de la vigne, au jeune époux de sa fille ;
» ainsi j'envoie aux athlètes couronnés un nectar
» liquide, ce don des Muses, et, des fruits parfumés
» de ma pensée, je réjouis les vainqueurs d'Olympie
» et de Pytho. »

Tantôt le chœur arrêté, puis des demi-chœurs alternatifs développent en crescendo les sonorités magnifiques de l'ode roulante et triomphante :
« Sur la terre et dans l'indomptable Océan, les
» êtres que Jupiter n'a point aimés haïssent la voix
» des Pierides. Tel est cet ennemi des dieux, Ty-
» phon, le monstre aux cent têtes qui gît dans le
» hideux Tartare. La Sicile presse sa poitrine ve-

» luc. Une colonne qui monte jusqu'au ciel, l'Etna
» neigeux, nourrice éternelle des frimas âpres, con-
» tient son effort..... ; et de ses gouffres il vomit
» des sources éblouissantes de feu inabordable. Pen-
» dant le jour, leurs ruisseaux élèvent un torrent
» de fumée rougeâtre ; aux heures de la nuit la
» flamme rouge tourbillonnante pousse avec fracas
» des roches dans la profonde mer... C'est merveille
» de le voir, le prodigieux reptile, lié comme il l'est
» sous les hautes cimes, sous les noires forêts de
» l'Etna, sous la plaine, rugissant sous les chaînes
» qui labourent et aiguillonnent tout son dos pro-
» sterné. »

Le ruissellement des images va croissant, coupé
à chaque pas de jets imprévus, de retours, de sou-
bresauts, dont la témérité et l'énormité ne souffrent
aucune traduction. Il est clair que ces Grecs, si
sobres et si lucides dans leur prose, sont enivrés,
jetés hors de toute mesure par l'inspiration et la
folie lyriques. Ce sont là des excès hors de propor-
tion avec nos organes émoussés et avec notre civi-
lisation réfléchie. Pourtant nous en devinons assez

pour comprendre ce qu'une pareille culture peut fournir aux arts qui figurent le corps humain. Elle forme l'homme par le chœur; elle lui enseigne les attitudes, les gestes, l'action sculpturale; elle le met dans un groupe qui est un bas-relief mobile; elle s'emploie tout entière pour faire de lui un ac- teur spontané qui représente de verve et pour son plaisir, qui se donne en spectacle à lui-même, qui porte la fierté, le sérieux, la liberté, la dignité simple du citoyen dans les évolutions du figurant et dans la mimique du danseur. L'orchestrique a donné à la sculpture ses poses, ses mouve- ments, ses draperies, ses groupes; la frise du Par- thénon a pour motif le défilé des Panathénées, et la pyrrhique a suggéré les sculptures de Phigalie et de Budrun.

A côté de l'orchestrique, il y avait en Grèce une institution plus nationale encore, et qui était la seconde partie de l'éducation, la gymnastique. On la rencontre déjà dans Homère ; les héros luttent, lancent le disque, courent à pied et en char ; celui qui n'est pas habile aux exercices du corps passe pour « un marchand », un homme de basse espèce « qui sur une nef de charge n'a souci que du gain et des provisions » (1). Mais l'institution n'est point encore régulière, ni pure, ni complète. Les jeux n'ont point d'emplacement ni d'époques fixes. On les cé-

(1) *Odyssée*, chant VIII.

lèbre par occasion,.à la mort d'un héros, pour honorer un étranger. Beaucoup d'exercices propres à accroître l'agilité et la vigueur y sont inconnus ; en revanche, on y fait entrer des exercices d'armes, le duel jusqu'au sang, le tir de l'arc, le jet de la pique. C'est seulement dans la période suivante, en même temps que l'orchestrique et la poésie lyrique, qu'on les voit se développer, se fixer, prendre la forme et l'importance finale que nous leur connaissons. Le signal fut donné par les Doriens, peuple nouveau, de pure race grecque, qui, sorti de ses montagnes, envahit le Péloponèse, et, comme les Francs neustriens, vint apporter sa tactique, imposer son ascendant et renouveler de sa sève intacte l'esprit national. C'étaient des hommes énergiques et rudes, assez semblables aux Suisses du moyen âge, bien moins vifs et bien moins brillants que les Ioniens, ayant le goût de la tradition, le sentiment du respect, l'instinct de la discipline, l'âme élevée, virile et calme, et qui avaient mis l'empreinte de leur génie dans la gravité sévère de leur culte, comme dans le caractère héroïque et

moral de leurs dieux. La principale peuplade, celle
des Spartiates, s'établit dans la Laconie, parmi les
anciens habitants exploités où asservis ; neuf mille
familles de maîtres orgueilleux et durs, dans une
ville sans murailles, pour tenir dans l'obéissance
cent vingt mille fermiers et deux cent mille esclaves :
c'était une armée campée à demeure au milieu
d'ennemis dix fois plus nombreux.

De ce trait principal dépendent tous les autres.
Peu à peu le régime imposé par la situation se fixa,
et, vers l'époque du rétablissement des jeux olym-
piques, il était complet. Devant l'idée du salut pu-
blic, les intérêts et les caprices de l'individu se sont
effacés. La discipline est celle d'un régiment me-
nacé par un danger continu. Défense au Spartiate
de commercer, d'exercer une industrie, d'aliéner
son lot de terre, d'en augmenter la rente ; il ne doit
songer qu'à être soldat. S'il voyage, il peut user du
cheval, de l'esclave, des provisions de son voisin ;
entre camarades, les services sont de droit et la
propriété n'est pas stricte. L'enfant nouveau-né est
apporté devant un conseil d'anciens, et on le tue

s'il est trop faible ou difforme ; dans une armée on n'admet que des hommes valides, et ici tous sont con-scrits dès le berceau. Un vieillard qui ne peut avoir d'enfants choisit lui-même un jeune homme qu'il amène dans sa maison : c'est que chaque maison doit fournir des recrues. Des hommes faits, afin d'être meilleurs amis, se prêtent leurs femmes ; dans un camp on n'est pas scrupuleux en fait de ménage, et souvent bien des choses sont communes. On mange en commun, par escouades ; c'est une *mess* qui a ses règlements et où chacun fournit sa part en argent ou en nature. Avant tout l'exercice militaire. Il est honteux de s'attarder chez soi ; la vie de la caserne prime la vie du foyer. Un jeune marié ne va trouver sa femme qu'en cachette, et passe la journée, comme auparavant, à l'école de peloton et sur la place d'armes. Par la même raison les enfants sont des enfants de troupe (1), tous élevés en commun, et dès sept ans, distribués en compagnies. Vis-à-vis d'eux tout homme fait est

(1) *Agelai.*

un ancien, un officier (1), et peut les châtier sans que le père réclame. Pieds nus, vêtus d'un seul manteau, et du même manteau en hiver et en été, ils marchent dans les rues, silencieux, les yeux baissés, comme de jeunes conscrits au port d'armes. Le costume est un uniforme, et la tenue, comme la démarche, est prescrite. Ils couchent sur un tas de roseaux, se baignent tous les jours dans les froides eaux de l'Eurotas, mangent peu et vite, vivent plus mal à la ville qu'au camp ; c'est qu'un futur soldat doit s'endurcir. Ils sont divisés en troupes de cent, chacune sous un jeune chef, et, des pieds, des poings, ils se battent ; c'est un apprentissage de la guerre. S'ils veulent ajouter quelque chose à leur maigre ordinaire, qu'ils le dérobent dans les maisons ou dans les fermes ; un soldat doit savoir vivre de maraude. De loin en loin on les lâche en embuscade sur les chemins, et ils tuent le soir les Ilotes attardés ; il est utile d'avoir vu le sang et de s'être fait la main d'avance.

(1) *Paidonomos.*

Quant aux arts, ce sont ceux qui conviennent à une armée. Ils ont apporté avec eux un type de musique particulier, le mode dorien, le seul peut-être dont l'origine soit purement grecque (1). Son caractère est sérieux, viril, élevé, très-simple et même âpre, excellent pour inspirer la patience et l'énergie. Il n'est pas livré au caprice de l'individu ; la loi empêche qu'on n'y introduise les variations, les mollesses, les agréments du style étranger ; il est une institution morale et publique ; comme les tambours et les sonneries dans nos régiments, il guide les marches et les parades ; il y a des joueurs de flûte héréditaires semblables aux sonneurs de pibroch dans les clans (2) d'Écosse. La danse elle-même est un exercice ou un défilé. Dès cinq ans, on instruit les garçons dans la pyrrhique, pantomime de combattants armés qui imitent tous les mouve-

(1) Platon, dans *le Théagès*, dit, en parlant d'un homme vertueux qui discourt sur la vertu : « Dans l'harmonie merveilleuse de ses actions et de ses paroles, on reconnaît le mode dorien, le seul qui soit véritablement grec. »

(2) *The fair Maid of Perth*, dans W. Scott. Voyez le combat du clan de Clicle et du clan de Chattan.

ments de la défense et de l'attaque, toutes les atti-
tudes que l'on prend et tous les gestes que l'on fait
pour frapper, parer, reculer, sauter, se courber,
tirer de l'arc, lancer la pique. Il y en a une autre
nommée anapale, où les jeunes garçons simulent la
lutte et le pancrace. Il y en a d'autres, pour les jeu-
nes hommes ; il y en a d'autres pour les jeunes filles,
avec des sauts violents, des « bonds de biche », des
courses précipitées où, « pareilles à des poulains et,
les cheveux flottants, elles font voler la pous-
sière » (1). Mais les principales sont les gymnopé-
dies, grandes revues où figure toute la nation
distribuée en chœurs. Celui des vieillards chantait :
« Nous avons été jadis de jeunes hommes pleins de
force » ; celui des hommes faits répondait : « Nous
les sommes aujourd'hui ; viens en faire l'épreuve, si
tu en as envie » ; celui des enfants ajoutait : « Et
nous, nous serons un jour plus vaillants encore. »
Tous avaient appris et répété le pas, les évolutions,
le ton, l'action dès l'enfance ; nulle part la poésie

(1) Aristophane.

9.

chorale ne formait des ensembles plus vastes et mieux ordonnés. Et si l'on voulait aujourd'hui chercher un spectacle analogue de bien loin, mais pourtant à peu près analogue, Saint-Cyr avec ses parades et ses exercices, mieux encore, l'école militaire de gymnastique, où les soldats apprennent à chanter en chœur, pourrait peut-être le donner.

Rien d'étonnant si une pareille cité a organisé et complété la gymnastique. Sous peine de vie, il fallait qu'un Spartiate valût dix Ilotes ; comme il était hoplite, fantassin, et qu'il se battait corps à corps, en ligne et de pied ferme, l'éducation parfaite était celle qui formait le plus agile et le plus robuste gladiateur. Pour y arriver, ils s'y prenaient dès avant la naissance, et, tout au contraire des autres Grecs, ils préparaient non-seulement l'homme, mais la femme, afin que l'enfant héritier des deux sangs reçût de sa mère aussi bien que de son père le courage et la vigueur (1). Les jeunes filles ont des gymnases et s'exercent comme les garçons, nues

____

(1) Xénophon, *La République des Lacédémoniens.*

ou en courte tunique, à courir, à sauter, à jeter le disque et la lance ; elles ont leurs chœurs ; elles figurent dans les gymnopédies avec les hommes. Aristophane admire, avec une nuance de raillerie athénienne, leur fraîche carnation, leur florissante santé, leur vigueur un peu brutale (1). De plus, la loi fixe l'âge des mariages et choisit le moment et les circonstances les plus favorables pour bien engendrer. Il y a chance pour que de tels parents aient des enfants beaux et forts ; c'est le système des haras, et on le suit jusqu'au bout, puisqu'on rejette les produits mal venus. — Une fois que l'enfant commence à marcher, non-seulement on l'endurcit et on *l'entraîne*, mais encore on l'assouplit et on le fortifie avec méthode ; Xénophon dit que seuls entre les Grecs ils exercent également toutes les parties du corps, le cou, les bras, les épaules, les jambes, et non-seulement dans l'adolescence, mais toute la vie et tous les jours ; au camp, c'est deux fois par jour. L'effet de cette discipline fut bientôt

____

(1) Rôle de Lampito, dans les *Ecclesiazousai*.

visible. « Les Spartiates, dit Xénophon, sont les plus sains de tous les Grecs, et l'on trouve parmi eux les plus beaux hommes et les plus belles femmes de la Grèce. » Ils subjuguèrent les Messéniens, qui combattaient avec le désordre et l'impétuosité des temps homériques ; ils devinrent les modérateurs et les chefs de la Grèce, et au moment des guerres Médiques leur ascendant était si bien établi, que non-seulement sur terre, mais sur mer où ils n'avaient presque point de navires, tous les Grecs et jusqu'aux Athéniens recevaient d'eux, sans murmurer, des généraux.

Quand un peuple devient le premier dans la politique et dans la guerre, ses voisins imitent, de près ou de loin, les institutions qui lui ont donné la primauté. Peu à peu les Grecs (1) empruntent aux Spartiates, et en général aux Doriens, des traits importants de leurs mœurs, de leur régime et de leur art, l'harmonie dorienne, la haute poésie chorale, plusieurs figures de danse, le style de l'archi-

(1) Aristote, *Politique*, VIII, 3 et 4.

tecture, le vêtement plus simple et plus viril, l'ordonnance militaire plus ferme, la complète nudité de l'athlète, la gymnastique érigée en système. Beaucoup de termes d'art militaire, de musique et de palœstre sont d'origine dorienne ou appartiennent au dialecte dorien. Déjà au ixe siècle l'importance nouvelle de la gymnastique s'était manifestée par la restauration des jeux interrompus, et quantité de faits montrent que, d'année en année, ils deviennent plus populaires. En 776, ceux d'Olympie servent d'ère et de point de départ pour attacher la chaîne des années. Pendant les deux siècles qui suivent, on institue ceux de Pytho, de l'Isthme et de Némée. Ils se réduisaient d'abord à la course du stade simple; on y ajoute successivement la course du double stade, la lutte, le pentathle, le pugilat, la course en chars, le pancrace, la course à cheval; puis pour les enfants, la course, la lutte, le pancrace, le pugilat, d'autres jeux encore, en tout vingt-quatre exercices. Les coutumes lacédémoniennes y prévalent sur les traditions homériques; le vainqueur n'y reçoit plus

un objet précieux, mais une simple couronne de
feuillage ; il ne garde plus l'ancienne ceinture ; à la
quatorzième olympiade il se dépouille tout à fait.
On voit par les noms des vainqueurs qu'il en vient
de toute la Grèce, de toute la Grande-Grèce, des
îles et des colonies les plus lointaines. Désormais
il n'y a plus de cité sans gymnase ; c'est un des
signes auxquels on reconnaît une ville grecque (1).
A Athènes, le premier date des environs de l'an 700.
Sous Solon, en en comptait déjà trois grands
qui étaient publics et une quantité de petits.
De seize à dix-huit ans, l'adolescent y passait ses
journées, comme dans un lycée d'externes disposé
non pour la culture de l'esprit, mais pour le per-
fectionnement du corps. Il semble même qu'à ce
moment l'étude de la grammaire et de la musique
cessait pour laisser entrer le jeune homme dans
une classe plus spéciale et plus haute. C'était un
grand carré avec des portiques et des allées de
platanes, ordinairement près d'une source ou d'une

(1) Mot de Pausanias.

rivière, décoré par une quantité de statues de dieux et d'athlètes couronnés. Il avait son chef, ses moniteurs, ses répétiteurs spéciaux, sa fête en l'honneur d'Hermès ; dans l'intervalle des exercices, les adolescents jouaient ; les citoyens y entraient à volonté ; il y avait des siéges nombreux autour du champ de course ; on y venait pour se promener, pour regarder les jeunes gens ; c'était un lieu de conversation ; la philosophie y naquit plus tard. Dans cette école qui aboutit à un concours, l'émulation conduit à des excès et à des prodiges ; on voit des hommes qui s'exercent toute leur vie. Le règlement des jeux les oblige à jurer, en descendant dans l'arène, qu'ils se sont exercés au moins dix mois de suite sans interruption et avec le plus grand soin ; mais ils font bien davantage ; leur entraînement dure des années entières et jusque dans l'âge mûr ; ils suivent un régime ; ils mangent beaucoup, et à certaines heures ; ils endurcissent leurs muscles par l'usage du strigile et de l'eau froide ; ils s'abstiennent de plaisirs et d'excitations ; ils se condamnent à la continence. Plusieurs d'entre eux renouvelèrent les exploits des héros fabuleux. Milon, dit-on, portait un taureau sur ses épaules, et, saisissant par derrière un char attelé, l'empêchait d'avancer. Une inscription placée sous la statue de Phayllos le Crotoniate disait qu'il franchissait en sautant un espace de cinquante-cinq pieds et qu'il lançait à quatre-vingt-quinze pieds le disque de huit livres. Parmi les athlètes de Pindare, il y en a qui sont des géants.

Remarquez que dans la civilisation grecque ces admirables corps ne sont point des raretés, des produits de luxe, et, comme aujourd'hui, des pavots inutiles dans un champ de blé ; il faut les comparer au contraire à des épis plus hauts dans une large moisson. L'État en a besoin ; les mœurs publiques les demandent. Les hercules que j'ai cités ne servent pas seulement à la parade. Milon conduisait ses concitoyens au combat, et Phayllos fut le chef des Crotoniates qui vinrent aider les Grecs contre les Mèdes. Un général n'était pas alors un calculateur qui se tenait sur une hauteur avec une carte et une lorgnette ; il se battait, la pique à la main, en

tête de sa troupe, corps à corps, en soldat. Miltiade,
Aristide, Périclès et même, beaucoup plus tard,
Agésilas, Pélopidas, Pyrrhus, font œuvre de leurs
bras, et non-seulement de leur intelligence, pour
frapper, parer, à l'assaut, à pied, à cheval, au
plus fort de la mêlée ; Épaminondas, un politique,
un philosophe étant blessé à mort, se console
comme un simple hoplite, parce qu'on a sauvé
son bouclier. Un vainqueur au pentathle, Aratus,
fut le dernier capitaine de la Grèce et se trouva
bien de son agilité et de sa force dans ses escalades
et ses surprises ; Alexandre chargeait au Granique
comme un hussard, et sautait le premier, comme
un voltigeur, dans la ville des Oxydraques. Avec
une façon si corporelle et si personnelle de faire
la guerre, les premiers citoyens, les princes eux-
mêmes étaient tenus d'être bons athlètes. Ajoutez
aux exigences du danger l'invitation des fêtes ;
les cérémonies comme les batailles réclamaient
des corps exercés ; on ne pouvait bien figurer dans
les chœurs qu'après avoir passé par le gymnase.
J'ai conté comment le poëte Sophocle dansa nu le

pœan après la victoire de Salamine ; à la fin du
ive siècle, les mêmes mœurs subsistaient encore.
Alexandre arrivant dans la Troade se dépouilla de
ses habits pour honorer Achille en courant avec ses
compagnons autour de la colonne qui marquait la
sépulture du héros. Un peu plus loin, à Phaselis,
ayant vu sur la place publique la statue du philo-
sophe Théodecte, il vint, après le souper, danser
autour de la statue et lui jeter des couronnes. Pour
fournir à de tels goûts et à de tels besoins, le gym-
nase était la seule école. Il ressemblait à ces aca-
démies de nos derniers siècles où tous les jeunes
nobles allaient apprendre l'escrime, la danse et l'é-
quitation. Les citoyens libres étaient les nobles de
l'antiquité ; partant, point de citoyen libre qui n'eût
fréquenté le gymnase ; à cette condition seulement
on était un homme bien élevé (1), sinon on tombait
au rang des gens de métier et d'extraction basse.
Platon, Chrysippe, le poëte Timocréon avaient
d'abord été athlètes ; Pythagore passait pour avoir

____

(1) *Kalokagathos* opposé à *Basaunos*.

eu le prix du pugilat ; Euripide fut couronné comme athlète aux jeux éleusiniens. Clisthènes, tyran de Sycione, ayant reçu chez lui les prétendants de sa fille, leur fournit un champ d'exercice « afin, dit Hérodote, qu'il pût faire épreuve de leur race et de leur éducation ». En effet, le corps gardait jusqu'au bout les traces de l'éducation gymnastique ou servile ; on le reconnaissait du premier coup à sa prestance, à sa démarche, à ses gestes, à sa façon de se draper, comme jadis on distinguait le gentilhomme dégourdi et anobli par les académies, du rustre balourd et de l'ouvrier rabougri.

Même immobile et nu, il témoignait de ses exercices par la beauté de ses formes. Sa peau, brunie et affermie par le soleil, l'huile, la poussière, le strigile et les bains froids, ne semblait point déshabillée ; elle était accoutumée à l'air ; à la voir, on la sentait dans son élément ; certainement elle ne frissonnait pas, elle ne présentait pas de marbrures et de chair de poule ; elle était un tissu sain, d'un beau ton, qui annonçait la vie libre et mâle. Agésilas, pour encourager ses hommes, fit un jour dépouiller les Perses prisonniers ; à la vue de ces chairs blanches et molles, les Grecs se mirent à rire, et marchèrent en avant, pleins de dédain pour leurs ennemis. Les muscles avaient été tous fortifiés et assouplis ; on n'en avait point négligé ; les diverses parties du corps se faisaient équilibre ; l'arrière-bras, si maigre aujourd'hui, les omoplates mal garnies et roides, s'étaient remplies et faisaient un pendant proportionné aux hanches et aux cuisses ; les maîtres, en véritables artistes, exerçaient le corps pour lui donner non-seulement la vigueur, la résistance et la vitesse, mais encore la symétrie et l'élégance. Le *Gaulois mourant*, qui est de l'école de Pergame, montre, si on le compare aux statues d'athlètes, la distance qui sépare un corps inculte et un corps cultivé : d'un côté, une chevelure éparse en mèches rudes comme une crinière, des pieds et des mains de paysan, une peau épaisse, des muscles non assouplis, des coudes aigus, des veines gonflées, des contours anguleux, des lignes heurtées, rien que le corps animal du sauvage robuste ; de l'autre côté,

toutes les formes ennoblies, le talon d'abord avachi
et veule (1), maintenant circonscrit dans un ovale
net, le pied d'abord trop étalé et trahissant son ori-
gine simienne, maintenant arqué et plus élastique
pour le saut ; la rotule, les articulations, toute l'os-
sature d'abord saillantes, maintenant demi-effacées
et simplement indiquées ; la ligne des épaules, d'a-
bord horizontale et dure, maintenant infléchie et
adoucie ; partout l'harmonie des parties qui se con-
tinuent et coulent les unes dans les autres, la jeu-
nesse et la fraîcheur d'une vie fluide, aussi naturelle
et aussi simple que celle d'un arbre ou d'une fleur.
On trouverait vingt passages dans le *Ménexène*, *les
Rivaux*, ou le *Charmide* de Platon, qui saisissent
au vol quelqu'une de ces attitudes ; un jeune homme
ainsi élevé se sert bien et naturellement de ses
membres ; il sait se pencher, être debout, s'appuyer
d'une épaule contre une colonne, et, dans toutes
ces attitudes, être aussi beau qu'une statue ; de
même un gentilhomme, avant la Révolution, avait,

(1) Voyez le petit Apollon archaïque de bronze du Louvre, et les
statues d'Égine.

pour saluer, prendre du tabac, écouter, l'aisance et la grâce cavalière que nous retrouvons dans les gravures et dans les portraits. Mais ce que l'on voyait dans les façons, le geste et la pose du Grec, ce n'était pas l'homme de cour, c'était l'homme de la palestre. Le voici dépeint dans Platon, tel que la gymnastique héréditaire dans une race choisie l'avait formé :

« Il est naturel, Charmide, que tu l'emportes sur tous les autres ; car personne ici, je pense, ne montrerait aisément à Athènes deux maisons dont l'alliance puisse engendrer quelqu'un de plus beau et de meilleur que celles dont tu es issu. En effet, votre famille paternelle, celle de Critias, fils de Dropide, a été louée par Anacréon, Solon et beaucoup d'autres poëtes, comme éminente en beauté, en vertu, et dans tous les autres biens où l'on met le bonheur. Et de même celle de ta mère. Car personne, à ce qu'on dit, ne parut plus beau et plus grand que ton oncle Pyrilampe toutes les fois qu'on l'envoyait en ambassade auprès du grand roi ou auprès de quelque autre sur le continent ; et toute cette autre maison ne cède en rien à la première.

Étant né de tels parents, il est naturel que tu sois en tout le premier. Et d'abord, pour tout ce que l'on voit, pour tout le dehors, cher enfant de Glaucos, il me semble que tu ne fais honte à aucun de tes ancêtres. »

En effet, ajoute ailleurs Socrate, « il me paraissait admirable pour la taille et la beauté... Qu'il nous semblât tel, à nous autres hommes, cela est moins étonnant ; mais je remarquai que, parmi les enfants aussi, personne ne regardait autre part, pas même les plus petits,.... et que tous le contemplaient comme la statue d'un dieu ». Et Chéréphon renchérissant : « Son visage est bien beau, n'est-ce-pas, Socrate ? Eh bien ! s'il voulait se dépouiller ; le visage ne paraîtrait plus rien, tant toute sa forme est belle. »

Dans cette petite scène qui nous reporte bien plus haut que sa date et jusqu'aux plus beaux temps du corps nu, tout est significatif et précieux. On y voit la tradition du sang, l'effet de l'éducation, le goût populaire et universel du beau, toutes les origines de la parfaite sculpture. Homère avait cité Achille et Nérée comme les plus beaux des Grecs assemblés contre Troie ; Hérodote nomme Callicrate le Spartiate comme le plus beau des Grecs armés contre Mardonius. Toutes les fêtes des dieux, toutes les grandes cérémonies, amenaient un concours de beauté. On choisissait les plus beaux vieillards à Athènes pour porter les rameaux aux Panathénées, les plus beaux hommes à Élis pour porter les offrandes à la déesse. A Sparte, dans les gymnopédies, les généraux, les hommes illustres qui n'avaient pas une taille et une noblesse d'extérieur assez grandes étaient, dans le défilé choral, relégués aux rangs inférieurs. Les Lacédémoniens, au dire de Théophraste, condamnèrent leur roi Archidamos à l'amende parce qu'il avait épousé une petite femme, prétendant qu'elle leur donnerait des roitelets et non des rois. Pausanias trouva en Arcadie des concours de beauté où rivalisaient les femmes, et qui dataient de neuf siècles. Un Perse, parent de Xerxès et le plus grand de son armée, étant mort à Achante, les habitants lui sacrifièrent comme à un héros. Les Egestœens avaient élevé un petit temple sur le tombeau d'un Crotoniate réfugié chez eux, Philippe, vainqueur aux jeux Olympiques, le plus beau des Grecs de son temps, et, du vivant d'Hérodote, ils lui offraient encore des sacrifices. Tel est le sentiment qu'avait nourri l'éducation, et qui, à son tour, agissant sur elle, lui donnait pour but la formation de la beauté. Certainement la race était belle, mais elle s'était embellie par système ; la volonté avait perfectionné la nature, et la statuaire allait achever ce que la nature, même cultivée, ne faisait qu'à demi.

Ainsi pendant deux siècles nous avons vu les deux institutions qui forment le corps humain, l'orchestrique et la gymnastique, naître, se développer, se propager autour de leurs points de départ, se répandre dans tout le monde grec, fournir l'instrument de la guerre, la décoration du culte, l'ère de la chronologie, offrir la perfection corporelle comme principal but à la vie humaine, et pousser jusqu'au vice (1) l'admiration de la forme accomplie. Lente-

(1) Le vice grec, inconnu au temps d'Homère, commence, selon

ment, par degrés et à distance, l'art qui fait la statue de métal, de bois, d'ivoire ou de marbre, accompagne l'éducation qui fait la statue vivante. Il ne marche pas du même pas ; quoique contemporain, il reste, pendant ces deux siècles, inférieur et simple copiste. On a songé à la vérité avant de songer à l'imitation ; on s'est intéressé aux corps véritables avant de s'intéresser aux corps simulés ; on s'est occupé à former un chœur avant de sculpter un chœur. Toujours le modèle physique ou moral précède l'œuvre qui le représente ; mais il le précède de peu ; il faut qu'au moment où l'œuvre se fait, il soit encore présent dans toutes les mémoires. L'art est un écho harmonieux et grossi ; il acquiert toute sa netteté et toute sa plénitude juste au moment où faiblit la vie dont il est l'écho. Tel est le cas de la statuaire grecque ; elle devient adulte juste au moment où finit l'âge lyrique, dans les cinquante années qui suivent la bataille de Salamine, quand, avec la prose, le drame et les premières recherches

toutes les vraisemblances, avec l'institution des gymnases. Cf. Becker, *Chariclès* (Excursus).

de la philosophie, commence une nouvelle culture. On voit tout d'un coup l'art passer de l'imitation exacte à la belle invention. Aristoclès, les sculpteurs d'Égine, Onatas, Kanachos, Pythagore de Rhégium, Kalamis, Agéladas, copiaient encore de tout près la forme réelle, comme Verocchio, Pollaiolo, Ghirlandajo, Fra Filippo, Perugin lui-même ; mais entre les mains de leurs élèves, Myron, Polyclète, Phidias, la forme idéale se dégage, comme entre les mains de Léonard, de Michel-Ange et de Raphaël.

Ce ne sont pas seulement des hommes, les plus beaux de tous, qu'a faits la statuaire grecque. Elle a fait aussi des dieux, et, du jugement de tous les anciens, ces dieux étaient ses chefs-d'œuvre. Au sentiment profond de la perfection corporelle et athlétique s'ajoutait chez le public et chez les maîtres un sentiment religieux original, une idée du monde aujourd'hui perdue, une façon propre de concevoir, de vénérer et d'adorer les puissances naturelles et divines. C'est ce genre particulier d'émotions et de croyance qu'il faut se représenter lorsqu'on veut pénétrer un peu avant dans l'âme et dans le génie de Polyclète, d'Agoracrite ou de Phidias.

Il suffit de lire Hérodote (1) pour voir combien, dans la première moitié du ve siècle, la foi était encore vive. Non-seulement Hérodote est pieux, dévot même jusqu'à n'oser proférer tel nom sacré, révéler telle légende, mais encore toute la nation apporte dans son culte la gravité grandiose et passionnée qu'expriment au même moment les vers d'Eschyle et de Pindare. Les dieux sont vivants, présents ; ils parlent ; on les a vus, comme la Vierge et les saints au xiiie siècle. — Les hérauts de Xerxès ayant été tués par les Spartiates, les entrailles des victimes deviennent défavorables ; c'est que ce meurtre a offensé un mort, le glorieux héraut d'Agamemnon, Talthybios, auquel les Spartiates ont voué un culte. Pour l'apaiser, deux hommes de la ville, riches et nobles, vont en Asie s'offrir à Xerxès. — Quand arrivent les Perses, toutes les cités consultent l'oracle ; il ordonne aux Athéniens d'appeler leur gendre à leur secours ; ils se souviennent que Borée enleva Orythie, fille

_____

(1) Hérodote vivait encore à l'époque de la guerre du Péloponèse ; il en parle dans son livre VII, 137, et dans son livre, IX, 73.

10.

d'Erechthée, leur premier ancêtre, et ils lui bâtissent une chapelle près de l'Ilissus. A Delphes, le dieu déclare qu'il se défendra lui-même ; la foudre tombe sur les barbares, des rochers se détachent et les écrasent, pendant que du temple de Pallas Pronœa sortent des voix et des cris de guerre, et que deux héros du pays, de taille surhumaine, Phylacos et Autonoos, achèvent de mettre en fuite les Perses épouvantés. — Avant la bataille de Salamine, les Athéniens font venir d'Égine, pour combattre avec eux, les statues des Éacides. Pendant la bataille, des voyageurs près d'Éleusis voient s'élever une grande poussière et entendent la voix du mystique Iacchos qui vient au secours des Grecs. Après la bataille, on offre en prémices aux dieux trois navires captifs ; l'un des trois est pour Ajax, et sur le butin on prélève l'argent qu'il faut pour offrir à Delphes une statue de douze coudées. — Je ne finirais pas si j'énumérais les marques de la piété publique ; elle était fervente encore cinquante ans après dans le peuple. Diopithès, dit Plutarque, « fit un décret qui ordonnait de dénoncer ceux qui ne

ı econnaissaient pas l'existence des dieux ou qui enseignaient des doctrines nouvelles sur les phénomènes célestes ». Aspasie, Anaxagore, Euripide,
furent inquiétés ou poursuivis, Alcibiade condamné
à mort, Socrate mis à mort pour crime prétendu
ou avéré d'impiété ; l'indignation populaire fut terrible contre ceux qui avaient contrefait les mystères
ou mutilé les Hermès. Sans doute on voit dans ces
détails, en même temps que la persistance de la
foi antique, l'avénement de la pensée libre ; autour
de Périclès comme autour de Laurent de Médicis il
y avait un petit cénacle de raisonneurs et de philosophes ; Phidias, comme plus tard Michel-Ange, y
fut admis. Mais aux deux époques la tradition et la
légende occupaient et dirigeaient en souveraines
l'imagination et la conduite. Quand l'écho des discours philosophiques venait faire vibrer une âme
remplie de formes pittoresques, c'était pour y épurer et agrandir les figures divines. La sagesse nouvelle ne détruisait pas la religion ; elle l'interprétait, elle la ramenait à son fonds, au sentiment
poétique des forces naturelles. Les conjectures

grandioses des premiers physiciens laissaient le
monde aussi vivant et le rendaient plus auguste;
c'est peut-être pour avoir entendu Anaxagore parler
du *Noûs* que Phidias a conçu son Jupiter, sa Pal-
las, son Aphrodite céleste, et achevé, comme di-
saient les Grecs, la majesté des dieux.

Pour avoir le sentiment du divin, il faut être
capable de démêler, à travers la forme précise du
dieu légendaire, les grandes forces permanentes et
générales dont il est issu. On demeure un idolâtre
sec et borné, si, au delà de la figure personnelle, on
n'entrevoit pas dans une sorte de lumière la puis-
sance physique ou morale dont la figure est le sym-
bole. On l'entrevoyait encore au temps de Cimon et
de Périclès. La comparaison des mythologies a
montré récemment que les mythes grecs, parents
des mythes sanscrits, n'exprimaient à l'origine que
le jeu des forces naturelles, et que, des éléments et
des phénomènes physiques, de leur diversité, de
leur fécondité, de leur beauté, le langage avait peu
à peu fait des dieux. Au fond du polythéisme est le
sentiment de la nature vivante, immortelle, créa-

trice, et ce sentiment durait toujours. Le divin imprégnait les choses ; on leur parlait ; vingt fois dans Eschyle et Sophocle on voit l'homme s'adresser aux éléments comme à des êtres saints avec lesquels il est associé pour conduire le grand chœur de la vie. Philoctète, au moment de partir, salue « les nymphes coulantes des fontaines, la voix retentissante de la mer heurtée contre ses promontoires ». — « Adieu, terre de Lemnos, entourée par les vagues ; renvoie-moi sans offense, envoie-moi par une heureuse traversée là où le puissant Destin me porte. » Prométhée, cloué sur sa roche, appelle à lui tous les grands êtres qui peuplent l'espace : « O divin Ether, Souffles rapides, Sources de fleuves, Sourire infini des vagues marines ; ô Terre ! mère universelle ; orbe du Soleil qui vois tout, je vous invoque ! voyez quels maux un dieu souffre par la main des dieux ! » Les spectateurs n'ont qu'à se laisser conduire par l'émotion lyrique pour retrouver les métaphores primitives qui, sans qu'ils le sachent, ont été le germe de leur religion. « Le Ciel pur, dit Aphrodite dans une pièce perdue d'Eschyle, aime à pénétrer la Terre, et l'Amour la prend pour épouse ; la pluie, qui tombe du Ciel générateur, féconde la Terre, alors elle enfante pour les mortels la pâture des bestiaux et le grain de Déméter (1). » Pour comprendre ce langage, il nous suffit de sortir de nos villes artificielles et de nos cultures alignées ; celui qui va seul en un pays montueux, sur les côtes de la mer et se laisse occuper tout entier par les aspects de la nature intacte, converse bientôt avec elle ; elle s'anime pour lui, comme une physionomie ; les montagnes, immobiles et menaçantes, deviennent des géants chauves ou des monstres accroupis ; les eaux qui luisent et bondissent sont de folles créatures babillardes et rieuses ; les grands pins silencieux ressemblent à des vierges sévères, et quand il regarde la mer du midi, azurée, rayonnante, parée comme pour une fête, avec l'universel

(1) Même sentiment conservé ou retrouvé par l'éducation philosophique dans Virgile :

Tunc pater omnipotens fecundis imbribus æther,
Conjugis in gremium lætæ descendit et omnes
Magnus alit, magno commixtus corpore, fœtus.

sourire dont parlait tout à l'heure Eschyle, il est tout conduit, pour exprimer la beauté voluptueuse dont l'infinité l'entoure et le pénètre, à nommer la déesse née de l'écume, qui, sortant de la vague, vient ravir le cœur des mortels et des dieux.

Lorsqu'un peuple sent la vie divine des choses naturelles, il n'a pas de peine à démêler le fond naturel d'où sortent les personnes divines. Aux beaux siècles de la statuaire, cet arrière-fond perçait encore visiblement sous la figure humaine et précise par laquelle la légende l'avait traduit. Il y a des divinités, notamment celles des eaux courantes, des bois et des montagnes, qui sont toujours restées transparentes. La naïade ou l'oréade était bien une jeune fille comme celle qu'on voit assise sur un rocher dans les métopes d'Olympie (1) ; du moins l'imagination figurative et sculpturale l'exprimait ainsi ; mais en la nommant on apercevait la gravité mystérieuse de la forêt calme ou la fraîcheur de la source jaillissante. Dans Homère, dont les poëmes sont la Bible des Grecs, Ulysse naufragé,

(1) Au Louvre.

après avoir nagé deux jours, arrive « à l'embou-
» chure d'un fleuve aux belles eaux, et dit au fleuve :
» Entends-moi, ô roi, qui que tu sois ; je viens à
» toi en te suppliant avec ardeur, et fuyant hors de
» la mer la colère de Poséidôn... Prends pitié, ô
» roi ! car je me glorifie d'être ton suppliant. Il
» parla ainsi, et le fleuve s'apaisa, arrêtant son
» cours et les flots, et *il se fit tranquille* devant
» Ulysse, et il le recueillit à son embouchure. » Il
est clair que le dieu n'est point ici un personnage à
barbe caché dans une grotte, mais le fleuve coulant
lui-même, le grand courant paisible et hospitalier.
De même le fleuve irrité contre Achille : « Le Xanthe
» parla ainsi et se rua sur lui, tout bouillonnant
» de fureur, plein de bruit, d'écume, de sang et
» de cadavres. Et l'onde éclatante du fleuve, sorti de
» Zeus, se dressa saisissant le fils de Pelée... Alors
» Héphæstos tourna contre le fleuve sa flamme res-
» plendissante, et les ormes brûlaient, et les saules,
» et les tamaris ; et le lotos brûlait, et le glaïeul et
» le cyprès qui abondaient tous autour du fleuve
» aux belles eaux ; et les anguilles et les poissons

» nageaient çà et là ou plongeaient dans les tourbil-
» lons poursuivis par le souffle ardent d'Héphæstos,
» et la force même du fleuve fut consumée, et il
» cria : Héphæstos ! aucun des dieux ne peut lut-
» ter contre toi. Cesse donc. » Il parla ainsi, brû-
» lant, et ses eaux limpides bouillonnaient. » Six
siècles après, quand Alexandre s'embarqua sur l'Hy-
daspe, debout à la proue, il fit des libations à la
rivière, à l'autre rivière sa sœur, à l'Indus qui les
recevait toutes deux et qui allait le porter. Pour une
âme simple et saine, un fleuve, surtout s'il est in-
connu, est par lui-même une puissance divine ;
l'homme, devant lui, se sent en présence d'un être
un, éternel, toujours agissant, tour à tour nourri-
cier et dévastateur, aux formes et aux aspects in-
nombrables ; cet écoulement intarissable et régulier
lui donne l'idée d'une vie calme et virile, mais
majestueuse et surhumaine. Aux siècles de déca-
dence, dans des statues comme celles du Tibre et
du Nil, les sculpteurs anciens se souvenaient encore
de l'impression primitive, et le large torse, l'attitude
reposée, le vague regard de la statue montrent que,

par la forme humaine, ils songeaient toujours à exprimer l'épanchement magnifique, uniforme, indifférent de la grande eau.

D'autres fois le nom du dieu faisait entrevoir sa nature. Hestia signifie le foyer; jamais la déesse n'a pu être tout à fait séparée de la flamme sainte, qui était le centre de la vie domestique. Déméter signifie la terre mère; et les épithètes des rituels l'appellent la noire, la profonde et la souterraine, la nourrice des jeunes êtres, la porteuse de fruits, la verdoyante. Le soleil dans Homère, est un autre dieu qu'Apollon, et la personne morale se confond en lui avec la lumière physique. Quantité d'autres divinités, *Horai*, les Saisons, *Dicé*, la Justice, *Némésis*, la Répression, portent dans l'âme de l'adorateur leur sens avec leur nom. Je n'en citerai qu'un, Éros, l'Amour, pour montrer comment le Grec, libre et pénétrant d'esprit, réunissait dans la même émotion l'adoration d'une personne divine et la divination d'une force naturelle. « Amour, dit Sophocle, invincible au combat, Amour qui t'abats sur les puissances et les fortunes, tu *habites sur les joues déli-*

cates de la jeune fille ; et tu franchis la mer, et tu vas dans les cabanes rustiques, et il n'y a personne parmi les immortels ni parmi les hommes éphémères qui puisse te fuir. » Un peu plus tard, entre les mains des convives du *Banquet* (1), selon les diverses interprétations du nom, la nature du dieu varie. Pour les uns, puisque amour signifie sympathie et concorde, l'Amour est le plus universel des dieux et, comme le veut Hésiode, l'auteur de tout ordre et de toute harmonie dans le monde. Selon d'autres, il est le plus jeune des dieux, car la vieillesse exclut l'amour ; il est le plus délicat, car il marche et se repose sur les choses les plus tendres, les cœurs, et seulement sur ceux qui sont tendres ; il est d'une essence liquide et subtile, car il entre dans les âmes et en sort sans qu'on s'en doute ; il a le teint d'une fleur, car il vit parmi les parfums et les fleurs. Selon d'autres enfin, l'Amour étant le désir et, partant, le manque de quelque chose, est un fils de la Pauvreté, maigre, malpropre, sans chaussure, couchant à la belle étoile, mais

(1) Platon.

avide du beau, et, partant, hardi, actif, industrieux, persévérant, philosophe. Le mythe renaît de lui-même et ondoie à travers vingt formes entre les mains de Platon. — Entre celles d'Aristophane, on voit les nuées devenir pour un instant des divinités presque vraisemblables, et si l'on suit dans la théogonie d'Hésiode la confusion demi-réfléchie, demi-involontaire qu'il établit entre les personnages divins et les éléments physiques (1), si l'on remarque qu'il compte « trente mille dieux gardiens sur la terre nourricière », si l'on se souvient que Thalès, le premier physicien et le premier philosophe, disait que tout est né de l'humide, et, en même temps, que tout est plein de dieux, on comprendra le profond sentiment qui soutenait alors la religion grecque, l'émotion sublime, l'admiration, la vénération avec laquelle le Grec devinait les forces infinies de la nature vivante sous les images de ses dieux.

A la vérité, tous n'étaient pas au même degré

(1) Voyez surtout la génération des divers dieux dans la Théogonie. Sa pensée flotte partout entre la cosmologie et la mythologie.

incorporés aux choses. Il y en avait, et c'étaient justement les plus populaires, que le travail plus énergique de la légende avait détachés et érigés en personnages distincts. On peut comparer l'Olympe grec à un olivier vers la fin de l'été. Selon la place et la hauteur des rameaux, les fruits sont plus ou moins avancés ; les uns, à peine formés, ne sont guère qu'un pistil grossi, et appartiennent étroitement à l'arbre ; les autres, déjà mûrs, tiennent pourtant encore à leur tige ; les autres enfin, dont l'élaboration est complète, sont tombés, et il faut quelque attention pour reconnaître le pédoncule qui les a portés. Tel l'Olympe grec, selon le degré de la transformation qui a humanisé les forces naturelles, présente, à ses divers étages, des divinités où le caractère physique prime la figure personnelle, d'autres en qui les deux faces sont égales, d'autres enfin où le dieu devenu homme ne se relie plus que par des fils, parfois par un seul fil à peine visible, au phénomène élémentaire d'où il est issu. Il s'y relie pourtant. Zeus, qui dans l'*Iliade* est un chef de famille impérieux, et dans *Prométhée* un roi usurpateur et tyrannique, demeure néanmoins, par beaucoup de traits, ce qu'il a d'abord été, le ciel pluvieux et foudroyant; des épithètes consacrées, de vieilles locutions, indiquent sa nature originelle; les fleuves « tombent de lui », « Zeus pleut ». En Crète, son nom signifie le jour; Ennius, plus tard à Rome, dira qu'il est cette « sublime blancheur ardente que tous invoquent sous le nom de Jupiter ». On voit par Aristophane que pour des paysans, des hommes du peuple, des esprits simples et un peu antiques, il est toujours celui qui « arrose la glèbe et fait pousser les moissons ». Quand un sophiste leur dit qu'il n'y a pas de Zeus, ils s'étonnent et demandent qui est ce qui éclate en tonnerres ou se verse en pluies (1). Il a foudroyé les Titans, le monstrueux Typhoée aux cent têtes de dragons, les noires exhalaisons qui, nées de la terre, s'entrelaçaient comme des serpents et envahissaient la voûte céleste. Il habite les sommets des montagnes qui touchent le ciel, où s'assemblent les nuages, où

____

(1) *Tis uei? tis o brontôn?*

s'abat le tonnerre ; il est le Zeus de l'Olympe, le Zeus de l'Ithôme, le Zeus de l'Hymette. Au fond, comme tous les dieux, il est multiple, attaché aux divers endroits dans lesquels le cœur de l'homme a le mieux senti sa présence, aux diverses cités et même aux diverses familles qui, l'ayant reconnu dans leurs horizons, se le sont approprié et lui ont sacrifié. « Je t'en conjure, dit Tecmesse, par le Zeus de ton foyer. » Pour se représenter exactement le sentiment religieux d'un Grec, il faut se figurer une vallée, une côte, tout le paysage primitif dans lequel une peuplade s'est fixée ; ce n'est pas le ciel en général, ni la terre universelle qu'elle a sentis comme des êtres divins, c'est son ciel avec son horizon de montagnes onduleuses, c'est cette terre qu'elle habite, ce sont ces bois, ces eaux courantes parmi lesquelles elle vit ; elle a son Zeus, son Poseidon, son Héré, son Apollon, comme ses nymphes bocagères ou fluviales. A Rome, dans une religion qui avait mieux conservé l'esprit primitif, Camille disait : « Il n'y a pas dans cette ville un lieu qui ne soit imprégné de religion et qui ne soit occupé par quelque divinité. » — « Je ne crains pas les dieux de votre pays, dit un personnage d'Eschyle, je ne leur dois rien. » A proprement parler, le dieu est local (1) ; car par son origine il n'est que la contrée elle-même ; c'est pourquoi, aux yeux du Grec, sa ville est sainte, et ses divinités ne font qu'un avec sa ville. Quand il la salue au retour, ce n'est point par une convenance poétique, comme Tancrède ; il n'éprouve pas seulement, comme un moderne, le plaisir de retrouver des objets familiers et de rentrer chez soi ; sa plage, ses montagnes, l'enceinte murée qui enclôt son peuple, la voie où des tombeaux gardent les os et les mânes des héros fondateurs, tout ce qui l'entoure est pour lui une sorte de temple. « Argos, et vous, dieux indigènes, dit Agamemnon, c'est vous que je dois saluer d'abord, vous qui avez été les auxiliaires de mon retour et de la vengeance que j'ai tirée de la ville de Priam. » Plus on regarde de près, plus on trouve leur sentiment sérieux, leur religion justifiable, leur culte bien fondé ; et ce n'est que plus tard, aux époques de frivolité et de déca-

(1) Fustel de Coulanges, *la Cité antique.*

dence, qu'ils sont devenus idolâtres. « Si nous re-
présentons les dieux sous des figures humaines,
disaient-ils, c'est qu'il n'y a pas de forme plus belle. »
Mais, par delà la forme expressive, ils voyaient
flotter comme en un rêve les puissances générales
qui gouvernent l'âme et l'univers.

Suivons une de leurs processions, celle des
grandes panathénées, et tâchons de démêler les
pensées et les émotions d'un Athénien qui, mêlé au
cortége solennel, venait visiter ses dieux. C'était
au commencement du mois de septembre. Pendant
trois jours, la cité entière avait contemplé des jeux,
d'abord à l'Odéon toutes les pompes de l'orchestrique,
la récitation des poëmes d'Homère, des concours de
chant, de cithare et de flûte, des chœurs de jeunes
gens nus dansant la pyrrhique, d'autres, vêtus, for-
mant un chœur cyclique ; ensuite dans le stade tous
les exercices du corps nu, la lutte, le pugilat, le
pancrace, le pentathle pour hommes et pour enfants ;
la course à pied, simple et double, pour les hommes
nus et les hommes armés, la course à pied avec des
flambeaux, la course à cheval, la course en char à

deux ou à quatre chevaux, en char ordinaire et en char de guerre, avec deux hommes dont l'un sautait à bas, suivait en courant, puis d'un élan remontait. Selon une parole de Pindare, « les dieux étaient amis des jeux », et l'on ne pouvait mieux les honorer que par ce spectacle. — Le quatrième jour, la procession dont la frise du Parthénon nous a conservé l'image se mettait en marche ; en tête étaient les pontifes, des vieillards choisis parmi les plus beaux, des vierges de famille noble, les députations des villes alliées avec des offrandes, puis des métèques avec des vases et des ustensiles d'or et d'argent ciselé, les athlètes à pied, ou sur leurs chevaux, ou sur leurs chars, une longue file de sacrificateurs et de victimes, enfin le peuple en habits de fête. La galère sacrée se mettait en mouvement, portant à son mât le voile de Pallas que des jeunes filles, nourries dans l'Erechtheion, lui avaient brodé. Partie du Céramique, elle (1) allait à l'Eleusinium, en faisait le tour, longeait l'Acropole au nord et à l'est,

______

(1) Beulé, *l'Acropole d'Athènes*.

et s'arrêtait près de l'aréopage. Là, on détachait le voile pour l'apporter à la déesse, et le cortége montait l'immense escalier de marbre long de cent pieds, large de soixante-dix, qui conduisait aux Propylées, vestibule de l'Acropole. Comme le coin de la vieille Pise, où se pressent la cathédrale, la tour penchée, le Campo-Santo et le Baptistére, ce plateau abrupt et tout consacré aux dieux disparaissait sous les monuments sacrés, temples, chapelles, colosses, statues; mais de ses quatre cents pieds de haut, il dominait toute la contrée; entre les colonnes et les angles des édifices profilés sur le ciel, les Athéniens apercevaient la moitié de leur Attique, un cercle de montagnes nues brûlées par l'été, la mer luisante encadrée par la saillie mate de ses côtes, tous les grands êtres éternels dans lesquels les dieux avaient leur racine, le Pentélique avec ses autels et la statue lointaine de Pallas Athénée, l'Hymette et l'Anchesme où les colossales effigies de Zeus indiquaient encore la parenté primitive du ciel tonnant et des hauts sommets.

Ils portaient le voile jusqu'à l'Erechtheion, le

plus auguste de leurs temples, véritable reliquaire
où l'on gardait le palladium tombé du ciel, le tom-
beau de Cécrops et l'olivier sacré, père de tous les
autres. Là, toute la légende, toutes les cérémonies,
tous les noms divins élevaient dans l'esprit un vague
et grandiose souvenir des premières luttes et des
premiers pas de la civilisation humaine ; dans le
demi-jour du mythe, l'homme entrevoyait la lutte
antique et féconde de l'eau, de la terre et du feu,
la terre émergeant des eaux, devenant féconde, se
couvrant de bonnes plantes, de grains et d'arbres
nourriciers, se peuplant et s'humanisant sous la
main des puissances secrètes qui entrechoquent les
éléments sauvages, et peu à peu, à travers leur dés-
ordre, établissent l'ascendant de l'esprit. Cécrops, le
fondateur, avait pour symbole un être du même nom
que lui (1), la cigale, qu'on croyait née de la terre,
insecte athénien s'il en fut, mélodieux et maigre ha-
bitant des collines sèches, et dont les vieux Athé-
niens portaient l'image dans leurs cheveux. A côté

(1) *Kerkops.*

de lui, le premier inventeur, Triptolème, le broyeur
de grains, avait eu pour père Diaulos, le double
sillon, et pour fille Gordys, l'orge. Plus significa-
tive encore était la légende d'Erechthée, le grand
ancêtre. Parmi les nudités de l'imagination en-
fantine qui exprimait naïvement et bizarrement sa
naissance, son nom qui signifie le Sol fertile, le
nom de ses filles qui sont l'Air clair, la Rosée et
la grande Rosée, laissent percer l'idée de la Terre
sèche, fécondée par l'humidité nocturne. Vingt
détails du culte achèvent d'en dégager le sens. Les
jeunes filles qui ont brodé le voile s'appellent
Errhéphores, porteuses de rosée ; ce sont les sym-
boles de la rosée qu'elles vont chercher la nuit
dans une caverne près du temple d'Aphrodite.
Thallo, la saison des fleurs, Karpo, la saison des
fruits, honorées près de là, sont encore des noms
de dieux agricoles. Tous ces noms expressifs en-
fonçaient leur sens dans l'esprit de l'Athénien ; il
y sentait, enveloppée et indistincte, l'histoire de
sa race ; persuadé que les mânes de ses fonda-
teurs et de ses ancêtres continuaient à vivre autour

du tombeau et prolongeaient leur protection sur ceux qui honoraient leur sépulture, il leur apportait des gâteaux, du miel, du vin, et, déposant ses offrandes, il embrassait d'un regard, en arrière et en avant, la longue prospérité de sa ville, et reliait en espérance son avenir à son passé.   .

Au sortir du sanctuaire antique où la Pallas primitive siégeait sous le même toit qu'Erechthée, il voyait presque en face de lui le nouveau temple bâti par Ictinus, où elle habitait seule, et où tout parlait de sa gloire. Ce qu'elle avait été aux temps primitifs, il ne le sentait qu'à peine ; ses origines physiques s'étaient effacées sous le développement de sa personne morale ; mais l'enthousiasme est une divination pénétrante, et des fragments de légendes, des attributs consacrés, des épithètes de tradition conduisaient le regard vers les lointains d'où elle était sortie. On la savait fille de Zeus, le Ciel foudroyant, née de lui seul ; elle s'était élancée de son front au milieu des éclairs et du tumulte des éléments ; Hélios s'était arrêté ; la Terre et l'Olympe avaient tremblé, la mer s'était soulevée, une pluie d'or, de rayons lumineux, s'était répandue sur la Terre. Sans doute les premiers hommes avaient d'abord adoré sous son nom la sérénité de l'air éclairci ; devant cette subite blancheur virginale ils étaient tombés à genoux, tout pénétrés par la fraîcheur fortifiante qui suit l'orage ; ils l'avaient comparée à une jeune fille énergique (1), et l'avaient nommée Pallas. Mais dans cette Attique où la transparence et la gloire de l'éther immaculé sont plus pures qu'ailleurs, elle était devenue Athéné, l'Athénienne. Un autre de ses plus vieux surnoms, Tritogénie, née des eaux, rappelait aussi qu'elle était née des eaux célestes, ou faisait penser au miroitement lumineux des flots. D'autres traces de son origine étaient la couleur de ses yeux glauques et le choix de son oiseau, le hibou, dont les prunelles, la nuit, sont des lumières clairvoyantes. Par degrés sa figure s'était dessinée et son histoire s'était accrue. Sa naissance orageuse l'avait faite guerrière, armée, terrible, compagne de Zeus dans les combats contre les Titans révoltés.

____

(1) Sens primitif probable du mot Pallas.

Comme vierge et pure lumière, elle était devenue peu à peu la pensée et l'intelligence, et on l'appelait l'industrieuse, parce qu'elle avait inventé les arts ; la cavalière, parce qu'elle avait dompté le cheval ; la salutaire, parce qu'elle guérissait les maladies. Tous ses bienfaits et toutes ses victoires étaient figurés sur les murailles, et les yeux qui, du fronton du temple, se reportaient sur l'immense paysage, embrassaient dans la même seconde les deux moments de la religion, interprétés l'un par l'autre et réunis dans l'âme par la sensation sublime de la beauté parfaite. Du côté du midi, à l'horizon, ils apercevaient la mer infinie, Poséidôn, qui embrasse et ébranle la terre, le dieu azuré, dont les bras enserraient la côte et les îles, et du même regard ils le retrouvaient sous le couronnement occidental du Parthénon, debout, violent, dressant son torse musculeux, son puissant corps nu, avec un geste indigné de dieu farouche, pendant que derrière lui Amphitrite, Aphrodite presque nue sur les genoux de Thalassa, Latone avec ses deux enfants, Leucothoée, Hallirothios, Euryte, laissaient sentir, dans l'inflexion ondoyante de leurs formes enfantines ou féminines, la grâce, le chatoiement, la liberté, le rire éternel de la mer. Sur le même marbre, Pallas, victorieuse, domptait les chevaux que d'un coup de trident Poséidôn avait fait sortir de la terre, et elle les conduisait du côté des divinités du sol, vers le fondateur Cécrops, vers le premier ancêtre Erech-thée, l'homme de la terre, vers ses trois filles qui humectent le sol maigre, vers Callirhoë la belle source, et l'Ilissos le petit fleuve ombragé ; le re-gard n'avait qu'à s'abaisser après avoir contemplé leurs images pour les découvrir eux-mêmes au bas du plateau.

Mais Pallas elle-même rayonnait à l'entour dans tout l'espace ; il n'y avait pas besoin de réflexions et de science, il ne fallait que des yeux et un cœur de poëte ou d'artiste pour démêler l'affinité de la déesse et des choses, pour la sentir présente dans la splendeur de l'air illuminé, dans l'éclat de la lu-mière agile, dans la pureté de cet air léger auquel les Athéniens attribuaient la vivacité de leur inven-tion et de leur génie ; elle-même était le génie du pays, l'esprit même de la nation ; c'étaient ses dons, son inspiration, son œuvre, qu'ils voyaient étalés de toutes parts aussi loin que leur vue pouvait porter, dans les champs d'oliviers et les versants diaprés de cultures, dans les trois ports où fumaient des arsenaux et s'entassaient des navires, dans les longues et puissantes murailles par lesquelles la ville venait de rejoindre la mer, dans la belle cité elle-même qui, de ses temples, de ses gymnases, de ses théâtres, de son Pnyx, de tous ses monuments rebâtis et de toutes ses maisons récentes, couvrait le dos et le penchant des collines, et qui, par ses arts, ses industries, ses fêtes, son invention, son courage infatigable, devenue « l'école de la Grèce, » étendait son empire sur toute la mer et son ascendant sur toute la nation.

A ce moment les portes du Parthénon pouvaient s'ouvrir, et montrer, parmi les offrandes, vases, couronnes, armures, carquois, masques d'argent, la colossale effigie, la protectrice, la vierge, la victorieuse, debout, immobile, sa lance appuyée sur son épaule, son bouclier debout à son côté, tenant dans la main droite une Victoire d'or et d'ivoire, l'égide d'or sur la poitrine, un étroit casque d'or sur la tête, en grande robe d'or de diverses teintes, son visage, ses pieds, ses mains, ses bras se détachant sur la splendeur des armes et des vêtements avec la blancheur chaude et vivante de l'ivoire, ses yeux clairs de pierre précieuse luisant d'un éclat fixe dans le demi-jour de la cella peinte. Certainement, en imaginant son expression sereine et sublime, Phidias avait conçu une puissance qui débordait hors de tout cadre humain, une des forces universelles qui mènent le cours des choses, l'intelligence active qui, à Athènes, était l'âme de la patrie. Peut-être avait-il entendu résonner dans son cœur l'écho de la physique et de la philosophie nouvelles, qui, confondant encore l'esprit et la matière, considéraient la pensée comme la plus « légère et la plus pure des substances », sorte d'éther subtil répandu partout pour produire et maintenir l'ordre du monde (1) ; ainsi s'était formée en lui

(1) Texte conservé d'Anaxagore. Phidias avait écouté Anaxagore chez Périclès, comme Michel-Ange avait écouté les platoniciens de la Renaissance chez Laurent de Médicis.

une idée plus haute encore que l'idée populaire ; sa Pallas dépassait celle d'Égine, déjà si grave, de toute la majesté des choses éternelles. — Par un long détour et des cercles de plus en plus rapprochés, nous avons suivi toutes les origines de la statue, et nous voici arrivés à la place vide que l'on reconnaît encore, où s'élevait son piédestal et d'où sa forme auguste a disparu.

FIN

TABLE DES MATIÈRES.

§ I

LA RACE.

§ II

LE MOMENT.

§ III

LES INSTITUTIONS.

FIN DE LA TABLE DES MATIÈRES.

Paris. — Imprimerie de E. MARTINET, rue Mignon, 2.

OCTOBRE 1869.

LIBRAIRIE GERMER BAILLIÈRE

17, RUE DE L'ÉCOLE-DE-MÉDECINE, 17

PARIS

EXTRAIT DU CATALOGUE Nº 1

BIBLIOTHÈQUE

DE

PHILOSOPHIE CONTEMPORAINE

Volumes in-18 à 2 fr. 50 c.

Ouvrages publiés.

H. Taine.

LE POSITIVISME ANGLAIS, étude sur Stuart Mill. 1 vol.

L'IDÉALISME ANGLAIS, étude sur Carlyle. 1 vol.

PHILOSOPHIE DE L'ART. 1 vol.

PHILOSOPHIE DE L'ART EN ITALIE. 1 vol.

DE L'IDÉAL DANS L'ART. 1 vol.

PHILOSOPHIE DE L'ART DANS LES PAYS-BAS. 1 vol.

PHILOSOPHIE DE L'ART EN GRÈCE. 1 vol.

Paul Janet.

LE MATÉRIALISME CONTEMPORAIN. Examen du système du docteur Büchner. 1 vol.

LA CRISE PHILOSOPHIQUE. MM. Taine, Renan, Vacherot, Littré. 1 vol.

LE CERVEAU ET LA PENSÉE. 1 vol.

Odysse-Barot.

PHILOSOPHIE DE L'HISTOIRE. 1 vol.

Alaux.

PHILOSOPHIE DE M. COUSIN. 1 vol.

Ad. Franck.

PHILOSOPHIE DU DROIT PÉNAL. 1 vol.

PHILOSOPHIE DU DROIT ECCLÉSIASTIQUE. 1 vol.

LA PHILOSOPHIE MYSTIQUE EN FRANCE AU XVIIIᵉ SIÈCLE (St-Martin et don Pasqualis). 1 vol.

Émile Saisset.

L'AME ET LA VIE, suivi d'une étude sur l'Esthétique franç. 1 vol.

CRITIQUE ET HISTOIRE DE LA PHILOSOP. (frag. et discours). 1 vol.

Charles Lévêque.

LE SPIRITUALISME DANS L'ART. 1 vol.

LA SCIENCE DE L'INVISIBLE. Étude de psychologie et de théodicée. 1 vol.

Auguste Laugel.

LES PROBLÈMES DE LA NATURE. 1 vol.

LES PROBLÈMES DE LA VIE. 1 vol.

LES PROBLÈMES DE L'AME. 1 vol.

LA VOIX, L'OREILLE ET LA MUSIQUE. 1 vol.

L'OPTIQUE ET LES ARTS. 1 vol.

Challemel-Lacour.

LA PHILOSOPHIE INDIVIDUALISTE, étude sur Guillaume de Humboldt. 1 vol.

Charles de Rémusat.

PHILOSOPHIE RELIGIEUSE. 1 vol.

Albert Lemoine.

LE VITALISME ET L'ANIMISME DE STAHL. 1 vol.

DE LA PHYSIONOMIE ET DE LA PAROLE. 1 vol.

Milsand.

L'ESTHÉTIQUE ANGLAISE, étude sur John Ruskin. 1 vol.

A. Véra.

ESSAIS DE PHILOSOPHIE HÉGÉLIENNE. 1 vol.

Beaussire.

ANTÉCÉDENTS DE L'HÉGÉLIANISME DANS LA PHILOS. FRAN. 1 vol.

Bost.

LE PROTESTANTISME LIBÉRAL. 1 vol.

Francisque Bouillier.

DU PLAISIR ET DE LA DOULEUR. 1 vol.

Ed. Auber.

PHILOSOPHIE DE LA MÉDECINE. 1 vol.

Leblais.

MATÉRIALISME ET SPIRITUALISME, précédé d'une préface par M. E. Littré. 1 vol.

J. Garnier.

DE LA MORALE DANS L'ANTIQUITÉ, précédé d'une introduction par M. Prévost-Paradol. 1 vol.

Schœbel.

PHILOSOPHIE DE LA RAISON PURE. 1 vol.

Beauquier.

PHILOSOPH. DE LA MUSIQUE. 1 vol.

Tissandier.

DES SCIENCES OCCULTES ET DU SPIRITISME. 1 vol.

J. Moleschott.

LA CIRCULATION DE LA VIE. Lettres sur la physiologie en réponse aux Lettres sur la chimie de Liebig, trad. de l'allem. 2 vol.

L. Buchner.

SCIENCE ET NATURE, trad. de l'allem. par Aug. Delondre. 2 vol.

Ath. Coquerel fils.

ORIGINES ET TRANSFORMATIONS DU CHRISTIANISME. 1 vol.

LA CONSCIENCE ET LA FOI. 1 vol.

HISTOIRE DU CREDO. 1 vol.

Jules Levallois.

DÉISME ET CHRISTIANISME. 1 vol.

Camille Selden.

LA MUSIQUE EN ALLEMAGNE. Étude sur Mendelssohn. 1 vol.

Fontanès.

LE CHRISTIANISME MODERNE. Étude sur Lessing. 1 vol.

Saigey.

LA PHYSIQUE MODERNE. 1 vol.

Mariano.

LA PHILOSOPHIE CONTEMPORAINE EN ITALIE. 1 vol.

Faivre.

DE LA VARIABILITÉ DES ESPÈCES.

Letourneau.

PHYSIOLOGIE DES PASSIONS. 1 vol.

Stuart Mill.

AUGUSTE COMTE ET LA PHILOSOPHIE POSITIVE, trad. de l'angl. 1 vol.

Ernest Bersot.

LIBRE PHILOSOPHIE. 1 vol.

A. Réville.

HISTOIRE DU DOGME DE LA DIVINITÉ DE JÉSUS-CHRIST. 1 vol.

W. de Fonvielle.

L'ASTRONOMIE MODERNE. 1 vol.

C. Coignet.

LA MORALE INDÉPENDANTE, 1 vol.

E. Boutmy.

PHILOSOPHIE DE L'ARCHITECTURE EN GRÈCE. 1 vol.

Chacun de ces ouvrages a été tiré au nombre de trente exemplaires sur papier vélin. Prix de chaque exemplaire. 10 fr.

FORMAT IN-8.

Volumes à 5 fr. et 7 fr. 50 c.

JULES BARNI. **La morale dans la démocratie.** 1 vol. 5 fr.

AGASSIZ. **De l'espèce et des classifications,** traduit de l'anglais par M. Vogeli. 1 vol. in-8. 5 fr.

STUART MILL. **La philosophie de Hamilton.** 1 fort vol. in-8, traduit de l'anglais par M. le docteur Cazelles. 10 fr.

REVUE DES COURS

Reproduisant, soit par la sténographie, soit au moyen d'analyses révisées par les professeurs, les principales leçons et conférences littéraires ou scientifiques faites à Paris, en province et à l'étranger.

Direction : MM. Eug. YUNG et Ém. ALGLAVE.

LA REVUE DES COURS SE PUBLIE EN DEUX PARTIES SÉPARÉES.

REVUE DES COURS LITTÉRAIRES

DE LA FRANCE ET DE L'ÉTRANGER

Collége de France, Sorbonne, Faculté de droit, École des Chartes, École des beaux-arts, cours de la Bibliothèque impériale, Facultés des départements, Universités allemandes, anglaises, suisses, italiennes, Sociétés savantes, etc.

Soirées littéraires de Paris et de la province. — Conférences libres.

REVUE DES COURS SCIENTIFIQUES

DE LA FRANCE ET DE L'ÉTRANGER

Collége de France, Sorbonne, Faculté de médecine, Muséum d'histoire naturelle, École de pharmacie, Facultés des départements, Académie des sciences, Universités étrangères.

Soirées scientifiques de la Sorbonne. — Conférences libres.

Les deux revues paraissent le samedi de chaque semaine par livraisons de 32 à 40 colonnes in-4°.

Prix de chaque revue isolément.

	Six mois.	Un an.
Paris	8 fr.	15 fr.
Départements	10	18
Étranger	12	20

Prix des deux revues réunies.

	Six mois.	Un an.
Paris	15 fr.	26 fr.
Départements	18	30
Étranger	20	35

L'abonnement part du 1er décembre et du 1er juin de chaque année.

La publication de ces deux revues a commencé le 1er décembre 1863.

Chaque année forme deux forts volumes in-4° de 800 à 900 pages.

Les six premières années (1864, 1865, 1866, 1867, 1868 et 1869) sont en vente, on peut se les procurer brochées ou reliées.

Revue des Cours littéraires.

Résumé de la table générale des cinq premières années.

PHILOSOPHIE.

Sa définition et son objet, par M. Paul Janet, II. — Origine de la connaissance humaine, par M. Moleschott, II. — L'homme est-il la mesure de toutes choses? par M. Paul Janet, III. — De la personnalité humaine, par M. Caro, IV. — Distinction de l'âme et du corps, par M. Janet, I. — Le principe de la vie suivant Aristote, par M. Philibert, II. — Phénomène de la sensibilité; idée d'une géographie et d'une ethnographie psychologiques, par M. Ch. Lévêque, I. — Du bonheur et des plaisirs vrais, par le même, I. — L'âme des bêtes, par M. Brisebarre, I. — Le fatalisme et la liberté, par M. Lévêque, II. — L'âme humaine dans l'histoire, par M. Bohn, II. — Situation actuelle du spiritualisme, par M. Caro, II. — Le spiritualisme libéral, par M. Beaussire, V. — La liberté philosophique, par le même, V. — Matérialisme, idéalisme, spiritualisme, par M. Ravaisson, V.

Philosophie de l'Inde, par M. Paul Janet, II. — Démocrite, par M. Lévêque, I. — Socrate et les sophistes; double origine de la sophistique, par M. Lorquet, I. — Du monothéisme juif, par M. Munck, II. — Le christianisme philosophique, par M. Havet, II. — Le procès de Galilée, par M. Trouessart, IV. — Les trois Galilée, par M. Philarète Chasles, IV. — Descartes, par M. Bohn. II. — Des controverses philosophiques au xviie siècle (10 leçons), par M. Paul Janet, IV. — Diderot, sa vie, ses idées, par M. Jules Barni, III. — Saint-Simon, ses idées morales et religieuses, par M. Ch. Lemonnier, I. — M. Cousin et sa philosophie, à propos de ses *Fragments et Souvenirs*, par M. Véra, II. — Victor Cousin, par M. Lévêque, IV. — Le mouvement philosophique en Sicile, par M. Em. Beaussire, IV. — Les spirites, par M. Tissandier, V. — Le stoïcisme, par M. Tissandier, V. — La philosophie en France, depuis 1815, par M. Janet, V.

THÉOLOGIE.

Vie de Jésus, par M. de Pressensé, I. — Du témoignage des martyrs en faveur de la divinité de Jésus-Christ, par M. l'abbé Peyreyve, I. — Les pères de l'école d'Alexandrie et la papauté primitive, par M. l'abbé Freppel, II. — L'Afrique à l'époque de Tertullien, par le même, I. — Le système de Herder, par M. l'abbé Dourif, II. — Le déisme, par le père Hyacinthe, II. — De la société domestique, par le même, IV. — De la société conjugale, par le même, IV. — Le foyer domestique, par le même, IV. — L'unité de l'esprit parmi les chrétiens, par M. Fontanès, IV. — Pourquoi la France n'est-elle pas protestante? par M. Ath. Coquerel fils. III. — Des progrès religieux hors du christianisme, par sir John Bowring, III.

LÉGISLATION.

Introduction générale à l'étude du droit, par M. Beudant, I. — Philosophie du droit civil, par M. Franck, II. — Principes et caractère de la révolution française, par M. Macé, IV. — Des principes de la société moderne, par M. Albicini, IV. — Cours de droit civil (première année), par M. Valette, I et II. — Du droit de punir, par M. Ortolan, II. — La législation criminelle en Angleterre, par M. Laboulaye, I et II. — Du droit administratif, par M. Balbie, I. — Du droit international, par M. Beltrano, I. — Principes philosophiques du droit public, par M. Franck, III. — De l'histoire de l'économie politique, son but, son objet, par M. H. Baudrillart, IV. — La poésie dans le droit, par M. Leder-

lin, III. — Du caractère français dans ses rapports avec le droit,
par M. Thezard, IV. — La liberté dans l'ordre intellectuel et
moral, par M. Beaussire, IV.

Les libertés municipales dans l'empire romain, par M. de Valroger,
II. — Les origines celtiques du droit français, par le même, I. —
Une académie politique sous le cardinal Fleury, par M. Paul
Janet, II. — Publicistes du XVIIIe siècle : Locke, Montesquieu,
madame de Staël, par M. Franck, I. — De la constitution des
États-Unis, par M. Laboulaye, I. — De l'administration française
sous Louis XVI (50 leçons), par le même, II, III et IV.

MORALE.

De la morale publique, par M. J. Barni, II. — La raison d'État
dans Aristote et Machiavel, par M. Ferri, II. — La morale de
Spinosa, par M. Ch. Lemonnier, III. — Histoire du travail, par
M. Frédéric Passy, III. — La paix et la guerre, par M. Franck, I.
— La paix perpétuelle, par M. Ch. Lemonnier, IV. — La vraie et
la fausse égalité, par M. Ad. Franck, IV. — De la civilisation, par
M. Ch. Duveyrier, II. — Les lettres et la liberté, ouvrage de
M. Despois, par M. Eugène Véron, III. — Le droit naturel et la
famille, par M. Franck, II. — Caton et les dames romaines, par
M. Aderer, IV. — La question des femmes au XVe siècle, par
M. Campaux, I. — Du progrès social par l'instruction des femmes,
par M. Thévenin, I. — Les femmes et la mode, par madame Sezzi,
II. — L'amour platonique, par M. Waddington, I. — L'éducation
littéraire des femmes au XVIIe siècle, par M. Deltour, II. —
Les femmes dans Molière, par M. Aderer, II. — Le luxe, par
M. Batbie, III. — Une visite dans un établissement d'aliénés en
Angleterre, par M. Elias Regnault, II. — Du droit de tester dans
ses rapports avec la société moderne, par M. Franck, III. — De
l'hérédité, par M. Frédéric Passy, IV. — Les nègres affranchis
des Etats-Unis, par MM. Laboulaye, Leigh, de Pressensé, Sunder-
land, Coquerel fils, Crémieux, Rosseeuw Saint-Hilaire, Th. Monod,
II ; Laboulaye, Franck, Albert de Broglie, Chamorozow, Augus-
tin Cochin, Dhombres, III et IV. — Les pères et les enfants au
XIXe siècle, deux leçons de M. Legouvé, IV. — Les expositions de
l'industrie, par M. Levasseur, IV. — L'exposition industrielle
en 1867, par M. Audiganne, IV. — Le travail des enfants dans
les manufactures, par M. Jules Simon, IV. — De l'union des
classes, par M. Janet, V. — Les femmes dans l'État, par M. J.
Barni, V. — Le luxe, par M. Horn, V. — Le logement de
l'ouvrier, par M. J. Simon, V.

ENSEIGNEMENT.

L'enseignement officiel et l'enseignement populaire au moyen âge,
par M. Paulin Pâris, II. — Des progrès de l'érudition moderne,
par M. Hignard, II. — Des études classiques latines, par M. Ta-
magni, I. — L'étude de l'histoire, l'éducation oratoire, par
M. Carlyle, III. — L'instruction moderne, par M. Stuart Mill, IV. —
Les conférences sous Louis XIV, II. — Une brochure sur l'ensei-

gnement supérieur, par M. Eug. Yung, II. — De l'état actuel de l'Université, par M. Mézières, IV. — De l'enseignement supérieur français, par M. Eugène Véron, II. — Les universités anglaises, par M. Challemel-Lacour, II. — Les professeurs des universités allemandes, par M. Élias Regnault, II. — L'enseignement supérieur français et l'enseignement supérieur allemand, par M. Heinrich, III. — L'université d'Iéna, par M. Louis Koch, III. — L'université de Berlin dans l'été de 1866, par M. H. Gaidoz, III. Revue des cours de la Faculté de théologie de Paris, par M. l'abbé Bazin, I. — Histoire de l'enseignement de la procédure, par M. Paringault, III. — L'enseignement de l'École des chartes, par M. Émile Alglave, II. — Les conférences de la rue de la Paix, par M. Eugène Véron, II. — Vie et travaux de M. V. Le Clerc, par M. Guigniaut, III. — Le cours de M. Werder à Berlin sur l'*Hamlet* de Shakespeare, par M. H. Gaidoz, III. — Un cours de littérature française publié en Suède, par M. Félix Franck, III. — Le cours de M. Jules Barni, à Genève, par M. Eug. Despois, III. — Une conférence de M. Deschanel, par M. Constant Portelette, III. — La conférence de MM. Méry et Frédéric Thomas, par M. Eug. Yung, III. — Les bibliothèques populaires, par M. Jules Simon, II et III; par M. Ed. Charton, par M. Laboulaye, III. — De l'éducation qu'on se donne soi-même, par M. Laboulaye, III. — Du choix des lectures populaires, par M. Saint-Marc Girardin, III. — L'instruction populaire, par MM. de Pressensé, Royer-Collard et Rosseeuw Saint-Hilaire, IV. — L'instruction primaire en 1867, par M. Guizot, IV. — Discours d'ouverture de l'Athénée, par M. Eug. Yung, III. — Un lycée de filles en Amérique, par M. Gaidoz, V. — Conférences et conférenciers, par M. Simonnin, V. — La chaire d'éloquence française à la Sorbonne, par M. Saint-Réné Taillandier, V. — La vérité sur l'instruction primaire en Prusse, par M. Koek, V.

PHILOLOGIE COMPARÉE.

Considérations générales, par M. Hase, I. — La science du langage considérée comme science physique ; différence entre le développement du langage et son histoire ; période empirique de la science du langage ; les éléments constitutifs du langage, par M. Marx Muller, I. — De la forme et de la fonction des mots, par M. Michel Bréal, IV. — Morphologie des langues, par M. Schleicher, II. — De la méthode comparative appliquée à l'étude des langues, par M. Michel Bréal, II. — Grammaire comparée de M. Egger, par M. Tournier, III. — Grammaire de Bopp, par le même, III. — De la science du langage, par M. Marx Muller, III.

Les éléments fédératifs des Aryas européens, par M. Duchinski, I. — Histoire du déchiffrement des inscriptions cunéiformes ; alphabet cunéiforme arien, par M. Oppert, I. — L'article, par M. Hase, I. — Du grec ancien et du grec moderne ; de la prononciation du grec ancien et du grec moderne, par M. Egger, II. — Le grec moderne, son histoire, son état actuel, par M. Brunet de Presle, III.

ARCHÉOLOGIE.

De l'emploi du bronze et de la pierre dans la haute antiquité, par M. Lubbock (avec 94 figures), III et IV. — Triangulation de Jérusalem, par sir H. James, III — Origine de Rome, le Latium, l'art romain sous les rois, explication du mythe de Janus, l'art romain sous la république, topographie de Rome, par M. Beulé, I. — Des fouilles et découvertes archéologiques faites à Rome depuis dix ans (11 leçons), par le même, III et IV. — Les fouilles du Palatin, par M. Félix Franck, III. — Une nouvelle Alesia découverte en Savoie, par le même, III. — Nouvelle étude sur les camps romains, par M Heuzey, III. — Antiquités du Mexique et de l'Amérique centrale, par M. l'abbé Brasseur de Bourbourg, I.

HISTOIRE.

La cité antique, par M. Fustel de Coulanges, II. — Du rôle de la Grèce dans l'histoire providentielle du monde, par M. Gladstone, III. — De l'état de la civilisation grecque à l'origine, entre Homère et Hésiode, aux ve et vi^e siècles avant J.-C , à Athènes, rôle civilisateur de la philosophie grecque, par M. Alfred Maury, I. Nimésis et la jalousie des Dieux, par M. Ed. Tournier, II. — Le judaïsme de la décadence, par M. E. de Pressensé, III. — Auguste, son siècle, sa famille, ses amis (6 leçons, par M. Beulé), IV. — Le testament politique d'Auguste, par M. Abel Desjardins, III. — L'impératrice Faustine, femme de Marc-Aurèle, par M. Renan, IV. — Le paganisme au temps de Plutarque, par M. Egger, II. — État moral des Romains, sous la république, sous l'empire, par M. Alfred Maury, I. — La société romaine du temps des premiers empereurs comparée à la société française de l'ancien régime, par le même, II. — Recherches de M. Halléguen sur l'Armorique bretonne, par M. Ed. Tournier, II. — Le monde romain et les barbares, par M. A. Geffroy, II. — Charlemagne économiste, par M. Desjardins, IV. — La théorie féodale, par M. Paulin Pâris, II. — De l'état social au moyen âge, d'après les archives des couvents, par M. Valet de Viriville, I. — Les Scandinaves en Palestine, par M. Riant, II. — Une année de la guerre de Cent ans, par M. Berlioux, II. — Du rôle de la guerre dans l'histoire de France, par M. Maze, III. — Relations de la France avec l'Italie au xvie siècle, par M. Wallon, I et II. — La Réforme, par M. Bancel, I. — De l'histoire du protestantisme français, par M. Guizot, III. — Mazarin, par M. Wolowski, IV. — Vauban, par M. Baudrillart, IV. — L'organisation politique de l'Angleterre, par M. Fleury, II. — Frédéric le Grand et sa politique, par Ed. Sayous, II. — Catherine II et sa cour, par M. Chnitzler, II. — Voyage de Joseph II à la cour de Marie-Antoinette, par le même, III. — Wilberforce, par M. Bercier, II. — De la civilisation en France et en Angleterre depuis le xviie siècle jusqu'à nos jours (20 leçons), par M. Alfred Maury, III et IV.

— Une page de la Révolution française, par M. Carlyle, II. — Siége de Granville par les Vendéens, par M. Quénault, II. — Du sentiment religieux dans la Révolution française, par M. de Pressensé, II. — La guillotine et la Révolution française, par M. Dubois (d'Amiens), III. — Les assignats, par M. Émile Levasseur, III. — Épisode de la guerre des États-Unis (1861 à 1865), par M. Auguste Laugel, II. — La cité antique, par M. E. Tournier, V. — Recherches sur la mort de César, par M. Dubois (d'Amiens), V. — Les successeurs d'Auguste : Tibère, Caligula (7 leçons), par M. Beulé, V. — Épisode de l'histoire de Venise et du bas Empire, par M. Armingauld, V. — François Ier et Marguerite de Navarre, par M. Zeller, V. — Le procès de Fouquet, par M. Maze, V. — L'Allemagne depuis le traité de Westphalie, par M. A. Maury (8 leçons), V. — La France au XVIIIe siècle, par le même, (8 leçons), V. — Louis XV et la diplomatie secrète, par M. Raimbaud, V. — Les quatre Georges, par Thackeray, V. — Les approches de la Révolution (1787-1789, 10 leçons), par M. Laboulaye, V. — Le vandalisme révolutionnaire, ouvrage de M. Despois, par M. Eugène Véron, V. — Les alliés à Paris en 1814 et 1815, par M. Léon Say, V. — L'esprit de privilége sous la Restauration, par M. Baudrillart, V.

GÉOGRAPHIE.

Géographie de la Gaule avant la conquête romaine et sous les deux premières races, par M. Bourquelot, I. — Histoire des découvertes géographiques au XIXe siècle, par M. Himly, I. — Les États slaves et scandinaves, par le même, II. — L'Algérie et les colonies françaises, par M. Jules Duval, I. — Le premier âge des colonies françaises, par M. J. Duval, V. — La Nouvelle-Calédonie, par M. Garnier, V. — L'Afrique ancienne et moderne, par M. Himly, V. — De Mogador au Maroc, par M. Beaumier, V, l'Abyssinie, par sir S. Baker, V.

LITTÉRATURE GRECQUE.

Coup d'œil sur l'histoire de la langue grecque, par M. Egger, IV. — Homère, par M. Spielhagen, III. — Les poëmes homériques, par M. Hignard, III. — La poésie épique, par M. Steinthal, III. — La parole et l'écriture chez les Grecs, par M. Curtius, II. — De la langue et de la nationalité grecques, Hésiodes, les poëtes cycliques, origine de la prose, la science historique chez les Grecs, les prédécesseurs d'Hérodote, Hérode, Thucydide, Xénophon, Plutarque, par M. Egger, I et II. — Valeur historique des discours de Thucydide, par M. J. Denis, II. — Pausanias, par M. Bétant, II. — Le siècle de Périclès, par M. Egger, III. — Le drame et l'État chez les Athéniens, par M. Émile Burnouf, III. — La littérature grecque au temps d'Alexandre et de ses successeurs, par M. Egger, IV. — La littérature grecque et la littérature latine comparées, par M. Havet, III. — M. Hase et les savants grecs émigrés à Paris sous le premier Empire et sous la Restauration, par M. Brunet de Presle, II. — Influence du génie grec sur le génie français (4 leçons), par M. Egger, V.

LITTÉRATURE LATINE.

Térence, par M. Talbot, III. — Lucrèce et Catulle, par M. Patin, II. — La poésie rustique, par M. Martha, III. — Cicéron et ses amis, par M. Eugène Despois, III. — Cicéron après le passage du Rubicon, par M. Berger, I.—Étude de la société romaine d'après les plaidoyers de Cicéron, tableau d'un gouvernement de province au temps de Verrès, histoire du procès de Verrès, par M. Havet, I. — L'éloquence au temps d'Auguste, par M. Berger, II. — Le procès de la littérature du siècle d'Auguste, par M. Beulé, IV. — Tacite, par M. Havet, I. — Juvénal et ses œuvres, le turbot de Domitien, par M. Martha, I. — Les moralistes sous l'empire romain, par le même, II. — Juvénal et son temps, par M. G. Boissier, III. — L'empire et l'état des esprits à l'époque d'Adrien, par M. Berger, III. — La jeunesse de Marc-Aurèle, par M. Gaston Boissier, I. — L'éducation de Marc-Aurèle, Fronton historien, par M. Berger, III. — La littérature latine de Tacite à Tertullien, par M. Havet, IV.

LITTÉRATURE FRANÇAISE.

Origines de la littérature française, par M. Gaston Pâris, IV. — Le génie de la Bretagne, par M. Félix Frank, III. — Les romans de la Table ronde, par M. Paulin Pâris, I. — La chanson de Roncevaux, par M. A. Viguier, II. — De la poésie provençale, par M. Paul Mayer, II. — La musique, la poésie et l'art dans la Provence moderne, par M. Philarète Chasles, I. — Rabelais, par M. Lenient, I. — Jeunesse de Montaigne ; idées de Montaigne sur les lois de son temps, par M. Guillaume Guizot, III. — Histoire du théâtre en France, par M. Thévenin, I. — Vie et œuvres de Mézeray, par M. Patin, III. — Rotrou, par M. Saint-René Taillandier, I. — Bourdaloue, la politique chrétienne, par M. J.-J. Weiss, III. — Molière, par M. Deschanel, IV. — Molière, par M. Marc Monnier, IV. — Lafontaine et ses fables, par M. Saint-Marc Girardin, I. — Lafontaine et ses critiques, par M. J. Claretie, I. — Les faux autographes de madame de Maintenon, par M. Grimblot, IV. — Saint-Simon, par M. Deschanel, I. — Bourgeois et gentilshommes au XVIIᵉ siècle, par M. Ch. Gidel, IV. — Du rôle des gens de lettres au XVIIIᵉ siècle, par M. Paul Albert, II. — J.-J. Rousseau et les encyclopédistes, par le même, III.—La statue de Voltaire, par M. Deschanel, IV. — De l'influence des salons sur la littérature du XVIIIᵉ siècle, par M. Loménie, I. — Fontenelle et les salons du XVIIIᵉ siècle, par M. Hippeau, II. — Montesquieu, par M. Gandar, II. — La comédie après Molière, par M. Lenient, IV. — Les valets dans la comédie, par M. Gaucher, III. — La comédie et les mœurs au début du XVIIIᵉ siècle, par M. Ch. Gidel, III. — Le décor au théâtre, par M. Talbot, IV. — Le théâtre de Favart, Piron et Gresset, par M. J.-J. Weiss, II. — Lekain, Talma, mademoiselle Rachel, par M. Samson, III. — De la convention au théâtre, les pièces de M. Alexandre Dumas fils, le théâtre de M. Émile Augier, — les pièces nouvelles, etc., conférences de Francisque Sarcey, IV. — Le théâtre de George Sand, par M. C. de Chancel, II. — Le théâtre de M. Émile Augier, par le même, III. — Comparaison entre Henri Heine et Alfred de Musset, par M. William Reymond, III. — Les ouvrages de M. de Barante, par M. Guizot, IV. — Hommes de robe au XVIIe siècle, par M. Gidel, V. — Une visite à Port-Royal, par M. Lenient, V. — Rieurs mélancoliques, Villon, Scarron, Molière, par M. Talbot, V. — La satire dans les fables de Lafontaine, par M. Crouslé, V. — J. J. Rousseau, par M. Gidel, V. — La jeunesse de Diderot et de Rousseau, par M. Girardin, V. — Voltaire (7 leçons), par M. Saint-Marc-Girardin, V. — Les correspondants de Voltaire, Bolingroke, par M. Reynale, V. — Un épisode de l'histoire de la censure au XVIIIe siècle, par M. Haureau, V. — Le marquis de Mirabeau, par M. L. de Lavergne, V. — Le marquis d'Argenson, par M. G. Levasseur, V. — L'homme et l'argent dans la comédie et dans l'histoire, par M. Conus, V. — De l'état actuel de la littérature française, par M. de Sacy, V.

LITTÉRATURES ÉTRANGÈRES.

La poésie épique en Bohême, par M. Chodzko, II. — Dante et ses œuvres, par M. Mézières, II. — De l'apostolat de Dante, par M. Hilledebrand, II. — Dante poëte lyrique, la *Divine comédie*, par M. Bergmann, III. — Dante considéré comme citoyen, par M. Gebhart, III. — De la renaissance en Italie, par le même, III. — La correspondance du Tasse, par M. Reynald, IV. — Décadence et renaissance des lettres en Italie, par le même, IV. — Cervantès, par M. Émile Chasles, II. — Don Quichotte, par M. Reynald, II. — Hans Sachs, poëte allemand du XVIe siècle, par M. Léon Boré, III. — Influence du *Laocoon* de Lessing sur la littérature, par M. Gümlick, III. — La jeune Allemagne de 1775, par M. Hilledebrand, IV. — De l'histoire des lettres en Belgique, par M. Potvin, I. — Les autobiographes et les voyageurs anglais, par M. Philarète Chasles, I. — L'esprit humoriste, par M. Gebhart, IV. — Les romanciers et les journalistes anglais, par M. Mézières, I. — Les moralistes anglais au XVIIIe siècle, par M. Reynald, III. — Gulliver, par le même, III. — Tom Jones, par M. Hilledebrand, III. — Robinson Crusoé, par le même, III. — Saint-Évremond et Hortense de Mazarin à Londres, par M. Ch. Gidel, IV. — La féerie en Angleterre, par M. North-Peat, II. — Les romans de Ch. Dickens, par M. J. Gourdault, II. — Les orateurs parlementaires de l'Angleterre, par M. Édouard Hervé, III. — La langue et la poésie roumaines, par M. Philarète Chasles, III. — Le théâtre italien au XVe siècle, par M. Hillebrand, V. — Pétrarque, ouvrage de M. Mézières, par M. Beaussire, V. — Machiavel, par M. Twesten, V. — Rôle littéraire de Lessing, par M. Grucker, V. — Le roman popolaire dans l'Allemagne moderne, par M. Dietz, V. — Hamlet, par M. Mayow, V. — Les chœurs

de l'Irlande rebelle, par M. Gaidoz, V. — Le drame moderne en
Russie, par M. Chodzko, V. — L'enseignement du russe, par
M. L. Léger, V. — Une académie chez les Croates, par L. Léger,
V. — Le mouvement intellectuel en Serbie, par le même, V.

LANGUES ORIENTALES.

De l'histoire philologique et littéraire de la Turquie, par M. Barbier
de Meynard, I. — Le Bouddhisme tibétain, par M. Léon Feer, II.
— L'essence de la sagesse transcendante, par le même, III. —
Talmud, par M. Deuksch, V. — Les voyageurs au Tibet, par
M. Léon Feer, V.

BEAUX-ARTS.

L'œuvre d'art, par M. Taine, II. — États des esprits et des carac-
tères en Italie au début du xvie siècle; philosophie de l'art en
Italie, par le même, III. — L'idéal dans l'art, par le même, IV.
— Des portraits historiques, par M. George Scharf, III. — De
l'ornementation et du style, par M. Semper, II. — De l'architec-
ture dans ses rapports avec l'histoire, par M. Viollet-le-Duc, IV.
— Philosophie de la musique, par M. Ch. Beauquier, II.
L'art indien, égyptien, grec, romain, gréco-romain, par M. Viollet-
le-Duc, I. — Le paysage en Grèce, par M. Heuzey, II. — De
l'intérêt que les sujets tirés de l'histoire grecque offrent aux
artistes, par le même, I. — Léonard de Vinci, par M. Taine, II.
— Titien, par le même, IV. — Bernard de Palissy, par M. Au-
diat, II. — La peinture flamande, ancienne et moderne, par
Potvin, II. — Watteau, par M. Léon Dumont, III. — Histoire de
la musique aux xviiie et xixe siècles, par M. Debriges, I. — Dela-
croix et ses œuvres, par M. Alexandre Dumas, II.

VOYAGES.

Une visite à Patmos, par M. Petit de Julleville, IV. — Les sources du
Nil, par M. Baker, III. — Le Nil, par le même, IV. — Les
découvertes récentes dans l'Afrique centrale, par M. Em. Levas-
seur, II. — Les populations du Nil Blanc, un voyage vers les
sources du Nil, l'Abyssinie, par M. Guillaume Lejean, II. — Le
docteur Barth, Livingstone, par M. Jules Duval, IV. — L'Afrique
et l'esclavage, par M. Morin, II. — Madagascar, Souvenir du
Mexique, Souvenirs du Canada et des États-Unis, par M. Désiré
Charnay, II. — Les vrais Robinsons, par M. Victor Chauvin, II.
— La vallée de Cachemyr, par M. Guillaume Lejean, IV. — L'in-
tendant Poivre dans l'extrême Orient, par M. Jules Duval, IV. —
De New-York à San Francisco, par M. Simonin, IV. — Un projet
de voyage au pôle Nord, par M. Gustave Lambert, IV.

VARIÉTÉS.

Causerie historique et littéraire sur la gastronomie, par M. Conus,
IV. — Histoire d'un brigand grec, par M. L. Terrier, IV. — Les
contes des fées, par M. Treverret, V. — Les funérailles de Na-
poléon Ier, par Thackeray, V.

Revue des Cours scientifiques.

Résumé de la table générale des cinq premières années.

ASTRONOMIE.

État de l'astronomie moderne, constitution physique du soleil, par M. Le Verrier, I. — Constitution physique du soleil, par M. Faye, II. — Les éclipses de soleil, par M. Laussedat, III. — Chaleur produite dans la lune par la radiation solaire, par M. Harrisson, III. — Les nébuleuses, par M. Briot, II. — Les comètes, par M. Briot, III. — Mouvements propres des étoiles et du soleil, par M. C. Wolf, III. — Les étoiles filantes en 1865-1866 ; leur origine cosmique, par M. A. S. Herchell, III. — Les étoiles variables périodiques et nouvelles, par M. Faye, III. — Une étoile variable, par M. Hind, III. — L'éther remplissant l'espace, par M. Balfour Stewart, III. — Clairault et la mesure de la terre, par M. Bertrand, III — Ralentissement du mouvement de rotation de la terre, par M. Delaunay, III. — La lune et la détermination des longitudes, par M. Delaunay, IV. — Le télescope, par M. Pritchard, IV. — La pluralité des mondes, par M. Babinet, IV. — Les étoiles filantes, par M. A. Newton, IV. — La constitution de l'univers, par M. Delaunay, V. — Le sidérostat, par M. Laussédat, V. — Étude spectroscopique de la constitution des corps célestes, V. — Parallaxe du soleil, par MM. Leverrier et Delaunay, V. — L'éclipse totale du soleil du 18 août 1868, par MM. Leverrier et Faye, V. — Constitution physique des comètes, par W. Huggins, V. — Les soleils ou les étoiles fixes, par le P. Secchi, V. — La scintillation des étoiles, par M. Montigny, V. — Les travaux récents en astronomie. (1866-1867), par Von Madler, V.

PHYSIQUE ET MÉTÉOROLOGIE.

Divers états de la matière, par M. Jamin, I. — Conversion des liquides en vapeur, par M. Boutan, II. — Les dissociations, les densités de vapeur, par M. H. Sainte-Claire Deville, II. — Le feu, par M. Troost, II. — Histoire des machines à vapeur, par M. Haton de la Goupillère, III. — Mélange des gaz, atmolyse, par M. Becquerel, III. — L'air et son rôle dans la nature, par M. A. Riche, II. — L'air au point de vue de la physique du globe et de l'hygiène, par M. Barral, I. — L'atmosphère et les climats, cours par M. Gavarret, III. — Électricité atmosphérique, par M. Palmieri, II. — La foudre, par M. Jamin, III. — Les aréostats, par M. Barral, I. — Rôle de l'eau dans la nature ; eaux de Paris, par M. A. Riche, III. — La glace, par M. Bertin, III. — La glace et les glaciers, par M. Helmholtz et M. Tyndall, III. — Les courants marins, par M. Burat, I. — L'aimant, par M. Jamin, II. — Déviation de la boussole dans les vaisseaux de fer, par M. Archibad Smith, III. — Le son, par M. A. Cazin, III. — Les sons musicaux, par M. Lissajous, II. — Nature de la chaleur comparée à la lumière et au son, par M. Clausius, III. — La radiation solaire,

par M. Lissajous, III. — La chaleur rayonnante, par M. Tyndall,
III. — Théorie dynamique de la chaleur; applications à la phy-
sique, à la chimie, à l'astronomie et à la physiologie, par
M. C. Mateucci, III. — Effets mécaniques de la chaleur, par
M. Cazin, II et IV. — Des images par réflexion et par réfraction;
des lentilles, cours par M. Gavarret, III. — Transformation des
couleurs par l'éclairage artificiel, III. — Opalescence de l'atmo-
sphère, intensité diverse des rayons chimiques, par M. Roscoe, III.
— La photographie, par M. Fernet, II. — Intervention des forces
physiques dans les phénomènes de la vie organique et inorga-
nique, par M. Becquerel, II. — Physique appliquée aux arts, cours
par M. Ed. Becquerel, I. — La physique biologique, par M. Ga-
varret, IV. — L'électricité et sa nature, par M. Bertin, IV. —
Vibration des cordes, par M. Tyndall, IV. — La période glaciaire,
par M. Babinet, IV. — L'électricité appliquée aux arts, par
M. Fernet, IV. — La polarisation de la lumière, par M. Bertin,
IV. — Composition de la lumière, coloration des corps, par M. De-
saives, IV. — Causes physiologiques de l'harmonie musicale, par
M. Helmholtz, IV. — Les flammes sonores, par M. Tyndall, IV.
— L'œil, par M. Mascart, IV. — Les glaciers et les phénomènes
glaciaires, par M. Contejean, IV. — Les glaciers, par M. Agassiz,
IV. — Les progrès récents de la mécanique, par M. Haton de la
Goupillère, IV. — Les fusils se chargeant par la culasse, par
M. Magendie, IV. — La photochimie, par M. Jamin, IV. — La
force et la matière, par M. Cazin, V. — Cristallisations salines,
applications à l'impression des tissus, par Gand, V. — Appli-
cation des phénomènes termo-électriques à la mesure des tem-
pératures, par Edm. Becquerel, V. — La télégraphie électrique,
par Fernet, V. — Le télégraphe transatlantique, câble, appareils,
par Varley et W. Thomson, V. — Vibration des cordes, les
flammes sonores et sensibles, par M. Tyndall, V. — La vision bi-
noculaire, par M. Giraud-Teulon, V. — Les équivalents de ré-
fraction, par Gladstone, V. — Phosphorescence et fluorescence,
par Serré, V. — La chaleur rayonnante, par Dessains, V. — La
seconde loi de la théorie mécanique de la chaleur, par M. Clau-
sius, V. — Le chaud et le froid, par Riche, V. — Les montagnes
Rocheuses, par W. Heine, V.

GÉOLOGIE ET MINÉRALOGIE.

Histoire de la minéralogie, par M. Daubrée, II. — Histoire et progrès
de la géologie, par M. Ed. Hébert, II. — Origine et avenir de
la terre, par M. Contejean, III. — Formation de la croûte solide
du globe, par M. Ed. Hébert, I. — Oscillations de l'écorce ter-
restre pendant les époques quaternaires et modernes, III. — Les
périodes géologiques, par M. Wallace, III. — Géologie du bassin
de Paris, par M. A. Gaudry, III. — Géologie de l'Auvergne, par
M. Lecoq, II. — Volcans du centre de la France, par M. Lecoq,
III. — Volcans de boue et gisements de pétrole en Crimée, par
M. Anstod, III. — Les phénomènes chimiques des volcans; cause

des éruptions, par M. Fouqué, III. — L'éruption d'une île volca-
nique, par le même, III. — Paléontologie, cours sur la faune
quaternaire, par M. d'Archiac, I. — Discours sur des questions
récentes en géologie, par M. Ch. Lyell, I. — La caverne de Kent,
par M. Pengelly, III. — Les tumuli et les habitations lacustres,
par M. Virchow, IV. — La houille et les houilleurs, par M. Simo-
nin, IV. — Les pierres qui tombent du ciel, par M. S. Meunier,
IV. — Les placers de la Californie, M. Simonin, IV. — Trans-
ports diluviens dans la dépression du Rhône et de la Saône, par
Fournet, V. — Les montagnes, par Lorry, V. — Éruption du Vé-
suve, par Palmieri, V. — Éruptions sous-marines des Acores, par
Fouqué, V. — Chaleur centrale de la terre, par Raillard, V. —
Développement chronologique des êtres, par M. d'Archiac, V. —
Les organismes microscopiques en géologie, par M. Dubos, V. —
Les pays électriques, par M. Fournet, V. — Un morceau de craie,
par M. Huxley, V. — Épuisement probable des houilles en An-
gleterre, par Stanley-Jevons, V.

CHIMIE.

Utilité d'un laboratoire public de chimie, par M. Fremy, I. —
Scheele; un laboratoire de chimie au XVIIIe siècle, par M. Troost,
III. — Propriétés générales des corps, par M. Balard, I. —
Leçons sur les généralités de la chimie, par M. S. de Luca, I. —
La combustion, par M. Wurtz, I. — Les métalloïdes, cours par
M. Riche, II. — L'air, par M. Riche, II, et par M. Peligot, III. —
L'eau, par M. Wurtz, II. — Les actions catalytiques, par
M. Schœnbein, III. — Action de l'oxygène sur le sang, par le
même, II. — Le soufre, par M. Payen, III. — L'éclairage par le
gaz, par le même, II. — Les dissolutions, par M. Balard, I. —
Les dissolutions sursaturées, par M. Ch. Violette, II, et par
M. J. Jeannel, III. — L'affinité, par M. Chevreul, V. — L'affi-
nité, par M. Dumas, V. — Principes généraux de la chimie,
d'après la thermo-dynamique, par M. Sainte-Claire Deville, V.
— Durée des actions chimiques, par M. Vernon-Harcourt, V. —
Les eaux de Londres, par M. Francklaud, V. — La dyalise, par
M. Balard, I. — Dissociation et densités de vapeur, par M. H.
Sainte-Claire Deville, II. — Spectres chimiques, par M. S. de
Luca, I. — Lois de constitution des sels, par M. H. Sainte-Claire
Deville, I. — Méthodes générales de réductions des métaux, par
le même, I. — L'aluminium, par le même, II. — Rôle de la cha-
leur dans la formation des combinaisons organiques, II. — Histoire
des alcools et des éthers, II. — Les éthers cyaniques, par M. Cloëz,
III. — Chimie organique, par M. Wurtz, II. — La série aromatique,
par M. Bourgoin, III. — Des fermentations et du rôle de quelques
êtres microscopiques dans la nature, par M. Pasteur, II. —
Existence dans les tissus des animaux d'une substance fluores-
cente analogue à la quinine, III. — Chimie agricole, cours par
M. Boussingault, I et III. — Chimie appliquée aux arts, cours
par M. Peligot, I. — La teinture, par M. de Luynes, III. —

Chimie appliquée à l'industrie, cours de M. Payen, I. — La poudre à canon ; nouvelles substances pour la remplacer, par M. Abel, III. — Charbon et diamant, par M. Riche, IV. — Des méthodes générales en durée organique, par M. Berthelot, V. — Les solutions salines sursaturées, par M. Gernez, IV. — L'affinité, phénomènes mécaniques de la combinaison, par M. H. Sainte-Claire Deville, IV. — La chimie d'autrefois et celle d'aujourd'hui, par M. H. Kopp. — La diffusion des gaz, par M. Odling, IV. — Le souffre, par Schutzenberger, V. — Absorption du gaz par les métaux, par Odling, V. — Diffusion des corps, par de Luynes, V. — Cæsium, rubidium, indium, thallium, par Lamy, V. — Les alliages et leurs usages, par Matthiessen, V. — Cyanures doubles du manganèse et du Cobalt, par Deschamps, V. — Nouveaux fluosels et leurs usages, par Nicklès. — Composés organiques du silicium, par Friedel, V. — Sulfocyanures des radicaux organiques, par Henry, V. — L'acide hypochloreux en chimie org., par Schutzenberger, V.

BOTANIQUE. — AGRICULTURE.

Organographie végétale, par M. Chatin, I et II. — Développement des végétaux, les racines, par M. Baillon, I. — De la végétation, par M. Boussingault, I. — La végétation du printemps, par M. Lecoq, II. — L'individualité dans la nature, au point de vue du règne végétal, par M. Nægeli, II. — Rapports de la botanique et de l'horticulture, par M. Alphonse de Candolle, III. — Géologie et chimie agricole, par M. Boussingault, I et II. — Physique végétale, par M. Georges Ville, II et III. — Importance des travaux agricoles en France, par M. Hervé-Mangon, I. — Situation actuelle de l'agriculture en France, par M. Barral, III. — La crise agricole, par M. Georges Ville, III. — Le blé dans ses rapports avec la mortalité, le nombre des naissances et des mariages ; les famines, par M. Bouchardat, III. — La végétation à l'époque houillère, par M. Bureau, IV. — La végétation pyrénéenne, par Joubert, V. — Respiration des plantes aquatiques, par Vantieghem, V. — Reproduction des cryptogames, par Brongniart, V. — Les champignons, par Tulasme, V. — Les algues, par Brongniart, V. — L'agriculture et la chimie, par Isidore-Pierre, V. — Assimilation par les plantes de leurs éléments constitutifs, les engrais chimiques et le fumier, par G. Ville, V.

ZOOLOGIE. — ANTHROPOLOGIE.

L'homme et sa place dans la création, par M. Gratiolet, I. — L'homme et les singes, par M. Philippi, I. — Unité de l'espèce humaine, par M. Hollard, II. — Unité de l'espèce humaine ; propagation par migration, cours par M. de Quatrefages, II. — Caractères généraux des races blanches, par le même, I. — Histoire naturelle de l'homme, cours par M. G. Flourens, I. — L'homme fossile, les habitations lacustres et l'industrie primitive, par M. N. Joly, II. — La physionomie et la théorie des mouvements d'expressions, par M. Gratiolet, II. — Les reptiles, par M. Duméril, I. — Histoire de la science des animaux articulés ; espèces utiles et nuisibles, par M. E. Blanchard, I. — Histoire des progrès de l'entomologie, par le même, III. — Les insectes, cours par M. Gratiolet, I. — Métamorphoses des insectes, par M. J. Lubbock, III. — Les fourmis, par M. Ch. Lespès, III. — Production de la soie et de quelques autres matières textiles fournies par les animaux, par M. E. Blanchard, II. — Ravages produits dans les cultures du nord de la France par la noctuelle des moissons, par le même, II. — Dangers des déductions *à priori* en zoologie, III. — Les échinodermes, cours par M. Lacaze-Duthiers, III. — Génération chez les alcyonnaires, par le même, II. — Organisation des zoophytes ; le corail, cours par le même, II. — Les générations spontanées, par M. Milne Edwards, I ; — par M. Coste, I ; — par M. Pasteur, I ; — par M. Pouchet, I ; — par M. N. Joly, II. — Le rapport à l'Académie sur les générations spontanées, II. — Les questions anthropologiques de notre temps, par M. Schaffhausen, V. — Craniologie ethnique, par M. Joly, V. — Constitution primitive de l'homme et origine de la civilisation, par Lubbock, V. — Condition du développement mental, par Kingdon-Cliffard, V. — — Distribution géographique des mammifères, par M. P. Bert, IV. — Des métamorphoses des mœurs et des instincts des insectes, cours par M. Blanchard, IV. — De l'origine des êtres organisés et de leur division en espèces, IV. — La prétendue dégénérescence de la population française, par M. Broca, IV. — Les madrépores, par M. Vaillant, IV. — Les métamorphoses dans le règne animal, par M. Bert, IV. — Formation des races humaines mixtes, par M. de Quatrefages, IV. — Rapports fondamentaux des animaux entre eux et avec le monde ambiant, par Agassiz, V. — Les animaux et les plantes aux temps géologiques, par Agassiz, V. — La série chronologique, la série embryologique et la gradation de structure chez les animaux, par Agassiz, V. — Influence des milieux sur la variation des espèces, par M. Faivre, V. — Théorie de l'espèce en géologie ou en botanique, avec ses applications à l'espèce et aux races humaines, par Quatrefarges, V. — Classification nouvelle des mammifères, par Contejean, V. — Génération et dissémination des helminthes, par Cl. Bernard, V. — Histoire naturelle de la basse Cochinchine, par Jouan, V.

EMBRYOGÉNIE ET ANATOMIE.

Embryogénie comparée, cours par M. Coste, II et III. — Du microscope et des autres moyens d'étude employés en anatomie générale ; caractères organiques des tissus ; ce qu'on doit entendre par organisation dans l'état actuel de la science, par M. Ch. Robin, I. — Histologie, programme du cours de M. Ch. Robin, I et II. — Origine et mode de formation des monstres omphalosites, par M. Dareste, II. — Rapports anatomiques du système nerveux grand sympathique avec les vaisseaux capillaires, par M. Georges Pouchet, III. — Principes généraux d'histologie, par

M. Robin, V. — Conditions anatomiques des actions réflexes,
par M. Chéron, V. — Structure du cylindre-axe et des cellules
nerveuses, par M. Grandry, V.

PHYSIOLOGIE. — MÉDECINE.

De la méthode en physiologie; l'unité de la vie, par M. Moleschott,
I. — Conception mécanique de la vie: atome et individu, par
M. R. Virchow, III. — L'irritabilité, l'élément contractile et
l'élément nerveux, cours de physiologie générale en 1864, par
M. Claude Bernard, I et II. — Les liquides de l'organisme, le
sang, les sécrétions internes et externes, les excrétions, cours de
physiologie générale en 1865, par le même, II et III. — La vie
du sang, par M. R. Virchow, III. — Le mouvement dans les fonc-
tions de la vie, cours par M. Marey, III. — Physiologie du cœur
et ses rapports avec le cerveau, par M. Claude Bernard, II. —
Le système nerveux, par M. P. Bert, III. — Propriétés et fonc-
tions du système nerveux chez les animaux supérieurs et dans la
série animale, cours par M. Vulpian, I et II. — La théorie dyna-
mique de la chaleur dans les sciences biologiques, par M. Onimus,
III. — Limites de la nature humaine, par M. Moleschott, I. —
Vie et lumière, par le même, II. — Du point de vue biologique
dans l'étude des êtres vivants; les poissons électriques, par
M. A. Moreau, III. — Physiologie comparée de la digestion, cours
par M. Vulpian, III et IV. — De l'alimentation et des anémies,
cours par M. G. Sée, III. — Le curare considéré comme moyen
d'investigation biologique, cours de médecine expérimentale, par
M. Claude Bernard, II. — La physiologie base de la médecine,
par M. Moleschott, III. — Erreurs vulgaires au sujet de la méde-
cine, par M. J. Jeannel, III. — Hygiène, par M. Bouchardat, I.
— Hygiène et physiologie, par M. Henri Favre, I. — De la thé-
rapeutique, par M. Trousseau, II. — Maladies mentales, par
M. Lasègue, II. — Application du courant constant au traitement
des névroses, cours par M. Remak, II. — Anatomie pathologique,
par M. A. Laboulbène, III. — Nature et physiologie des tumeurs,
par M. R. Virchow, III. — Pathologie générale, par M. Chauf-
fard, I; — par M. Axenfeld, II. — Matérialisme et spiritualisme
en médecine, par M. Hiffelsheim, II. — La maladie dans le plan
de la création, par M. B. Cotting, III. — Vitesse de la transmis-
sion de la volonté et de la sensation à travers les nerfs, par
M. Dubois-Reymond, IV. — Sources chimiques du pouvoir mus-
culaire, par M. Frankland, IV. — Études expérimentales sur la
régénération des os, par M. Billroth, IV. — Une ambassade phy-
siologique, par M. Moleschott, IV. — Productions du mouvement
chez les animaux, par M. Marey, IV. — Du mouvement dans les
fonctions de la vie, cours par M. Marey, IV. — Applications de
l'électricité à la thérapeutique, par M. Becquerel, IV. — Sur la
génération des éléments anatomiques, par M. Ch. Robin, IV. —
Relation entre l'activité cérébrale et la composition des urines,
par M. Byasson, V. — Centre d'innervation du sphincter de la

vessie, par Mosius, V. — La respiration, par Bert, V. — La dé-
glutition, par Cl. Bernard, V. — Les systèmes et la routine en
médecine, par Axenfeld, V. — L'hygiène publique en Allemagne,
par Pettenkofer, V. — La fécondité des mariages et les doctrines
de Malthus, par Broca, V. — Le blé, par Bouchardat, V. —
Progrès récents en pathologie, par Virchow, V. — La médecine
de nos jours, par Acland, V. — L'avenir de la médecine, par
Béclard, V.

HISTOIRE ET PHILOSOPHIE DES SCIENCES.

De la continuité dans la nature, par M. Grove, III. — De la méthode
expérimentale, par M. Matteucci, II. — Revue orale du progrès,
par M. Moigno, I. — Revue orale des sciences, par M. Babinet,
II. — Passé et avenir des sciences, par M. Barral, II. — Con-
quête de la nature par les sciences, par M. Dumas, III. — Impor-
tance sociale du progrès des sciences, par M. Huxley, III. — Dé-
veloppement national des sciences, par M. R. Virchow, III. —
Utilité des sciences spéculatives, par M. A. Riche, III. — Histoire
de la médecine, par M. Daremberg, II. — La médecine dans
l'antiquité et au moyen âge, par le même, III et IV. — Barthez
et le vitalisme; histoire des doctrines médicales, par M. Bou-
chut, I. — Les chirurgiens érudits; Antoine Louis, par M. Ver-
neuil, II. — Guy de Chauliac, par M. Follin, II. — Harvey, par
M. Béclard, II. — L'école de Halle; Frédéric Hoffman et Stahl,
par M. Lasègue, II. — Éloge de du Trochet, par M. Coste, III. —
Éloge de P. Gratiolet, par M. P. Bert, III. — Vie et travaux de
Lamark, De Blainville et Valenciennes, par M. Lacaze-Duthiers,
III. — Newton, sa vie et ses travaux, par M. Bertrand, II. —
Clairault et la mesure de la terre, par le même, III. — Franklin,
par M. Henri Favre, I. — Le génie scientifique de la révolution,
par le même, I. — Histoire des chemins de fer, par M. Perdon-
net, I. — Développement des idées dans les sciences naturelles,
par M. Liebig, IV. — Les travaux du canal de Suez, par M. Borel,
IV. — Les universités italiennes, par M. Matteucci, IV. — Le
chemin de fer du Pacifique, par M. Heine, IV. — L'Académie des
sciences de 1789 à 1793, par M. Bertrand, IV. — L'observation
et l'expérimentation en physiologie, par Coste et Cl. Bernard, V.
— L'expérimentation en zoologie, par Daubrée, V. — Ce que
doit être une éducation libérale, par Huxley, V. — Le budget de
la science, par Pasteur, V. — La médecine des xve et xvii^o siècles,
par Daremberg, V. — L'académie des sciences de 1666 à 1669,
par Bertrand, V. — Les idées de Newton sur l'affinité, par
Dumas, V. — Voltaire physicien, par Dubois-Reymond, V. — Les
œuvres de Lavoisier, par Dumas, V. — Éloge de Faraday, par
Dumas, V. — Poncelet, par Ch. Dupin, V. — Pelouze, par Ca-
hours, V. — La science britannique en 1867, par Hooker, V. —
La société des amis des sciences en 1867, par Boudet, V. —
Travaux des sociétés savantes en 1867, par Blanchard, V. —
Association britannique, par Fonvielle, V.

LES MÉTAMORPHOSES

LES MŒURS ET LES INSTINCTS

DES INSECTES

Par ÉMILE BLANCHARD

Membre de l'Institut, professeur au Muséum d'histoire naturelle.

Un magnifique volume grand in-8, avec 200 fig., dessinées d'après nature, intercalées dans le texte, et 40 planches hors texte.

Prix broché... .... 30 fr.
Relié en demi-maroquin...... 35 fr.

ALAUX. **La religion progressive,** 1869, 1 vol. in-18. 3 fr. 50

Annuaire du Cosmos. 1869 (11e année). 1 vol. in-8. 1 fr. 50

L'Art et la vie. 1867. 2 vol. in-8. 7 fr.

L'Art et la vie de Stendhal. 1869, 1 fort vol. in-8. 6 fr.

BAUDRIMONT. **Théorie de la formation du globe terrestre** pendant la période qui a précédé l'apparition des êtres vivants. 1867, in-8. 2 fr. 50

BEAUSSIRE. **La liberté dans l'ordre intellectuel et moral,** études de droit naturel. 1866, 1 fort vol. in-8. 7 fr.

BÉRAUD (B. J.). **Atlas complet d'anatomie chirurgicale** topographique, pouvant servir de complément à tous les ouvrages d'anatomie chirurgicale, composé de 109 planches représentant plus de 200 figures dessinées d'après nature, par M. Bion, et avec texte explicatif. 1865, 1 fort vol. in-4.

Prix, figures noires, relié. 60 fr.
— figures coloriées, relié. 120 fr.

Cl. BERNARD. **Leçons sur les propriétés des tissus vivants,** faites à la Sorbonne, publiées par M. Émile Alglave. 1866, 1 vol. in-8 avec 92 figures. 8 fr.

BOUCHARDAT. **Le travail,** son influence sur la santé (conférences faites aux ouvriers). 1863, 1 vol. in-18. 2 fr. 50

BOUCHARDAT et H. JUNOD. **L'Eau-de-vie et ses dangers,** conférences populaires. 1 vol. in-8. 1 fr.

BRIERRE DE BOISMONT. **Des hallucinations, ou Histoire raisonnée des apparitions,** des visions, des songes, de l'extase, du magnétisme et du somnambulisme. 1862, 3e édition très-augmentée. 7 fr.

BRIERRE DE BOISMONT. **Du suicide et de la folie suicide.** 1865, 2e édition, 1 vol. in-8. 7 fr.
— Atlas colorié se vendant séparément. 15 fr.

CHASLES (PHILARÈTE). **Questions du temps et problèmes d'autrefois,** Pensées sur l'histoire, la vie sociale, la littérature. 1 vol. in-18, édition de luxe. 3 fr.

Conférences historiques de la Faculté de médecine faites pendant l'année 1865. (*Les Chirurgiens érudits*, par M. Verneuil. — *Gui de Chauliac*, par M. Follin. — *Celse*, par M. Broca. — *Wurtzius*, par M. Trélat. — *Rioland*, par M. Le Fort. — *Levret*, par M. Tarnier. — *Harvey*, par M. Béclard. — *Stahl*, par M. Lasègue. — *Jenner*, par M. Lorain. — *Jean de Vier et les Sorciers*, par M. Axenfeld. —*Laennec*, par M. Chauffard. — *Sylvius*, par M. Gubler.— *Stoll*, par M. Parrot.) 1 vol. in-8. 6 fr.

Sir G. CORNEWALL LEWIS. **Quelle est la meilleure forme de gouvernement?** Ouvrage traduit de l'anglais; précédé d'une Étude sur la vie et les travaux de l'auteur, par M. Mervoyer, docteur ès lettres. 1867, 1 vol. in-8. 3 fr. 50

D'ARCHIAC. **Leçons sur la Faune quaternaire**; professées au Muséum d'histoire naturelle. 1865, 1 vol. in-8. 3 fr. 50

D'ASSIER. **Histoire naturelle du langage.**
Tome Ier, Physiologie du langage phonétique. 2 fr. 50
Tome II, Physiologie du langage graphique. 2 fr. 50

DELEUZE. **Instruction pratique sur le magnétisme animal**, précédée d'une Notice sur la vie de l'auteur. 1853. 1 vol. in-12. 3 fr. 50

DOLLFUS. **De la nature humaine**, 1868, 1 vol. in-8. 5 fr.

DOLLFUS. **Lettres philosophiques**, 3e édition 1869, 1 vol. in-18. 3 fr. 50

DU POTET. **Manuel de l'étudiant magnétiseur**, nouvelle édition, 1868, 1 vol. in-18. 3 50

DU POTET. **Traité complet de magnétisme**, cours en douze leçons. 1856, 3e édition, 1 vol. de 634 pages. 7 fr.

DURAND (de Gros). **Essais de physiologie philosophique**, suivis d'une Étude sur la théorie de la méthode en général. 1866, 1 vol. in-8 de 620 pages. 8 fr.

Éléments de science sociale. Religion physique, sexuelle et naturelle, ouvrage traduit sur la 7e édition anglaise, 1 fort vol. in-18. 3 fr. 50

ÉLIPHAS LÉVI. **Dogme et rituel de la haute magie.** 1861, 2e édit., 2 vol. in-8, avec 24 figures. 18 fr.

ÉLIPHAS LÉVI. **Histoire de la magie**, avec une exposition claire et précise de ses procédés, de ses rites et de ses mystères. 1860, 1 vol. in-8, avec 90 figures. 12 fr.

ÉLIPHAS LÉVI. **La Science des esprits**, révélation du dogme secret des Kabbalistes, esprit occulte de l'Évangile, appréciation des doctrines et des phénomènes spirites. 1865, 1 vol. in-8. 7 fr.

FAU. **Anatomie des formes du corps humain**, à l'usage des peintres et des sculpteurs. 1866, 1 vol. in-8 et atlas de 25 planches. 2e édition. Prix, figures noires. 20 fr.
Prix, figures coloriées. 35 fr.

FERRON (de). **Théorie du progrès** (Histoire de l'idée du progrès. — Vico. — Herder. — Turgot. — Condorcet. — Saint-Simon. — Réfutation du césarisme). 1867, 2 vol. in-18. 7 fr.

GIRAUD-TEULON. **De l'œil**, notions élémentaires sur la fonction de la vue et de ses anomalies. 1867, 1 vol. in-18 avec figures. 2 fr.

GRÉHANT. **Manuel de physique médicale.** 1869, 1 vol. in-18 avec 469 figures dans le texte. 7 fr.

HILLEBRAND. **De la réforme de l'enseignement supérieur.** 1868, 1 vol. in-18. 2 fr. 50

HUMBOLDT (G. de). **Essai sur les limites de l'action de l'État,** traduit de l'allemand, et précédé d'une Étude sur la vie et les travaux de l'auteur, par M. Chrétien, docteur en droit. 1867, in-18. 3 fr. 50

KANT. **Critique de la raison pure,** précédé d'une préface, par M. Jules BARNI, 1870, 2 vol. in-8. 12 fr.

KANT. **Éléments métaphysiques de la doctrine du droit,** suivis d'un Essai philosophique sur la paix perpétuelle, traduits de l'allemand par M. Jules BARNI. 1854, 1 vol. in-8. 8 fr.

KANT. **Éléments métaphysiques de la doctrine de la vertu,** suivi d'un Traité de pédagogie, etc.; traduit de l'allemand par M. Jules BARNI, avec une Introduction analytique. 1855, 1 vol. in-8. 8 fr.

LAFONTAINE. **Mémoires d'un magnétiseur.** 1866, 2 vol. in-8. 7 fr.
    Avec le portrait de l'auteur. 8 fr.

LANGLOIS. **L'homme et la Révolution.** Huit études dédiées à P. J. Proudhon, 1867. 2 vol. in-18. 7 fr.

LE BERQUIER. **Le barreau moderne.** 1869. 1 vol. in-18. 3 fr. 50

LEYDIG. **Traité d'histologie comparée de l'homme et des animaux,** traduit de l'allemand par M. le docteur Lahillonne. 1 fort vol. in-8 avec 200 figures dans le texte. 1866. 15 fr.

LIEBIG. **Le développement des idées dans les sciences naturelles,** études philosophiques. In-8. 1 fr. 25

LITTRÉ et WYROUBOFF. **La Philosophie positive.** Revue paraissant tous les deux mois par livraison de 10 feuilles.

PRIX DE L'ABONNEMENT :

PARIS.	DÉPARTEMENTS.	ÉTRANGER.
Six mois... 12 fr.	Six mois... 14 fr.	Six mois... 16 fr.
Un an..... 20	Un an..... 23	Un an..... 25

Prix de chaque numéro........ 3 fr. 50.

LITTRÉ. **Auguste Comte et Stuart Mill,** suivi de *Stuart Mill et la philosophie positive,* par M. G. Wyrouboff. 1867, in-8 de 86 pages. 2 fr.

LONGET. **Traité de physiologie.** 3e édition, 1869.
    Tome 1er. 1 fort vol. gr. in-8. 12 fr.
    Tome 2. 1 fort vol. gr. in-8 avec fig. 12 fr.
    Le tome 3e et dernier. 1 vol. gr. in-8. 12 fr.

LONGET. **Mouvement circulaire de la matière dans les trois règnes,** tableaux de physiologie, avec fig. coloriées. 1866. 7 fr.

LUBBOCK. **L'Homme avant l'histoire,** étudié d'après les monu-

ments et les costumes retrouvés dans les différents pays de l'Europe, suivi d'une Description comparée des mœurs des sauvages modernes, traduit de l'anglais par M. Ed. BARBIER, avec 156 figures intercalées dans le texte. 1867, 1 beau vol. in-8°, prix, broché. . . . . 15 fr.
Relié en demi-maroquin avec nerfs . . . . 18 fr.

MAREY. **Des mouvements dans les fonctions de la vie,** leçons faites au Collége de France. 1867, 1 vol. in-8, avec 150 figures dans le texte. 10 fr.

MERVOYER. **Étude sur l'association des idées.** 1864, 1 vol. in-8. 6 fr.

MIRON. **De la séparation du temporel et du spirituel.** 1866, in-8. 3 fr. 50

MOREAU (de Tours). **Traité pratique de la folie névro-pathique** (vulgo hystérique). 1869, 1 vol. in-18. 3 fr. 50

MORIN. **Du magnétisme et des sciences occultes.** 1860, 1 vol. in-8. 6 fr.

MUNARET. **Le Médecin des villes et des campagnes.** 4° édition, 1862, 1 vol. grand in-18. 4 fr. 50

Notions d'anatomie et de physiologie générales.
> TAULE. *Notions sur la nature et les propriétés de la matière organisée.* 1866. 3 fr. 50
> ONIMUS. *De la théorie dynamique de la chaleur dans les sciences biologiques.* 1866. 3 fr.
> CLÉMENCEAU. *De la génération des éléments anatomiques,* précédé d'une introduction par M. le prof. Robin. 1867, 1 vol. in-8. 5 fr.

PARIS (comte de). **Les Associations ouvrières en Angleterre** (Trades-Unions). 1869, 1 vol. grand in-18. 2 fr. 50
Édition populaire. 1 vol. in-18. 1 fr.

PILLON. **L'année philosophique.** Études critiques sur le mouvement des idées générales dans les divers ordres de connaissances, avec une introduction par M. Ch. Renouvier.
> 1ʳᵉ année, 1867. 1 vol. in-18 de 600 pages. 5 fr.
> 2° année, 1868. 1 vol in-18. 5 fr.

RAMON DE LA SAGRA. **L'âme,** démonstration de sa réalité déduite de l'étude des effets du chloroforme et du curare sur l'économie animale. 1868, 1 vol. 2 fr. 50

ROBIN. **Journal de l'anatomie et de la physiologie** normales et pathologiques de l'homme et des animaux, dirigé par M. le professeur Ch. Robin (de l'Institut), paraissant tous les deux mois par livraison de 7 feuilles grand in-8, avec planches.
> Prix de l'abonnement, pour la France. 20 fr.
> — pour l'étranger. 24 fr.

SIÈREBOIS. **Autopsie de l'âme,** sa nature, ses modes, sa personnalité, sa durée. 1866. 1 vol. in-18. 2 fr. 50

SIÈREBOIS. **La Morale** fouillée dans ses fondements. Essai d'anthropodicée. 1867. 1 vol. in-8. 6 fr.

THÉVENIN. **Hygiène publique,** analyse du rapport général des travaux du conseil de salubrité de la Seine, de 1849 à 1858, 1863, 1 vol. in-18.   2 fr. 50

THULIÉ. **La folie et la loi.** 1867. 2e édit. 1 vol. in-8. 3 fr. 50

VÉRA (A). **Essais de philosophie hégélienne,** 1865, 1 vol. in-18 de la *Bibliothèque de philosophie contemporaine.*   2 fr. 50

VÉRA. **Introduction à la philosophie de Hégel,** 1 vol. in-8, 1864, 2e édition.   6 fr. 50

VÉRA. **Logique de Hégel,** traduite pour la première fois et accompagnée d'une introduction et d'un commentaire perpétuel. 1859, 2 vol. in-8.   12 fr.

VÉRA. **Philosophie de la nature de Hégel,** traduite pour la première fois et accompagnée d'une introduction et d'un commentaire perpétuel. 1863-1865, 3 vol. in-8.   25 fr.
    Les tomes II et III se vendent séparément, chaque.   8 fr. 50

VÉRA. **Philosophie de l'esprit de Hégel,** traduite pour la première fois et accompagnée de deux introductions et d'un commentaire perpétuel. Tome I 1867, 1 vol. in-8 de 427 pages.   9 fr.
    Tome II 1870, 1 vol. in-8.   9 fr.

VÉRA. **L'hégélianisme et la philosophie.** 1861, 1 vol. in-12.
                                                              3 fr. 50

VÉRA. **Mélanges philosophiques,** 1862, 1 vol. in-8.   5 fr.

VÉRA. **Platonis, Aristotelis et Hegelii,** de medio termino doctrina. 1854, 1 vol. in-8.   1 fr. 50

VIRCHOW. **Des trichines, à l'usage des médecins et des gens du monde,** traduit de l'allemand avec l'autorisation de l'auteur, par M. E. Onimus, élève des hôpitaux de Paris. 1864, in-8 de 55 pages et planche coloriée.   2 fr.

VULPIAN. **Leçons de physiologie générale et comparée du système nerveux,** faites au Muséum d'histoire naturelle, recueillies et rédigées par M. Ernest Brémond. 1 fort vol. in-8. Prix.   10 fr.

LES

ASSOCIATIONS OUVRIÈRES

EN ANGLETERRE

(TRADES-UNIONS)

Par M. LE COMTE DE PARIS

1 vol. grand in-18...................... 2 fr. 50
Édition populaire. 1 vol. in-18.... 1 fr.

Paris. — Imprimerie de E. MARTINET, rue Mignon, 2.